La Grammaire à l'œuvre

Cinquième édition

John Barson

Stanford University

Holt, Rinehart and Winston
Harcourt Brace College Publishers

Fort Worth   Philadelphia   San Diego   New York   Orlando   Austin   San Antonio
Toronto   Montreal   London   Sydney   Tokyo

Publisher	Ted Buchholz
Senior Acquisitions Editor	Jim Harmon
Developmental Editors	Nancy Geilen
	Nancy Siegel
Project Manager/Compositor	Christine E. Wilson, IBC
Production Manager	Serena B. Manning
Senior Art Director	Pat Bracken

Address for Editorial Correspondence:
Harcourt Brace College Publishers, 301 Commerce Street, Suite 3700, Fort Worth, TX 76102.

Address for Orders:
Harcourt Brace & Company, 6277 Sea Harbor Drive, Orlando, FL 32887-6777.
    1-800-782-4479 or 1-800-433-0001 (in Florida).

Printed in the United States of America

ISBN: 0-03-072394-9

Library of Congress Catalog Card Number: 95-075494

7 8 9 0 1 2 3 4 016 0 9 8 7 6 5 4 3

Table des matières

Preface .... *ix*
Literary Permissions .... *xv*

Chapitre 1 : Le Présent et l'impératif 1

Présentation 2
  Principes 2
    La formation du présent 2
    L'emploi du présent 6
    La formation de l'impératif 8
    L'emploi de l'impératif 10
  Constructions 11
    L'infinitif 11
    Étude de verbes 13
      Être en train de + *infinitif* 13
      Venir de + *infinitif* 14
      Aller + *infinitif* 14
    Coin du spécialiste 14
Échanges interactifs 15
  Conversations dirigées 15
  Mise au point 19
  Projets de communication 25

Chapitre 2 : La Narration au passé 28

Présentation 29
  Principes 29
    La formation des temps du passé 29
    Le système narratif 35
    Précisions sur l'imparfait et le passé composé 38
    La narration dans la langue écrite 41
    L'emploi du plus-que-parfait et du futur du passé 43
  Constructions 44
    Les termes d'enchaînement : **d'abord, enfin, puis, ensuite** 44
    Les conjonctions : **cependant, pourtant, mais** 45
    Les conjonctions : **car, parce que, puisque, comme** 45
    La subordination chronologique : **avant de** + *infinitif*, **après** + *infinitif passé*, **en** + *participe présent* 45
    Étude de verbes 46
      Verbes + **de** + *infinitif* 46
      Verbes + *infinitif* 46

     Pouvoir + *infinitif* et **savoir** + *infinitif*... 47
     Faillir + *infinitif*... 47
 Échanges interactifs **47**
  Conversations dirigées 47
  Mise au point 53
  Projets de communication 58

Chapitre 3 : L'Interrogation **66**

Présentation **67**
 Principes 67
  La formation de la phrase interrogative 67
  Questions avec les adverbes interrogatifs 68
  Questions avec **qui** / **qu'est-ce qui** / **que** / **quoi** 69
  Questions avec **quelle(s)/quel(s)** et **laquelle (lesquelles)/lequel (lesquels)** ... 70
 Constructions 73
  Depuis / depuis quand / depuis combien de temps 73
  Depuis que 74
  Étude de verbes 74
   Verbes impersonnels et personnels 74
   Infinitifs compléments 76
Échanges interactifs **76**
 Conversations dirigées 76
 Mise au point 80
 Projets de communication 85

Chapitre 4 : Le Futur et le conditionnel **89**

Présentation **90**
 Principes 90
  Les formes du futur 90
  L'emploi du futur 92
  Les formes du conditionnel 93
  L'emploi du conditionnel 94
 Constructions 98
  Les conjonctions temporelles : **quand, lorsque, dès que, aussitôt que,**
   avant que, après que 98
  Pendant / pour 98
  Pendant que / tandis que 98
  Étude de verbes 99
  Devoir + *infinitif* 99
  Devoir + *nom* 100
  Coin du spécialiste 100
Échanges interactifs **102**
 Conversations dirigées 102
 Mise au point 105
 Projets de communication 108

Chapitre 5 : Les Déterminants 112

Présentation 113
  Principes 113
    Les articles 113
    Les adjectifs possessifs 117
    Les adjectifs et pronoms démonstratifs 121
  Constructions 124
    Expressions idiomatiques avec **avoir** 124
    Étude de verbes 125
      Avoir l'air + *infinitif* 125
      Avoir besoin de / **avoir envie de** + *infinitif* 125
      Avoir du mal à + *infinitif* 125
      Avoir à + *infinitif* 125
    Coin du spécialiste 126
Échanges interactifs 127
  Conversations dirigées 127
  Mise au point 131
  Projets de communication 135

Chapitre 6 : Les Pronoms 139

Présentation 140
  Principes 140
    Les pronoms sujets 140
    Les pronoms objets directs et indirects 141
    Les pronoms objets: **y** et **en** 145
    Les pronoms disjoints 147
    Les pronoms possessifs 148
  Constructions 150
    Constructions possessives 150
    Expressions idiomatiques avec **en** 150
    Expressions idiomatiques avec **y** 151
    Étude de verbes 151
      Penser / **penser à** 151
      Manquer / **manquer à** / **manquer de** 151
      Jouer à / **jouer de** 152
    Coin du spécialiste 153
Échanges interactifs 155
  Conversations dirigées 155
  Mise au point 159
  Projets de communication 161

Chapitre 7 : Les Verbes pronominaux 167

Présentation 168
  Principes 168

Classification des verbes pronominaux 168
Conjugaison des verbes pronominaux 169
L'accord du participe passé des verbes pronominaux 171
Verbes pronominaux à sens idiomatique 173
Constructions 176
Le passif 176
Étude de verbes 179
Verbes pronominaux + **à** ou **de** + *infinitif* 179
Verbes comme **s'asseoir** et **se lever** 180
Échanges interactifs **181**
Conversations dirigées 181
Mise au point 185
Projets de communication 189

Chapitre 8 : La Négation 193

Présentation **194**
Principes 194
La négation d'un verbe conjugué ou d'un infinitif 194
La négation des pronoms et des adjectifs indéfinis 196
La négation d'une série de noms ou de verbes 199
La réponse négative elliptique 200
La restriction : **ne... que, ne... guère** 200
Si (affirmation) 201
Constructions 201
La négation multiple 201
Étude de verbes 203
Faire semblant de / prétendre 203
Commencer à (de) / finir de; commencer par / finir par 203
Verbes + *infinitif* 204
Verbes + **de** + *infinitif* 204
Coin du spécialiste 205
Échanges interactifs **206**
Conversations dirigées 206
Mise au point 210
Projets de communication 213

Chapitre 9 : Le Genre, le nombre et les adjectifs 216

Présentation **217**
Principes 217
Le féminin des adjectifs et des noms 217
Le pluriel 220
L'accord des adjectifs 224
La place de l'adjectif qualificatif 225
Le comparatif 228
Le superlatif 229

Constructions 231
    Les comparatifs et superlatifs irréguliers 231
    Expressions idiomatiques de comparaison 232
    Comme, comme si 233
    Étude de verbes 233
       Verbes + **à** + *infinitif* 233
       Passer du temps à / mettre du temps à 233
    Coin du spécialiste 234
Échanges interactifs **235**
  Conversations dirigées 235
  Mise au point 241
  Projets de communication 244

Chapitre 10 : Le Subjonctif 251

Présentation **252**
  Principes 252
    La formation du subjonctif 252
    L'emploi du subjonctif 257
    La concordance des temps au subjonctif 263
  Constructions 266
    Quoi que / quoique 266
    Étant donné / de façon à 266
    Les expressions avec **n'importe** 267
    Quiconque / quelconque 268
    Étude de verbes 268
       S'attendre à 268
       Tenir à + *subjonctif* 268
    Coin du spécialiste 269
Échanges interactifs **269**
  Conversations dirigées 269
  Mise au point 273
  Projets de communication 278

Chapitre 11 : Les Propositions relatives 281

Présentation **282**
  Principes 282
    Fonctionnement des propositions relatives 282
    Précisions sur les pronoms relatifs 284
    Propositions relatives : **ce qui / ce que / ce dont / ce** + *préposition* + **quoi** 286
    Propositions relatives après les pronoms démonstratifs 287
  Constructions 287
    Le participe présent 287
    Tout 289
    Étude de verbes 291
       Verbes + *infinitif* 291

Mise au point 294
Projets de communication 298

Chapitre 12 : Le Discours indirect **301**

Présentation **302**
  Principes 302
    Changements de temps au discours indirect 302
    L'interrogation au discours indirect 303
    Phrases impératives au discours indirect 304
    Autres changements au discours indirect 304
    Les verbes introductifs du discours indirect 306
  Constructions 307
    La formation et la place de l'adverbe 307
    Étude de verbes 309
      Faire + *infinitif* (**faire** causatif) 309
      Rendre + *adjectif* 312
      Laisser + *infinitif* 312
      Les verbes de perception + *infinitif* 312
      Entendre dire 313
      Verbes + **à** + *personne* + **de** + *infinitif* 313
Échanges interactifs **313**
  Conversations dirigées 313
  Mise au point 317
  Projets de communication 321

Appendices **325**

Conjugaison des verbes **être** et **avoir** 326
Conjugaison : Verbes modèles en **-er, -ir** et **-re** 328
Conjugaison des verbes irréguliers 332
Compléments de verbes 346
Participes passés irréguliers 348
La syntaxe des temps à l'indicatif 348
Prépositions avec les noms géographiques 350
L'emploi de certaines prépositions 352
Les expressions de temps : **temps, fois, moment, heure** 357
Ne explétif 359
Les nombres cardinaux et ordinaux 360
L'alphabet phonétique 361

Glossaire 362
Index 376

Preface

Overview

The title of this grammar review has underscored, since it was first published in 1970, the open-ended perspective inherent in studying the basic principles of a language. The fifth edition of *La Grammaire à l'œuvre*, while preserving the essential features of the previous editions, attempts to make a shift in how the learning process is viewed and offers some exercise types favorable to that process. Teachers familiar with previous editions will continue to find a familiar organization of chapters into *Principes, Constructions, Étude de verbes*, and *Coin du spécialiste*, containing explanations in the target language aimed at English-speaking readers, a three-part set of exercises offering varied, communicative forms of practice, a detailed appendix of verb paradigms, an expanded French–English Glossary, and a well cross-referenced index. The nearly exclusive use of French in explanations and examples coupled with a double-column format for clear presentation, have been preserved, along with abundant *tableaux* presenting material in synthetic form.

In the past decade, foreign language teachers and second language acquisition researchers have increasingly concerned themselves with defining, developing, and refining theories of communicative competence, and formulating methodological approaches designed to give students communicative functionality going beyond the study of grammar rules and syntax and their rehearsal in fixed-point practice. For this reason, an effort has been made to increase the overall presence of context in the fifth edition of *La Grammaire à l'œuvre*, starting with the grammar illustrations themselves, which have been lengthened to the point where they contain more information than strictly required to illustrate a particular grammar point. A minimalist approach to illustrating language usage may have appeal to grammarians and teachers, by nature interested in specific points. They are sufficiently versed in the language to have a broader frame of reference needed for comprehending the succinct example. Language learners, on the other hand, rely heavily on the given language example to derive an understanding of the feature being illustrated.

New Features

Grammar illustrations

La Grammaire à l'œuvre, 5ᵉ édition has moved from the single sentence as a minimal construct for conveying a grammar point to a kernel of discourse viewed as a richer utterance unit sufficient to convey some sense of who is speaking, why and in what context, who is being addressed, and to what end. This needs to be just as apparent as the grammar being illustrated. The illustrations, insofar as possible, provide the student with concrete examples of purposeful discourse (language in action), having sufficient substance and interest to hold attention, and thereby be retained. In a sense, the study of text should give students the opportunity to eavesdrop in a manner analogous to the informed listening that takes place when one is listening to native speakers. If grammar illustrations are functioning as language, then they will be more easily remembered, since they have introduced credible interlocutors and fulfilled a narrative or dialogic task. It is hoped that from the dual focus on concise explanations and vivid examples some clear notions regarding the grammatical and syntactical structure of the language will emerge. Language learning, in the final analysis, is closely linked to the formulation of a grammar of hypothesis, to a considerable extent under constant revision, an internalized representation in a state of growth of how utterances are likely to unfold in a given context.

Content and order of chapters

The ideal order of chapters ultimately depends as much on student needs as on the nature of the course or the structure of a given curriculum. Since the chapters of *La Grammaire à l'œuvre* are independent of one another and amply cross-referenced, the order of study can easily be set by the instructors in accordance with curricular needs. For instructors opting to use the 12 chapters of the text sequentially, attention has been given to the following:

- The reduction of the number of chapters from 14 in the fourth edition to 12 in the fifth has resulted in redistribution of some material. The literary past tenses are now in Chapter 2, *La Narration au passé*, since students will invariably run into these tenses in their reading. No active command is expected. The literary subjunctive is treated in Chapter 10, *Le Subjonctif*, principally at the level of recognition, with the exercises geared accordingly. The comparative and superlative are now in Chapter 9, *Le Genre et le Nombre*, since adjectives are treated extensively in this chapter.

- Key concepts are placed early in the book. Indicative tenses, determiners, pronouns, and pronominal verbs are all covered by Chapter 7.

- The *Constructions* section of each chapter closes with an *Étude de verbes* intended as a gradual review of the complementary infinitive. In addition, reference lists of verbs taking *à* or *de* (or a direct infinitive) are also given in the appendix.

- Interrogation has been moved to the fourth chapter, following the treatment of the *passé composé* and *imparfait* in Chapter 3. In this way, interrogative structures can be reviewed in relationship to both the present and past tenses.

- The chapter on determiners is now in fifth position. Although this material is considered by some teachers so basic as to warrant initial position, second-language acquisition research has identified this grammatical material as late-acquired.

The tableaux

The *tableaux* are an integral part of the grammar explanations and are intended for close study. New *tableaux* have been added to present even more information than before in a dynamic, graphic form. Students should be encouraged to study the *tableaux* carefully, as they frequently contain material not found elsewhere in the chapter.

Limited use of English

While remaining basically committed to the idea of studying French entirely in the target language, *La Grammaire à l'œuvre* recognizes the value of an occasional reference to English, especially in the areas of conflicting usage or in situations where an English translation provides a more accurate understanding of a difficult idiom. Consequently, a few idioms formerly explained in French are now translated for the convenience of students when they study at home. Classroom discussion, however, should remain focused on the examples in French and on providing ample illustration of usage.

Suggested timing

In planning courses, it should be noted that some chapters (such as those covering the subjunctive, past tenses, gender, and number) will undoubtedly take longer to cover than others. On average, two to four days per chapter is sufficient, depending on the course requirements, variations in students ability, and whatever supplementary reading material may be included in the curriculum.

Exercise Program — Échanges interactifs

Conversations dirigées

In order to place emphasis on situating language practice in viable communicative settings, the exercises in *Conversations dirigées* have been modified and expanded the basic assumption that students can help each other in small groups with a certain amount of fixed material and known answers to which they can refer. What was formerly contextually embedded, guided practice of points, involving two students (**A** and **B**) in somewhat mechanical routines has now, in many instances, become a conversational framework for communication between two or three or more students (**A, B, C,** and **D**) exchanging information as they utilize material given in the exercises. These practice frameworks are kept as conversational as possible and are, at times, interspersed with open-ended response so that some opportunity for improvisation is included in the specific coverage of grammatical points.

To assist students playing a **C** or **D** role involving observing and correcting the performance of **A** and **B**, and intervening spontaneously, some indications of possible interventions have been included in the answer key, now printed after each exercise for ease of reference. A teacher moving from group to group can monitor the exchanges, providing support and occasional suggestions for the open-ended portions of the exercises. It is important not to be overly intrusive at this stage or unduly concerned with error. In a natural language-learning setting, just as in real life, students will make mistakes, but they often may self-correct. If students work within a communicative framework providing good models, support and direction, they will be better able to bridge the gap between controlled, single-sentence, unrelated utterances and a more sustained exchange having some purpose.

Mise au point

The exercises in *Mise au point* are to be viewed as a means of bringing to light points with which students need help. In order to fine-tune grammatical usage, context is essential. To this end, the grammar points covered in *Mise au point* are frequently embedded in stories or groupings of sentences having a contextual frame of references. They should be approached as a joint venture—a collaboration between teacher and students—aimed at developing a better sense of some of the predictability a rule-system can provide in dealing with various levels of discourse in a wide variety of situations, and a means of examining the more ambiguous areas where grammatical usage varies according to the intent of the speaker (writer). While this gray zone may be disquieting to some students, it is important that they be gradually exposed to nuance and interpretive language use. Encouraging debate in areas open to interpretation and alternate possible answers is highly encouraged. The classroom is an ideal place to engage such discussions and students should feel that they are being involved in learning how to think about language and about the options that inevitably abound at almost every turn of an utterance.

Projets de communication

Teachers espousing a task-oriented approach in their language course will find in this section abundant suggestions for group and individual projects, requiring a conscious effort on the part of the students to draw on the grammar studied while engaging in natural and worthwhile communication. Included are debate topics, skits, oral exposés, class discussions, games, pastiches, and a wide range of research projects and written compositions. New to the fifth edition is an exercise entitled: "Discussion à partir d'un texte", placed at the end of each *Projets de communication* section. There is no intent, by the inclusion of these reading selections, to turn *La Grammaire à l'œuvre* into a combined grammar and reading anthology. The texts are provided rather as a frame of reference or "pretext" for discussion. Where possible they have been chosen for their relevance to the point of grammar under study, but their primary value, in addition to providing some reading experience within the framework of grammar review, resides in their ability to provoke discussion of the ideas or themes they embody. In more advanced classes they could certainly be used as the basis for brief literary analysis with teachers furnishing their own questions.

Complete coverage of the *Projets de communication* exercises is not intended. At least one written assignment may be given per lesson. The oral presentations may be undertaken voluntarily on a rotating basis from lesson to lesson. By the end of the course, all students should ideally have performed in a debate, a skit, or some oral exposé. A well delivered presentation almost invariably leads to lively classroom discussion. Instructors may also wish to have students turn in their scripts or notes for further correction after they have performed in class. Or one could also have group projects submitted for corrections prior to performance in keeping with current corrections strategies dealing with writing as a process.

Supplements

Lab Cassettes

The listening activities of the laboratory and supplementary exercise manual are found on corresponding cassettes.

A special feature of the laboratory program is the inclusion of the *Conversations dirigées* exercises from the main text. This will provide listening comprehension practice for students either in preparing for class or in securing additional practice after class if needed. A revised set of dictations, some in the form of oral CLOZE have also been provided.

Language Laboratory and Supplementary Exercise Manual

A language laboratory program containing both oral and written exercises accompanies *La Grammaire à l'œuvre*. The laboratory lessons, coordinated with the chapters in the main textbook, review and reinforce key points of grammar and idiomatic usage. The student manual contains a guide to the laboratory exercises as well as supplementary written practice for each chapter of *La Grammaire à l'œuvre*. Diversified exercises are provided, including open-ended questions and oral comprehension, as well as suggestions for compositions and class activities.

Conclusion

La Grammaire à l'œuvre, in this fifth edition, will, it is hoped, provide students with a well-articulated focus on the many uses of language and the rules which govern its behavior in meaningful contexts. It has through its several periods of growth and evolution retained its initial intent to be a clear, flexible review of French, with some systematic as well as project-centered practice in achieving competency. In using it, teachers and students are encouraged to keep ever-present in mind that language is the instrument and reflection of our creative energy and humanity, a key tool with which we forge our very sense of existence. The basic assumption of *La Grammaire à l'œuvre* is that rules of language are not studied for their own sake nor for the sake of performing exercises but to make invention and communication possible.

Acknowledgments

I wish to extend special thanks to Claudie Hester of Menlo College for her meticulously attentive reading of the manuscript and page proofs. Her years of experience as a French teacher, her high standards and intuitive sense of students' ability to comprehend French language and French language explanations have resulted in many refinements in this edition.

I am also indebted to Frantz Teissèdre and Julien Roquefort for contributing some of the stories found in the exercises, to Marc Broussard and Laurence Ravat for their proof-reading assistance, and to Donna Fortier for her diligent help in preparing the glossary.

Also deserving credit are Nancy Geilen and Nancy Siegel, who combined good organization with a considerate attitude in the discharge of their responsibilities as Developmental Editors. Thanks also are due to Miriam Bleiweiss for attending to securing permissions, to Marie-Christine Lagarde, copyeditor and native reader, and to Melissa Gruzs and Jackie Rebisz, proofreaders.

Finally, without the expertise and diligent attention of Christine Wilson, project manager and compositor, this edition of *La Grammaire à l'œuvre* would not have reached its clear and attractive form. Her conscientiousness, patience, and unfailing good spirits were invaluable.

Reviewers

Sincere appreciation is also extended to the following people for their comments on the manuscript: Diane Fagin Adler, North Carolina State University; Heather Arden, University of Cincinnati; Dorothy M. Betz, Georgetown University; Jean Knecht, Texas Christian University; Brigitte Roussel, Wichita State University; and Vera Wenzel, Albion College.

Literary Permissions

Chapitre

1

Le Présent et l'impératif

Présentation

PRINCIPES

La formation du présent
L'emploi du présent
La formation de l'impératif
L'emploi de l'impératif

CONSTRUCTIONS

L'infinitif

ÉTUDE DE VERBES
Être en train de + *infinitif*
Venir de + *infinitif*
Aller + *infinitif*

COIN DU SPÉCIALISTE

Échanges interactifs

Présentation

PRINCIPES

I. La formation du présent

REMARQUE PRÉLIMINAIRE : Pour conjuguer un verbe on ajoute au radical du verbe une série de terminaisons. On obtient le radical d'un verbe en supprimant la terminaison de l'infinitif. Par exemple, **parler, finir, rendre** ont pour radical : **parl-, fin-, rend-**. Certains verbes ont un radical irrégulier ou parfois même deux radicaux pour leur conjugaison. Exemples : **recevoir (reçoi-, recev-), venir, (vien-, ven-), croire (croi-, croy-)**.

A. Verbes réguliers en *-er* (modèle : *parler*)

Ajoutez au radical (**parl-**) les terminaisons : **-e, -es, -e, -ons, -ez, -ent.** (Voir Tableau 1.)

B. Verbes en *-ir* (modèle : *finir*)

Pour les verbes conjugués comme **finir**, ajoutez au radical (**fin-**) les terminaisons : **-is, -is, -it, -issons, -issez, -issent.** (Voir Tableau 1.)

TABLEAU 1

LE PRÉSENT DES VERBES EN *-ER, -IR* ET *-RE*		
Parler	**Finir***	**Rendre**†
je parle	je finis	je rends
tu parles	tu finis	tu rends
elle/il parle	elle/il finit	elle/il rend
nous parlons	nous finissons	nous rendons
vous parlez	vous finissez	vous rendez
elles/ils parlent	elles/ils finissent	elles/ils rendent

*Verbes conjugués comme **finir** : *agir (réagir), agrandir, bâtir, blanchir, choisir, démolir, établir, grandir, grossir, noircir, obéir, pâlir, ralentir, réfléchir, réussir, rougir, salir, vieillir*. Notez que les verbes formés sur un adjectif sont souvent des verbes en **-ir** avec l'infixe **-iss** : *blanchir, grandir*, etc.

†Verbes conjugués comme **rendre** : *confondre, défendre, dépendre, descendre (redescendre), détendre, fondre, mordre, pendre, perdre, répondre, tendre, tordre, vendre (revendre)*.

TABLEAU 2

VERBES EN -_IR_ QUI NE PRENNENT PAS L'INFIXE (-_ISS_)		
Courir	**Dormir**	**Mentir**
je cours	je dors	je mens
tu cours	tu dors	tu mens
elle/il court	elle/il dort	elle/il ment
nous courons	nous dormons	nous mentons
vous courez	vous dormez	vous mentez
elles/ils courent	elles/ils dorment	elles/ils mentent
Partir	**Servir**	**Sortir**
je pars	je sers	je sors
tu pars	tu sers	tu sors
elle/il part	elle/il sert	elle/il sort
nous partons	nous servons	nous sortons
vous partez	vous servez	vous sortez
elles/ils partent	elles/ils servent	elles/ils sortent

C. Verbes en -_re_ **(modèle :** _rendre_**)**

Pour les verbes conjugués comme **rendre,** ajoutez au radical (**rend-**) les terminaisons : **-s, -s,** _(pas de terminaison),_ **-ons, -ez, -ent.** (Voir Tableau 1.)

D. Certains verbes en -_ir_ **(modèle :** _partir_**)**

Ces verbes ne prennent pas l'infixe **-iss-**, notamment : _courir, dormir, mentir, partir, servir, sortir._ (Voir Tableau 2.)

REMARQUES :

1. Les verbes suivants en **-ir** se conjuguent au présent comme les verbes en **-er** : _offrir, souffrir, ouvrir (rouvrir), couvrir (découvrir, recouvrir)._

2. Pour le verbe **prendre** et ses composés : _reprendre, comprendre, surprendre,_ le pluriel est irrégulier.

ATTENTION ! Ne confondez pas les verbes conjugués comme **rendre** _(confondre, défendre, dépendre, descendre, détendre, fondre, mordre)_

Offrir		
j' offre	nous offrons	
tu offres	vous offrez	
elle/il offre	elles/ils offrent	

Prendre		
je prends	nous prenons	
tu prends	vous prenez	
elle/il prend	elles/ils prennent	

TABLEAU 3

VERBES IRRÉGULIERS À L'INDICATIF PRÉSENT				
Être	**Avoir**	**Aller**	**Faire**	**Prendre**
je suis	j' ai	je vais	je fais	je prends
tu es	tu as	tu vas	tu fais	tu prends
elle/il est	elle/il a	elle/il va	elle/il fait	elle/il prend
nous sommes	nous avons	nous allons	nous faisons	nous prenons
vous êtes	vous avez	vous allez	vous faites	vous prenez
elles/ils sont	elles/ils ont	elles/ils vont	elles/ils font	elles/ils prennent
Dire	**Lire**	**Écrire**	**Vivre**	**Ouvrir**
je dis	je lis	j' écris	je vis	j' ouvre
tu dis	tu lis	tu écris	tu vis	tu ouvres
elle/il dit	elle/il lit	elle/il écrit	elle/il vit	elle/il ouvre
nous disons	nous lisons	nous écrivons	nous vivons	nous ouvrons
vous dites	vous lisez	vous écrivez	vous vivez	vous ouvrez
elles/ils disent	elles/ils lisent	elles/ils écrivent	elles/ils vivent	elles/ils ouvrent
Connaître	**Rire**	**Mourir**	**Mettre**	**Cueillir**
je connais	je ris	je meurs	je mets	je cueille
tu connais	tu ris	tu meurs	tu mets	tu cueilles
elle/il connaît	elle/il rit	elle/il meurt	elle/il met	elle/il cueille
nous connaissons	nous rions	nous mourons	nous mettons	nous cueillons
vous connaissez	vous riez	vous mourez	vous mettez	vous cueillez
elles/ils connaissent	elles/ils rient	elles/ils meurent	elles/ils mettent	elles/ils cueillent

avec les verbes conjugués comme **prendre** (*apprendre, comprendre, reprendre, surprendre*).

E. Verbes irréguliers en *-re, -ir, -oir*

La plupart de ces verbes ont les terminaisons : **-s, -s, -t, -ons, -ez, -ent.** (Voir Tableau 3 pour les principaux verbes irréguliers au présent.)

F. Les verbes dont l'orthographe change au présent de l'indicatif

1. Verbes en *-ger* ou *-cer* (*manger, placer*): A la forme *nous* les verbes en **-ger** se terminent par **-geons** et les verbes en **-cer** se terminent en **-çons.** Ces changements (**g** → **ge** et **c** → **ç**) dans les verbes comme **manger** (nous mangeons) et **placer** (nous plaçons) préservent le son que les lettres **c** et **g** produisent à l'infinitif de ces verbes (**g** = j et **c** = ss).

Nous ne mangeons pas de viande le vendredi.

Nous plaçons beaucoup d'étudiants à l'étranger.

TABLEAU 3 (suite)

VERBES IRRÉGULIERS À L'INDICATIF PRÉSENT				
Boire	**Recevoir**	**Devoir**	**Plaire**	**Conduire**
je bois	je reçois	je dois	je plais	je conduis
tu bois	tu reçois	tu dois	tu plais	tu conduis
elle/il boit	elle/il reçoit	elle/il doit	elle/il plaît	elle/il conduit
nous buvons	nous recevons	nous devons	nous plaisons	nous conduisons
vous buvez	vous recevez	vous devez	vous plaisez	vous conduisez
elles/ils boivent	elles/ils reçoivent	elles/ils doivent	elles/ils plaisent	elles/ils conduisent
Pouvoir	**Vouloir**	**Valoir**	**Croire**	**Voir**
je peux	je veux	je vaux	je crois	je vois
tu peux	tu veux	tu vaux	tu crois	tu vois
elle/il peut	elle/il veut	elle/il vaut	elle/il croit	elle/il voit
nous pouvons	nous voulons	nous valons	nous croyons	nous voyons
vous pouvez	vous voulez	vous valez	vous croyez	vous voyez
elles/ils peuvent	elles/ils veulent	elles/ils valent	elles/ils croient	elles/ils voient
Craindre	**Peindre**	**Éteindre**	**Venir***	**Distraire**
je crains	je peins	j' éteins	je viens	je distrais
tu crains	tu peins	tu éteins	tu viens	tu distrais
elle/il craint	elle/il peint	elle/il éteint	elle/il vient	elle/il distrait
nous craignons	nous peignons	nous éteignons	nous venons	nous distrayons
vous craignez	vous peignez	vous éteignez	vous venez	vous distrayez
elles/ils craignent	elles/ils peignent	elles/ils éteignent	elles/ils viennent	elles/ils distraient

*Comme **venir** : _tenir_ — je tiens, tu tiens, etc.

Principaux verbes comme **manger :** _déménager, déranger, nager, partager, plonger, ranger, rédiger, songer, voyager._

Principaux verbes comme **placer :** _commencer, forcer, lancer, menacer._

2. Verbes en -_yer_ : Pour les verbes en **-yer** comme _appuyer, déployer, employer, ennuyer, payer,_ **y** devient **i** à toutes les formes du présent sauf pour _nous_ et _vous_.

NOTE : Les verbes en **-ayer** comme _payer, rayer, balayer_ peuvent garder le **y** à toutes les personnes : je paye, tu payes, nous payons, etc. (Voir Tableau 4, p. 6.)

Qu'est-ce que Gérard emploie quand il lave sa voiture ?

Je balaye (balaie) la salle de récréation une fois par semaine.

TABLEAU 4

VERBES À CHANGEMENTS ORTHOGRAPHIQUES				
Employer	**Acheter**	**Espérer**	**Appeler**	**Jeter**
j' emploie	j' achète	j' espère	j' appelle	je jette
tu emploies	tu achètes	tu espères	tu appelles	tu jettes
elle/il emploie	elle/il achète	elle/il espère	elle/il appelle	elle/il jette
elles/ils emploient	elles/ils achètent	elles/ils espèrent	elles/ils appellent	elles/ils jettent

MAIS :

nous employons	nous achetons	nous espérons	nous appelons	nous jetons
vous employez	vous achetez	vous espérez	vous appelez	vous jetez

Principaux verbes comme **employer** : *balayer, ennuyer, payer*
Principaux verbes comme **espérer** : *céder, gérer, lacérer, préférer, répéter, révéler, suggérer*
Principaux verbes comme **acheter** : *amener, emmener, peser*
Principaux verbes comme **appeler** et **jeter** : *étinceler, feuilleter, projeter, rejeter, renouveler*

3. Verbes en *e* ou *é* + consonne + *er* : Pour les verbes comme *acheter, espérer,* **e** ou **é** devient **è** devant une terminaison avec un **e** muet. Notez les changements de prononciation. (Voir Tableau 4.)

Mes amis achètent toujours leurs vêtements en solde.

ATTENTION ! Certains verbes en **-eler** et **-eter** (*appeler, jeter*) redoublent la consonne finale au lieu de prendre un **è**. Notez que **ète** et **ette** se prononcent de la même façon, ainsi que **èle** et **elle**.

Vite, jette-moi la balle !

Comment t'appelles-tu? —Moi, je m'appelle Marc.

G. Conjugaison des verbes pronominaux

Un verbe pronominal est un verbe conjugué avec un pronom personnel « réfléchi » : **me, te, se, nous, vous, se.** Ce pronom représente le sujet du verbe. (Pour les verbes pronominaux, voir *Chapitre 7*.)

Se laver	
je me lave	nous nous lavons
tu te laves	vous vous lavez
elle/il se lave	elles/ils se lavent

II. L'emploi du présent

En général, l'emploi du présent est le même en français qu'en anglais.[1]

---

[1] En anglais, il y a trois formes différentes pour exprimer le présent : par exemple, « Elle travaille » = *She works, she is working, she does work.* Faites attention à ne pas traduire littéralement de l'anglais la forme progressive en *-ing.*

A. Le présent exprime une action qui se déroule au moment où l'on parle.

Que fait Miriam? — Elle prépare un article sur ses recherches en biochimie.

Je comprends bien votre situation et les difficultés que vous éprouvez à parler de cet incident.

B. Il exprime aussi un état général ou permanent.

Marianne ne mange jamais de viande et ne boit pas de café.

Les salaires n'augmentent pas aussi vite que les prix.

L'après-midi nous faisons un peu de natation ou nous courons, puis nous travaillons au laboratoire. Avant de dîner, nous écoutons les informations locales.

Dans le nord-ouest des États-Unis, il pleut souvent.

C. On peut employer le présent pour donner une impression d'actualité ou d'imminence à une action future.

Je vais chez des copains demain soir.

Les délégués arrivent de Paris dans deux jours.

Jean-Claude est triste parce qu'il reprend ses études le mois prochain.

D. Employé après **si,** le présent introduit une hypothèse dont les conséquences sont envisagées dans leur réalisation probable. Le verbe de la proposition principale est d'habitude au futur et quelquefois à l'impératif ou au présent. (Voir Tableau 5.)

E. Avec **depuis** l'usage français diffère de l'anglais. Si l'action commencée dans le

Nous étudions le français depuis un an (depuis le semestre d'automne, depuis 1990).

TABLEAU 5

PHRASES HYPOTHÉTIQUES		
Hypothèse	**Proposition principale**	**Exemples**
si + *présent...*	*futur*	Si tu manges trop de chocolat, tu auras mal au ventre.
	présent	Si Christophe boit trop, il raconte des bêtises. Si les gens parlent trop vite, je ne les comprends pas.
	impératif	Si vous ne comprenez pas ce que je dis, levez la main et posez-moi une question.

passé continue au moment présent, on emploie le présent après **depuis.**[2]

Pour la formation de la question avec **depuis quand... ?** ou **depuis combien de temps... ?**, voir p. 73.

III.   La formation de l'impératif

A.   Les trois personnes de l'impératif correspondent aux formes *tu, nous* et *vous* de l'indicatif présent.[3] Les verbes **avoir, être** et **savoir** sont irréguliers à l'impératif. (Voir Tableau 6.) Pour l'impératif irrégulier de **vouloir,** voir p. 14.

1.   Pour la forme *tu* de tous les verbes en **-er** et des verbes en **-ir** conjugués comme des verbes en **-er** (*offrir, souffrir, ouvrir, couvrir, découvrir, recouvrir*), il n'y a pas de **-s** à l'impératif, mais il y en a un au présent de l'indicatif.

	Indicatif	**Impératif**
danser	tu danses	danse
aller	tu vas	va

2.   Il n'y a jamais de pronom sujet à l'impératif.

Ne buvez pas ce lait, il est tourné.

Viens avec moi et surtout ne dis rien à ton père !

Va chez Pierre et dis-lui de venir me voir tout de suite.

3.   Avec l'impératif affirmatif des verbes pronominaux, le pronom réfléchi se met après le verbe. A la forme négative, le pronom réfléchi se place devant le verbe. (Voir p. 169.)

Impératif	
Affirmatif	**Négatif**
lave-toi	ne te lave pas
lavons-nous	ne nous lavons pas
lavez-vous	ne vous lavez pas

Assieds-toi, j'ai quelque chose à te dire.

Plaignez-vous au directeur si vous n'êtes pas satisfait !

ATTENTION ! Ne confondez pas l'impératif des verbes pronominaux avec celui des autres verbes.

Jacques, lève-toi et va vite fermer la fenêtre. Il pleut à torrent.

Dis ce que tu as à dire ou bien tais-toi une fois pour toutes !

---

[2] En anglais on emploie dans ce cas le *present perfect.*

[3] Pour l'impératif des verbes pronominaux, voir p. 169.

TABLEAU 6

FORMATION DE L'IMPÉRATIF			
Formation régulière		**Verbes irréguliers**	
INDICATIF PRÉSENT	IMPÉRATIF	IMPÉRATIF	
Attendre		**Être**	
tu attends	→ attends	sois	
nous attendons	→ attendons	soyons	
vous attendez	→ attendez	soyez	
Parler		**Avoir**	
tu parles	→ parle	aie	
nous parlons	→ parlons	ayons	
vous parlez	→ parlez	ayez	
Offrir		**Savoir**	
tu offres	→ offre	sache	
nous offrons	→ offrons	sachons	
vous offrez	→ offrez	sachez	

4. Les verbes qui ont des changements orthographiques au présent (voir p. 4) les ont également à l'impératif.

Retraçons nos pas jusqu'à la sortie, sinon nous ne sortirons jamais de ces cavernes.

Nettoie ta chambre tout de suite et ne rouspète pas ! C'est un vrai taudis. Et à partir de maintenant ne jette plus tes affaires par terre dans le salon.

Répète la question, s'il te plaît; je n'ai pas bien compris.

Jette-moi la balle.

Ta mère a téléphoné ce matin. Elle avait un message urgent pour toi. Rappelle-la ce soir sans faute.

B. A l'impératif affirmatif seulement, les pronoms objets sont placés après le verbe. Pour l'ordre des pronoms après le verbe, voir p. 144.

Tu vois bien que Christophe n'a pas envie de jouer. Laisse-le tranquille.

Il pleut à verse et je dois faire une course. Prête-moi ton parapluie. Je te le rendrai dans une heure.

Tu as passé deux ans en Afrique. Raconte-nous donc tes impressions.

Passe-moi le sel et le poivre, s'il te plaît.

A l'impératif négatif, les pronoms sont à leur place habituelle devant le verbe.

Ne le laisse pas seul. Il a peur du noir.

Ne lui prête pas ton appareil de photos. Il le perdra sûrement.

IV.   L'emploi de l'impératif

A.   On emploie l'impératif pour donner un ordre. A la forme *nous* l'impératif exprime souvent une suggestion.

Partez. Courez. Ne perdez pas une minute.

Ne touchez à rien dans ce laboratoire, sinon les chercheurs vont se mettre en colère.

« Travaillez, prenez de la peine. C'est le fonds qui manque le moins. » (La Fontaine, *Fables*)

Sois raisonnable. Tu sais bien que je ne peux pas t'offrir ce voyage.

Il fait beau aujourd'hui. Allons faire une promenade.

B.   Comme la forme impérative est très forte, on cherche à exprimer les ordres d'une manière indirecte en se servant d'autres tournures à la place de l'impératif. Le choix de ces alternatives dépend le plus souvent de facteurs sociolinguistiques ou du contexte dans lequel l'ordre est donné plutôt que de règles grammaticales proprement dites.

1.   On peut transformer l'ordre en une question avec **pouvoir** + *infinitif*.

Donne-moi un coup de main. (Tu peux me donner un coup de main ?)

Il fait très chaud ici. Est-ce que vous pourriez ouvrir la fenêtre ?

Peux-tu m'accompagner à la gare ? Mon train part dans cinq minutes.

2.   Le futur s'utilise aussi pour donner des ordres.

Pour demain, vous lirez le premier acte d'*Antigone* et vous préparerez trois questions.

C.   L'infinitif peut exprimer un ordre écrit et impersonnel. On ne s'adresse pas spécifiquement à quelqu'un. Les ordres à l'infinitif se trouvent dans les recettes de cuisine, dans les lieux publics.

Bien laver les champignons et les faire revenir au beurre avec un peu d'ail. Ajouter du persil haché fin et verser sur les entrecôtes grillées avant de servir.

Ne pas fumer. Ne pas se pencher au dehors. *(No smoking. Don't lean out the window.)*

En cas d'urgence, appuyer sur le bouton rouge.

CONSTRUCTIONS

I. L'infinitif

A. Formes

1. A l'infinitif présent les verbes ont les terminaisons : **-er, -ir, -re, -oir :** _danser, finir, parler, prendre, recevoir, rendre, sortir, vouloir._

Denis veut prendre le train, aller en ville, voir des musées et dîner au restaurant.

2. Il existe aussi une forme composée de l'infinitif : l'infinitif passé.

Après avoir dansé toute la soirée, Bernard est rentré à deux heures du matin.

Après être arrivés à Genève, nous avons cherché un hôtel.

avoir ⎤
            ⎥ + _participe passé du_
être ⎦   _verbe utilisé_

EXEMPLES : _avoir parlé, avoir dansé, être arrivée(s)/arrivé(s), être sortie(s)/sorti(s)_

3. A la forme négative les deux parties de la négation sont placées devant l'infinitif : _ne pas parler, ne plus boire, ne pas avoir parlé, ne jamais être allé,_ etc.

On m'a dit de ne pas boire trop de café.

Je regrette de ne jamais être allé à Chartres.[4]

4. Les pronoms objets directs et indirects sont à leur place habituelle devant le verbe qui gouverne ces pronoms.

Gardez ces cerises pour vous ; je ne veux pas vous en priver.

Le petit Simon a supplié ses camarades de l'admettre dans leur club, mais ils ont refusé.

Es-tu allée à la gare avec ton amie hier ? — Non, j'y suis allée pour aller la chercher.

5. Le pronom réfléchi d'un verbe pronominal à l'infinitif est à la même personne que le pronom du verbe principal.

Moi, je veux m'habiller pour sortir, mais elle, elle veut se mettre en tenue de sport. Décidément, nous ne pouvons jamais nous entendre !

B. Emploi

1. L'infinitif est surtout employé comme complément d'un verbe. Le plus souvent il est objet direct ou introduit par **à** ou **de.**[5]

Nous pensons faire un pique-nique. Alice et Jacques vont nous aider à faire les sandwiches et nous allons demander à Julien d'apporter sa nouvelle stéréo portative.

---

[4] Avec **être** et **avoir** on peut dire **n'être pas** et **n'avoir pas**, et, par conséquent, à l'infinitif composé des autres verbes : **n'avoir pas chanté, n'être pas arrivé**. EXEMPLES : _Je regrette de n'être jamais allé à Chartres. Elle était désolée de n'avoir pas chanté._ Cette tournure appartient au style soutenu.

[5] Pour l'infinitif après **pour, avant de, sans,** voir p. 260.

2. Dans une phrase ayant un infinitif complément d'objet direct, l'action de l'infinitif se rapporte au sujet du verbe qui gouverne l'infinitif.

Si un autre sujet que celui de la proposition principale accomplit l'action subordonnée,[6] il faut employer une proposition subordonnée, introduite par **que,** pour exprimer ce changement de sujet.

3. L'infinitif composé (passé) s'utilise pour indiquer que l'action de l'infinitif précède chronologiquement l'action du verbe principal. L'infinitif passé exprime toujours une action terminée par rapport à l'autre verbe dans la phrase.

REMARQUE : Certains verbes n'ont pas la même construction quand ils sont suivis d'un infinitif ou d'un nom. Voir p. 346 pour la construction multiple des verbes les plus courants.

4. L'infinitif s'emploie aussi dans certaines constructions idiomatiques :

a. **être** + *adjectif* + **de** + *infinitif*
Employez cette construction quand l'adjectif exprime un sentiment : *content, désolé, furieux, heureux, triste.*

b. **être** + *adjectif* + **à** + *infinitif*
Employez cette construction avec certains adjectifs comme :

agréable/désagréable/pénible/terrible
amusant/triste
difficile/facile

Marie-Laure voulait danser dans le ballet *Giselle*, mais le directeur de la troupe ne voulait pas lui donner un rôle si difficile.

Comme l'oncle de Jean-Pierre ne sait pas faire la cuisine, il préfère dîner au restaurant.

Marie-Laure voudrait que je danse avec elle.
L'oncle de Jean-Pierre aimerait que vous dîniez avec lui.

Après avoir fini ses études de droit, Frédéric cherchera un poste dans une étude d'avocats.

Jean-Christophe regrette d'avoir eu si peu de temps pour montrer Paris à son amie Julie. Elle a quitté la capitale sans être allée une seule fois à Montmartre.

Après être arrivés à l'hôtel, mes parents ont défait leurs valises et rangé leurs affaires. Après s'être reposés un peu, ils sont sortis dîner.

Après avoir fini mes devoirs, je finirai d'écrire cette lettre.

Je suis très heureux de faire votre connaissance.
Marie-Hélène est très déçue de n'avoir pas gagné la médaille de bronze.

La philosophie de Sartre est souvent difficile à comprendre, mais je suis prêt à essayer.
Demande à Stéphanie. Elle est toujours prête à rendre service.

_____
[6] Exceptionnellement, avec les verbes de perception comme *voir, regarder, entendre, sentir,* etc., l'action de l'infinitif complément est accomplie par quelqu'un d'autre que le sujet du verbe principal. EXEMPLES : *Il regardait danser les singes (les singes dansaient). J'ai entendu l'avocat lire le testament (l'avocat lisait).* (Voir p. 312.)

intéressant/ennuyeux
léger/lourd
lent/rapide
possible/impossible
premier/dernier
prêt
seul

L'infinitif complément (**à** + *infinitif*) précise l'application de l'adjectif.

NOTE : **A** + *infinitif* indique parfois une obligation.

c. **Il est** + *adjectif* + **de** + *infinitif.* **C'est** + *nom* + **de** + *infinitif.*

Dans ces deux constructions, **il est** (impersonnel) et **c'est** sont des présentatifs, c'est-à-dire qu'ils servent à introduire un fait non mentionné encore. L'infinitif est en réalité le sujet du verbe **être.**

Dans la conversation on dit souvent **c'est** au lieu de **il est** + *adjectif* + **de** + *infinitif.*

ATTENTION ! Ne confondez pas **il est** et **c'est** (présentatifs) avec **c'est** + *adjectif* + **à** + *infinitif* où **c'** renvoie à un fait déjà mentionné.

5. L'infinitif peut être sujet. Il exprime alors un fait général.

6. L'infinitif sert souvent à exprimer des ordres impersonnels ou des instructions générales. (Voir p. 10.)

Chaque fois qu'on tourne le dos, ils se battent. C'est vraiment triste à voir.

Ce sac où j'ai mis toutes mes chaussures est lourd à porter.

Voilà un puzzle amusant à faire.

J'ai du travail à faire. (qu'il faut que je fasse)

Voilà un livre à lire. (qu'il faut lire)

Il est important de bien prononcer le français. (Bien prononcer est important.)

Il était facile de choisir le meilleur joueur.

C'est une bonne idée de faire des économies, mais il ne faut pas se priver de tout dans la vie.

C'est (Il est) dommage de rentrer si tôt.

La couturière m'a montré comment recoudre la poche. C'est très facile à faire. (COMPAREZ : Il est facile de recoudre la poche.)

Vouloir, c'est pouvoir.

Savez-vous qui a dit « Partir, c'est mourir un peu » ?

Ralentir. Travaux. *(Slow. Roadwork ahead.)*

ÉTUDE DE VERBES

A. Être en train de + *infinitif*

Employez **être en train de** pour insister sur le fait qu'une action se passe au moment où on parle. Remarquez que l'expression n'est pas limitée au présent. Au passé, **être en train de** est toujours à l'imparfait.

Étienne ne peut pas venir au téléphone. Il est en train de se raser.

Ma femme était en train de payer les factures quand je suis rentré.

Demain à cette heure, ils seront en train de se bronzer sur une plage de Tahiti.

B. Venir de + *infinitif*

L'expression **venir de** s'applique à une action récemment achevée. Au passé, **venir de** est toujours à l'imparfait.

Les tartes viennent de sortir du four. Elles sont encore toutes chaudes.

On vient d'annoncer les résultats de l'élection. C'est une grande victoire pour notre parti.

Il venait de verser les gouttes d'arsenic dans le verre quand l'espion est entré.

C. Aller + *infinitif*

Le présent du verbe **aller** + *infinitif* exprime un futur assez proche du présent.

Je pense que le tigre va attaquer la gazelle.

Il fait gris en ce moment, mais je pense que le soleil va percer d'ici quelques minutes.

Dans un contexte au passé, la construction **aller** + *infinitif* est toujours à l'imparfait.

Je pensais que le tigre allait attaquer la gazelle.

NOTE : La construction **aller** + *infinitif* ne peut pas se mettre au subjonctif. Dans ce cas, on met le verbe en question au subjonctif ou l'on utilise une tournure comme : *être sur le point de, avoir l'intention de.*

Il est douteux que le tigre attaque (soit sur le point d'attaquer) la gazelle.

Je suis désolé que Jean-Luc fasse (ait l'intention de faire) son service militaire avant de finir ses études.

Il se peut qu'Alice adresse (ait l'intention d'adresser) quelques mots aux invités.

COIN DU SPÉCIALISTE

A. Le présent historique (littéraire)

On intercale parfois le présent dans une narration au passé pour rendre cette narration plus vivante.

La nuit dernière le bruit de la porte d'entrée m'a réveillée; vite, j'ai pris ma lampe électrique et je suis descendue. En arrivant dans le salon, je vois un voleur qui sort par la fenêtre. Vite, je cours après lui, je le frappe avec la lampe. Il tombe inconscient. Alors, j'ai téléphoné à la police. Un agent est arrivé en moins de cinq minutes...

B. L'impératif de supposition

L'impératif peut exprimer une supposition.

Donnez-lui cent dollars, il les dépensera inutilement (= si vous lui donnez cent dollars, il les dépensera).

C. Formules de politesse

L'impératif de **vouloir** et d'**avoir** est employé dans les formules de politesse comme : *ayez la* *gentillesse de* + infinitif...; *veuillez agréer, cher Monsieur, l'expression de mes sentiments distingués* (fin d'une lettre d'affaires), *veuillez vous asseoir.* Le verbe **vouloir** n'est guère usité aux autres formes de l'impératif : *veuille, veuillons.*

Échanges interactifs

CONVERSATIONS DIRIGÉES

I. *(En groupes de trois) A posera les questions à **B** et **C** et contrôlera les réponses dans la mesure du possible. A, **B** et **C** changeront de rôles et improviseront d'autres questions et réponses sur le même modèle.*

Situation 1 : Les distractions

1. Est-ce que tu joues au tennis ? (au volley-ball ? au football ? au basket ?)
2. Quel sport préfères-tu ?
3. Est-ce que tu fais la cuisine ? (Quel plat fais-tu le mieux ?)
4. Quelle musique aimes-tu ?
5. Lis-tu des journaux ? Lesquels ?
6. Regardes-tu la télé ? Quelles émissions préfères-tu ?

RÉPONSES

1. Je joue au tennis (au volley-ball, au football, au basket, etc.).
2. Je préfère le...
3. Oui, je fais la cuisine. Non, je ne fais pas la cuisine. Le plat que je fais le mieux est...
4. J'aime la musique rock (la musique classique, le jazz, etc.).
5. Oui, je lis des... Non, je ne lis pas de journaux.
6. Oui, je regarde la télé. Je préfère... Non, je ne regarde pas la télé.

Situation 2 : Les études

1. Est-ce que tu suis des cours intéressants ? Lesquels ?
2. As-tu des professeurs originaux ?
3. Où est-ce que tu étudies le soir ?
4. Où achètes-tu tes manuels scolaires ?
5. Fais-tu des dissertations chaque semaine ?
6. Reçois-tu de bonnes notes de tes professeurs ?

RÉPONSES

1. Oui, je suis des cours intéressants : la biologie, les maths, l'histoire, etc.
2. Oui, j'ai des professeurs originaux. (Oui, j'en ai.) Non, je n'ai pas de professeurs originaux. (Non, je n'en ai pas.)
3. J'étudie à la bibliothèque, dans ma chambre, au café, etc.
4. J'achète mes manuels scolaires à la librairie de l'université (à...).
5. Oui, je fais des dissertations chaque semaine. Non, je ne fais pas de dissertation chaque semaine. (Oui, j'en fais.) (Non, je n'en fais pas chaque semaine.)

6. Oui, je reçois de bonnes notes de mes professeurs. Non, je ne reçois pas de bonnes notes de mes professeurs. (Oui, j'en reçois de bonnes. Non, je n'en reçois pas de bonnes.)

II. *(En groupes de trois)* **Situation :** « Tu n'as pas de chance ! » *A racontera ses activités pendant un week-end typique consacré aux études. Pour chacune d'elles, **B** précisera celles des amis de **A** en utilisant les éléments donnés entre crochets* (square brackets) *et en ajoutant d'autres détails applicables à la situation. **C** contrôlera la forme correcte des verbes utilisés. **A**, **B** et **C** changeront de rôles.*

Modèle :   **A :** J'étudie le calcul...
            B : [(aller)... en ville] *Toi, tu étudies le calcul, alors que tes amis vont en ville (à la montagne, etc.).*

1. **A :** Je dîne d'un sandwich dans ma chambre.
   B : [(manger)... une pizza]
2. **A :** Je lis mes livres d'histoire.
   B : [(voir)... une pièce de théâtre]
3. **A :** J'organise mes notes.
   B : [(flâner)... dans les rues]
4. **A :** Je fais mon devoir d'anglais.
   B : [(aller)... à un concert des Grateful Dead]
5. **A :** Je finis mes expériences scientifiques.
   B : [(se balader)... en ville]
6. **A :** Je fais des recherches à la bibliothèque.
   B : [(organiser)... une excursion à la montagne]
7. **A :** Je mets de l'ordre dans ma chambre.
   B : [(préparer)... un pique-nique au bord de la mer]
8. **A :** Je regarde les informations à la télé.
   B : [(faire)... de la planche à voile]
9. **A :** Je fais mes devoirs de français.
   B : [(jouer)... au volley-ball]
10. **A :** Je travaille toute la nuit.
    B : [(dormir)]

(Répétez l'exercice II en changeant les activités selon votre goût.)

RÉPONSES

1. Toi, tu dînes d'un sandwich dans ta chambre, alors que tes amis mangent une pizza.
2. Toi, tu lis tes livres d'histoire, alors que tes amis voient une pièce de théâtre.
3. Toi, tu organises tes notes, alors que tes amis flânent dans les rues.
4. Toi, tu fais ton devoir d'anglais, alors que tes amis vont à un concert des Grateful Dead.
5. Toi, tu finis tes expériences scientifiques, alors que tes amis se baladent en ville.
6. Toi, tu fais des recherches à la bibliothèque, alors que tes amis organisent une excursion à la montagne.
7. Toi, tu mets de l'ordre dans ta chambre, alors que tes amis préparent un pique-nique au bord de la mer.
8. Toi, tu regardes les informations à la télé, alors que tes amis font de la planche à voile.

9. Toi, tu fais tes devoirs de français, alors que tes amis jouent au volley-ball.
10. Toi, tu travailles toute la nuit, alors que tes amis dorment.

III. *(En groupes de deux) A et B formuleront les ordres qui conviennent à chaque situation et contrôleront les réponses à tour de rôle.*

Situation 1 : Le malade imaginaire.

A, malade imaginaire, ne se sent pas bien et ne veut pas sortir. B, sa/son camarade de chambre, vient demander ce qu'elle/il peut faire pour l'aider. Complétez le dialogue suivant entre A et B en mettant les verbes à la forme tu *de l'impératif. C, une/un troisième camarade, contrôlera les réponses.*

A : [allongée/allongé sur le divan avec un sac de glace sur le front] Ah, je n'en peux plus. J'ai une de ces migraines !

B : (Prendre) de l'aspirine ! Je crois qu'il y en a dans la salle de bains.

A : Ça t'ennuierait de me les apporter ? J'ai la tête qui brûle et les jambes en coton.

B : [criant de la salle de bains] Où as-tu mis le flacon ?

A : (Ouvrir) le tiroir de gauche et (regarder) sous le paquet de lames de rasoir.

B : Ah, en effet ! Drôle d'endroit pour ranger de l'aspirine !

A : Et puis, (m'apporter) un peu d'eau pour que je puisse les avaler.

B : Bon, voilà. J'espère que ça va aller mieux. Je suppose que tu ne voudras rien manger ce soir.

A : Au contraire, j'ai faim. On dit qu'il faut nourrir les rhumes. Je sais que tu es très occupée/occupé, mais (être) gentille/gentil. (Aller) au magasin du coin, (acheter) du lait, du pain, du fromage. Et pendant que tu y es, (regarder) s'il y a pas de bons fruits... des oranges surtout. La vitamine C, tu sais ! Non, tout compte fait, je préfère manger une soupe. (Prendre) une boîte de soupe au poulet et une aux champignons.

B : [ironique] Et avec ça ? Un steak-frites, et une salade ?

A : (Ne pas faire) l'idiote/idiot ! Pour le dessert peut-être du yaourt. On dit que c'est bon pour les intestins. Et quelques gâteaux secs si tu trouves ceux que j'aime. (Lire) bien les étiquettes. (Ne pas prendre) de pâtisseries pleines de mauvaises graisses et de produits chimiques.

B : Alors, tu me passes un billet de 200F. Je n'ai pas un sou sur moi et je n'ai pas envie de passer à la banque à cette heure.

A : (Payer) avec ta carte de crédit. Je te rembourserai dès que je serai remise/remis.

B : Ouais, celle-là je la connais ! (Écouter), voilà le téléphone. (Passer) un coup de fil à *Rapida Pizza*, (commander) celle que tu préfères — anchois, olives noires, saucisson... Et (compter) sur moi pour t'aider à la manger.

RÉPONSES

A : [allongée/allongé sur le divan avec un sac de glace sur le front] Ah, je n'en peux plus. J'ai une de ces migraines !

B : Prends de l'aspirine ! Je crois qu'il y en a dans la salle de bains.

A : Ça t'ennuierait de me les apporter ? J'ai la tête qui brûle et les jambes en coton.

B : [criant de la salle de bains] Où as-tu mis le flacon ?

A : Ouvre le tiroir de gauche et regarde sous le paquet de lames de rasoir.

B : Ah, en effet ! Drôle d'endroit pour ranger de l'aspirine !

A : Et puis, apporte-moi un peu d'eau pour que je puisse les avaler.

B : Bon, voilà. J'espère que ça va aller mieux. Je suppose que tu ne voudras rien manger ce soir.

A : Au contraire, j'ai faim. On dit qu'il faut nourrir les rhumes. Je sais que tu es très occupée/occupé, mais sois gentille/gentil. Va au magasin du coin, achète du lait, du pain, du fromage. Et pendant que tu y es, regarde s'il y a pas de bons fruits... des oranges surtout. La vitamine C, tu sais ! Non, tout compte fait, je préfère manger une soupe. Prends une boîte de soupe au poulet et une aux champignons.

B : [ironique] Et avec ça ? Un steak-frites, et une salade ?

A : Ne fais pas l'idiote/idiot ! Pour le dessert peut-être du yaourt. On dit que c'est bon pour les intestins. Et quelques gâteaux secs si tu trouves ceux que j'aime. Lis bien les étiquettes. Ne prends pas de pâtisseries pleines de mauvaises graisses et de produits chimiques.

B : Alors, tu me passes un billet de 200F. Je n'ai pas un sou sur moi et je n'ai pas envie de passer à la banque à cette heure.

A : Paie/Paye avec ta carte de crédit. Je te rembourserai dès que je serai remise/remis.

B : Ouais, celle-là je la connais ! Écoute, voilà le téléphone. Passe un coup de fil à *Rapida Pizza*, commande celle que tu préfères — anchois, olives noires, saucisson... Et compte sur moi pour t'aider à la manger.

Situation 2 : Consultation avec la/le professeur.

*Dans le dialogue suivant, **B**, une/un professeur sympathique, donne des conseils à **A**, une étudiante/un étudiant de bonne volonté, mais pas très sûre/sûr d'elle/de lui. **A** et **B** liront le dialogue en mettant les verbes entre parenthèses à la forme vous de l'impératif. **C** jouera le rôle d'une/un secrétaire qui interrompt la conversation ou qui contrôle les réponses correctes.*

A : Madame/Monsieur, je voudrais écrire un compte-rendu de roman. Je propose de lire *Madame Bovary* ou peut-être *Germinal*.

B : On dirait que le 19e siècle vous intéresse particulièrement. Ce sont d'excellents textes. (Choisir) celui qui vous plaît le plus, (lire)-le attentivement et (prendre) quelques notes pour ne pas oublier vos premières impressions. C'est essentiel parce que ce sont des romans assez longs et très importants.

A : Oui, oui, Madame/Monsieur, (compter) sur moi. J'ai un ordinateur que je pourrai utiliser. Mais vous dites que ces romans sont très longs et sans doute difficiles à lire.

B : (Avoir) le courage de travailler chaque soir. La persévérance vient à bout de tout.

C : Madame/Monsieur, c'est la/le professeur XXX à l'appareil.

B : (Dire)-lui que je regrette infiniment mais que je ne peux pas venir à l'appareil en ce moment. (Prendre) son numéro et (assurer)-la/le que je rappellerai dans un quart d'heure.

C : C'est entendu.

B : [se retournant vers l'étudiante/étudiant] Alors, vous disiez...

A : Eh bien, je crains d'avoir des difficultés avec l'intrigue, les images ou le style... Je pourrais peut-être me servir d'une version anglaise.

B : (Résister) à la tentation de lire une traduction. (Venir me voir) si vous avez des difficultés.

RÉPONSES

A : Madame/Monsieur, je voudrais écrire un compte-rendu de roman. Je propose de lire _Madame Bovary_ ou peut-être _Germinal_.

B : On dirait que le 19ᵉ siècle vous intéresse particulièrement. Ce sont d'excellents textes. Choisissez celui qui vous plaît le plus, lisez-le attentivement et prenez quelques notes pour ne pas oublier vos premières impressions. C'est essentiel parce que ce sont des romans assez longs et très importants.

A : Oui, oui, Madame/Monsieur, comptez sur moi. J'ai un ordinateur que je pourrai utiliser. Mais vous dites que ces romans sont très longs et sans doute difficiles à lire.

B : Ayez le courage de travailler chaque soir. La persévérance vient à bout de tout.

C : Madame/Monsieur, c'est la/le professeur XXX à l'appareil.

B : Dites-lui que je regrette infiniment mais que je ne peux pas venir à l'appareil en ce moment. Prenez son numéro et assurez-la/le que je rappellerai dans un quart d'heure.

C : C'est entendu.

B : [se retournant vers l'étudiante/l'étudiant] Je vous demande pardon. Alors, vous disiez...

A : Eh bien, je crains d'avoir des difficultés avec l'intrigue, les images ou le style... Je pourrais peut-être me servir d'une version anglaise.

B : Résistez à la tentation de lire une traduction. Venez me voir si vous avez des difficultés.

MISE AU POINT

I. _Mettez les verbes entre parenthèses au_ **présent de l'indicatif.**

1. M. et Mme Pelletier (prendre) l'apéritif avant de dîner et en général (servir) un peu de jus de fruit à leurs enfants, qui y (mettre) un glaçon.

2. En général, mes amis (porter) des jeans — le plus souvent troués — et un tricot pour aller à leurs cours et moi, je fais de même. Et si on porte une casquette, il faut qu'elle soit à l'envers ! Dans la plupart des universités, vous (pouvoir) vous habiller comme vous (vouloir). Mais quand je (devoir) me présenter à une interview pour un poste, je (mettre) un costume, une chemise blanche et une cravate. Quand j'(entrer) dans la salle de classe, mes camarades me (regarder) et (savoir) immédiatement que je (devoir) quitter l'université pour un ou deux jours parce qu'il est temps d'assurer mon avenir. Ils (vouloir) toujours savoir le nom de la compagnie qui (aller) m'interviewer, et quand je (revenir), ils (être) curieux d'apprendre quelles questions on m'a posées. Naturellement, je (satisfaire) toujours leur curiosité de mon mieux, surtout si je (recevoir) une bonne offre. Je leur (répondre) : « Les questions (être) faciles quand on est bien préparé, et si la compagnie m'(offrir) un poste de 200.000F avec voyages illimités pour négocier avec leurs clients en Europe, j'accepterai sans hésiter. Je (reconnaître) une bonne affaire quand je la (voir) ! »

3. Mon grand-père (croire) qu'une troisième guerre mondiale (être) inévitable. Chaque fois qu'il (ouvrir) le journal, on (annoncer) une nouvelle crise qui (venir d'éclater) au Moyen-Orient et il me (répéter) à tout bout de champ : « Tu (voir), j'(avoir) raison d'être pessimiste. Les hostilités (reprendre) en Syrie et au Liban. Et l'O.N.U. (n'y rien pouvoir). »

4. Nathalie et Jérôme (avoir) un grand jardin plein de fleurs et de légumes de toutes espèces. Tous les jours, ils (cueillir) des fleurs, les (arranger) en bouquet et les (vendre) aux passants au bord de la route. Ils (faire) aussi pousser leurs légumes avec des engrais naturels, sans utiliser d'insecticides. Leurs produits (se vendre) plus cher, mais ils (avoir) bien meilleur goût que les légumes qu'on (acheter) dans les magasins. On (payer) un peu plus, mais cela (valoir) la peine.

5. Quand il (pleuvoir), nous (ne pas sortir). Nous (préférer) lire un bon livre au coin du feu ou bien parfois nous (faire) une partie de cartes. Certains de nos amis (ne pas comprendre) nos habitudes casanières. Ils (tenir) toujours à sortir, à se promener en ville ou à faire des excursions. S'ils (ne pas aller) au cinéma, ils (faire) des achats, ou bien ils (prendre) le déjeuner à la terrasse d'un café. De là, ils (voir) passer les gens dans la rue. Ils (bavarder) à longueur de journée à propos de rien et (finir) par nous ennuyer éperdument si, par malheur, nous (décider) de les accompagner.

6. Si tu (cueillir) des roses de son jardin, ma mère sera furieuse, mais si tu (avoir) envie de faire un bouquet de marguerites tu (pouvoir) en prendre tant que tu (vouloir) le long de l'allée devant la maison. Si tu les (mettre) dans un peu d'eau, elles tiendront mieux.

II. *Répondez aux questions.*

1. Que prenez-vous pour le dîner ?
2. A quelle heure finissez-vous de travailler ?
3. Voyez-vous souvent des films français ?
4. Quels cours suivez-vous ?
5. Que dites-vous à vos parents quand vous manquez d'argent ?
6. Appréciez-vous la musique classique ? le jazz ? le rock ?
7. Recevez-vous des lettres de vos amis ?
8. Savez-vous piloter un avion ?
9. Revendez-vous vos livres à la fin du trimestre (semestre) ?
10. Connaissez-vous un bon restaurant français ? Quels plats y sert-on ?

III. *Mettez les verbes entre parenthèses au* **présent.**

Chaque week-end les amis de Carlos (dire) la même chose :

— Alors, mon vieux ! tu es de la partie ? On (avoir) envie de faire du camping près du lac.
— Comme la semaine dernière ?
— Oui, nous (emporter) des tentes et des sacs de couchage. Karen et Joël (apporter) des provisions. Toi, tu (pouvoir) nous aider à charger les voitures. Il nous (falloir) aussi un réchaud à gaz portatif. Et puis, si tu (avoir) du travail à faire, emporte-le. C'est bien plus agréable de travailler dehors dans la nature que dans une bibliothèque qui (sentir) les vieux livres.

Et chaque week-end Carlos (partir) avec eux. Pourtant, c'est un étudiant sérieux. Il (savoir) que ses études sont importantes, que ses parents (payer) une partie des frais de scolarité, qu'il (devoir) faire un effort s'il (vouloir) réussir dans la vie. Mais il (ne pas vouloir) que ses amis croient qu'il est un rat de bibliothèque.

Racontez les activités de Carlos et de ses amis pendant leur week-end dans la nature. Utilisez votre imagination et les verbes dans le Tableau 3, pp. 4–5.

IV. *Remplissez les blancs par la forme correcte du verbe au* **présent** *ou à l'* **impératif**.

Chez le médecin

[Au téléphone]

La réceptionniste : Cabinet du docteur Boisseau, bonjour !

M. Durand : Bonjour, je (s'appeler) Monsieur Durand. J'aurais besoin de voir le docteur le plus tôt possible. Je vous (téléphoner) pour prendre rendez-vous.

La réceptionniste : Je (supposer) que c'est urgent ?

M. Durand : Je (venir de) dire « le plus tôt possible ». Je (supposer) que vous (comprendre) le français, non?

La réceptionniste : Oui, oui. (Ne pas s'énerver), je (aller regarder) si le docteur (avoir) des heures de consultation. ... Hmmm. Oui, il y a eu une annulation. Le docteur pourrait vous prendre vers 15 heures.

M. Durand : C'est parfait ! Encore merci et à cet après-midi !

La réceptionniste : Je vous en (prier). Au revoir, Monsieur Durand.

[Au cabinet du docteur Boisseau]

Le docteur : Alors, Monsieur Durand, (pouvoir)-vous me dire ce qui (ne pas aller) ?

M. Durand : [courbé en deux, les mains sur le ventre] : Oh, docteur ! Je ne sais pas ce que j'ai depuis quelques jours — des maux d'estomac, des maux de tête, les yeux qui pleurent. Je (souffrir) de très fortes douleurs à l'estomac depuis deux jours. Un moment, j'(avoir) chaud. Deux minutes plus tard, je (se mettre) à grelotter. Parfois je (respirer) avec difficulté. Quand je (lire), ma tête me (faire) mal et j'ai les yeux qui (piquer).

Le docteur : Est-ce que vous avez mangé quelque chose qui aurait pu troubler votre digestion?

M. Durand : Non, j'ai mangé un « double-cheese burger », tout simple, comme d'habitude... Je (devoir) reconnaître, cependant, qu'il avait un drôle de goût... pas comme d'habitude...

Le docteur : Comment cela, pas comme d'habitude ?

M. Durand : Oh, c'est très simple, docteur : tous les vendredis, je (commander) des « cheese-burgers », alors je (finir) par bien connaître le goût de la sauce spéciale qu'ils (mettre) dessus. C'est ce que je (préférer). Rien que d'y penser, l'eau me (venir) à la bouche.

Le docteur : Hmmm ! Et que (prendre)-vous les autres jours de la semaine, si ce n'(être) pas indiscret ?

M. Durand : Euh, le lundi, je (s'offrir) des « hot-dogs », le mardi et le jeudi, je (prendre) toujours un « imperial burger », le mercredi, impossible de résister aux « chicken nuggets ». Tous les « fast-foods » du quartier me (connaître). Le week-end, pour ne pas trop grossir, je (suivre) un régime... à base de pâtes et de biscottes que je trempe dans un bol de fromage blanc bien battu.

Le docteur : Mais vous (être) fou ? Vous (ne jamais varier) vos menus?

M. Durand : Oh, non, docteur !

Le docteur : Écoutez, Monsieur Durand, (ce n'être pas) sérieux ! Il vous (falloir) des repas é–qui–li–brés, vous (m'entendre), et beaucoup plus sains! Des légumes à chaque repas... J'(espérer) au moins qu'avec un régime pareil vous faites de l'exercice.

M. Durand : Oh, oui, docteur ! Tous les jours, je (ne pas arrêter) de circuler dans mon appartement. Je (aller) de ma chambre à la cuisine pour faire mon café du matin. J'(ouvrir) vigoureusement la porte pour prendre mon journal, je (fléchir) les genoux quand je (mettre) mes souliers. Et puis, au bureau, je (marcher) et d'un pas leste, je vous le (garantir).

Le docteur [incrédule] : Vous (marcher)?

M. Durand : Oui, au bureau je (aller chercher) les FAX qui (arriver) au troisième étage, je (monter) faire du café au quatrième, je (descendre) au second pour trier et distribuer le courrier.

Le docteur : Cela me (paraître) parfait si vous (prendre) l'escalier. Cela (constituer) un excellent exercice pour le cœur.

M. Durand [ahuri] : Vous n'y pensez pas ! D'ailleurs, je (ne pas souffrir) du cœur, Dieu soit loué ! C'est que nous (venir d')installer un nouvel Otis — « à grand frais » comme nous le (répéter) tous les jours notre patron. Il (falloir) absolument que nous l'amortissions !

Le docteur [d'un ton ironique] : Et vous (estimer) que si vous (appuyer) sur le bouton d'appel cela (passer) pour de l'exercice ! Ce n'(être) pas exactement ce que j'(entendre) par exercice, Monsieur Durand. Je (prévoir) un programme de mouvements aérobiques beaucoup plus poussé si vous (vouloir) faire baisser le cholestérol qui (s'accumuler) dans vos artères.

M. Durand : Mouvements aérobiques ! Je (ne pas connaître).

Le docteur [résigné] : Bon, je (aller) vous faire une ordonnance pour calmer les spasmes dont vous (se plaindre). Passez chez votre pharmacien habituel, mais cela (ne pas suffire) si vous (tenir) vraiment à guérir d'une manière permanente. C'est plutôt au supermarché que vous devriez aller en fait. (Essayer) de prendre des repas équilibrés, à l'avenir : fruits, crudités, poissons, céréales. (Aller) moins souvent à vos « palais du hamburger », et puis (faire) beaucoup plus d'exercice — de la marche, de la bicyclette, de la natation. Vous verrez, vous vous sentirez mieux en un rien de temps !

M. Durand : Au revoir, et merci encore, docteur !

En passant devant le bureau de la réceptionniste, Monsieur Durand (demander) à cette dernière : « Sauriez-vous par hasard, où (se trouver) le McDonald's le plus près d'ici ? Les tacos que j'ai avalés avec mon café crème ce matin étaient décidément bien légers. Je (ne pas concevoir) comment les gens (pouvoir) se contenter d'une tartine au petit déjeuner. Je (ne pas appeler) ça vivre !

La réceptionniste [levant les yeux au plafond] : (Prendre) l'ascenseur, (descendre) au rez-de-chaussée, (sortir) par la porte de droite, (traverser) la rue... et vous y serez. C'est un nouvel établissement qu'on (venir) d'ouvrir.... (Ne pas oublier) de commander de la salade...

Mais M. Durand, qui (déambuler) vers l'ascenseur (ne rien entendre) et (ne pas répondre).

La réceptionniste : Celui-là n'a rien compris. Je (craindre) que nous le revoyions bientôt.

V. *Formulez un ordre direct, puis adoucissez cet ordre. Suivez le modèle.*

MODÈLE : Dites à votre camarade de vous prêter sa moto.
Prête-moi ta moto, s'il te plaît.
Pourrais-tu me prêter ta moto ? Peux-tu me prêter ta moto ?

1. Dites à vos parents de vous envoyer de l'argent.

2. Dites à votre professeur d'être plus indulgente/indulgent quand elle/il note.
3. Dites à votre amie/ami de vous écrire plus souvent.
4. Dites à votre conseillère/conseiller pédagogique de vous recommander un bon cours.

VI. *(Constructions) A partir de la phrase donnée, faites des phrases avec* **être en train de** + *infinitif* : *a) en utilisant le verbe entre parenthèses; b) en utilisant votre imagination.*

MODÈLE : Gérard ne peut pas regarder la télé. Il (prépare) le dîner.
        a) *Gérard ne peut pas regarder la télé parce qu'il est en train de préparer le dîner.*
        b) *Gérard ne peut pas regarder la télé parce qu'il est en train de tondre la pelouse.*

1. Philippe ne peut pas venir au téléphone.
    a) Il (mange).
    b) _____
2. Henri ne peut pas aller au cinéma avec toi ce soir.
    a) Il (finit) ses devoirs.
    b) _____
3. Où est Christophe?
    a) Il (répare) sa moto dans le garage.
    b) _____
4. L'hôtesse d'accueil ne sait pas l'heure du premier vol Paris-Londres.
    a) Elle (vérifie) directement avec la compagnie aérienne.
    b) _____

VII. *(Constructions) Refaites les phrases en employant* **aller** + infinitif.

1. Nous prendrons le train de minuit.
2. Ils emmèneront leur chien en voyage avec eux parce qu'ils ne veulent pas le mettre dans un chenil.
3. Je vous montrerai ma toute dernière invention ce soir.
4. Chantal sera chercheuse à l'Institut Pasteur.

VIII. *(Constructions) A partir de la phrase donnée, faites des phrases avec* **venir de** + *infinitif* : a) *en utilisant le verbe donné entre parenthèses; b) en utilisant votre imagination.*

MODÈLE : Hélène est très agitée. Elle (a eu) un accident de bicyclette.
        a) *Hélène est très agitée. Elle vient d'avoir un accident de bicyclette.*
        b) *Hélène est très agitée. Elle vient de recevoir un coup de téléphone anonyme.*

1. Alexis est fou de joie.
    a) Il (a reçu) une bourse pour aller en France.
    b) _____
2. Je n'irai pas voir ce film.
    a) J'en (ai lu) une mauvaise critique.
    b) _____
3. Ça m'a fait plaisir de te parler, mais je dois raccrocher maintenant.
    a) Mes amis (sont arrivés) à l'instant.
    b) _____

4. Les étudiants sont inquiets.
   a) Le professeur (a annoncé) la date de l'examen final.
   b) _____

IX. *(Constructions) Mettez l'infinitif entre parenthèses à la forme négative. Employez l'infinitif composé quand le contexte l'exige.*

1. Il a couru pour (être) en retard à son rendez-vous.
2. La cartomancienne m'a conseillé (de voyager), (de faire des investissements) et (de sortir) tous les jours. J'ai bien envie (de la payer).
3. Nous étions tristes (de rencontrer) vos amis quand ils sont venus vous rendre visite.
4. M. Le Brun a reproché à mon ami (d'arriver) à l'heure.
5. On m'a recommandé (de voyager) en deuxième classe.
6. Elle est heureuse (d'avoir) la responsabilité du budget.

X. *(Constructions) Remplacez la proposition subordonnée en italique par une construction infinitive.*

Modèle :   Je croyais *que je vous avais envoyé* le paquet.
            *Je croyais **vous avoir envoyé** le paquet.*

1. Avant *qu'elle ne prenne ces pilules*, Nathalie demandera à son médecin ce qu'il recommande.
2. Philippe avait décidé *qu'il dirait* la vérité à Laure.
3. M. Rému pense *qu'il a perdu* son portefeuille à la gare.
4. Après *qu'il est devenu* milliardaire, cet homme a décidé d'habiter une île déserte.

XI. *(Constructions) Remplacez les tirets par **il est** ou **c'est** selon le cas. Choisissez la préposition correcte quand il y a lieu.*

1. _____ dommage (de/à) ne pas visiter le vieux quartier de la ville. On y a restauré des maisons qui datent du 17ᵉ siècle.
2. Est-ce que/qu'_____ nécessaire (de/à) prendre rendez-vous pour voir le médecin ? Faut-il que je m'adresse à sa réceptionniste ou est-ce que/qu'_____ mieux de prendre le rendez-vous par téléphone ?
3. Voulez-vous savoir pourquoi ils sont partis ? _____ un peu compliqué (de/à) expliquer, mais je vais essayer.
4. _____ inutile (de/à) prendre votre parapluie. Il ne pleuvra pas.
5. _____ une bonne idée (de/à) passer un mois à la campagne. Vous venez de passer une année bien difficile. _____ important (de/à) prendre le temps de se remettre du stress.
6. Je ne sais pas pourquoi je me sens si nerveux. _____ difficile (de/à) expliquer.

XII. *(Constructions) Faites des phrases avec les constructions suivantes. Imaginez, par exemple, que vous préparez quelques conseils pour une amie/un ami qui va partir en voyage.*

1. **Il est** + *adjectif* + **de** + *infinitif...*
2. **C'est** + *adjectif* + **à** + *infinitif...*
3. **C'est** + *nom* + **de** + *infinitif...*

PROJETS DE COMMUNICATION

I. *(Sketch)* Imaginez une autre visite chez le médecin (voir *Mise au point IV,* p. 21), par exemple entre une étudiante/un étudiant un peu hypocondriaque et un médecin charlatan.

II. *(Présentation)* Présentez un conte qui amuse les enfants et les instruise en même temps — en utilisant des marionnettes, si vous le voulez.

III. *(Débat)* La classe, divisée en deux ou en groupes de trois ou quatre étudiants, discutera au choix les avantages et les désavantages de : (1) voyager à l'étranger, (2) devenir membre d'une sororité/fraternité, ou (3) habiter une résidence mixte.

IV. *(Devoir écrit)* Imaginez qu'un être extraterrestre invisible vous suit toute une journée et télégraphie tout ce qu'il observe à sa planète d'origine.

V. *(Échange de lettres : courrier du cœur)* Chaque étudiante/étudiant écrira une lettre à *Dear Abby* (en France, c'est Marcelle Ségal, dans le journal *Elle*) détaillant un problème vécu ou imaginaire. On échangera les lettres en classe et chaque étudiante/étudiant pourra formuler la réponse d'*Abby*. Comme il s'agit de donner beaucoup de conseils, employez une variété de verbes à l'impératif.

VI. *(Présentation orale à deux)*

1. Expliquez votre recette de cuisine préférée.
2. Dialogue entre vous et votre conscience (votre alter ego). Votre conscience emploie beaucoup de verbes à l'impératif.

VII. *(Devoir écrit)* Détaillez les activités d'un homme ou d'une femme que vous admirez particulièrement ou bien que vous enviez.

VIII. *(Devoir écrit)* Racontez au présent l'intrigue d'une histoire que vous avez lue récemment ou d'un film que vous avez vu.

IX. *(Discussion en groupes)* Trouvez des définitions pour les termes suivants. Employez des infinitifs dans la mesure du possible.

Modèle : *Le mauvais goût c'est porter une chemise bleue à pois orange.*

1. la réussite	5. la libre entreprise	8. la pauvreté
2. la discrétion	6. l'égoïsme	9. la paresse
3. le dilettantisme	7. l'altruisme	10. la jalousie
4. l'arrivisme		

X. *(Discussion à partir d'un texte)* Dans le conte de Maupassant *Lui ?* — publié en 1883 — le narrateur, sous forme de confidences faites à un ami, explique pourquoi il a enfin décidé de se marier. Après avoir lu l'extrait suivant, dégagez d'autres raisons valables (ou non valables) de se marier. Quelles objections auriez-vous à l'attitude envers les femmes exprimée par ce narrateur ? Quel sentiment semble dominer sa vie ?

Lui ?

Guy de Maupassant (1850 – 1893)

Mon cher ami, tu n'y comprends rien ? et je le conçois. Tu me crois devenu fou ? Je le suis peut-être un peu, mais non pas pour les raisons que tu supposes.

Oui. Je me marie. Voilà.

Et pourtant mes idées et mes convictions n'ont pas changé. Je considère l'accouplement légal comme une bêtise. Je suis certain que huit maris sur dix sont cocus. Et ils ne méritent pas moins pour avoir eu l'imbécillité d'enchaîner leur vie, de renoncer à l'amour libre, la seule chose gaie et bonne au monde, de couper l'aile à la fantaisie qui nous pousse sans cesse à toutes les femmes, etc., etc. Plus que jamais je me sens incapable d'aimer une femme parce que j'aimerai toujours trop toutes les autres. Je voudrais avoir mille bras, mille lèvres et mille... tempéraments pour pouvoir étreindre en même temps une armée de ces êtres charmants et sans importance.

Et cependant je me marie.

J'ajoute que je ne connais guère ma femme de demain. Je l'ai vue seulement quatre ou cinq fois. Je sais qu'elle ne me déplaît point; cela me suffit pour ce que j'en veux faire. Elle est petite, blonde et grasse. Après demain, je désirerai ardemment une femme grande, brune et mince.

Elle n'est pas riche. Elle appartient à une famille moyenne. C'est une jeune fille comme on en trouve à la grosse, bonnes à marier, sans qualités et sans défauts apparents, dans la bourgeoisie ordinaire. On dit d'elle : « Mlle Lajolle est bien gentille. » On dira demain : « Elle est fort gentille, Mme Raymon. » Elle appartient enfin à la légion des jeunes filles honnêtes « dont on est heureux de faire sa femme » jusqu'au jour où on découvre qu'on préfère justement toutes les autres femmes à celle qu'on a choisie.

Alors pourquoi me marier, diras-tu ?

J'ose à peine t'avouer l'étrange et invraisemblable raison qui me pousse à cet acte insensé.

Je me marie pour n'être pas seul !

Je ne sais comment dire cela, comment me faire comprendre. Tu auras pitié de moi, et tu me mépriseras, tant mon état d'esprit est misérable.

Je ne veux plus être seul la nuit. Je veux sentir un être près de moi, contre moi, un être qui peut parler, dire quelque chose, n'importe quoi.

Je veux pouvoir briser son sommeil; lui poser une question quelconque brusquement, une question stupide pour entendre une voix, pour sentir habitée ma demeure, pour sentir une âme en éveil, un raisonnement en travail, pour voir, allumant brusquement ma bougie, une figure humaine à mon côté... parce que... parce que... (je n'ose pas avouer cette honte)... parce que j'ai peur, tout seul.

Oh ! tu ne me comprends pas encore.

Je n'ai pas peur d'un danger. Un homme entrerait, je le tuerais sans frissonner. Je n'ai pas peur des revenants; je ne crois pas au surnaturel. Je n'ai pas peur des morts; je crois à l'anéantissement définitif de chaque être qui disparaît.

Alors !... oui. Alors !... Eh bien ! j'ai peur de moi ! j'ai peur de la peur; peur des spasmes de mon esprit qui s'affole, peur de cette horrible sensation de la terreur incompréhensible.

Ris si tu veux. Cela est affreux, inguérissable. J'ai peur des murs, des meubles, des objets familiers qui s'animent, pour moi, d'une sorte de vie animale. J'ai peur surtout du trouble horrible de ma pensée, de ma raison qui m'échappe brouillée, dispersée par une mystérieuse et invisible angoisse.

Je sens d'abord une vague inquiétude qui me passe dans l'âme et me fait courir un frisson sur la peau. Je regarde autour de moi. Rien ! Et je voudrais quelque chose ! Quoi ? Quelque chose de compréhensible. Puisque j'ai peur uniquement parce que je ne comprends pas ma peur.

Je parle ! j'ai peur de ma voix. Je marche ! j'ai peur de l'inconnu de derrière la porte, de derrière le rideau, de dans l'armoire, de sous le lit. Et pourtant je sais qu'il n'y a rien nulle part.

Je me retourne brusquement parce que j'ai peur de ce qui est derrière moi, bien qu'il n'y ait rien et que je le sache.

Je m'agite, je sens mon effarement grandir; et je m'enferme dans ma chambre; et je m'enfonce dans mon lit, et je me cache sous mes draps; et blotti, roulé comme une boule, je ferme les yeux désespérément, et je demeure ainsi pendant un temps infini avec cette pensée que ma bougie demeure allumée sur ma table de nuit et qu'il faudrait pourtant l'éteindre. Et je n'ose pas.

N'est-ce pas affreux, d'être ainsi. [...]

(Pour la suite de ce conte, voir p. 62.)

XI. *(Discussion à partir d'un texte)* Après avoir apprécié l'évocation poétique de Baudelaire, racontez une expérience semblable dans votre vie où avez senti des moments de paix ou de recueillement. Quelles circonstances vous aident à vous recueillir, à vous distancer de l'agitation de la vie quotidienne?

Recueillement

Charles Baudelaire (1821 – 1867)

Sois sage, ô ma Douleur, et tiens-toi plus tranquille.
Tu réclamais le Soir; il descend; le voici :
Une atmosphère obscure enveloppe la ville,
Aux uns portant la paix, aux autres le souci.

Pendant que des mortels la multitude vile,
Sous le fouet du Plaisir, ce bourreau sans merci,
Va cueillir des remords dans la fête servile,
Ma Douleur, donne-moi la main; viens par ici,

Loin d'eux. Vois se pencher les défuntes Années,
Sur les balcons du ciel, en robes surannées;
Surgir du fond des eaux le Regret souriant;

Le Soleil moribond s'endormir sous une arche,
Et, comme un long linceul traînant à l'Orient,
Entends, ma chère, entends la douce Nuit qui marche.

Charles Baudelaire, *Les Fleurs du mal* (1857)

Présentation

PRINCIPES

La formation des temps du passé
Le système narratif
Précisions sur l'imparfait et le passé composé
La narration dans la langue écrite
L'emploi du plus-que-parfait et du futur du passé

CONSTRUCTIONS

Les termes d'enchaînement : **d'abord, enfin, puis, ensuite**
Les conjonctions : **cependant, pourtant, mais**
Les conjonctions : **car, parce que, puisque, comme**
La subordination chronoloqique : **avant de** + *infinitif,*
après + *infinitif passé,* **en** + *participe présent*

ÉTUDE DE VERBES
Verbes + **de** + *infinitif*
Verbes + *infinitif*
Pouvoir + *infinitif* et **savoir** + *infinitif*
Faillir + *infinitif*

Échanges interactifs

Présentation

PRINCIPES

I. La formation des temps du passé

A. Le passé composé

1. Le passé composé se forme avec l'indicatif présent de l'auxiliaire **avoir** ou **être** et le *participe passé* du verbe utilisé. (Voir Tableau 7.)

TABLEAU 7

LE PASSÉ COMPOSÉ	
Parler	**Sortir**
j'ai parlé	je suis sortie/sorti*
tu as parlé	tu es sortie/sorti
elle/il a parlé	elle/il est sortie/sorti
nous avons parlé	nous sommes sorties/sortis
vous avez parlé	vous êtes sortie(s)/sorti(s)
elles/ils ont parlé	elles/ils sont sorties/sortis

* Pour l'accord du participe passé des verbes conjugués avec **être,** voir p. 32.

N'OUBLIEZ PAS... Aux temps composés, l'auxiliaire est le verbe conjugué. Par conséquent, les pronoms personnels objets directs et indirects précèdent l'auxiliaire. Le pronom sujet se place après l'auxiliaire quand on fait l'inversion, et la négation s'attache à l'auxiliaire excepté dans le cas où on utilise **personne, aucune/aucun** et **nulle part.** (Voir p. 202.)

J'avais reçu des chocolats pour mon anniversaire, et je leur en ai offert.

Daniel n'avait pas besoin de sa voiture, alors il me l'a prêtée pour le week-end.

Êtes-vous allé au cinéma hier soir ? — Non, nous n'y sommes pas allés.

Jean-Claude a-t-il gagné à la loterie?

Nous n'avons jamais vu les *Nymphéas* de Monet.

Je n'ai rien fait de spécial dimanche dernier.

MAIS : Nous n'avons vu personne au marché.

2. Certains verbes sont conjugués avec **avoir,** d'autres avec **être.**

a. Verbes conjugués avec **avoir**

1) Les verbes **être** et **avoir**

Avez-vous eu du mal à trouver notre maison ?

Chantal a été très surprise de me voir.

Charles a eu très peur en voyant les tigres.

2) Tous les verbes transitifs directs et indirects, et la plupart des verbes intransitifs

J'ai vu ton chat dans l'arbre. (transitif direct)

Nous avons parlé au chef. (transitif indirect)

Ils ont couru à la gare (intransitif) pour ne pas rater le train.

3) Les verbes essentiellement impersonnels comme : **falloir, pleuvoir, neiger**

Il a fallu deux heures pour aller de Cannes à Nice. Quelle circulation !

Il a neigé hier soir dans tout le nord-est du pays.

Il a plu tous les jours pendant une semaine. C'est vraiment dommage !

b.   Verbes conjugués avec **être**

1) Tous les verbes pronominaux (Voir p. 170.)

Catherine s'est levée à huit heures, s'est habillée et s'est dépêchée d'aller à son bureau à l'ambassade.

Vous êtes-vous souvenus d'apporter des fleurs pour décorer la salle ?

Marc et Suzanne se sont donné rendez-vous dans un café près de Notre-Dame.

2) Certains verbes intransitifs :

aller ≠ venir	passer
arriver ≠ partir	rentrer (chez soi)
entrer ≠ sortir	rester
devenir	retourner
naître ≠ mourir	tomber
monter ≠ descendre	

Mes invités sont arrivés à six heures du soir et ne sont repartis qu'à deux heures du matin.

Nous sommes restés au bord du lac toute la journée.

Marie est passée chez son oncle pour lui emprunter de l'argent.

Napoléon est mort à Sainte-Hélène.

Les composés de ces verbes intransitifs sont également conjugués avec **être.** Exemples : *redescendre, redevenir, remonter, renaître, repartir, repasser, ressortir, retomber, revenir,* etc.

Remarque : Les verbes *descendre/monter, passer, rentrer/sortir, retourner* peuvent aussi être transitifs directs. Ils se conjuguent alors avec **avoir** aux temps composés. Certains de ces verbes ont alors un sens différent.

Quand Yves a retourné la pierre, il a vu tous les insectes qui vivaient dessous.

Le chauffeur de Madame Didier a rentré la voiture dans le garage, puis a sorti les valises du coffre et les a montées dans la chambre.

Mon frère a passé un mois dans une maison de santé.

Il a descendu l'escalier d'un pas mal assuré.

Quand nous avons passé la frontière, il a fallu montrer nos passeports.

3. Les participes passés présentent une variété de formes.

a. Pour les verbes de formation régulière, les participes passés se terminent par *-é, -i, -u*.

Verbes en **-er** : parler → parlé
Verbes en **-ir** : finir, sortir → fini, sorti
Verbes en **-re** : rendre → rendu
---

b. Pour les verbes irréguliers, il y a une variété de terminaisons : *-u, -i, -is, ert, -t*. Voir Tableau 8 pour quelques verbes courants. Voir aussi p. 348 pour une liste alphabétique complète.

TABLEAU 8

PARTICIPES PASSÉS IRRÉGULIERS					
(liste partielle)					
en -u		**en -i**		**en -ert**	
boire	bu	rire	ri	couvrir	couvert
croire	cru	sourire	souri	offrir	offert
devoir	dû	suffire	suffi	ouvrir	ouvert
lire	lu	suivre	suivi	souffrir	souffert
plaire	plu				
pleuvoir	plu	**en -is**		**en -t**	
pouvoir	pu	asseoir	assis	astreindre	astreint
savoir	su	mettre	mis	atteindre	atteint
voir	vu	prendre	pris	craindre	craint
				peindre	peint
battre	battu			rejoindre	rejoint
vivre	vécu				
				distraire	distrait
falloir	fallu			faire	fait
recevoir	reçu	**Autres formes irrégulières**			
valoir	valu	avoir	eu	dire	dit
		être	été	écrire	écrit
tenir	tenu	mourir	mort	inscrire	inscrit
venir	venu	naître	né		
vouloir	voulu			conduire	conduit
				produire	produit
				séduire	séduit

NOTE : Tous les verbes composés à partir des verbes ci-dessus (c'est-à-dire avec un préfixe) ont également leur participe passé irrégulier. EXEMPLES : découvrir → *découvert;* comprendre → *compris;* apprendre → *appris;* contenir → *contenu;* retenir → *retenu;* convenir → *convenu;* prévenir → *prévenu,* etc.

c. Le participe passé suit une variété de règles.

1) Accord avec le sujet

Si le verbe est conjugué avec **être,** on accorde le participe passé avec le sujet.[1] C'est le cas :

- pour les verbes conjugués avec **être** comme **aller, venir, sortir,** etc.

— Éliane est venue me voir ce week-end et nous sommes sortis. — Dans une discothèque ? — Non, nous sommes allés voir *Les Fourberies de Scapin* de Molière.

- pour les verbes à la voix passive

Les tapisseries ont été détruites par le feu.

2) Accord avec l'objet

Si un verbe, conjugué avec **avoir,** a un objet direct qui *précède* le verbe, on fait l'accord avec cet objet direct. (Si l'objet direct suit le verbe, on ne fait pas l'accord.) L'accord avec l'objet direct qui précède le verbe a lieu dans trois cas :

- avec un pronom personnel objet direct (**la, les, nous,** etc.)

Où as-tu mis les fourchettes ? — Je les ai mises dans le tiroir.

- avec **que** (pronom relatif)

Les suggestions que vous avez faites étaient excellentes. (**que** = *les suggestions*)

- avec **quelle(s)/quel(s)** (interrogatif ou exclamatif) et **laquelle (lequel)/lesquelles (lesquels)** (pronom interrogatif)

Quelles histoires a-t-il écrites ?

Il y a deux routes pour aller en ville. Laquelle vos amis ont-ils prise ?

ATTENTION ! Avec le pronom objet **en,** le participe passé reste d'habitude invariable. Avec le pronom relatif **dont,** le participe passé ne s'accorde jamais.[2]

Ont-ils acheté de jolies affiches ? — Oui, ils en ont acheté de très jolies.

Les peintres dont elle a parlé étaient tous impressionnistes.

3) Le participe passé invariable

On ne fait pas l'accord du participe passé :

- avec les verbes impersonnels

Les touristes ont beaucoup souffert des chaleurs qu'il a fait cet été.

---

[1] Pour l'accord des verbes pronominaux, voir p. 171. Ces verbes sont conjugués avec **être** mais suivent des règles d'accord spéciales.

[2] Il est aussi considéré correct de faire l'accord du participe avec **en** complément du verbe. EXEMPLE : *Ces cerises sont excellentes. En avez-vous prises ?*

• dans la construction **faire** + _infinitif_[3]

Les musiciens qu'il a fait venir à la fête ont très bien joué.

B. L'imparfait

Pour former l'imparfait, on remplace la terminaison **-ons** de la 1re personne du pluriel de l'indicatif présent par les terminaisons de l'imparfait. (Voir Tableau 9.)

TABLEAU 9

FORMATION DE L'IMPARFAIT				
Terminaisons de l'imparfait	Verbe modèle : **parler** Indicatif présent : **nous parlons** Radical de l'imparfait : **parl-**		Autres verbes	
	Imparfait		_Indicatif présent_	_Imparfait_
-ais	je parlais	**prendre**	nous prenons	→ je prenais
-ais	tu parlais	**faire**	nous faisons	→ je faisais
-ait	elle/il parlait	**boire**	nous buvons	→ je buvais
-ions	nous parlions	**rendre**	nous rendons	→ je rendais
-iez	vous parliez	**finir**	nous finissons	→ je finissais
-aient	elles/ils parlaient	**croire**	nous croyons	→ je croyais

Irrégularités à l'imparfait		
Le verbe **être** (radical : **ét-**)	Les verbes à changements orthographiques	
Être	**Manger***	**Commencer**[†]
j' étais	je mangeais	je commençais
tu étais	tu mangeais	tu commençais
elle/il était	elle/il mangeait	elle/il commençait
nous étions	elles/ils mangeaient	elles/ils commençaient
vous étiez	MAIS : nous mangions	MAIS : nous commencions
elles/ils étaient	vous mangiez	vous commenciez

*On ajoute un **e** pour préserver le son **g** (= **j**) de l'infinitif.

[†]On change **c** en **ç** pour préserver le son **c** (= **ss**) de l'infinitif.

C. Le plus-que-parfait

On forme le plus-que-parfait avec l'imparfait de l'auxiliaire et le participe passé du verbe utilisé. (Voir Tableau 10, p. 34.)

---

[3] Pour la construction **faire** et **laisser** + _infinitif_ et les verbes de perception (**apercevoir, écouter, entendre, regarder, voir**) + _infinitif_, voir p. 309.

TABLEAU 10

LE PLUS-QUE-PARFAIT	
Parler	**Aller**
j'avais parlé	j'étais allée/allé
tu avais parlé	tu étais allée/allé
elle/il avait parlé	elle/il était allée/allé
nous avions parlé	nous étions allées/allés
vous aviez parlé	vous étiez allée(s)/allé(s)
elles/ils avaient parlé	elles/ils étaient allées/allés

D. Le futur du passé

Les formes du futur du passé sont identiques à celles du conditionnel présent : **j'irais, il rendrait, nous finirions,** etc. (Pour ces formes et l'emploi du conditionnel présent dans les phrases hypothétiques, voir p. 93.)

E. Le passé simple

Voir Tableau 11 pour la conjugaison des verbes réguliers au passé simple. Notez qu'il y a deux séries de terminaisons : l'une pour les verbes en **-er,** et l'autre pour les verbes en **-ir** et **-re.** Ces terminaisons s'ajoutent au radical de l'infinitif du verbe utilisé.

TABLEAU 11

VERBES RÉGULIERS AU PASSÉ SIMPLE				
Verbes en *-er*		**Verbes en *-ir, -re***		
Terminaisons	**Parler**	**Terminaisons**	**Finir**	**Rendre**
-ai	je parlai	-is	je finis	je rendis
-as	tu parlas	-is	tu finis	tu rendis
-a	elle/il parla	-it	elle/il finit	elle/il rendit
-âmes	nous parlâmes	-îmes	nous finîmes	nous rendîmes
-âtes	vous parlâtes	-îtes	vous finîtes	vous rendîtes
-èrent	elles/ils parlèrent	-irent	elles/ils finirent	elles/ils rendirent

NOTE : Les verbes en **-cer** et **-ger** ont des changements d'orthographe au passé simple excepté à la 3ᵉ personne du pluriel. EXEMPLES : *je plaçai, tu plaças, nous mangeâmes, vous mangeâtes.* MAIS : *elles/ils placèrent, elles/ils mangèrent.*

Les verbes irréguliers se partagent deux séries de terminaisons et ont en plus un radical irrégulier. Voir Tableau 12, p. 36, pour les verbes les plus courants de cette catégorie. Les verbes y sont donnés à la 3e personne puisque c'est principalement à la 3e personne du singulier et du pluriel que l'on voit le passé simple des verbes dans l'usage actuel. Pour la conjugaison complète de ces verbes, voir p. 332.

F. Le passé antérieur (littéraire)

Le passé antérieur est formé avec le passé simple de l'auxiliaire + le participe passé du verbe en question. (Voir Tableau 13, p. 37.)

II. Le système narratif

Quand vous parlez ou écrivez, il y a toujours un choix à faire entre les différents temps d'un récit (une narration) au passé. Pour faire ce choix, il faut tout d'abord distinguer entre une série d'actions qui font avancer le récit — nous l'appellerons *la trame*[4] — et une *description* qui est stationnaire par rapport au déroulement des événements vers leur conclusion, même si cette description comporte des verbes d'action. Cette distinction s'applique également dans un texte contenant des verbes au passé simple ou des verbes au passé composé. (Voir p. 41.)

A. La trame

Les actions qui font partie de la trame dirigent le récit vers sa conclusion. Dans la langue courante, elles se mettent au passé composé, qui répond à la question : « Qu'est-ce qui est arrivé ? » L'action est considérée achevée (terminée).

Pour l'emploi du passé simple dans le même sens dans un récit littéraire (de style soutenu), voir p. 41.

Un soir vers minuit, on a frappé à ma porte. Je suis descendu et j'ai ouvert la porte. Devant moi, j'ai vu le visage pâle et terrifié d'un jeune homme. Plein de pitié, j'ai dit à l'inconnu d'entrer. Le malheureux a fait un pas en avant, m'a donné une boîte en métal et il est tombé inconscient sur le parquet. J'ai essayé en vain de le ranimer. Alors, j'ai téléphoné d'urgence à l'hôpital. En attendant l'arrivée du médecin et de la police, j'ai ramassé la boîte que j'avais posée par terre dans mon énervement. Quand j'ai voulu soulever le couvercle, j'ai entendu un gémissement.

[4] trame : ensemble de faits (d'actions) constituant une intrigue *(plot)*

TABLEAU 12

LES VERBES IRRÉGULIERS AU PASSÉ SIMPLE

Verbes dont les terminaisons sont : -us, -us, -ut, -ûmes, -ûtes, -urent

Verbe modèle

Boire
je bus
tu bus
elle/il but
nous bûmes
vous bûtes
elles/ils burent

Autres verbes (3ᵉ personne seulement)

croire	elle/il crut	elles/ils crurent
devoir	elle/il dut	elles/ils durent
lire	elle/il lut	elles/ils lurent
plaire	elle/il plut	elles/ils plurent
pouvoir	elle/il put	elles/ils purent
savoir	elle/il sut	elles/ils surent
être	elle/il fut	elles/ils furent
avoir	elle/il eut	elles/ils eurent
connaître*	elle/il connut	elles/ils connurent
vivre	elle/il vécut	elles/ils vécurent
vouloir	elle/il voulut	elles/ils voulurent
résoudre	elle/il résolut	elles/ils résolurent
valoir	elle/il valut	elles/ils valurent
mourir	elle/il mourut	elles/ils moururent
conclure	elle/il conclut	elles/ils conclurent

Verbes dont les terminaisons sont : -is, -is, -it, -îmes, -îtes, -irent

Verbe modèle

Faire
je fis
tu fis
elle/il fit
nous fîmes
vous fîtes
elles/ils firent

Autres verbes (3ᵉ personne seulement)

mettre	elle/il mit	elles/ils mirent
prendre	elle/il prit	elles/ils prirent
rire	elle/il rit	elles/ils rirent
voir	elle/il vit	elles/ils virent
écrire	elle/il écrivit	elles/ils écrivirent
conduire	elle/il conduisit	elles/ils conduisirent
craindre	elle/il craignit	elles/ils craignirent
peindre	elle/il peignit	elles/ils peignirent
acquérir	elle/il acquit	elles/ils acquirent
vaincre	elle/il vainquit	elles/ils vainquirent
s'asseoir	elle/il s'assit	elles/ils s'assirent

Deux verbes très irréguliers

Tenir†	**Venir**†
je tins	je vins
tu tins	tu vins
elle/il tint	elle/il vint
nous tînmes	nous vînmes
vous tîntes	vous vîntes
elles/ils tinrent	elles/ils vinrent

Verbes impersonnels

Falloir	**Pleuvoir**
il fallut	il plut

*Comme **connaître** : *apparaître, disparaître, paraître, reconnaître*
†Les composés de **tenir** et **venir** — *contenir, retenir, devenir, revenir* — sont irréguliers de la même façon.

TABLEAU 13

LE PASSÉ ANTÉRIEUR	
Parler	**Venir**
j'eus parlé	je fus venue/venu
tu eus parlé	tu fus venue/venu
elle/il eut parlé	elle/il fut venue/venu
nous eûmes parlé	nous fûmes venues/venus
vous eûtes parlé	vous fûtes venue(s)/venu(s)
elles/ils eurent parlé	elles/ils furent venues/venus

B. La description

Les verbes d'une description ne font pas avancer le récit. Dans le passé, le temps de la description est l'imparfait, qui répond à la question : « Comment étaient les choses ? »

Il s'agit de dépeindre les conditions existantes, d'indiquer les actions qui étaient en train de se dérouler dans le passé.

Il faisait froid ce soir-là et le vent soufflait.

Le jeune homme portait un grand chapeau qui lui cachait les yeux. Ses lèvres tremblaient et il essayait en vain de dire quelque chose.

Le jeune homme tenait une boîte en métal à la main. Sur le couvercle on voyait un dragon qui attaquait un chevalier.

Le jeune homme semblait à peine respirer.

Un gémissement... Était-ce le vent ? La boîte contenait-elle un démon ?

Le jeune homme semblait se ranimer. Essayait-il de me prévenir ?

Je ne savais pas quoi faire tant je tremblais de peur.

C. Le récit au passé

Naturellement, dans un récit au passé, on alterne, selon le cas, entre les actions au passé composé (passé simple) qui forment la trame et celles à l'imparfait qui constituent une description. C'est la perspective dans laquelle l'action est envisagée qui détermine le choix entre le passé composé et l'imparfait.

Un soir vers minuit, on a frappé à ma porte. Il faisait froid ce soir-là et le vent soufflait. Je suis descendu et j'ai ouvert la porte. Devant moi, j'ai vu le visage pâle et terrifié d'un jeune homme. Il portait un chapeau qui lui cachait les yeux. Ses lèvres tremblaient et il essayait en vain de dire quelque chose. Plein de pitié, j'ai dit à l'inconnu d'entrer. Le malheureux a fait un pas en avant, m'a donné une boîte en métal qu'il tenait à la main, et il est tombé inconscient sur le parquet. J'ai essayé en vain de le ranimer; il semblait à peine respirer. Alors, j'ai téléphoné d'urgence à l'hôpital. En attendant l'arrivée du médecin et de la police, j'ai ramassé la boîte que j'avais posée par terre dans mon énervement. Sur le couvercle, on voyait un dragon qui attaquait un chevalier. Quand j'ai voulu soulever le couvercle, j'ai entendu un gémissement. Était-ce le vent ? La boîte contenait-elle un démon ? Le jeune homme, qui semblait se ranimer, essayait-il de me prévenir ? Je ne savais que faire tant je tremblais de peur...

III.   Précisions sur l'imparfait et le passé composé

A.   Aspect verbal

Un verbe conjugué à l'imparfait ou au passé composé adopte forcément la signification (l'aspect) de ce temps. Voici quelques illustrations.

Le passé composé communique une des idées suivantes :

- *L'action (ou l'état) est finie.*

La personne à qui j'ai prêté de l'argent ne veut pas me le rendre.

- *L'action est arrivée à un moment relativement précis du passé.* Notez qu'un enchaînement de ces moments précis forme la trame du récit. (Voir p. 35.)

Vers huit heures du soir, un garçon est entré furtivement dans le magasin. Quand il a vu que personne ne le regardait, il a pris un billet de 100 francs dans la caisse et il s'est sauvé à toutes jambes.

- *L'action a eu lieu pendant une durée clairement délimitée (spécifiée) :* trois jours, un an, plusieurs jours, longtemps, etc.

Nous avons vécu trois ans en Suisse. (durée précise)

Les acteurs ont répété la pièce pendant des semaines.

L'imparfait, par contre, communique une des idées suivantes :

- *L'action (ou l'état) est en train de se dérouler dans le passé.* Dans ce cas, le progrès du récit vers sa conclusion est, en quelque sorte, interrompu pour permettre une accumulation de détails descriptifs.

Quand Henri et Diane sont entrés dans le restaurant, plusieurs personnes dînaient déjà, d'autres prenaient l'apéritif au bar. Le sommelier [5] passait de table en table pour prendre les commandes de vin. Le maître d'hôtel surveillait la salle d'un air cérémonieux et donnait à voix basse des ordres aux serveurs. Quand il a aperçu Henri et

---

[5] sommelier : spécialiste chargé du service des vins dans un restaurant

• *L'action est répétée un nombre indéterminé de fois.* Notez qu'un ensemble d'actions répétées dépeignent une situation existante. Elles constituent un tableau descriptif.

ATTENTION ! Si le nombre de répétitions est spécifié et l'action considérée finie, il faut employer le passé composé.

B. Les verbes d'état mental

Les verbes d'état mental comme

adorer	désirer	pouvoir
aimer	détester	savoir
croire	penser	vouloir

se mettent souvent à l'imparfait puisque, pour ces verbes, il s'agit généralement d'un état qui se prolonge dans le temps.

Mais ils peuvent aussi bien être au passé composé et, dans ce cas, ils adoptent l'aspect de ce temps. (Voir Tableau 14, p. 40.)

C. Les verbes *être* et *avoir*

Les verbes **être** et **avoir,** comme les verbes d'état mental, se mettent à l'imparfait quand ils décrivent un état (ou un état de choses).

Cependant, quand on les met au passé composé, ils réfléchissent l'aspect de ce temps : *il a été = il est devenu; il a eu = il a reçu.*

Diane qui attendaient patiemment, il s'est empressé de les accueillir et leur a montré une table qu'il gardait toujours pour eux.

Quand j'étais jeune, je prenais le train tous les jours pour aller à l'école.
Le vendredi après-midi, Anne jouait au hockey.

J'ai lu ce poème trois fois avant de le comprendre. COMPAREZ : Chaque soir, je lisais ce poème deux fois avant de me coucher.
Elle a visité Moscou plusieurs fois (cinq fois, sept fois, etc.) pendant son séjour en Russie.

Le public croyait qu'il allait assister à un concert de grande classe. Il a été très déçu de voir un jeune musicien apparaître sur la scène avec son accordéon.
Françoise voulait se marier avec Georges. Elle ne savait pas qu'il espérait surtout épouser une femme très riche.
Le pilote voulait atterrir mais ne pouvait pas à cause du brouillard. Comme il préférait ne pas prendre de risques, il a décidé de retourner à son point de départ.

Marie était fatiguée parce qu'elle avait trop de travail.

Quand il a vu son frère tomber du toit, il a eu un choc.
« Quand j'ai lu la bonne critique de mes nouveaux tableaux, j'ai été heureux », a avoué le jeune peintre.

TABLEAU 14

VERBES D'ÉTAT MENTAL AU PASSÉ COMPOSÉ	
Sens au passé composé	**Exemples**
croire = le fait de croire a eu lieu à un moment précis	Quand Marc a expliqué son retard à Suzanne, elle l'a cru.
penser = une idée s'est présentée à l'esprit	Quand j'ai vu le collier de perles, j'ai pensé l'offrir à ma femme pour sa fête.
savoir = découvrir, apprendre	Quand le docteur Leclerc a vu les résultats des tests, elle a su que son malade était anémique.
vouloir = essayer de	J'ai voulu le prévenir du danger, mais il a refusé de m'écouter.
ne pas vouloir = refuser de	Comme Pierre n'a pas voulu leur prêter son camion, Philippe et Marion ont dû en emprunter un. Avec ce camion, ils ont pu emménager dans leur nouvel appartement.
pouvoir = réussir à	

Les verbes **être** et **avoir** peuvent aussi être utilisés au passé composé et donc indiquer qu'un état situé dans le passé est complètement fini.[6]

Christophe a été aveugle jusqu'à l'âge de cinq ans, quand, grâce à une opération remarquable, il a retrouvé une partie de sa vue.

Au début de ma carrière, j'ai eu des doutes sur la voie que je voulais suivre. (Ces doutes n'existent plus.)

Christian et sa femme ont d'abord eu du mal à s'habituer à la vie à la campagne, car la ferme qu'ils habitaient n'offrait aucun confort moderne. Maintenant ils y sont très heureux.

Le verbe **avoir** au passé composé indique un état de choses qui arrive assez rapidement et à un moment précis dans le passé.

Quand il a senti la bonne odeur du poulet rôti à la broche, Bertrand a eu faim. (COMPAREZ : Bertrand avait faim, alors il a commandé une grande quiche.)

En rentrant à Toronto l'autre soir, j'ai eu un accident à cause du verglas. (COMPAREZ : André était si distrait qu'il avait tout le temps des accidents de voiture.)

L'année dernière, Hélène a eu de la chance. Elle a gagné une voiture au concours Esso. (COMPAREZ : Quand Hélène était au lycée, elle avait beaucoup d'amis.)

---

[6] Dans la langue parlée, **être** (au passé composé) est employé aussi comme synonyme d'**aller**. EXEMPLE : *J'ai déjà été (je suis déjà allé) dans ce restaurant.*

CAS SPÉCIAUX : Les expressions **venir de** + _infinitif_ et **aller** + _infinitif_ (dans le sens du futur) sont toujours à l'imparfait dans un récit au passé.[7]

Christiane venait de s'asseoir dans l'autobus, quand un homme masqué est monté, un revolver à la main. Allait-il tirer sur un passager ?

IV. La narration dans la langue écrite

A. Emploi du passé simple

Le passé simple appartient essentiellement à la langue écrite de style soutenu (littéraire). Il sert à narrer _(narrate)_ des événements complètement terminés dans un passé éloigné du présent. C'est le temps du récit au passé et il s'utilise dans les romans, dans les histoires pour enfants, dans un récit biographique, etc.

Comme il importe surtout de le reconnaître dans la lecture, nous reléguons à des études plus avancées l'emploi actif de ce temps (voir Tableau 15, p. 42) et nous citons quelques passages à titre d'exemple. Notez que les actions au passé composé constituent la trame (voir plus haut) et que l'imparfait s'emploie quand il s'agit de description, d'une action en cours (en train de se dérouler) ou d'une habitude (action répétée). Le plus-que-parfait et le passé _antérieur_ (voir _Section IV, B_ et _Section V_, p. 43) sont employés aussi pour une action antérieure à celle du passé simple ou de l'imparfait.

Un soir vers minuit, on frappa à ma porte. Je descendis et j'ouvris la porte. Devant moi, je vis le visage pâle et terrifié d'un jeune homme. Plein de pitié, je dis à l'inconnu d'entrer. Le malheureux fit un pas en avant, me donna une boîte en métal qu'il tenait à la main, et il tomba inconscient sur le parquet. J'essayai en vain de le ranimer. Alors, je téléphonai d'urgence à l'hôpital. En attendant l'arrivée du médecin et de la police, je ramassai la boîte que j'avais posée par terre dans mon énervement. Quand je voulus soulever le couvercle, j'entendis un gémissement.

Le passé simple a le plus souvent le même sens que le passé composé. Pourtant, ces deux temps ne sont pas nécessairement interchangeables. Par exemple, lorsque le passé composé exprime une action passée dont les effets continuent à se faire sentir au moment où l'on parle, on ne peut pas utiliser le passé simple puisque celui-ci implique une séparation dans le temps entre le narrateur et son récit.

Après trois jours de lecture intensive, j'ai fini de lire _Madame Bovary_ ce matin. J'ai beaucoup aimé ce livre.

---

[7] Pour **venir de** + _infinitif_ et **aller** + _infinitif_, voir p. 14. Notez que le verbe **aller** + _infinitif_ ne signifie pas toujours un futur proche et, dans ce cas, peut se mettre au passé composé. EXEMPLE : _Chantal est allée voir ses parents l'été dernier._

TABLEAU 15

LA NARRATION LITTÉRAIRE

— Montesquieu, *Lettres Persanes*, 1721

Cependant une maladie cruelle ravageait la contrée. Un médecin habile y arriva du pays voisin et donna ses remèdes si à propos qu'il guérit tous ceux qui se mirent dans ses mains. Quand la maladie eut cessé, il alla chez tous ceux qu'il avait traité demander son salaire, mais il ne trouva que des refus. Il retourna dans son pays, et il y arriva accablé des fatigues d'un si long voyage. Mais bientôt après il apprit que la même maladie se faisait sentir de nouveau et affligeait plus que jamais cette terre ingrate. Ils allèrent à lui cette fois et n'attendirent pas qu'il vînt chez eux. « Allez, leur dit-il, hommes injustes ! Vous avez dans l'âme un poison plus mortel que celui dont vous voulez guérir; vous ne méritez pas d'occuper une place sur la Terre, parce que vous n'avez point d'humanité, et que les règles de l'équité vous sont inconnues. Je croirais offenser les Dieux, qui vous punissent, si je m'opposais à la justice de leur colère. »

—J.–J. Rousseau, *La Nouvelle Héloïse* (1761), Quatrième partie — Lettre XVII — extrait *(Dans le passage suivant de Rousseau, notez l'utilisation du passé simple à la première personne.)*

Là mes vives agitations commencèrent à prendre un autre cours; un sentiment plus doux s'insinua peu à peu dans mon âme, l'attendrissement surmonta le désespoir, je me mis à verser des torrents de larmes, et cet état, comparé à celui dont je sortais, n'était pas sans quelques plaisirs. Je pleurai fortement, longtemps, et fus soulagé. Quand je me trouvai bien remis, je revins auprès de Julie; je repris sa main. Elle tenait son mouchoir; je le sentis fort mouillé. « Ah ! lui dis-je tout bas, je vois que nos cœurs n'ont jamais cessé de s'entendre ! Il est vrai, dit-elle d'une voix altérée; mais que ce soit la dernière fois qu'ils auront parlé sur ce ton. » Nous recommençâmes alors à causer tranquillement, et au bout d'une heure de navigation nous arrivâmes sans autre accident. Quand nous fûmes rentrés, j'aperçus à la lumière qu'elle avait les yeux rouges et fort gonflés; elle ne dut pas trouver les miens en meilleur état. Après les fatigues de cette journée, elle avait grand besoin de repos; elle se retira, et je fus me coucher.

— Albert Lamorisse, *Crin-Blanc*, 1953 *(Dans l'extrait suivant, Crin-Blanc est un cheval sauvage qui vient de se battre avec un autre cheval. Folco est un garçon qui voudrait devenir l'ami de Crin-Blanc.)*

Crin-Blanc était blessé. Son sang coulait le long de sa jambe. Crin-Blanc le léchait, mais le sang coulait toujours. Alors il pensa à son petit ami le pêcheur. Et quand Folco et son petit frère, qui croyaient que Crin-Blanc était parti pour toujours, le virent revenir, ils pleurèrent tellement ils étaient contents, et ils le soignèrent si bien que Crin-Blanc fut vite guéri. Lorsque Crin-Blanc alla mieux, Folco l'attacha et doucement voulut se glisser sur son dos. Mais Crin-Blanc était un cheval sauvage, et ne pouvait supporter qu'on lui montât dessus. Alors il rua, fit un écart, jeta Folco à terre, cassa sa corde, et partit, abandonnant celui qu'il avait cru être un vrai ami. Il aurait voulu aller rejoindre les chevaux sauvages, mais le manadier* et ses gardians l'aperçurent et se mirent à sa poursuite. Crin-Blanc se réfugia dans un marais de roseaux où il disparut. Et le manadier, qui voyait encore une fois ce cheval lui échapper, donna l'ordre de mettre le feu aux quatre coins du marais pour l'enfumer et lui prouver que les hommes sont toujours les plus forts.

*manadier (ou gardian) : homme qui garde les chevaux (en Camargue)

Une série d'actions au passé simple n'a aucun lien temporel avec le présent.

L'orateur finit son discours, leva les mains dans un geste de triomphe et attendit la réaction de la foule.

B. Emploi du passé antérieur

Quand on emploie le passé simple, le *passé antérieur* exprime une action précise qui précède immédiatement l'action exprimée au passé simple. C'est le cas surtout après les conjonctions de temps : **quand, lorsque, après que, dès que, aussitôt que,** et dans les propositions introduites par **à peine.** Notez qu'avec ces conjonctions temporelles, il est souvent question de deux actions qui se suivent de très près et dont l'aspect ponctuel est évident.

Lorsque nous eûmes trouvé un endroit confortable, nous nous y installâmes.

« Quand nous fûmes rentrés, j'aperçus à la lumière qu'elle avait les yeux rouges et fort gonflés. » (Rousseau)

A peine[8] fut-elle levée que le téléphone sonna.

Dès qu'il eut lu le journal et bu son café du matin, il se mit à travailler jusqu'à midi sans interruption.

> passé antérieur   passé simple
>
> •   •   ⟶

NOTE : Dans un texte où on emploie le passé composé, le *passé antérieur* est remplacé par le *passé surcomposé.* (Voir p. 350.)

Lorsque nous avons eu trouvé un endroit confortable, nous nous y sommes installés.

V.   L'emploi du plus-que-parfait et du futur du passé

Le plus-que-parfait et le futur du passé sont relatifs aux temps principaux du passé (passé simple, passé composé, imparfait). Quand une action arrive avant une autre action dans le passé, employez le plus-que-parfait pour l'action qui précède. Quand une action (au passé) suit une action au passé composé, au passé simple ou à l'imparfait, employez le futur du passé. (Voir Tableau 16, p. 44.)

---

[8] **A peine** en tête de phrase est toujours suivi de l'inversion.

TABLEAU 16

| | | | | CHRONOLOGIE DES TEMPS AU PASSÉ | | | | |

Chronologie : passé antérieur — passé composé — futur antérieur du passé* — futur du passé† — présent / plus-que-parfait — ...imparfait...

EXEMPLES :

1. La lettre que j'avais envoyée à Frédéric, quand celui-ci était à Moscou, n'est jamais arrivée. S'était-elle égarée ou l'avait-on confisquée ? Impossible de savoir si elle lui parviendrait.

2. Comme on lui avait mis un bandeau sur les yeux, Madame Lagrange ne savait pas où ses kidnappeurs l'avaient emmenée. Elle avait l'impression qu'ils avaient roulé pendant deux ou trois heures sur une route très sinueuse.

3. Il était 7 heures du soir. Mes amis arriveraient dans une heure pour dîner, et je n'avais encore rien préparé. En plus, je n'étais pas allé au supermarché et mon réfrigérateur était vide. Tout cela parce que mon patron avait insisté pour que je finisse le rapport que je rédigeais. Ne sachant trop quoi faire, j'ai téléphoné à une pizzeria. Quand mes amis sont arrivés, je leur ai annoncé, avec un grand sourire, que j'avais demandé à un ami chef de nous préparer un repas et qu'il le livrerait dans une demi-heure. Nous avions donc juste le temps de prendre l'apéritif avant de nous mettre à table.

4. Daniel savait que quand Louise rentrerait, elle serait de mauvaise humeur, qu'elle se ferait un sandwich et se coucherait sans rien dire. (COMPAREZ : Daniel sait que quand Louise rentrera, elle sera de mauvaise humeur, qu'elle se fera un sandwich et se couchera sans rien dire.)

5. A ce moment-là, tout était calme dans le laboratoire de chimie. Comment deviner que dans quelques instants une bombe exploserait ?

*Le futur antérieur du passé a les mêmes formes que le conditionnel passé.

†Le futur du passé a les mêmes formes que le conditionnel présent. (Voir p. 95.)

CONSTRUCTIONS

I. Les termes d'enchaînement : *d'abord, enfin, puis, ensuite*

Dans un récit (qu'il soit au présent, au passé ou au futur) il convient de lier les actions principales par les mots suivants : **d'abord,** pour présenter la première action, **enfin,** pour présenter la dernière. Entre ces termes, **puis** et **ensuite** peuvent s'utiliser de manière interchangeable.

Quand le marin est tombé à l'eau, il a d'abord cru qu'il allait se noyer, puis il s'est vu entouré de requins; ensuite il a remarqué une ligne qu'on lui tendait du bateau. Au moment où il sombrait pour la troisième fois, il a enfin réussi à saisir la corde, et on a pu le ramener à bord.

II. Les conjonctions : *cependant, pourtant, mais*

A. Ces conjonctions servent aussi à cimenter le récit en exprimant une opposition entre deux phrases ou deux propositions.

Cécile joue très bien de la guitare, cependant (pourtant) elle n'étudie que depuis un an.

B. Cependant et **pourtant** se placent au début de la deuxième proposition ou bien après le verbe de la deuxième proposition. Ils sont alors moins accentués.

Elle est rentrée à deux heures du matin, cependant elle avait promis (elle avait cependant promis) d'être de retour avant minuit.

C. Mais se place entre deux propositions.

Il a essayé d'expliquer son retard à sa patronne, mais elle ne voulait pas l'écouter.

ATTENTION ! **Mais** sert aussi à mettre en opposition des adjectifs et des adverbes à l'intérieur d'une proposition. **Cependant** et **pendant** ne peuvent pas jouer ce rôle.

Ces jeunes gens sont intelligents mais paresseux.

Le candidat a répondu lentement mais correctement à toutes les questions qu'on lui a posées.

Ce tailleur Chanel est bien joli mais hors de prix.

III. Les conjonctions : *car, parce que, puisque, comme*

A. Car et **parce que** introduisent une proposition qui donne une explication ou la cause d'une autre action. **Car** est plus littéraire que **parce que.**

Il est nerveux parce qu'il a un rendez-vous important.

Il est nerveux, car son patron le critique beaucoup depuis quelques jours.

Quelquefois il est possible de remplacer **parce que** + *proposition* par **à cause de** + *nom.*

J'ai fait plusieurs erreurs parce que j'étais très énervé. *(ou)* J'ai fait plusieurs erreurs à cause de ma nervosité.

B. Puisque et **comme** *(since)* établissent un lien entre une cause exprimée qui est mise en relief et l'action qui en résulte. Ils sont interchangeables mais **comme** est un peu moins fort que **puisque.**

Puisque vous n'êtes pas content de la manière dont on vous a traité l'autre jour, plaignez-vous au directeur.

Puisqu'il n'avait pas faim, il s'est couché sans dîner.

Comme Frédéric est encore en retard, nous allons commencer sans lui.

IV. La subordination chronologique

A. Avant de + *infinitif*

Pour situer deux actions chronologiquement l'une par rapport à l'autre, on utilise la préposition **avant de** suivie de l'infinitif présent.

Avant de nommer Danielle au poste, la directrice lui a posé plusieurs questions sur les études qu'elle avait faites.

B. Après + *infinitif passé*

La préposition **après** suivie de *l'infinitif passé* situe également deux actions l'une avant l'autre.

Notez que dans les phrases avec **avant de** + *infinitif* et **après** + *infinitif passé,* le sujet du verbe principal est aussi celui qui fait l'action exprimée par l'infinitif. Si la phrase a plus d'un sujet, il faut utiliser les conjonctions **avant que** ou **après que.** (Voir p. 261.)

Après avoir terminé son article, le journaliste l'a envoyé au rédacteur du *Nouvel Observateur.*

Nous voulions être de retour avant qu'il (ne) fasse nuit.

Elle finira ses devoirs après que ses amis seront partis.

C. En + *participe présent*

Pour présenter deux actions qui ont lieu en même temps, on utilise la préposition **en** suivie du *participe présent.*[9] Notez que le sujet du verbe principal est aussi celui qui fait l'action exprimée par le participe présent.

Pour l'emploi du gérondif et du participe présent, voir pp. 287 et 292.

REMARQUE : Ces trois constructions sont particulièrement pratiques dans une narration puisqu'elles peuvent s'employer dans un contexte présent, passé ou futur.

Je lis le journal en prenant le petit déjeuner.

J'ai fait (Je faisais, Je ferai, Je fais) mes devoirs en écoutant la radio.

Après avoir vu ce film, nous en avons discuté (nous en discuterons).

Avant de se coucher, elle boit (a bu, buvait, boira) un verre de lait.

ÉTUDE DE VERBES

A. Les verbes suivants gouvernent l'infinitif complément avec **de** : *essayer de, éviter de, mériter de, oublier de, risquer de, tenter de.*

Il oubliait souvent de fermer la porte du réfrigérateur.

Vous devriez éviter de rester trop longtemps au soleil.

B. Les verbes suivants gouvernent l'infinitif directement : *croire, penser,*[10] *oser, valoir mieux, paraître (sembler).*

Certains journalistes croient toujours avoir raison.

Il vaudrait mieux payer tout de suite.

Il semble ne connaître personne ici à part Madame Tavernier.

---

[9] Pour la formation du participe présent, voir p. 287.
[10] Pour **penser à**, voir p. 151.

C. Ne confondez pas **pouvoir** + *infinitif* et **savoir** + *infinitif.*

1. Savoir + *infinitif* a le sens de « avoir les connaissances nécessaires pour » *(to know how).*

Si tu sais conduire, je te prêterai ma voiture.

Il savait jouer du piano.

Je savais lire le latin autrefois.

2. Pouvoir + *infinitif* indique les capacités physiques et mentales *(to be able; "can").*

Il faisait si noir que je ne pouvais pas lire.

Victor savait jouer de l'accordéon, mais il ne pouvait pas en jouer parce qu'il s'était cassé le doigt.

Le médecin a pu convaincre le sénateur de renoncer à boire.

3. Pouvoir + *infinitif* s'emploie aussi pour demander la permission ou présenter une interdiction.

Puis-je vous demander un service ?

Vous ne pouvez pas fumer dans cette salle.

Pourrais-je sortir cinq minutes avant la fin du cours ?

D. Employez **faillir** + *infinitif* seulement au passé composé dans le sens de « presque ».

J'ai failli glisser sur cette peau de banane. (J'ai presque glissé...)

Échanges interactifs

CONVERSATIONS DIRIGÉES

I. *(En groupes de trois) A partir de la phrase affirmative dite par A, B reprendra avec une phrase négative et enchaînera avec une phrase affirmative utilisant les suggestions entre parenthèses. A contrôlera les réponses de B. C écoutera A et B et ajoutera des détails basés sur sa propre expérience.*

Modèle : **A :** Je suis allé en Chine pendant mes vacances.
  B : _____ (passer / mes vacances / Canada)
  B : *Je ne suis pas allé en Chine pendant mes vacances. J'ai passé mes vacances au Canada.*
  C : *Ah bon ! Et qu'est-ce que tu y as fait ?*

1. **A :** J'ai suivi un cours de biologie le trimestre (semestre) dernier.
   B : Moi, _____ (suivre / cours de philosophie)
   C : Moi, au contraire, j'ai _____.
2. **A :** Mes amis et moi, nous sommes allés au cinéma hier soir.
   B : _____ (aller / à la bibliothèque)
   C : Moi, j'étais fatigué, alors _____.
3. **A :** Mon père m'a offert un ordinateur pour mon anniversaire.
   B : Tu as de la chance. _____ (offrir / machine à écrire)
   C : Mes parents n'ont pas les moyens de me faire de cadeau. J'ai dû _____.

4. **A :** Mon professeur de sciences politiques est allé en Israël cet été.

   B : Mon professeur de philosophie _____ (aller / Japon).

   C : Qu'est-ce qu'il _____ ?

5. **A :** Nous avons beaucoup ri en voyant le film *Les Visiteurs.*

   B : _____ (Les films de Louis de Funès / nous / plaire / davantage)

   C : Moi, je n'aime pas les films comiques. L'autre jour, je _____.

6. **A :** Mes amis et moi, nous avons repeint notre appartement.

   B : Moi, _____ (Mon frère / venir / repeindre / mon appartement pour moi)

   C : Tu as de la chance d'avoir un frère qui t'aide. Moi, je _____.

7. **A :** Il a beaucoup plu dans le Mississippi. Il y a eu des inondations terribles.

   B : En Californie il y a quelques années _____ (devoir conserver / l'eau)

   C : Et quand ce n'est pas la sécheresse c'est les tremblements de terre et les inondations. Il y a quelques années, il _____.

8. **A :** J'ai vendu mes livres de chimie et de biologie à la fin du trimestre.

   B : Moi, _____ (les garder / pour / les donner à mon frère)

   C : Pourquoi ne m'as-tu pas téléphoné d'abord ? Je _____.

RÉPONSES

1. Je n'ai pas suivi de cours de biologie le trimestre (semestre) dernier, mais j'ai suivi un cours de philosophie.

2. Mes amis et moi, nous ne sommes pas allés au cinéma hier soir. Nous sommes allés à la bibliothèque.

3. Tu as de la chance. Mon père ne m'a pas offert d'ordinateur pour mon anniversaire. Il m'a offert une machine à écrire.

4. Mon professeur de philosophie n'est pas allé en Israël. Il est allé au Japon.

5. Nous n'avons pas beaucoup ri en voyant le film *Les Visiteurs.* Les films de Louis de Funès nous ont plu davantage.

6. Moi, je n'ai pas repeint mon appartement. Mon frère est venu repeindre mon appartement pour moi.

7. En Californie il y a quelques années il n'a pas beaucoup plu. Nous avons dû conserver l'eau.

8. Je n'ai pas vendu mes livres à la fin du trimestre. Je les ai gardés pour les donner à mon frère.

II. *(En groupes de deux)* **A** *lira les phrases suivantes en mettant les verbes au* **passé composé.** **B** *contrôlera les réponses, puis improvisera une réaction à la phrase.*

MODÈLE : **A :** Didier (faire) le tour du monde en voilier.

          A : Didier *a fait* le tour du monde en voilier.

          B : _____ ?

          B : *Combien de temps a-t-il mis ?*

1. **A :** Je (recevoir) un paquet et je (l'ouvrir).

   B : Qu'est-ce que _____ ?

2. **A :** Marie (écrire) roman d'amour. Je (le lire) et (le trouver) très bon.

   B : _____ ?

3. **A :** Les enfants (mettre) trois heures à lire ce livre, mais ils (ne pas le comprendre).

   B : _____ ?

4. **A :** L'inspecteur (suivre) le cambrioleur, qui (monter) sur le toit de la maison. Sa complice (arriver) et (lui lancer) une corde. Le voleur (pouvoir) s'évader.

   B : _____ ?

5. **A :** Nous (aller) au café, où nous (boire) une bière.

   B : _____ ?

6. **A :** Les enfants (visiter) le parc zoologique. Ils (offrir) des cacahuètes aux éléphants qui (les prendre) avec leur trompe, et (les mettre) dans leur bouche.

   B : _____ ?

7. **A :** Marie (être) surprise, quand elle (entendre) un grand bruit devant sa porte.

   B : _____ ?

8. **A :** Après tout ce que tu (faire) pour ton ami, comment (pouvoir -il) te parler avec tant de hargne ?

   B : _____ ?

9. **A :** Je (recevoir) trois lettres anonymes contenant des menaces. Je (avoir) très peur, alors je (prévenir) la police.

   B : _____ ?

10. **A :** Quand Justin (me dire) qu'il avait gagné le gros lot à la loterie, je (ne pas le croire).

    B : _____ ?

RÉPONSES

1. J'ai reçu un paquet et je l'ai ouvert.
2. Marie a écrit un roman d'amour. Je l'ai lu et l'ai trouvé très bon.
3. Les enfants ont mis trois heures à lire ce livre, mais ils ne l'ont pas compris.
4. L'inspecteur a suivi le cambrioleur qui est monté sur le toit de la maison. Sa complice est arrivée et lui a lancé une corde. Le voleur a pu s'évader.
5. Nous sommes allés au café où nous avons bu une bière.
6. Les enfants ont visité le parc zoologique. Ils ont offert des cacahuètes aux éléphants qui les ont prises avec leur trompe et les ont mises dans leur bouche.
7. Marie a été surprise quand elle a entendu un grand bruit devant sa porte.
8. Après tout ce que tu as fait pour ton ami, comment a-t-il pu te parler avec tant de hargne ?
9. J'ai reçu trois lettres anonymes contenant des menaces. J'ai eu très peur, alors j'ai prévenu la police.
10. Quand Justin m'a dit qu'il avait gagné le gros lot à la loterie, je ne l'ai pas cru.

(Les réactions de **B** aux phrases de **A** sont données à titre d'exemple.)

1. **B :** Qu'est-ce qu'il y avait dedans ?
2. **B :** Quand est-il paru ?
3. **B :** Est-ce que le livre était difficile pour eux ?
4. **B :** La police a-t-elle enfin réussi à arrêter les malfaiteurs ?
5. **B :** Avez-vous aussi pris quelque chose à manger ?
6. **B :** Les enfants sont-ils aussi allés voir les singes ?
7. **B :** A-t-elle appelé au secours ?
8. **B :** Je ne sais pas. Il n'a pas voulu me le dire.
9. **B :** La police a-t-elle (A-t-on) réussi à trouver l'auteur des lettres ?
10. **B :** Qu'est-ce qu'il a décidé de faire avec l'argent ?

III. *(En groupe de trois)* B *reprendra les phrases dites par* A *suivant les indications données.* C *écoutera* A *et* B*, contrôlera les réponses et ajoutera une phrase de sa propre invention.*

1. **A :** Quand j'étais petit, j'allais à l'école tous les jours et l'après-midi je (jouer) avec mes amis.

    B : Moi, quand j'étais petit, je (faire) l'école buissonnière et j'(aller à la pêche) avec mes amis.

    C : Eh bien moi, je _____.

2. **A :** Quand mes parents avaient mon âge, ils (être) très idéalistes. Ils (appartenir) à plusieurs organisations de gauche et (croire) avec ferveur au socialisme.

    B : Quand mes parents avaient mon âge, ils (travailler/pour gagner leur vie). Pour aller à l'université, ils (devoir faire/des demandes de bourse). Leur vie (ne pas être) facile.

    C : Pour mes parents c'était différent. _____.

3. **A :** Quand mon chien était petit, il (courir) après les livreurs et les (mordre) à la cheville.

    B : Moi, je n'avais pas de chien, mais mes chats (manger) sur la table de la salle à manger, (chasser) des souris dans le jardin, et (dormir) dans mon lit.

    C : Moi, j'aimais beaucoup les animaux aussi. _____.

4. **A :** A l'école secondaire nous travaillions beaucoup. Nous (étudier) l'algèbre, l'économie politique et l'anglais.

    B : A mon école, nous (suivre) des cours de langues et des cours d'histoire. Nous (faire) beaucoup de devoirs et (avoir) peu de temps pour nous distraire.

    C : A l'école où je suis allé _____.

5. **A :** L'année dernière, je (prendre souvent) ma bicyclette quand il (faire) beau pour aller à la montagne.

    B : Mon ami (faire) la même chose. Il (partir) tôt le matin, (emporter) un sac de provisions, une bouteille d'eau qu'il (boire) en route. Arrivé à destination, il (se reposer) une heure, puis (rentrer). Cela le (mettre) toujours de bonne humeur.

    C : Moi, je faisais presque la même chose. Je _____.

6. **A :** L'année dernière j'allais souvent au cinéma. Je ne me rendais pas compte que je (négliger) mes études.

    B : Pour moi c'(être) les sports. Je (jouer) tous les jours au football et le week-end je (partir) à la montagne avec mes amis pour faire des excursions. Nous (louer) un chalet et (faire) la cuisine nous-mêmes.

    C : Pendant ce temps, moi, je _____.

RÉPONSES

1. **A :** Quand j'étais petit, j'allais à l'école tous les jours et l'après-midi je jouais avec mes amis.

    B : Moi, quand j'étais petit, je faisais l'école buissonnière et j'allais à la pêche avec mes amis.

    C : Eh bien moi, je _____.

2. **A :** Quand mes parents avaient mon âge, ils étaient très idéalistes. Ils appartenaient à plusieurs organisations de gauche et croyaient avec ferveur au socialisme.

    B : Quand mes parents avaient mon âge, ils travaillaient pour gagner leur vie. Pour aller à l'université, ils devaient faire des demandes de bourse. Leur vie n'était pas facile.

    C : Pour mes parents c'était différent. _____.

3. **A :** Quand mon chien était petit, il courait après les livreurs et les mordait à la cheville.

   B : Moi, je n'avais pas de chien, mais mes chats mangeaient sur la table de la salle à manger, chassaient des souris dans le jardin, et dormaient dans mon lit.

   C : Moi, j'aimais beaucoup les animaux aussi. _____.

4. **A :** A l'école secondaire nous travaillions beaucoup. Nous étudiions l'algèbre, l'économie politique et l'anglais.

   B : A mon école, nous suivions des cours de langues et des cours d'histoire. Nous faisions beaucoup de devoirs et avions peu de temps pour nous distraire.

   C : A l'école où je suis allé _____.

5. **A :** L'année dernière, je prenais souvent ma bicyclette quand il faisait beau pour aller à la montagne.

   B : Mon ami faisait la même chose. Il partait tôt le matin, emportait un sac de provisions, une bouteille d'eau qu'il buvait en route. Arrivé à destination, il se reposait une heure, puis rentrait. Cela le mettait toujours de bonne humeur.

   C : Moi, je faisais presque la même chose. Je _____.

6. **A :** L'année dernière j'allais souvent au cinéma. Je ne me rendais pas compte que je négligeais mes études.

   B : Pour moi c'était les sports. Je jouais tous les jours au football et le week-end je partais à la montagne avec mes amis pour faire des excursions. Nous louions un chalet et faisions la cuisine nous-mêmes.

   C : Pendant ce temps, moi, je _____.

Ⅹ **IV.** _(En groupes de deux) Mettez les verbes entre parenthèses au **plus-que-parfait**. A et B contrôleront les réponses à tour de rôle._

1. Mon professeur ne savait pas que je (courir) toute la matinée et il s'est mis en colère quand je me suis endormi pendant son cours. J'ai essayé de lui dire que je (ne pas dormir) de la nuit, mais il m'a regardé d'un œil soupçonneux.
2. M. et Mme Duplexis ne savaient pas que leurs enfants (aller) au cinéma et qu'ils (prendre) la voiture sans rien dire. Et ce n'était pas la première fois qu'ils (agir) de la sorte.
3. Jean-Philippe ne savait pas que le doyen (recevoir) une lettre anonyme à son sujet. Il se demandait qui de ses connaissances (pouvoir) faire une chose pareille.
4. Je ne savais pas que mes voisins (faire) la fête jusqu'à trois heures du matin, qu'ils (tous trop boire), et que la police (venir) pour mettre fin à leur gaieté.
5. Ta/Ton camarade de chambre ne savait pas que tu (sortir) avant le petit déjeuner pour faire du jogging. Elle/Il croyait que tu (aller) à tes cours.
6. Nous ne savions pas que les taux d'intérêt (monter) jusqu'à 20% pour les emprunts. Nous nous demandions comment nous allions survivre une autre année. Nous (dépenser) toutes nos réserves pour mettre les enfants dans une bonne école privée, et il ne nous (rester) rien.

RÉPONSES

1. Mon professeur ne savait pas que j'avais couru toute la matinée et il s'est mis en colère quand je me suis endormi pendant son cours. J'ai essayé de lui dire que je n'avais pas dormi de la nuit, mais il m'a regardé d'un œil soupçonneux.

2. M. et Mme Duplexis ne savaient pas que leurs enfants étaient allés au cinéma et qu'ils avaient pris la voiture sans rien dire. Et ce n'était pas la première fois qu'ils avaient agi de la sorte.

3. Jean-Philippe ne savait pas que le doyen avait reçu une lettre anonyme à son sujet. Il se demandait qui de ses connaissances avait pu faire une chose pareille.

4. Je ne savais pas que mes voisins avaient fait la fête jusqu'à trois heures du matin, qu'ils avaient tous trop bu, et que la police était venue pour mettre fin à leur gaieté.

5. Ta/Ton camarade de chambre ne savait pas que tu étais sortie/sorti avant le petit déjeuner pour faire du jogging. Elle/Il croyait que tu étais allée/allé à tes cours.

6. Nous ne savions pas que les taux d'intérêt étaient montés jusqu'à 20% pour les emprunts. Nous nous demandions comment nous allions survivre une autre année. Nous avions dépensé toutes nos réserves pour mettre les enfants dans une bonne école privée, et il ne nous restait rien.

V.   *(En groupes de trois) Répondez affirmativement à la première question et négativement à la deuxième. Employez des pro-noms objets. A posera les questions et B répondra. C contrôlera les réponses et demandera à B de donner le pourquoi de ses réponses négatives. B improvisera selon son imagination.*

Modèle :   **A :** As-tu lu cet article ?
           B : *Oui, je l'ai lu.*
           A : Et cette lettre ?
           B : *Non, je ne l'ai pas lue.*
           C : *Pourquoi ne l'as-tu pas lue?*
           B : *Parce qu'elle ne m'était pas adressée !*

1.   **A :** As-tu fait la vaisselle hier soir ?
    B : Oui, _____
    A : Et tes devoirs ?
    B : Non, _____
    C : Pourquoi _____
    B : Parce que _____

2.   **A :** As-tu ouvert la fenêtre ?
    B : Oui, _____
    A : Et le tiroir du bureau ?
    B : Non, _____
    C : Pourquoi _____
    B : Parce que _____

3.   **A :** As-tu mis ta chemise dans le placard ?
    B : Oui, _____
    A : Et ton chapeau ?
    B : Non, _____
    C : Pourquoi _____
    B : Parce que _____

4.   **A :** As-tu traduit ce poème de Prévert ?
    B : Oui, _____
    A : Et ces maximes (*f*) de La Rochefoucauld ?
    B : Non, _____
    C : Pourquoi _____
    B : Parce que _____

5. **A :** As-tu mangé le fromage que j'ai laissé dans le frigo ?
   B : Oui, _____
   A : Et les épinards à la crème ?
   B : Non, _____
   C : Pourquoi _____
   B : Parce que _____

RÉPONSES

1. Oui, je l'ai faite. Non, je ne les ai pas faits. Pourquoi ne les as-tu pas faits ? (Réponses possibles : Parce que j'étais trop fatigué, parce qu'il y avait un bon film à la télé.)
2. Oui, je l'ai ouverte. Non, je ne l'ai pas ouvert. Pourquoi ne l'as-tu pas ouvert ? (Réponses possibles : Parce que ce n'est pas mon bureau, parce que je ne voulais pas être indiscret.)
3. Oui, je l'ai mise dans le placard. Non, je ne l'ai pas mis dans le placard. (Je ne l'y ai pas mis.) Pourquoi ne l'as-tu pas mis dans le placard ? (Réponses possibles : Parce que j'allais sortir et que j'en avais besoin.)
4. Oui, je l'ai traduit. Non, je ne les ai pas traduites. Pourquoi ne les as-tu pas traduites ? (Réponses possibles : Parce que le professeur ne nous a pas demandé de le faire, parce que je les ai trouvées très difficiles à traduire.)
5. Oui, je l'ai mangé. Non, je ne les ai pas mangés. Pourquoi ne les as-tu pas mangés ? (Réponses possibles : Parce que je déteste les épinards, parce que je suis au régime.)

MISE AU POINT

I. _Dans les phrases suivantes, mettez les verbes au **passé composé** ou au **plus-que-parfait** selon le cas. Faites attention à l'accord du participe passé._

1. Elle ne savait pas si les fleurs qu'elle (recevoir) venaient de son petit ami.
2. Comme elle (boire) du café après le dîner, elle (ne pas dormir).
3. Quand nous (arriver), la présentation de la nouvelle collection Cardin (déjà commencer).
4. Comme il (hériter) des œuvres complètes de Jules Verne, il les (offrir) à ses neveux.
5. L'opposition (dénoncer) les erreurs que le gouvernement (faire).
6. Y avait-il des fraises au marché ? — Non, je (ne pas en voir).
7. Les disques que nous (acheter) étaient rayés.
8. Qui est le couturier japonais dont David nous (parler) ?
9. Quelles bonnes photos tu (prendre) !
10. Voilà les poèmes que nous (traduire). Est-ce que vous les (lire) ?

II. _Mettez les verbes entre parenthèses au temps correct du passé : le **passé composé**, l'**imparfait** ou le **plus-que-parfait**._

Le Petit Poucet (extrait)

Charles Perrault

Il était une fois un bûcheron et une bûcheronne qui (avoir) sept enfants, tous garçons; l'aîné n'(avoir) que dix ans, et le plus jeune n'en (avoir) que sept. Ce grand nombre d'enfants n'est pas étonnant quand on sait que la femme du bûcheron n'en (faire) pas moins de deux enfants à la fois.

Ils (être) très pauvres et leurs sept enfants les (incommoder) beaucoup parce qu'aucun des petits ne (pouvoir) encore gagner sa vie. Ce qui les (rendre) plus tristes encore, c'est que le plus jeune (être) fort délicat et (ne pas parler). Ils (prendre) son silence pour de la bêtise au lieu de voir que c'(être) une marque de la bonté de son esprit. Quand le plus jeune (naître), il (être) très petit; il n'(être) guère plus gros que le pouce. Voilà ce qui explique pourquoi on (l'appeler) le petit Poucet.

Ce pauvre enfant (être) le souffre-douleur de la maison et on lui (donner) toujours le tort. Cependant, il (être) le plus fin et le plus avisé de tous ses frères, et, s'il (parler) peu, il (écouter) beaucoup.

Une très mauvaise année (arriver), et la famine (être) si grande que ces pauvres gens (résoudre) d'abandonner leurs enfants. Un soir que ces enfants (être) couchés, et que le bûcheron (être) auprès de sa femme, il (dire), le cœur serré de douleur :

— Tu vois bien que nous ne pouvons plus nourrir nos enfants; je n'ai pas envie de les voir mourir de faim devant mes yeux, et je suis résolu de les mener dans le bois demain et de les y laisser, ce qui sera très facile. Pendant qu'ils s'amuseront à ramasser le bois, nous n'avons qu'à partir sans rien dire.

— Ah, (crier) la bûcheronne, es-tu vraiment capable de faire cela à tes enfants !

En vain son mari lui (représenter) leur grande pauvreté, elle ne (pouvoir) y consentir; elle (être) pauvre, mais elle (être) leur mère.

Cependant, comme elle ne (pouvoir) supporter la douleur de les voir mourir de faim, elle (consentir/enfin) au projet de son mari et (aller) se coucher en pleurant.

Le petit Poucet (entendre) tout ce qu'ils (dire), car il (être) caché sous la chaise de son père, et (pouvoir) écouter sans être vu. Il (aller) se coucher et (ne pas dormir) de la nuit, parce qu'il (songer) à ce qu'il (avoir) à faire.

Le lendemain, il (aller) au bord d'une petite rivière, et il (mettre) beaucoup de petits cailloux blancs dans ses poches. Ensuite, il (revenir) à la maison. On (partir), et le petit Poucet (ne rien révéler) de tout ce qu'il (savoir) à ses frères.

Ils (aller) dans une forêt très épaisse. A dix pas de distance on (voir) avec difficulté. Le bûcheron (commencer) à couper du bois, et ses enfants à ramasser les petites branches pour faire des fagots. Le père et la mère, les voyant occupés à travailler, (profiter) de cette occasion pour partir rapidement, sans être vus, par un petit chemin caché.

Lorsque les enfants (voir) qu'ils (être) seuls, ils (commencer) à crier et à pleurer de toute leur force. Le petit Poucet (les/laisser) crier, parce qu'il (savoir) bien comment revenir à la maison. En marchant, il (jeter) le long du chemin les petits cailloux blancs qu'il (avoir) dans ses poches. Il (leur/donc/dire) :

— Ne craignez pas, mes frères; mon père et ma mère (nous/laisser) ici, mais je vais vous ramener à la maison : suivez-moi seulement.

Ils (le/suivre), et il (les/mener) jusqu'à leur maison par le même chemin qu'ils (suivre) pour venir dans la forêt. D'abord, ils (ne pas oser) entrer, mais ils (rester) debout tout près de la porte pour écouter ce que (dire) leur père et leur mère. Quand le bûcheron et la bûcheronne (arriver) chez eux, le seigneur du village (leur/envoyer) dix écus. Ils (lui/prêter) cet argent il y a longtemps et (ne plus espérer) le revoir. Ils (reprendre/donc) courage, car les pauvres gens (mourir) de faim. Le bûcheron (envoyer/tout de suite) sa femme à la boucherie. Comme il y (avoir) longtemps qu'elle (ne pas manger), elle (acheter) trois fois plus de viande qu'il n'en (falloir) pour le souper de deux personnes. Lorsqu'ils (ne plus avoir) faim, la bûcheronne (dire) :

— Hélas ! où sont maintenant ces pauvres enfants ? Nous avons tant de restes et eux ne peuvent pas les manger. C'est vraiment dommage. Mais aussi, Guillaume, c'est toi qui (vouloir) les perdre; maintenant nous le regrettons. Que font-ils dans cette forêt ? Hélas ! mon Dieu, les loups (les/peut-être/déjà/manger) ! Tu es bien inhumain d'avoir traité ainsi tes enfants !

Le bûcheron (perdre enfin patience), car elle (redire) plus de vingt fois combien elle (regretter) et qu'elle (le/bien/dire). Il (menacer) de la battre si elle (continuer) à parler. En réalité, le bûcheron (être) aussi désolé que sa femme, mais elle (parler) tant qu'elle lui (casser) la tête, et il (être) de l'avis de beaucoup d'autres gens qui aiment beaucoup les femmes qui parlent bien, mais qui trouvent très importunes celles qui (parler/toujours/bien).

La bûcheronne (être) tout en pleurs.

— Hélas ! où sont maintenant mes enfants, mes pauvres enfants ?

Elle (le/dire) une fois si haut que les enfants, qui (être) à la porte (l'entendre) et (commencer) à crier ensemble :

— Nous voilà ! nous voilà !

Elle (courir) vite leur ouvrir la porte, et leur (dire) en les embrassant :

— Que je suis heureuse de vous revoir, mes chers enfants ! Vous êtes bien fatigués, et vous avez bien faim; et toi, Pierrot, comme te voilà crotté, viens que je te débarbouille.

Ce Pierrot (être) son fils aîné qu'elle (aimer) plus que tous les autres, parce qu'il (être) roux et elle (être) un peu rousse. Ils (se mettre) à table et (manger) d'un appétit qui (faire) plaisir au père et à la mère, à qui ils (raconter) la peur qu'ils (avoir) dans la forêt. Ils (parler) presque toujours tous ensemble. Ces bonnes gens (être) ravis de revoir leurs enfants avec eux, et cette joie (durer) aussi longtemps que les dix écus (durer). Mais, lorsque l'argent (dépenser), ils (retomber) dans leur première inquiétude, et (résoudre) de les perdre encore, et pour ne pas manquer leur coup, de les mener bien plus loin dans la forêt que la première fois.

Ils (essayer) de parler de cela très secrètement, mais le petit Poucet (les/entendre). Il (espérer) se sortir de cette difficulté comme la première fois. Il (se lever) de très bonne heure pour aller ramasser des petits cailloux, mais il (ne pas pouvoir) sortir, car la porte de la maison (être) fermée à clé. Il (ne pas savoir) quoi faire, lorsque la bûcheronne (leur/donner) à chacun un morceau de pain. Il (songer/tout de suite) à l'idée suivante : « Je vais pouvoir me servir de mon pain au lieu des cailloux. Je vais jeter les miettes le long des chemins où nous allons passer. » Il (mettre) le morceau de pain dans sa poche.

Le père et la mère (les/emmener) dans l'endroit de la forêt le plus épais et le plus obscur et, quand ils y (être), ils (partir) par un chemin caché, et (les laisser) là. Le petit Poucet (ne pas s'en inquiéter beaucoup), parce qu'il (croire) retrouver aisément son chemin. Il (penser) utiliser le pain qu'il (jeter) partout où il (passer); mais il (être bien surpris) quand il (ne pas pouvoir) retrouver une seule miette : les oiseaux (venir) et (manger tout).

III. *Mettez les verbes entre parenthèses au temps correct du passé :* **le passé composé, l'imparfait** ou *le* **plus-que-parfait.**

Histoire d'un fou

(Adapté très librement d'Émile Zola, *Esquisses de la vie parisienne*)

M. Maurin (être) un brave bourgeois. Il (posséder) plusieurs immeubles à Montmartre et (habiter) le premier étage d'une de ses maisons où il (vivre) une vie de loisir. A quarante ans, il (commettre) la faute d'épouser une jeune fille, Henriette. Elle (n'avoir que) 18 ans, et ses yeux (ressembler) à ceux d'un chat. C'(être) une jeune femme voluptueuse et cruelle.

Un an après le mariage, Henriette (tomber) amoureuse d'un jeune médecin qui (occuper) le second étage de la maison. Les deux amants (vouloir) vivre ensemble, mais le mari (présenter) un obstacle sérieux. Maurin (être) un mari exemplaire; il (ne rien voir), (ne rien entendre). Il (être) toujours doux et complaisant. Dans le quartier on le (considérer) comme le modèle des maris. Mais, justement cette bonté (irriter) les amoureux. Ils (ne pas vouloir) le tuer parce qu'ils (craindre) d'être pris par la police.

Un jour, un de leurs amis, médecin aussi, leur (donner) une idée qui leur (plaire). Ils (ne pas perdre) de temps pour l'exécuter.

Quelques jours plus tard, au milieu de la nuit, Henriette (faire) semblant d'avoir une crise et elle (commencer) à crier. Quand les voisins, alarmés par ses cris terrifiants, (défoncer) la porte de l'appartement, ils (voir) Henriette échevelée et les épaules rouges de coups. M. Maurin (avoir) l'air extrêmement troublé de ne pas pouvoir répondre aux questions qu'on lui (poser). Il (dire) simplement :

— Je ne sais pas, je ne sais pas. Je ne lui ai rien fait.

Ces scènes bizarres (recommencer) cinq ou six fois et au bout de quelque temps, les gens du quartier (penser) que M. Maurin (battre) sa femme, et que celle-ci (être) trop douce pour accuser son mari.

Entre-temps, M. Maurin (devenir) très soucieux. Il (maigrir), il (dormir) mal. Quand sa femme (avoir) ses crises, il (ne pas savoir) quoi dire. Il (finir) par croire qu'elle (être) folle et (décider) de garder le silence le plus complet sur ce sujet.

Maintenant, chaque fois que Maurin (sortir), les gens du quartier le (regarder) à la fois fascinés et troublés par son air soucieux et ses regards étranges. Tout le monde (croire) que le pauvre homme (être) fou. Même ses actions les plus innocentes (confirmer) cette impression.

Quand Henriette et son amant (sentir) que la rumeur publique (favoriser) leur sinistre projet, Henriette (jouer) sa comédie une dernière fois. La police (venir) et (emmener) Maurin de force pour le mettre à Charenton, un asile pour les fous.

Henriette et son amant, qui (vouloir) profiter de leur liberté, (partir) tout de suite.

Leur lune de miel (être) courte. Au bout d'un an, Henriette (avoir) des remords; elle (découvrir) qu'elle (aimer) vraiment son mari. Elle (aller) à Charenton parce qu'elle (vouloir) tout avouer. Elle (ne pas comprendre), d'ailleurs, pourquoi les médecins (ne pas reconnaître) beaucoup plus vite que son mari (ne pas être) fou.

Quand elle (arriver) dans la chambre que son mari (occuper), elle (voir) un homme maigre et pâle qui la (regarder) avec des yeux terrifiés. Henriette (appeler) Maurin par son nom mais il (ne pas la reconnaître). Il (répéter) seulement :

— Je ne sais pas, je ne sais pas... je ne lui ai rien fait.

Un des gardiens de l'asile, qui (accompagner) Henriette, (dire) : « Il recommence ce jeu dix fois par jour. »

Henriette, qui (trembler) de peur, (détourner) son visage pour ne plus voir le misérable dont elle (faire) une telle brute.

Maurin (devenir) réellement fou.

IV. *Dans les phrases suivantes, identifiez l'infinitif des verbes au passé simple.*

1. Nous sûmes trop tard qu'il ne viendrait pas.
2. Éliane prit le paquet et le mit dans son sac.
3. Amélie craignit que son ami l'abandonnât.
4. Les cyclistes attendirent plus d'une heure avant de reprendre leur route.
5. Ma mère voulut s'asseoir à l'ombre.
6. Mes amis ne purent pas nous accompagner.
7. Il plut pendant trois jours.
8. J'écrivis la fin de l'histoire.
9. Quand Cécile reçut la lettre anonyme, elle téléphona à la police.
10. Il fallut beaucoup de patience pour mener ce projet à bout.
11. Les soldats n'eurent pas le temps de se mettre à l'abri.
12. Le duc de Noailles naquit en 1650.
13. Quand la baronne vit le fantôme, elle poussa un cri.
14. Que fîtes-vous quand il vous lança le verre de champagne au visage ?
15. On eut à peine le temps de rentrer avant la tempête.
16. Vous fûtes le premier à venir à mon secours.

V. *(Constructions) Combinez les deux phrases en une avec* **parce que, comme, car, puisque, mais, cependant.** *Remarquez bien les différences de constructions, les nuances et les équivalences entre certains de ces termes.*

1. Il faisait beau. Les enfants se sont baignés dans le bassin.
2. Le gâteau était délicieux. Louis l'a mangé en entier.
3. Il faut prendre des vêtements chauds, ton sac de couchage et de la nourriture. Nous serons loin de toute habitation pendant au moins une semaine.
4. Mes frères ne voulaient pas continuer leurs études. Ils sont allés habiter la ferme de notre oncle.
5. Le médecin a promis à Madame Gallois qu'elle guérirait. Elle doit se reposer souvent et suivre son régime à la lettre.
6. Irène est intelligente et travailleuse. Elle réussira dans la vie.
7. Étienne avait travaillé trois ans à sa sculpture. Aucune galerie ne voulait l'exposer.
8. Ils sortent presque tous les soirs pour danser. Ils ont plus de soixante ans.
9. Il avait vérifié le moteur soigneusement. La voiture ne voulait pas se mettre en marche.

VI. *(Constructions) Refaites les phrases suivantes avec* **faillir** + *infinitif.*

1. Le journaliste a presque commis une grande indiscrétion.
2. Louise est presque tombée dans la rivière en la traversant sur un tronc d'arbre.
3. Nous nous sommes presque disputés.
4. Ils ont presque perdu le match de football.

VII.   *(Constructions). Faites des phrases avec :*

1. essayer de
2. oublier de
3. savoir + *infinitif*

4. pouvoir + *infinitif*
5. faillir + *infinitif*
6. valoir mieux + *infinitif*

PROJETS DE COMMUNICATION

I.   *(Pastiche)* Après avoir apprécié l'humour et l'ironie du texte qui suit, essayez d'en faire une adaptation. Choisissez une situation où vous avez fait sensation, où tous les regards étaient sur vous, et racontez-la avec esprit.

Lettres persanes (extrait)

Montesquieu

Lettre XXX

Les habitants de Paris sont d'une curiosité qui va jusqu'à l'extravagance. Lorsque j'arrivai, je fus regardé comme si j'avais été envoyé du ciel : vieillards, hommes, femmes, enfants, tous voulaient me voir. Si je sortais, tout le monde se mettait aux fenêtres; si j'étais aux Tuileries, je voyais aussitôt un cercle se former autour de moi : les femmes mêmes faisaient un arc-en-ciel, nuancé de mille couleurs, qui m'entourait; si j'étais aux spectacles, je trouvais d'abord cent lorgnettes dressées contre ma figure : enfin jamais homme n'a été tant vu que moi. Je souriais quelquefois d'entendre des gens qui n'étaient presque jamais sortis de leur chambre, qui disaient entre eux : « Il faut avouer qu'il a l'air bien persan. » Chose admirable ! Je trouvais de mes portraits partout; je me voyais multiplié dans toutes les boutiques, sur toutes les cheminées : tant on craignait de ne m'avoir pas assez vu.

Tant d'honneurs ne laissent pas d'être à charge : je ne me croyais pas un homme si curieux et si rare; et, quoique j'aie très bonne opinion de moi, je ne me serais jamais imaginé que je dusse troubler le repos d'une grande ville où je n'étais point connu. Cela me fit résoudre à quitter l'habit persan et à en endosser un à l'européenne, pour voir s'il resterait encore dans ma physionomie quelque chose d'admirable. Cet essai me fit connaître ce que je valais réellement : libre de tous les ornements étrangers, je me vis apprécié au plus juste. J'eus sujet de me plaindre de mon tailleur, qui m'avait fait perdre en un instant l'attention et l'estime publique : car j'entrai tout à coup dans un néant affreux. Je demeurais quelquefois une heure dans une compagnie sans qu'on m'eût regardé, et qu'on m'eût mis en occasion d'ouvrir la bouche. Mais si quelqu'un, par hasard, apprenait à la compagnie que j'étais Persan, j'entendais aussitôt autour de moi un bourdonnement : « Ah ! ah ! Monsieur est Persan ! c'est une chose bien extraordinaire ! Comment peut-on être Persan ? »

II.   *(Devoir écrit)* Racontez une soirée passée avec une jeune femme/un jeune homme avec qui vous aviez rendez-vous pour la première fois. Essayez d'utiliser les verbes suivants à l'imparfait et au passé composé en faisant bien attention au rapport entre le contexte et le temps du verbe que vous choisissez.

Verbes à utiliser : *croire (penser), vouloir, pouvoir, être, avoir, savoir, préférer*

III. *(Jeu : histoire enchaînée)* Une étudiante/un étudiant commence une histoire sur une feuille de papier (de préférence une histoire où il y a un élément de mystère, de suspense). Puis à un moment critique elle/il passe le papier à sa voisine/à son voisin qui continue l'histoire. Quand tous les étudiants auront créé deux ou trois phrases, on lira l'histoire à haute voix en y apportant les changements nécessaires.

IV. *(Devoir écrit ou discussion en groupes)* Racontez au passé un fait comique ou scandaleux qui vous est arrivé. N'oubliez pas d'utiliser les termes d'enchaînement. (Voir p. 44.)

V. *(Devoir écrit)* Imaginez une autre conclusion pour *Histoire d'un fou* de Zola. (Voir p. 56.)

VI. *(Devoirs écrits avancés)*

A. Lisez l'extrait suivant, identifiez les temps, et donnez leur équivalent dans un texte non-littéraire. Ensuite, écrivez (au passé simple si vous le voulez) une suite possible à cette aventure de Candide.

Candide (1759)

Voltaire

Pangloss[11] enseignait la métaphysico-théologo-cosmolo-nigologie. Il prouvait admirablement qu'il n'y a point d'effet sans cause, et que, dans ce meilleur des mondes possibles, le château de monseigneur le baron était le plus beau des châteaux, et madame la meilleure des baronnes possibles. [...]

Candide écoutait attentivement, et croyait innocemment : car il trouvait mademoiselle Cunégonde[12] extrêmement belle, quoiqu'il ne prît jamais la hardiesse de le lui dire. Il concluait qu'après le bonheur d'être né baron de Thunder-ten-tronckh,[13] le second degré de bonheur était d'être mademoiselle Cunégonde; le troisième de la voir tous les jours; et le quatrième, d'entendre maître Pangloss, le plus grand philosophe de la province, et par conséquent, de toute la terre.

Un jour Cunégonde [...] rencontra Candide en revenant au château, et rougit : Candide rougit aussi. [...] Candide lui parla sans savoir ce qu'il disait. Le lendemain, après le dîner, comme on sortait de table, Cunégonde et Candide se trouvèrent derrière un paravent; Cunégonde laissa tomber son mouchoir, Candide le ramassa; elle lui prit innocemment la main, le jeune homme baisa innocemment la main de la jeune demoiselle avec une vivacité, une sensibilité, une grâce toute particulière; leurs bouches se rencontrèrent, leurs yeux s'enflammèrent, leurs genoux tremblèrent. [...] M. le Baron de Thunder-ten-tronckh passa auprès du paravent, et, voyant cette cause et cet effet, chassa Candide du château à grands coups de pied dans le derrière; Cunégonde s'évanouit : elle fut souffletée par madame la baronne dès qu'elle fut revenue à elle-même; et tout fut consterné dans le plus beau et le plus agréable des châteaux possibles.

---

[11] Pangloss : le précepteur de Candide
[12] Cunégonde : la fille du baron et de la baronne de Thunder-ten-tronckh
[13] C'est le nom du baron allemand chez qui Candide vit.

B. *(Discussion ou improvisation)* Individuellement ou en groupes, imaginez et écrivez une suite possible pour l'histoire de Crin-Blanc. Utilisez soit le passé simple soit le passé composé.

Crin-Blanc (1976)

Albert Lamorisse

(Le film Crin-Blanc, *tiré du livre d'Albert Lamorisse, a obtenu le « Grand Prix du Festival International de Cannes », le « Prix Jean Vigo », le « Prix du Centre International de l'Enfance » et le « Grand Prix de la Critique Polonaise ».)*

Au sud de la France, là où le Rhône se jette dans la mer, il est un pays presque désertique appelé la Camargue, où vivent encore des troupeaux de chevaux sauvages. Crin-Blanc était le chef de l'un de ces troupeaux. C'était un cheval fier et redoutable. Mais un jour les hommes décidèrent de le capturer et, ce jour-là, l'histoire de Crin-Blanc parmi les hommes commença.

Après avoir poursuivi Crin-Blanc à travers tout le pays, le manadier et ses gardians — les hommes qui là-bas capturent et dressent les chevaux — réussirent à l'enfermer et à lui passer une corde autour du cou. Crin-Blanc luttait pour sa liberté. Il aurait pu déchirer ces hommes à coups de dents ou les tuer à coups de sabots; mais le nœud coulant qu'on lui avait passé autour de l'encolure l'étouffait petit à petit. A la pensée qu'un homme allait lui monter dessus et le diriger à sa guise, Crin-Blanc s'affola, bondit, cassa la corde et se sauva.

Folco, un vrai petit sauvage, ami de tous les animaux qu'il rencontrait, habitait, non loin de là, une cabane toute blanche au milieu des marais. Ce jour-là, ainsi que chaque matin, pendant que son grand-père raccommodait les filets et que son petit frère jouait au soleil, lui, dans son braquet, partait pour la pêche. Folco avançait sans bruit au milieu des fleurs blanches qui couvrent les étangs, quand il aperçut Crin-Blanc. Il n'avait jamais vu un cheval si beau.

Comme il se demandait pourquoi Crin-Blanc était là, tout seul, il entendit, derrière lui, des pas dans l'eau. C'étaient les gardians qui recherchaient Crin-Blanc. Cette fois, au lieu de se sauver, Crin-Blanc fit face aux cavaliers; et avec un hennissement sauvage, il s'élança contre le manadier qu'il renversa de sa monture. L'homme, furieux, se releva en s'écriant : « Cette sale bête..., celui qui la veut..., je la lui donne ! » Folco s'approcha et doucement lui dit : « Vous la donneriez... même à moi ? »

— Oui, même à toi, petit.

Mais quand tu l'auras attrapée..., tes poissons... eh bien... ils auront des ailes ! Et, avec un gros rire méchant, comme s'il avait voulu se venger d'avoir été désarçonné par Crin-Blanc, le manadier s'en alla.

Folco était très triste que le manadier se fût moqué de lui. Mais en même temps il se disait en lui-même : « Si je l'attrape, Crin-Blanc, il sera bien à moi maintenant. » Folco savait lire les traces sur le sol et retrouva bien vite Crin-Blanc. Il s'approcha tout doucement de lui, sans respirer, comme s'il voulait surprendre un gros poisson.

Puis brusquement il lança une corde autour du cou du cheval qui se cabra, bondit et partit au grand galop, entraînant le pauvre petit pêcheur. Affolé par cet objet qui rebondissait sans cesse derrière lui, Crin-Blanc galopait autant qu'il pouvait. Mais Folco, bien qu'à moitié noyé, tenait bon. Heureusement Crin-Blanc s'arrêta, et, inquiet, se retourna pour voir ce qui le suivait ainsi partout. Il vit ce petit sauvage tout noir de boue qui le regardait comme on regarde un ami. Et lorsque Folco se leva et s'approcha de lui, Crin-Blanc se laissa caresser pour la première fois.

Le petit frère de Folco fut tout étonné quand il le vit arriver avec ce grand cheval. Folco lui raconta comment il l'avait capturé. Et les deux enfants donnèrent à manger à leur nouvel ami.

Mais, tout à coup, on entendit les hennissements des chevaux sauvages qui ne passaient pas très loin. Crin-Blanc écouta et soudain leur répondit de toute sa voix. [...] Mais un jeune cheval plein d'ardeur avait pris la place de Crin-Blanc à la tête du troupeau et il entendait bien la garder. Alors Crin-Blanc se fâcha et se battit avec lui. Les chevaux, dressés de toute leur hauteur l'un contre l'autre, semblaient vouloir se dévorer. Puis, brusquement, ils rompaient le combat, se défiaient à distance, grattaient le sol furieusement, et soudain s'attaquaient. La poussière volait dans le ciel, les mâchoires claquaient, les sabots frappaient le sol et des hennissements sauvages retentissaient. On aurait dit deux lions qui se battaient. Mais peu à peu le jeune cheval faiblit, et Crin-Blanc prouva qu'il était bien resté le plus fort.

Crin-Blanc était blessé. Son sang coulait le long de sa jambe. Crin-Blanc le léchait, mais le sang coulait toujours. Alors il pensa à son petit ami le pêcheur. Et quand Folco et son petit frère, qui croyaient que Crin-Blanc était parti pour toujours, le virent revenir, ils pleurèrent tellement ils étaient contents, et ils le soignèrent si bien que Crin-Blanc fut vite guéri.

Lorsque Crin-Blanc alla mieux, Folco l'attacha et doucement voulut se glisser sur son dos. Mais Crin-Blanc était un cheval sauvage, et ne pouvait supporter qu'on lui montât dessus. Alors il rua, fit un écart, jeta Folco à terre, cassa sa corde, et partit, abandonnant celui qu'il avait cru être un vrai ami.

Il aurait voulu aller rejoindre les chevaux sauvages, mais le manadier et ses gardians l'aperçurent et se mirent à sa poursuite. Crin-Blanc se réfugia dans un marais de roseaux où il disparut. Et le manadier, qui voyait encore une fois ce cheval lui échapper, donna l'ordre de mettre le feu aux quatre coins du marais pour l'enfumer et lui prouver que les hommes sont toujours les plus forts.

Folco fut alerté par les hennissements désespérés de Crin-Blanc. Guidé par la fumée qui montait dans le ciel, il accourut et vit Crin-Blanc entouré de flammes. Alors il se précipita dans le feu pour sauver son ami. Crin-Blanc, affolé par les flammes qui jaillissaient de partout et par la fumée qui l'aveuglait, ne savait où se diriger. Et lorsque Folco apparut et lui monta dessus, il se laissa faire, sentant que seul l'enfant pouvait le sauver.

Crin-Blanc avait eu raison d'avoir confiance en son ami, et sortit des flammes avec seulement quelques poils roussis.

Mais les gardians comptaient bien le reprendre à ce petit bout de cavalier-là. « Évidemment, se disait le manadier, ce cheval, je le lui ai donné puisqu'il a réussi à le capturer. Mais tout cela, c'était pour rire et nous le rattraperons bien. »

Folco avait bien du mal à se tenir sur Crin-Blanc et Crin-Blanc avait bien du mal à galoper dans le sable des dunes avec un enfant sur son dos. Et les gardians se rapprochaient, et déjà Folco entendait le bruit de leurs voix. Les gardians étaient contents. Maintenant ils étaient bien sûrs de rattraper le cheval et l'enfant, qui se dirigeaient tout droit vers le Rhône, le fleuve au courant infranchissable.

Or, Crin-Blanc préféra se jeter dans le fleuve plutôt que d'être repris par les hommes qu'il détestait. Et sur la berge, le manadier et ses gardians s'arrêtèrent, effrayés. Le courant emporta Crin-Blanc et l'enfant vers la mer. Et le manadier, plein de remords, cria : « Reviens, mais reviens, petit. Je te le donne, ton cheval, il est à toi. Reviens ! Mais reviens donc !... »

Mais le petit pêcheur n'écouta pas le manadier et les gardians qui lui avaient déjà menti.

Avec Crin-Blanc, il disparut dans les vagues aux yeux des hommes. Ils nagèrent, longtemps, longtemps. Et Crin-Blanc, qui était doué d'une grande force, emporta Folco dans une île merveilleuse où les enfants et les chevaux sont toujours des amis.

VII. *(Discussion à partir d'un texte)* Après avoir lu le texte *Lui ?*, traitez en groupes de trois ou quatre les sujets suivants.

1. D'après les livres, les films, les émissions télévisées telles que *Twilight Zone* ou plus récemment *X-Files*, ou d'après votre propre expérience, comment la peur de l'inconnu peut-elle se manifester ?

2. Sur quelles bases un bon mariage se fonde-t-il ? Que pensez-vous de la motivation unique du jeune homme dans le conte *Lui ?*, qui veut se marier pour fuir la solitude ?

Lui ? (suite et fin)[14]

Guy de Maupassant (1850 – 1893)

Résumé : *Dans la première partie de ce conte, un jeune homme avoue à un ami qu'il va se marier, principalement pour ne plus être en proie à la peur qui le tourmente, une peur vague qui de plus en plus semble envahir sa vie — en un mot, la peur d'être seul. Partout où il va l'inconnu le hante et il finit par avouer : « N'est-ce pas affreux d'être ainsi ? » Le texte de Maupassant reprend...*

Autrefois je n'éprouvais rien de cela. Je rentrais tranquillement. J'allais et je venais en mon logis sans que rien troublât la sérénité de mon âme. Si l'on m'avait dit quelle maladie de peur invraisemblable, stupide et terrible, devait me saisir un jour, j'aurais bien ri; j'ouvrais les portes dans l'ombre avec assurance : je me couchais lentement, sans pousser les verrous, et je ne me relevais jamais au milieu des nuits pour m'assurer que toutes les issues de ma chambre étaient fortement closes.

Cela a commencé l'an dernier d'une singulière façon.

C'était en automne, par un soir humide. Quand ma bonne fut partie, après mon dîner, je me demandai ce que j'allais faire. Je marchai quelque temps à travers ma chambre. Je me sentais las, accablé sans raison, incapable de travailler, sans force même pour lire. Une pluie fine mouillait les vitres, j'étais triste, tout pénétré par une de ces tristesses sans causes qui vous donnent envie de pleurer, qui vous font désirer de parler à n'importe qui pour secouer la lourdeur de notre pensée.

Je me sentais seul. Mon logis me paraissait vide comme il n'avait jamais été. Une solitude infinie et navrante m'entourait. Que faire ? Je m'assis. Alors une impatience nerveuse me courut dans les jambes. Je me relevai, et je me remis à marcher. J'avais peut-être aussi un peu de fièvre, car mes mains, que je tenais rejointes derrière mon dos, comme on fait souvent quand on se promène avec lenteur, se brûlaient l'une à l'autre, et je le remarquai. Puis soudain un frisson de froid me courut dans le dos. Je pensai que l'humidité du dehors entrait chez moi, et l'idée de faire du feu me vint. J'en allumai; c'était la première fois de l'année. Et je m'assis de nouveau en regardant la flamme. Mais bientôt l'impossibilité de rester en place me fit encore me relever, et je sentis qu'il fallait m'en aller, me secouer, trouver un ami.

---

[14] Pour le début de ce conte, voir p. 26, *Chapitre 1*.

Je sortis. J'allai chez trois camarades que je ne rencontrai pas; puis, je gagnai le boulevard, décidé à découvrir une personne de connaissance.

Il faisait triste partout. Les trottoirs trempés luisaient. Une tiédeur d'eau, une de ces tiédeurs qui vous glacent par frissons brusques, une tiédeur pesante de pluie impalpable accablait la rue, semblait lasser et obscurcir la flamme du gaz.

J'allais d'un pas mou, me répétant : « Je ne trouverai personne avec qui causer. »

J'inspectai plusieurs fois les cafés, depuis la Madeleine jusqu'au faubourg Poissonnière. Des gens tristes, assis devant des tables, semblaient n'avoir pas même la force de finir leurs consommations.

J'errai longtemps ainsi, et vers minuit, je me mis en route pour rentrer chez moi. J'étais fort calme, mais fort las. Mon concierge, qui se couche avant onze heures, m'ouvrit tout de suite, contrairement à son habitude; et je pensai : « Tiens, un autre locataire vient sans doute de remonter. »

Quand je sors de chez moi, je donne toujours à ma porte deux tours de clef. Je la trouvai simplement tirée, et cela me frappa. Je supposai qu'on m'avait monté des lettres dans la soirée.

J'entrai. Mon feu brûlait encore et éclairait même un peu l'appartement. Je pris une bougie pour aller l'allumer au foyer, lorsqu'en jetant les yeux devant moi, j'aperçus quelqu'un assis dans mon fauteuil, et qui se chauffait les pieds en me tournant le dos.

Je n'eus pas peur, oh ! non, pas le moins du monde. Une supposition très vraisemblable me traversa l'esprit; celle qu'un de mes amis était venu pour me voir. La concierge, prévenue par moi à ma sortie, avait dit que j'allais rentrer, avait prêté sa clef. Et toutes les circonstances de mon retour, en une seconde, me revinrent à la pensée : le cordon tiré tout de suite, ma porte seulement poussée.

Mon ami, dont je ne voyais que les cheveux, s'était endormi devant mon feu en m'attendant, et je m'avançai pour le réveiller. Je le voyais parfaitement, un de ses bras pendant à droite, ses pieds étaient croisés l'un sur l'autre; sa tête, penchée un peu sur le côté gauche du fauteuil, indiquait bien le sommeil. Je me demandais : « Qui est-ce ? » On y voyait peu d'ailleurs dans la pièce. J'avançai la main pour lui toucher l'épaule !...

Je rencontrai le bois du siège ! Il n'y avait plus personne. Le fauteuil était vide !

Quel sursaut, miséricorde !

Je reculai d'abord comme si un danger terrible eût apparu devant moi.

Puis je me retournai, sentant quelqu'un derrière mon dos; puis, aussitôt, un impérieux besoin de revoir le fauteuil me fit pivoter encore une fois. Et je demeurai debout, haletant d'épouvante, tellement éperdu que je n'avais plus une pensée, prêt à tomber.

Mais je suis un homme de sang-froid, et tout de suite la raison me revint. Je songeai : « Je viens d'avoir une hallucination, voilà tout. » Et je réfléchis immédiatement sur ce phénomène. La pensée va vite dans ces moments-là.

J'avais eu une hallucination — c'était là un fait incontestable. Or, mon esprit était demeuré tout le temps lucide, fonctionnant régulièrement et logiquement. Il n'y avait donc aucun trouble du côté du cerveau. Les yeux seuls s'étaient trompés, avaient trompé ma pensée. Les yeux avaient eu une vision, une de ces visions qui font croire aux miracles les gens naïfs. C'était là un accident nerveux de l'appareil optique, rien de plus, un peu de congestion peut-être.

Et j'allumai ma bougie. Je m'aperçus, en me baissant vers le feu, que je tremblais, et je me relevai d'une secousse, comme si on m'eût touché par derrière.

Je n'étais point tranquille assurément.

Je fis quelques pas; je parlai haut. Je chantai à mi-voix quelques refrains.

Puis je fermai la porte de ma chambre à double tour, et je me sentis un peu rassuré. Personne ne pouvait entrer, au moins.

Je m'assis encore et je réfléchis longtemps à mon aventure; puis je me couchai, et je soufflai ma lumière.

Pendant quelques minutes, tout alla bien. Je restais sur le dos, assez paisiblement. Puis le besoin me vint de regarder dans ma chambre; et je me mis sur le côté.

Mon feu n'avait plus que deux ou trois tisons rouges qui éclairaient juste les pieds du fauteuil; et je crus revoir l'homme assis dessus.

J'enflammai une allumette d'un mouvement rapide. Je m'étais trompé, je ne voyais plus rien.

Je me levai, cependant, et j'allai cacher le fauteuil derrière mon lit.

Puis je refis l'obscurité et je tâchai de m'endormir. Je n'avais pas perdu connaissance depuis plus de cinq minutes, quand j'aperçus, en songe, et nettement comme dans la réalité, toute la scène de la soirée. Je me réveillai éperdument, et, ayant éclairé mon logis, je demeurai assis dans mon lit, sans oser même essayer de redormir.

Deux fois cependant le sommeil m'envahit, malgré moi, pendant quelques secondes. Deux fois je revis la chose. Je me croyais devenu fou.

Quand le jour parut, je me sentis guéri et je sommeillai paisiblement jusqu'à midi.

C'était fini, bien fini. J'avais eu la fièvre, le cauchemar, que sais-je ? J'avais été malade, enfin. Je me trouvai néanmoins fort bête.

Je fus très gai ce jour-là. Je dînai au cabaret; j'allai voir le spectacle, puis je me mis en chemin pour rentrer. Mais voilà qu'en approchant de ma maison une inquiétude étrange me saisit. J'avais peur de le revoir, lui. Non pas peur de lui, non pas peur de sa présence, à laquelle je ne croyais point, mais j'avais peur d'un trouble nouveau de mes yeux, peur de l'hallucination, peur de l'épouvante qui me saisirait.

Pendant plus d'une heure, j'errai de long en large sur le trottoir; puis je me trouvai trop imbécile à la fin et j'entrai. Je haletais tellement que je ne pouvais plus monter mon escalier. Je restai encore plus de dix minutes devant mon logement sur le palier, puis, brusquement, j'eus un élan de courage, un roidissement de volonté. J'enfonçai ma clef; je me précipitai en avant, une bougie à la main, je poussai d'un coup de pied la porte entre-bâillée de ma chambre, et je jetai un regard effaré vers la cheminée. Je ne vis rien. « Ah !... »

Quel soulagement ! Quelle joie ! Quelle délivrance ! J'allais et je venais d'un air gaillard. Mais je ne me sentais pas rassuré; je me retournais par sursauts; l'ombre des coins m'inquiétait.

Je dormis mal, réveillé sans cesse par des bruits imaginaires. Mais je ne le vis pas. C'était fini !

Depuis ce jour-là j'ai peur tout seul, la nuit. Je la sens là, près de moi, autour de moi, la vision. Elle ne m'est point apparue de nouveau. Oh non ! Et qu'importe, d'ailleurs, puisque je n'y crois pas, puisque je sais que ce n'est rien !

Elle me gêne cependant parce que j'y pense sans cesse. — Une main pendait du côté droit, sa tête était penchée du côté gauche comme celle d'un homme qui dort... Allons, assez, nom de Dieu ! je n'y veux plus songer !

Qu'est-ce que cette obsession, pourtant ? Pourquoi cette persistance ? ses pieds étaient tout près du feu !

Il me hante, c'est fou, mais c'est ainsi. Qui, Il ? Je sais bien qu'il n'existe pas, que ce n'est rien ! Il n'existe que dans mon appréhension, que dans ma crainte, que dans mon angoisse ! Allons, assez !...

Oui, mais j'ai beau me raisonner, me roidir, je ne peux plus rester seul chez moi, parce qu'il y est. Je ne le verrai plus, je le sais, il ne se montrera plus, c'est fini cela. Mais il y est tout de même, dans ma pensée. Il demeure invisible, cela n'empêche qu'il y soit. Il est derrière les portes, dans l'armoire fermée, sous le lit, dans tous les coins obscurs, dans toutes les ombres. Si je tourne la porte, si j'ouvre l'armoire, si je baisse ma lumière sous le lit, si j'éclaire les coins, les ombres, il n'y est plus; mais alors je le sens derrière moi. Je me retourne, certain cependant que je ne le verrai pas, que je ne le verrai plus. Il n'en est pas moins derrière moi, encore.

C'est stupide, mais c'est atroce. Que veux-tu ? Je n'y peux rien.

Mais si nous étions deux chez moi, je sens, oui, je sens assurément, qu'il n'y serait plus ! Car il est là parce que je suis seul, uniquement parce que je suis seul !

Chapitre

3

L'Interrogation

Présentation

PRINCIPES

La formation de la phrase interrogative
Questions avec les adverbes interrogatifs
Questions avec **qui** / **qu'est-ce qui** / **que** / **quoi**
Questions avec **quelle(s)**/**quel(s)** et **laquelle (lesquelles)**/**lequel (lesquels)**

CONSTRUCTIONS

Depuis / **depuis quand** / **depuis combien de temps**
Depuis que

ÉTUDE DE VERBES
Verbes impersonnels et personnels
Infinitifs compléments

Échanges interactifs

Présentation

PRINCIPES

I. La formation de la phrase interrogative

On peut former une phrase interrogative à partir d'une phrase déclarative

- soit en utilisant l'inversion

  Tu as soif. → As-tu soif ?

- soit en précédant la phrase de **est-ce que**

  Est-ce que tu as soif ?

- soit en élevant la voix vers la dernière syllabe du dernier mot de la phrase. (L'intonation ascendante est surtout utilisée dans la langue parlée.)

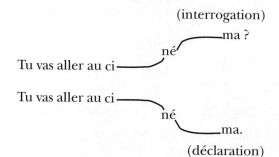

(interrogation)

Tu vas aller au ci—né—ma ?

Tu vas aller au ci—né—ma.

(déclaration)

A. Mécanisme de l'inversion

1. Quand le sujet de la phrase est un **pronom**, on emploie l'inversion simple :

VERBE – SUJET (*pronom*)

Vient-il demain ? — Oui, il vient.

As-tu vu mes clés ? — Non, je ne les ai pas vues.

Serons-nous les premiers ? — Oui, je crois bien.

N'OUBLIEZ PAS... Pour tous les verbes qui se terminent par une voyelle à la 3ᵉ personne du singulier, il faut mettre un **-t-** entre le verbe et le pronom sujet.

Ira-t-elle à la conférence ?

Mange-t-on des escargots chez vous ?

ATTENTION ! A la forme **je** du présent de l'indicatif, on n'emploie pas l'inversion.[1] Il faut utiliser **est-ce que.**

Est-ce que je cours trop vite ?

Est-ce que je ronfle en dormant ?

---

[1] Pour certains verbes, l'inversion est possible mais elle est plutôt réservée au style soutenu : *Ai-je, suis-je, fais-je, puis-je, que sais-je ?* EXEMPLE : *Ai-je encore le temps de vous lire une citation avant de conclure mon exposé ?*

2. Quand le sujet de la phrase est un nom, on emploie l'inversion à sujet double (l'inversion complexe); c'est-à-dire :

SUJET *(nom)* + VERBE − SUJET *(pronom)*

Robert vient-il demain ?

Marc a-t-il pris mon journal ?

Vos amis sont-ils en retard ?

B. *Est-ce que*

Pour éviter l'inversion, on emploie **est-ce que** suivi de la phrase déclarative. L'ordre des mots ne change pas.

Est-ce qu'elles iront à Tahiti ?

Est-ce que Marie-Hélène a lu le journal ?

C. *N'est-ce pas*

On peut ajouter **n'est-ce pas** à une phrase pour la rendre interrogative. On s'attend alors à une confirmation dans la réponse : **oui** pour une question affirmative, **non** pour une question négative. Lorsqu'on répond affirmativement à une question négative, on emploie **si**.

Tu comprends la leçon, n'est-ce pas ? — Oui, bien sûr.

Il n'a pas parlé de moi, n'est-ce pas ? — Non, il n'a pas dit un mot. *(ou)* Si, il a même fait des éloges.

II. Questions avec les adverbes interrogatifs

A. *Combien / Comment / Quand / Où*

1. Quand la phrase a un pronom sujet, on utilise l'inversion simple.

Combien de langues parle-t-on en Belgique ?

2. Quand la phrase a un nom sujet, il faut employer l'inversion à sujet double.

Quand Cécile a-t-elle obtenu son diplôme ?

Comment les explorateurs ont-ils traversé la rivière ?

Où les gens du quartier promènent-ils leurs chiens ?

Combien de films français les étudiants voient-ils chaque trimestre ?

Quand la France s'appelait-elle la Gaule ?

REMARQUE : Quand le verbe est à un temps simple (présent, futur, etc.) et n'a pas d'objet, on utilise souvent l'inversion :

VERBE − NOM SUJET

mais l'inversion à sujet double est également correcte.

Combien gagne ton père ? *(ou)* Combien ton père gagne-t-il ?

Où vont les étudiants le week-end ? *(ou)* Où les étudiants vont-ils le week-end ?

B. *Pourquoi*

Si le sujet de la phrase est un nom, on emploie toujours l'inversion à sujet double.

Pourquoi Marie veut-elle un chien ?

Pourquoi les truffes coûtent-elles si cher ?

Pourquoi Léa n'a-t-elle pas voulu aller au cinéma ?

Quand est-ce que Cécile a obtenu son diplôme ?

Pourquoi est-ce que Marie veut un chien ?

Comment est-ce que les explorateurs ont traversé la rivière ?

Combien de films français est-ce que les étudiants voient chaque trimestre ?

N'OUBLIEZ PAS... L'interrogation peut se faire avec **est-ce que**, mais alors il n'y a pas d'inversion. On emploie beaucoup **est-ce que** dans la conversation.

III. Questions avec *qui / qu'est-ce qui / que / quoi* (pronoms interrogatifs invariables)

Si l'inconnu est une personne, l'interrogatif **qui** s'emploie comme *sujet* ou *objet* du verbe ou après une préposition. Si l'inconnu est une chose, on emploie **que** (objet du verbe) ou **quoi** (après une préposition). (Voir Tableau 17, p. 71.)

A. *Qui*

La réponse à une question avec **qui** est toujours une personne. **Qui** est singulier, mais la réponse peut être au pluriel.

Qui frappe à la porte ? — Ce sont (C'est) peut-être nos amis.

A qui parlez-vous ? — A mon frère.

Notez qu'on emploie l'inversion complexe si la phrase a un nom sujet.

Qui Christian a-t-il essayé d'influencer ? — Le directeur de la compagnie.

A qui l'infirmière a-t-elle donné ce médicament ?

NOTE : Dans une question du type : **Qui** + **être** + *nom pluriel*, le verbe **être** est au pluriel.

Qui sont vos meilleures amies ?

— Qui sont les gagnants du Derby ? a demandé André.

B. *Qu'est-ce qui / Que / Quoi*

L'inconnu dans une question avec **qu'est-ce qui**, **que** ou **quoi** peut être une chose ou une action.

1. Qu'est-ce qui est toujours sujet. Notez qu'il n'y a pas de forme courte correspondante.

Qu'est-ce qui cause les marées ? — C'est l'attraction de la lune.

Qu'est-ce qui vous rend si nerveux ? — Je bois trop de café, je crois.

2. Que est toujours objet direct de la phrase. L'inversion *verbe – nom sujet* est obligatoire avec **que**. On ne peut pas utiliser l'inversion complexe. Notez que **que** devient **qu'** devant une voyelle ou un **h** « non aspiré ».

3. Quoi est utilisé principalement après une préposition quand l'inconnu est une chose ou une action (voir p. 69). On emploie en général l'inversion complexe.

C. *Qui / que / quoi*

Pour les questions avec **qui, que, quoi,** il existe aussi des formes longues formées avec **est-ce** suivi du pronom relatif qui convient.

Notez que le pronom interrogatif désigne *une personne* (**qui**) ou *une chose* (**que**) et le pronom relatif indique la fonction (**qui** – *sujet*, **que** – *objet*). Après une préposition, on emploie **qui** pour une personne et **quoi** pour une chose. Le pronom relatif dans ce cas sera toujours **que** (par exemple, **à qui est-ce que, à quoi est-ce que**). (Voir Tableau 17 pour ces formes et leurs fonctions.)

Que mettrez-vous dans cette petite valise ? — Mon short et mes sandales.

Que fait Georges après ses cours ? — Il joue au tennis.

Qu'a répondu Alice quand Guy lui a proposé le mariage ?

De quoi le conférencier a-t-il parlé hier soir ? — De la crise économique.

A quoi Madame Vernier pense-t-elle ? — Elle voudrait fonder un institut pour étrangers.

Pronom interrogatif		Pronom relatif
qui	est-ce	qui
qui	est-ce	que
qu'	est-ce	qui
qu'	est-ce	que

IV. Questions avec *quelle(s)/quel(s)* et *laquelle (lesquelles)/lequel (lesquels)*

A. L'adjectif interrogatif *quelle(s) / quel(s)*

1. Cet adjectif est utilisé quand on veut qu'une personne ou une chose soit identifiée ou précisée. Notez que l'adjectif varie en genre et en nombre avec le nom qu'il accompagne.

	Singulier	Pluriel
féminin	**quelle**	**quelles**
masculin	**quel**	**quels**

Quelle heure est-il ?

Quelles batailles célèbres connaissez-vous ?

Quel jour viens-tu me voir ? Samedi ? Dimanche ?

Quels jeux de cartes préfèrent-ils ? Le bridge ? La canasta ? Le poker ?

TABLEAU 17

	LES PRONOMS INTERROGATIFS : *QUI / QUE / QUOI*	
Sujet de la phrase	**Pour les personnes** **Qui ?** **Qui est-ce qui ?** Qui publie ce journal ? Qui est-ce qui publie ce journal ? — Mme Dupuis.	**Pour les choses** *(pas de forme courte)* **Qu'est-ce qui ?** *(pas de forme courte)* Qu'est-ce qui fait ce bruit ? — C'est le ventilateur, je crois.
Objet de la phrase	**Qui ?** **Qui est-ce que ?** Qui avez-vous vu au café ? Qui est-ce que vous avez vu au café ? —Un reporter de *France Soir*.	**Que ?** **Qu'est-ce que ?** Qu'avez-vous pris ? Qu'est-ce que vous avez pris ? —Nous avons pris un sandwich au pâté.
Après une préposition (*à, de, avec,* etc.)	**A (De,** etc.**) + qui** **A (De,** etc.**) + qui est-ce que** A qui le sénateur parle-t-il ? A qui est-ce que le sénateur parle ? —Aux journalistes.	**A (De,** etc.**) + quoi** **A (De,** etc.**) + quoi + est-ce que** De quoi a-t-on parlé ? De quoi est-ce qu'on a parlé ? — Des maladies causées par la sous-alimentation.

2. L'adjectif interrogatif **quelle(s)/quel(s)** est souvent séparé du nom par le verbe **être.** Dans ce cas, il faut faire très attention de ne pas confondre cet adjectif avec le pronom **qu'est-ce que.** Notez qu'en anglais c'est le même mot : *what.*

Quelle est la meilleure route pour aller à Nice ? (COMPAREZ : Qu'est-ce que vous ferez à Nice ?)

Quel est le sens de cette phrase ? (COMPAREZ : Qu'est-ce que cette phrase veut dire ?)

— Quel jour sommes-nous ? Qu'est-ce que nous faisons aujourd'hui ? a demandé le professeur distrait.

Quelles étaient ses objections à cette nouvelle loi ? (Qu'est-ce qu'il propose de faire ?)

Quelle est l'origine de ce rite curieux ? (Qu'est-ce que vous pensez de ce rite ?)

Ne confondez pas non plus **quelle(s)/quel(s)** avec **qu'est-ce que c'est que** + *nom* (*what is…* ?) utilisé pour les définitions. Notez que les trois mots français qui se traduisent par *what* ne sont pas interchangeables.

Qu'est-ce que c'est qu'un opossum ?

Qu'est-ce que c'est que la sémiologie ?

B. Le pronom interrogatif *laquelle (lesquelles)/lequel (lesquels)*

1. Ce pronom remplace **quelle(s)/quel(s)** + *nom* et varie donc en genre et en nombre avec le nom qu'il remplace.

	Singulier	Pluriel
féminin	**laquelle**	**lesquelles**
masculin	**lequel**	**lesquels**

Formes contractées (après **à** et **de**)

féminin	**à laquelle***	**auxquelles**
masculin	**auquel**	**auxquels**
féminin	**de laquelle***	**desquelles**
masculin	**duquel**	**desquels**

*Notez qu'il n'y a pas de contraction au féminin singulier.

Quelle robe Élisabeth a-t-elle mise ? Laquelle a-t-elle mise ?

Quels instruments de musique préfères-tu ? Lesquels préfères-tu ?

2. Une question avec le pronom interrogatif **laquelle (lesquelles)/lequel (lesquels)** contient une référence explicite ou implicite à un groupe (un ensemble) de personnes ou de choses.

De tous mes amis, lesquels vous ont fait bonne impression ?

Lequel de vos rêves voulez-vous analyser aujourd'hui ?

Voilà mes nouveaux disques. Lesquels voulez-vous entendre ?

Les enfants regardaient avec envie les pâtisseries sur le plateau. Lesquelles étaient les meilleures ?

3. Le pronom interrogatif **laquelle (lesquelles)/lequel (lesquels)** s'emploie également après une préposition (éventuellement sous une forme contractée après **à** et **de**).

Il y a trois candidats aux élections présidentielles. Pour lequel allez-vous voter ?

Voilà trois sujets intéressants. Duquel parlerez-vous demain ?

On a annoncé une série de cinq conférences. Auxquelles assisterez-vous ?

Le magicien a dit: « Voilà deux chapeaux. Dans lequel se trouve le lapin blanc ? »

A laquelle de ces musiciennes avez-vous parlé ?

CONSTRUCTIONS

I. _Depuis / depuis quand / depuis combien de temps_

A. Emploi des temps

L'usage français diffère de l'anglais avec **depuis.**

1. Si l'action qui a commencé au passé continue au moment où l'on parle, on emploie le présent avec **depuis.** (Notez qu'en anglais on utilise dans ce cas le _present perfect_ souvent à la forme progressive.)

Depuis quand jouez-vous de la guitare ? (jouez = _have been playing_) — J'en joue depuis deux ans.

La famille Tremblay habite Montréal depuis 1959. (habite = _has been living_)

Depuis quand les agents d'Interpol surveillent-ils cette maison ? — Depuis le mois de janvier. (surveillent = _have been watching_)

2. Dans un récit au passé, on emploie généralement l'imparfait avec **depuis** ou **depuis quand.** (Notez qu'en anglais le verbe est au _past perfect,_ souvent à la forme progressive.)

Il vivait à Paris depuis un an quand la guerre a commencé. (vivait = _had been living_)

Depuis quand les agents d'Interpol surveillaient-ils cette maison ? — Depuis le mois de janvier. (surveillaient = _had been watching_)

3. Dans une phrase négative seulement, on peut utiliser le passé composé avec **depuis / depuis quand,** pour indiquer l'interruption d'une action à partir d'un moment du passé jusqu'au présent.

Mon oncle et ma tante habitent à Ajaccio. Je ne les ai pas vus depuis 10 ans.

Je ne suis pas allé au cinéma depuis septembre (depuis 3 mois, depuis une éternité).

Depuis quand n'avez-vous pas eu de nouvelles de votre père ?

B. Détails de constructions

l. Remarquez qu'à la question **Depuis quand... ?** on peut répondre :

- soit en indiquant le temps d'origine de l'action : une date, une heure, etc. Dans ce cas, notez que **depuis** = _since_ en anglais.

Depuis quand m'attendez-vous ? — Je vous attends depuis midi. _(I have been waiting for you since noon.)_

- soit en indiquant la totalité du temps en question : deux ans, trois minutes, etc. Notez qu'ici, **depuis** = _for_ en anglais. Faites attention à ne pas employer « pour », qui est incorrect.

Depuis quand m'attendez-vous ? — Je vous attends depuis une demi-heure. _(I have been waiting for you for half an hour.)_

2. Lorsqu'on veut une précision temporelle (savoir le nombre de jours, d'heures ou de minutes), il faut formuler la question avec **depuis combien de temps.** Dans ce cas il faut préciser le laps de temps dans la réponse.

Depuis combien de temps sortez-vous avec Anne-Marie ? — Je sors avec elle depuis un mois.

3. Quand il s'agit d'un laps de temps, on peut remplacer la construction avec **depuis** par :

- **il y a (il y avait)** + *laps de temps* + **que**
- **cela fait (cela faisait)** + *laps de temps* + **que**
- **voilà** + *laps de temps* + **que**

Il y a une heure que nous parlons du même sujet.

Cela fait un mois que j'habite cet appartement.

Voilà 20 minutes que nous attendons l'autobus.

En ajoutant **combien de temps** aux formes dans les deux premières phrases ci-dessus, on obtient les questions :

> Combien de temps y a-t-il que... ?
> Combien de temps y avait-il que... ?
> Combien de temps cela fait-il que... ?
> Combien de temps cela faisait-il que... ?

Combien de temps y a-t-il (Combien de temps cela fait-il) que François vous écrit ? — Cela (Ça) fait dix ans.

Combien de temps y avait-il (Combien de temps cela faisait-il) qu'ils étaient mariés quand ils ont eu leur premier enfant ? — Cela faisait cinq ans.

NOTE : **Voilà** + *laps de temps* s'utilise exclusivement pour répondre à une question.

4. Les questions avec **depuis quand / depuis combien de temps** peuvent se former avec **est-ce que,** mais alors il n'y a pas d'inversion.

Depuis quand est-ce que tu sors avec Éliane ?

Depuis combien de temps est-ce que François vous écrit ?

II. Depuis que

La conjonction **depuis que** introduit une proposition. Vous pouvez employer le présent ou les différents temps du passé après **depuis que.**

Depuis que je vois ma conseillère régulièrement, je me sens mieux.

Depuis que ma mère travaillait, elle était beaucoup plus épanouie.

Depuis qu'on m'avait dit qu'il y avait des avalanches, je ne skiais plus dans cette région.

ÉTUDE DE VERBES

A. Verbes impersonnels et personnels

1. Un verbe impersonnel est utilisé exclusivement à la 3e personne du singulier avec

Il y a eu une tempête hier soir. Il a plu toute la nuit.

TABLEAU 18

Verbes impersonnels ou personnels		
Verbes	**Forme impersonnelle**	**Forme personnelle**
arriver	Il m'arrive de travailler toute la nuit.	Le train est arrivé à six heures.
venir	Il lui est venu une idée ridicule.	Deux cents visiteurs viennent visiter le parc chaque jour.
(se) passer	Il se passe quelque chose d'inattendu dans cette pièce de théâtre.	Mes amis sont passés me voir ce matin.
rester	Il reste trois gâteaux dans la boîte.	Nous resterons trois jours à La Nouvelle-Orléans.
importer	Il importe de faire ce travail comme il faut.	Je n'ai pas peur de lui. Ses menaces m'importent peu.
valoir	Il vaudrait mieux ne rien dire.	Ces tomates valent 15F le kilo.
suffire	Il aurait suffi de les prévenir par téléphone.	Une éternité ne suffirait pas pour te dire combien je t'aime.
convenir	Il conviendrait d'envoyer une lettre de remerciement à votre hôte.	Cette chambre ne me convient pas. Elle est trop sombre.

il pronom sujet « neutre ». Par exemple : **falloir, pleuvoir.** (Voir pp. 336 et 340.)

Il faut boire beaucoup d'eau quand il fait chaud.

2. Certains verbes peuvent s'employer de façon impersonnelle ou personnelle. Quand on les emploie à la forme impersonnelle, on met en relief l'action en question. (Voir Tableau 18.)

3. Certains verbes dans le Tableau 18 peuvent être suivis d'une proposition au subjonctif. (Voir p. 258.)

Il importe que vous fassiez ce travail comme il faut.

Il suffirait que nous louions une petite voiture. Nous n'avons pas besoin d'une Cadillac.

4. Notez les formes interrogatives suivantes :

Que se passe-t-il ?
Que s'est-il passé ?
Qu'arrive-t-il ?
Qu'est-il arrivé ?

Dans la conversation on dit souvent :

> Qu'est-ce qui est arrivé ?
> Qu'est-ce qui s'est passé ?

B. Infinitifs compléments

1. Les verbes suivants gouvernent l'infinitif complément avec **de** :

avoir peur de	refuser de	
craindre de	regretter de	
féliciter de	remercier de	
négliger de	reprocher de	

Les États-Unis ont refusé de signer le traité.

Diane m'a remercié de l'avoir emmenée à l'exposition dadaïste.

Nous craignons de lui apprendre la vérité.

REMARQUES :

- Les verbes **craindre, refuser, négliger, remercier, féliciter** peuvent gouverner un nom objet direct.

Le gouvernement néglige la politique maritime.

J'ai félicité le gagnant du concours.

- En français on dit : **reprocher à** *quelqu'un* **de** *faire quelque chose.*

Elle reprochait à son mari de ne pas jouer avec les enfants.

2. Les verbes suivants gouvernent l'infinitif avec **à** :

> chercher à
> hésiter à
> renoncer à
> travailler à

Les universités américaines cherchent à réduire leur budget sans compromettre la qualité de l'instruction.

Bernard hésitait à présenter aux autorités son interprétation de l'affaire.

Chantal et Claude travaillent à perfectionner leur prononciation.

NOTE : Le verbe **chercher** gouverne un objet direct en français.

Mon frère cherche un poste d'instituteur dans un lycée.

Échanges interactifs

CONVERSATIONS DIRIGÉES

I. *(En groupes de trois) A joue le rôle d'un administrateur qui pose des questions à C à partir des indications données et en utilisant la forme inversée de la question. B contrôlera la formulation correcte des questions posées à C qui joue le rôle d'une candidate/d'un candidat souhaitant faire un stage dans un pays francophone.*

A demande à la candidate/au candidat :

1. si elle/s'il a déjà étudié le français
2. si elle/s'il connaît d'autres langues étrangères
3. pourquoi elle/il souhaite étudier à l'étranger
4. quand elle/il compte recevoir son diplôme

5. si ses parents ou une institution sont prêts à la/le soutenir financièrement
6. où elle/il a déjà fait des stages
7. si d'autres écoles l'intéressent
8. quelle carrière elle/il envisage

RÉPONSES

Questions à poser par **A** :

1. Avez-vous déjà étudié le français ?
2. Connaissez-vous d'autres langues étrangères ?
3. Pourquoi souhaitez-vous étudier à l'étranger ?
4. Quand comptez-vous recevoir votre diplôme ?
5. Vos parents ou une institution sont-ils prêts à vous soutenir financièrement ?
6. Où avez-vous déjà fait des stages ?
7. D'autres écoles vous intéressent-elles ?
8. Quelle carrière envisagez-vous ?

Réponses possibles de **C** :

1. J'ai déjà étudié le français trois ans.
2. Je connais le portugais, l'espagnol et le chinois.
3. Je souhaite faire des études à l'étranger parce je pense poursuivre une carrière de diplomate.
4. Je compte recevoir mon diplôme dans un an.
5. Mes parents ont les moyens de me soutenir mais j'ai également fait une demande de bourse à mon université en Amérique.
6. J'ai déjà fait des stages à....
7. Oui, j'ai également fait une demande à M.I.T., mais je préfère faire mon stage dans un pays francophone.
8. J'envisage une carrière qui me permette de travailler en France et en Amérique.

II.   _(En groupes de trois) Imaginez que **A** va faire un tour dans un zoo accompagné d'un enfant (**B**) qui ne parle que l'anglais. L'enfant souffle des questions à l'oreille de **A** qui les traduit en français en utilisant_ **est-ce que** _ou l'inversion pour formuler la question. Le gardien (**C**) qui est très sympathique répond de son mieux aux questions. **C** contrôlera les questions posées par **A** (traduites de l'anglais) et y répondra de son mieux._

1. **B** : Who feeds the animals? **A** : _____ ?
2. **B** : To whom do you give the peanuts? **A** : _____ ?
3. **B** : What do the giraffes like to eat? **A** : _____ ?
4. **B** : Who takes care of the sick animals? **A** : _____ ?
5. **B** : What medicines do you give them? **A** : _____ ?
6. **B** : Why do those lions roar when we go near them? **A** : _____ ?
7. **B** : How many animals are there in the park? **A** : _____ ?
8. **B** : Where do the tigers come from? **A** : _____ ?
9. **B** : When does the zoo close? **A** : _____ ?

RÉPONSES

Questions posées par **A** :

1. Qui (est-ce qui) donne à manger aux animaux ?
2. A qui est-ce que vous donnez (A qui donnez-vous) les cacahuètes ?

3. Qu'est-ce que les girafes aiment bien manger (Qu'aiment bien manger les girafes) ?
4. Qui (est-ce qui) s'occupe des animaux malades ?
5. Quels médicaments leur donnez-vous (Quels médicaments est-ce qu'on leur donne) ?
6. Pourquoi est-ce que ces lions rugissent (Pourquoi ces lions rugissent-ils) quand on s'approche d'eux ?
7. Combien d'animaux est-ce qu'il y a (Combien d'animaux y a-t-il) dans le parc ?
8. D'où est-ce que les tigres viennent (D'où viennent les tigres) ?
9. A quelle heure est-ce que le zoo ferme (A quelle heure le zoo ferme-t-il) ?

Réponses possibles de **C** :

1. Les employés du parc nourrissent les animaux.
2. Nous donnons les cacahuètes aux éléphants.
3. Certaines girafes aiment bien manger des carottes. Elles mangent aussi les feuilles de certains arbres.
4. Le vétérinaire s'occupe des animaux malades.
5. Cela dépend. Quand ils ont une infection, nous leur donnons des antibiotiques.
6. Les lions rugissent pour défendre leur territoire.
7. Il y a environ deux à trois cents animaux dans le parc. Ils viennent du monde entier.
8. Les tigres viennent du Bengale.
9. Le zoo ferme à 19 heures.

III. *(En groupes de trois) Imaginez que deux amis* **A** *et* **B**, *deux jeunes gens sans grandes ambitions, viennent de trouver une situation (un emploi) dans la même entreprise, et qu'ils ont rendez-vous avec le directeur du personnel* **C**. **A** *et* **B** *se partageront les questions, les posant avec l'inversion.* **C** *contrôlera les questions et répondra de façon parfois un peu brusque selon les indications données entre parenthèses.*

1. A qui est-ce que les membres du personnel doivent adresser les papiers pour la Sécurité sociale[2] ?
    A : _____
    C : (pouvoir / donner / à ma secrétaire)
2. Qui est-ce qui va me donner mon chèque ?
    B : _____
    C : (on / vous envoyer / votre chèque par le courrier)
3. Où est-ce que mon bureau se trouve ?
    A : _____
    C : (il / se trouver / au quatrième étage)
4. Pourquoi est-ce que mon bureau est si petit ?
    B : _____
    C : (au bout de cinq ans de service, les employés / avoir droit à /un plus grand bureau)
5. Est-ce qu'on me fournira un ordinateur, un FAX et un téléviseur en couleur ?
    A : _____
    C : (Vous / plaisanter / j'espère ! Vous / pouvoir utiliser / le FAX dans le bureau de la réceptionniste)

---

[2] Sécurité sociale : En France, la Sécurité sociale est un organisme qui fournit une assurance médicale et une retraite.

6. De quoi est-ce que vous voulez que je parle aux clients ?
   B : _____
   C : (avoir / la réponse à ce genre de problèmes pendant votre période de formation)
7. Qu'est-ce qu'il faut faire en cas d'incendie ?
   A : _____
   C : (vous / pouvoir descendre / par l'escalier de secours)
8. Avec qui est-ce que je pourrais jouer au tennis ?
   B : _____
   C : (Voyez ça sur notre bulletin d'affichage. Plusieurs employés / venir de / former un club)
9. A combien de semaines de congé est-ce qu'on a droit par an ?
   A : _____
   C : (la première année les nouveaux employés / ont droit à 15 jours de congés payés
10. **A :** Quand est-ce que j'aurai ma première augmentation ?
    B : _____
    C : (pour cette question, il falloir / s'adresser / au patron de la compagnie)

RÉPONSES

Questions posées par A :

1. A qui les membres du personnel doivent-ils adresser les papiers pour la Sécurité sociale ?
2. Qui va me donner mon chèque ?
3. Où mon bureau se trouve-t-il ? Où se trouve mon bureau ?
4. Pourquoi mon bureau est-il si petit ?
5. Me fournira-t-on un ordinateur, un FAX et un téléviseur en couleur ?
6. De quoi voulez-vous que je parle aux clients ?
7. Que faut-il faire en cas d'incendie ?
8. Avec qui pourrais-je jouer au tennis ?
9. A combien de semaines de congé a-t-on droit par an ?
10. Quand aurai-je ma première augmentation ?

Réponses possibles de C :

1. Vous pouvez les donner à ma secrétaire.
2. On vous enverra votre chèque par le courrier.
3. Il se trouve au quatrième étage.
4. Au bout de cinq ans de service, les employés ont droit à un plus grand bureau.
5. Vous plaisantez, j'espère ! Vous pouvez utiliser le FAX dans le bureau de la réceptionniste.
6. Vous aurez la réponse à ce genre de problèmes pendant votre période de formation.
7. Vous pouvez descendre par l'escalier de secours.
8. Voyez ça sur notre bulletin d'affichage. Plusieurs employés viennent de former un club.
9. La première année les nouveaux employés ont droit à quinze jours de congés payés.
10. Pour cette question, il faut vous adresser au patron de la compagnie.

MISE AU POINT

I. *Imaginez que votre sœur a passé l'été à l'Université de la Sorbonne. A son retour vous lui posez des questions formulées à partir des éléments donnés.*

MODÈLE :   Voir / film / avec Gérard Depardieu. (Où / Quel)
            Où as-tu vu un film avec Gérard Depardieu ?
            Quel film as-tu vu avec Gérard Depardieu ?

1. Rencontrer / Jeanne Moreau. (Où / Comment)
2. Partager / un appartement. (Avec qui)
3. Rencontrer / le Président de la République. (A quelle occasion)
4. Faire / le 14 juillet. (Que)
5. Discuter / avec la concierge. (De quoi)
6. Passer du temps / dans les cafés. (Combien)
7. Se coucher tard. (Pourquoi)
8. Voir une tragédie de Racine. (Quelle)
9. [Votre sœur ouvre sa valise pour en sortir un paquet] M'apporter. (Que)

II. *Transformez les phrases en questions avec l'adverbe donné entre parenthèses.*

MODÈLE :   Marie se sent fatiguée. (Pourquoi)
            Pourquoi Marie se sent-elle fatiguée ?

1. Philippe va faire du camping. (Quand)
2. Charles a quitté sa femme. (Pourquoi)
3. Nicole joue au tennis. (Quand)
4. Vos amis partent en vacances. (Où)
5. Ce chien aboie tout le temps. (Pourquoi)
6. Tu as réussi à convaincre tes parents. (Comment)

III. *Remplacez les tirets par la forme correcte de* **quelle(s)/quel(s), laquelle (lesquelles)/lequel (lesquels)** *ou par* **qu'est-ce que.** *Faites attention aux contractions avec* **à** *ou* **de.**

1. _____ animal court le plus vite ?
2. _____ les paysans feront cet été s'il ne pleut pas ?
3. _____ est la solution la plus pratique ?
4. _____ de ses albums a gagné un prix ?
5. _____ de ses amis a-t-elle parlé ?
6. _____ les médecins disent de faire quand on a mal à la tête ?
7. _____ version de l'incident croyez-vous ? Celle d'Alexandre ou celle de son copain ?
8. _____ des étudiants a-t-on donné une bourse ?
9. _____ est le sens de cette expression ?
10. _____ on lui a dit pour qu'il rougisse tant ?

IV. *A partir des phrases données et en utilisant les éléments entre parenthèses, composez des questions avec* **laquelle (lesquelles)/lequel (lesquels).**

MODÈLE : Le vendeur lui a montré des chemises de sport et des chemises habillées.
(acheter / il)
Lesquelles a-t-il achetées ?

1. Je peux vous prêter une veste bleue ou une veste verte. (vouloir / vous)
2. Le restaurant te propose trois desserts différents. (choisir / tu)
3. Xavier connaît trois cafés dans cette rue. (vouloir aller / vous)
4. Patrick a trois amis qui peuvent l'aider. (demander de l'aide à / il)
5. Je voudrais t'offrir un roman de Robbe-Grillet. (avoir envie de lire / tu)
6. Il y avait trois épisodes importants dans cette pièce. (se souvenir le mieux / vous)

V. *Pour chaque série de réponses, écrivez les questions.*

MODÈLE : 1. La fenêtre du salon est cassée. *(Quelle fenêtre est cassée ?)*
2. Xavier l'a cassée. *(Qui l'a cassée ?)*
3. Une nouvelle vitre coûte 200F. *(Combien une nouvelle vitre coûte-t-elle ?)*
4. Le vitrier la remplacera demain. *(Quand le vitrier la remplacera-t-il ?)*

A. 1. Nous allons danser.
2. Il y aura un orchestre.
3. On jouera de la musique pop.
4. Nous boirons du punch.
5. La fête finira à minuit.

B. 1. Adrienne travaille dans un restaurant.
2. Elle sert les clients.
3. Deux de ses amis travaillent avec elle.
4. On y sert des spécialités régionales de France.
5. Leur grand succès, c'est le bœuf bourguignon.

C. 1. Patrick a pris ma voiture.
2. Il est parti vers 6 heures.
3. Il a démoli l'aile droite en stationnant.
4. Je lui dirai de faire plus attention.

VI. *Dans l'entretien suivant complétez les questions par la tournure interrogative qui convient en utilisant les mots fournis entre parenthèses.*

Un entretien d'embauche

Monsieur Poncelet, Directeur des ressources humaines d'un grand groupe français, cherche à embaucher un nouveau comptable, prêt à travailler dans une des filiales de la compagnie, située en Inde. Il a reçu la candidature de Monsieur Landrieu et lui fait maintenant passer un entretien. Le Directeur est confortablement installé dans un fauteuil en cuir, le candidat en face de lui.

M. Landrieu [rentrant dans le bureau] : Bonjour, Monsieur.
M. Poncelet : Bonjour, Monsieur Landrieu. Je vous en prie, asseyez-vous, mettez-vous à l'aise et commençons de suite, car je suppose que vous aussi, vous n'aimez pas perdre votre

temps ! J'ai parcouru avec intérêt votre curriculum vitæ ainsi que votre lettre de motivation. Je vous ai convoqué aujourd'hui pour éclaircir quelques points avec vous.

M. Landrieu : Je serais ravi de répondre aux questions que vous voudrez bien me poser, Monsieur.

M. Poncelet : Bien ! Je sais que vous avez 27 ans... _____ formation avez-vous suivie ?

M. Landrieu : J'ai passé un Baccalauréat A...

M. Poncelet : C'est un baccalauréat littéraire, si je ne me trompe ?

M. Landrieu : Exactement.

M. Poncelet : En _____ matières précisément ?

M. Landrieu : Les matières principales étaient le français, la philosophie et les langues étrangères.

M. Poncelet : _____ (commencer à travailler) directement après avoir obtenu votre diplôme ?

M. Landrieu : Non, j'ai souhaité poursuivre mes études. Je me suis inscrit à l'université de Dauphine pour étudier le commerce et la comptabilité.

M. Poncelet : Jusqu'à _____ niveau ?

M. Landrieu : Jusqu'à la licence.

M. Poncelet : Vous avez donc une formation BAC + 3,[3] non ?

M. Landrieu : Oui, mais en fait, j'ai par la suite passé des concours et intégré une école de langues orientales. Je voulais en effet faire une carrière en Asie !

M. Poncelet : Et _____ (aller) en Asie ?

M. Landrieu : Oui, et j'ai été embauché par une compagnie coréenne. Je m'occupais du service import-export, et j'ai fini sous-directeur du département international.

M. Poncelet : _____ êtes-vous resté là-bas?

M. Landrieu : Environ deux ans. A Séoul. Mais en fait, je passais le plus clair de mon temps à voyager, mes clients étant répartis dans toute l'Asie...

M. Poncelet : Avez-vous déjà été en Inde ?

M. Landrieu : Oh oui, et même plusieurs fois ! Je suis aussi allé en Australie, à Hong Kong, à Taiwan, et même en Chine !

M. Poncelet : _____ (faire) par la suite ?

M. Landrieu : J'ai été transféré en Amérique du Sud, dans une des filiales de mon ancienne firme.

M. Poncelet : _____ étiez-vous, exactement ?

M. Landrieu : J'étais basé à Buenos Aires, en Argentine. Je travaillais à la consolidation des comptes et je faisais du « reporting » pour la maison-mère, située à Séoul.

M. Poncelet : _____ vous a poussé à partir ?

M. Landrieu : Le groupe commençait à réaliser des pertes, il y avait des compressions de personnel un peu partout. L'ambiance est devenue soudainement très mauvaise, et j'ai préféré donner ma démission... Voilà pourquoi je me présente à vous, aujourd'hui.

M. Poncelet : _____ langues parlez-vous, Monsieur Landrieu ?

M. Landrieu : Je parle couramment le français, le coréen et l'espagnol. Je me débrouille plutôt bien en anglais et en hindi. J'ai aussi quelques notions d'allemand.

---

[3] BAC + 3 = la licence qui s'obtient trois ans après le baccalauréat. BAC +1 = le premier DEUG, BAC + 2 = le deuxième DEUG, BAC + 4 = la maîtrise, BAC + 5 = le doctorat.

M. Poncelet : Écoutez, vous avez un profil intéressant, mais nous avons besoin d'une personne comme vous pour notre service international plutôt que pour notre service comptable... Voulez-vous que je vous mette en rapport avec le chef du département export ?

M. Landrieu : J'en serai ravi, Monsieur !

M. Poncelet : Je pense qu'il y aura sûrement une place vacante pour vous. Écoutez, je garde vos coordonnées, et dès que j'ai du nouveau, je vous le fais savoir. _____ (Cela / vous / convenir) ?

M. Landrieu : Cela me semble parfait, Monsieur.

M. Poncelet : Bien, alors, je vais prendre congé de vous, car nous avons besoin d'un comptable, et d'autres candidats attendent leur tour ! Encore merci pour votre candidature...

M. Landrieu : C'est moi qui vous remercie de l'attention que vous avez bien voulu m'accorder. Au revoir, Monsieur.

VII. *Traduisez les phrases suivantes.*

1. What is a *crème chibouste*?
2. What are you doing with those knives? Why are you looking at me like that? What did I ever do to offend you?
3. What bus goes to town? At what time does it leave? How long does it take to get there?
4. What CDs do your friends listen to? What kind of music do they like best?
5. What is the meaning of this paragraph?
6. What does "cybernetics" mean?
7. What can I offer you? Tea? Coffee? A glass of beer?
8. What are the causes of the collapse of the communist régime?
9. What time is it?
10. What does Christian want for his birthday? Is he expecting to get a VCR?
11. What caused her allergies? What do the doctors have to say? What medicines are they prescribing?
12. What happened the other day? Who dropped in on you? How long did he/she stay?

VIII. *(Constructions) Répondez aux questions.*

1. Depuis quand avez-vous le permis de conduire ?
2. Combien de temps y a-t-il que vous étudiez le français ?
3. Depuis quand n'avez-vous pas écrit à vos grands-parents ?
4. Depuis quand le monde existe-t-il ?
5. Combien de temps cela fait-il que les femmes ont le droit de vote aux États-Unis ?

IX. *(Constructions) Refaites les phrases suivantes en employant* **il y a (avait)... que, cela fait (faisait)... que** *ou* **voilà... que.** *Mettez les verbes au temps exigé par la phrase.*

1. Philippe prend des vitamines depuis six mois.
2. Quand le président est enfin arrivé, on l'attendait depuis plus d'une heure.
3. Elle joue avec ce morceau de papier depuis une demi-heure.
4. Mme Dulac s'occupe de l'appartement de sa fille depuis trois mois.
5. Christian regardait la nouvelle étudiante depuis plus d'un quart d'heure, mais il n'osait pas l'aborder.

6. Myriam roulait depuis quatre heures quand elle s'est arrêtée pour déjeuner.
7. J'étudie l'algèbre depuis cinq ans.

X. *(Constructions) Mettez les verbes entre parenthèses au temps correct.*

1. Depuis quand Thomas et Louise (faire)-ils du ski ?
2. Quand Walter a décidé de reprendre ses études, il y (avoir) au moins un an qu'il y (réflé-chir).
3. Depuis qu'elle (porter) des lunettes, elle n'a plus de maux de tête.
4. Depuis quand la bibliothèque (fermer)-elle le dimanche après-midi ?
5. Cela fait cinq ans que je (prendre) le train pour aller à mon travail.

XI. *(Constructions) Traduisez les phrases suivantes.*

1. They have been studying computer science *(l'informatique)* for a year.
2. How long have you played the cello?
3. He hasn't seen his parents in months.
4. We haven't eaten in that restaurant for years.
5. Viviane hasn't had a moment's peace since her friends returned from their trip.
6. How long had Gérard been writing when the *New Yorker* published his first poem?
7. I have been eating in that restaurant for years.
8. How long have you known this? Only since last night.
9. They have spoken English and French since the age of five.
10. Since when have the dorms been coeducational *(mixte)*?

XII. *(Constructions) Remplacez les tirets par* **à** *ou* **de** *selon le cas. Faites attention aux contractions.*

1. Je regrette _____ ne pas avoir le temps de vous voir aujourd'hui, mais je suis débordé de travail.
2. Elle hésitait _____ répondre à la question de l'avocat, parce qu'elle avait peur _____ révéler la vérité. En cherchant _____ la dissimuler, elle a dû raconter plusieurs men-songes.
3. Les locataires de cet immeuble ont refusé _____ payer leur loyer, parce que le bâtiment était dans un état exécrable. Ils ont reproché _____ le propriétaire _____ ne jamais faire de réparations.
4. Ils ont repeint leur maison d'une couleur horrible, mais je crains _____ les offenser en leur disant la vérité.
5. Ils ont renoncé _____ faire l'ascension du mont Blanc à cause du mauvais temps.
6. Tous mes amis m'ont félicité _____ avoir gagné une médaille.

XIII. *(Constructions) Faites des phrases avec les verbes suivants. Imaginez, par exemple, que vous venez d'obtenir un travail de reporter pour votre journal universitaire et que le rédacteur en chef, à la fin de votre première semaine, demande à vous voir. Est-ce pour vous faire des compliments ou pour vous congédier ?*

1. arriver	4. valoir	7. remercier de
2. suffire	5. convenir	8. craindre de
3. importer	6. reprocher de	9. regretter de

PROJETS DE COMMUNICATION

I. *(Interview)* Vous cherchez un travail d'été. Quelles questions vous pose-t-on ? Lesquelles posez-vous ? (Vous pouvez prendre pour modèle l'interview dans *Mise au point VI*, p. 81, en adaptant le contenu à votre propre expérience.

II. *(Devoir écrit)* Écrivez une conversation dans laquelle vous posez des questions à vos parents sur leur vie quand ils avaient votre âge.

III. *(Devoir écrit)* Dans le courant de votre vie, quelles sont les grandes questions que vous vous posez ?

IV. *(Interviews)* Quelles seraient les questions que vous souhaiteriez poser pendant une interview avec :

> un joueur de football (base-ball, rugby, tennis, etc.) célèbre
> le président des États-Unis (ou de votre université)
> une/un médium
> une chanteuse/un chanteur rock
> un chef célèbre
> la diététicienne chargée/le diététicien chargé des repas dans votre restaurant universitaire
> un personnage célèbre de l'histoire
> un fantôme ou un martien
> un prix Nobel
> la rédactrice/le rédacteur d'un journal à scandales
> une vedette du cinéma ou de la télévision
> une/un de vos professeurs

En groupes de trois, choisissez la personne à interviewer et préparez une dizaine de questions. Puis présentez l'interview en classe en jouant les rôles voulus. Utilisez les questions suivantes.

Qu'est-ce que c'est ?	Desquelles/Desquels ?
Qui (Qui est-ce qui) ?	Combien ?
Qui (Qui est-ce que) ?	Où ?
Que (Qu'est-ce que) ?	Pourquoi ?
Qu'est-ce qui ?	Quelle(s)/Quel(s) ?
Laquelle/Lequel ?	Quand ?
Lesquelles/Lesquels ?	Depuis quand ?
A laquelle/Auquel ?	Depuis combien de temps (Combien de
Auxquelles/Auxquels ?	temps y a-t-il que) ?
De laquelle/Duquel ?	*préposition* + quoi ?

V. *(Devoir écrit)* Avez-vous déjà été arrêtée/arrêté par la police pour excès de vitesse (ou pour d'autres raisons) ? Quelles questions vous a-t-on posées ?

Vocabulaire utile :

contravention	permis de conduire
faire du 120 à l'heure	ne pas mettre le clignotant
doubler dans la file de droite	ne pas signaler un changement de direction
brûler un feu rouge	ne pas respecter la limite de vitesse
suivre une voiture de trop près	pot d'échappement défectueux
carte grise	

VI. *(Jeu)* A qui pensez-vous ? Deux ou trois étudiants sortiront de la classe. Pendant ce temps la classe choisira un personnage contemporain connu. Les victimes à leur retour poseront des questions à leurs camarades jusqu'à ce qu'ils arrivent à identifier le personnage. Formulez toutes les questions possibles. On répondra évasivement pour essayer de prolonger le jeu.

VII. *(Devoir écrit)* Gérard Klein, dans un conte intitulé *Les Villes* (voir pp. 318 et 322), a imaginé une société complètement contrôlée par des robots plus capables que les hommes. Leur surveillance comprend l'interrogation quotidienne des citoyens. Imaginez une conversation dans cette ville futuriste, entre une machine et un homme.

VIII. *(Discussion en groupes)* Préparez et mettez en scène les interviews suivantes.

1. Vous appartenez à une *sorority/fraternity* ou à une organisation très exclusive (snob). Avec les membres de votre groupe vous préparerez un questionnaire pour interviewer une personne qui désire en devenir membre.

2. Vous êtes membres d'une équipe de journalistes. Préparez des questions pour une nouvelle recrue.

IX. *(Sondage)* Interviewez un groupe d'amies/d'amis pour déterminer les activités les plus importantes de chaque camarade et depuis quand elle/il les fait. Rapportez le résultat.

X. *(Jeu)* Préparez une version française du jeu *Jeopardy!* avec des catégories comme l'histoire de France, la cuisine, le sport, la francophonie, etc. Choisissez des équipes et jouez le jeu. N'oubliez pas qu'il faut toujours répondre par une question.

XI. *(Discussion à partir d'un texte)* Après avoir lu le texte, traitez en groupes de trois ou quatre les sujets suivants.

1. Vous est-il déjà arrivé d'essayer d'aider des gens sans y parvenir ? Racontez les circonstances.

2. Échanges d'anecdotes où vous expliquez un incident où vous avez été confrontée/confronté à des procédures bureaucratiques qui dépassent la raison ou le bon sens.

Le Petit Prince (extrait)

Antoine de Saint-Exupéry (1900 – 1944)

(Dans Le Petit Prince, _un texte fantaisiste d'Antoine de Saint-Exupéry, un petit garçon habitant un astéroïde où il a beaucoup de difficultés avec une rose dont il est tombé amoureux, décide de faire un voyage interplanétaire. Il échoue sur la planète d'un allumeur de réverbères, homme fidèle à son poste, mais malheureux à cause des conditions de travail qui sont devenues insupportables.)_

La cinquième planète était très curieuse. C'était la plus petite de toutes. Il y avait là juste assez de place pour loger un réverbère et un allumeur de réverbères. Le petit prince ne parvenait pas à s'expliquer à quoi pouvaient servir, quelque part dans le ciel, sur une planète sans maison, ni population, un réverbère et un allumeur de réverbères. Cependant il se dit en lui-même :

— Peut-être bien que cet homme est absurde. Cependant il est moins absurde que le roi, que le vaniteux, que le businessman et que le buveur.[4] Au moins son travail a-t-il un sens. Quand il allume son réverbère, c'est comme s'il faisait naître une étoile de plus, ou une fleur. Quand il éteint son réverbère ça endort la fleur ou l'étoile. C'est une occupation très jolie. C'est véritablement utile puisque c'est joli.

Lorsqu'il aborda la planète il salua respectueusement l'allumeur :

— Bonjour. Pourquoi viens-tu d'éteindre ton réverbère ?

— C'est la consigne, répondit l'allumeur. Bonjour.

— Qu'est-ce que la consigne ?

— C'est d'éteindre mon réverbère. Bonsoir.

Et il le ralluma.

— Mais pourquoi viens-tu de le rallumer ?

— C'est la consigne, répondit l'allumeur.

— Je ne comprends pas, dit le petit prince.

— Il n'y a rien à comprendre, dit l'allumeur. La consigne c'est la consigne. Bonjour.

Et il éteignit son réverbère.

Puis il s'épongea le front avec un mouchoir à carreaux rouges.

— Je fais là un métier terrible. C'était raisonnable autrefois. J'éteignais le matin et j'allumais le soir. J'avais le reste du jour pour me reposer, et le reste de la nuit pour dormir...

— Et, depuis cette époque, la consigne a changé ?

— La consigne n'a pas changé, dit l'allumeur. C'est bien là le drame ! La planète d'année en année a tourné de plus en plus vite, et la consigne n'a pas changé !

— Alors ? dit le petit prince.

— Alors maintenant qu'elle fait un tour par minute, je n'ai plus une seconde de repos. J'allume et j'éteins une fois par minute !

— Ça c'est drôle ! Les jours chez toi durent une minute !

— Ce n'est pas drôle du tout, dit l'allumeur. Ça fait déjà un mois que nous parlons ensemble.

— Un mois ?

— Oui. Trente minutes. Trente jours ! Bonsoir.

---

[4] Ces personnages, que le prince avait visités pendant son voyage interplanétaire, habitaient chacun leur propre planète et avaient des idées fixes qui semblaient très bizarres au petit prince. Le buveur, par exemple, buvait pour oublier qu'il avait honte de boire.

Et il ralluma son réverbère.

Le petit prince le regarda et il aima cet allumeur qui était tellement fidèle à la consigne. Il se souvint des couchers de soleil que lui-même allait autrefois chercher, en tirant sa chaise. Il voulut aider son ami :

—Tu sais... je connais un moyen de te reposer quand tu voudras...

— Je veux toujours, dit l'allumeur.

Car on peut être, à la fois, fidèle et paresseux.

Le petit prince poursuivit :

— Ta planète est tellement petite que tu en fais le tour en trois enjambées. Tu n'as qu'à marcher assez lentement pour rester toujours au soleil. Quand tu voudras te reposer tu marcheras... et le jour durera aussi longtemps que tu voudras.

— Ça ne m'avance pas à grand'chose, dit l'allumeur. Ce que j'aime dans la vie, c'est dormir.

— Ce n'est pas de chance, dit le petit prince.

— Ce n'est pas de chance, dit l'allumeur. Bonjour.

Et il éteignit son réverbère.

Celui-là, se dit le petit prince, tandis qu'il poursuivait plus loin son voyage, celui-là serait méprisé par tous les autres, par le roi, par le vaniteux, par le buveur, par le businessman. Cependant c'est le seul qui ne me paraisse pas ridicule. C'est, peut-être, parce qu'il s'occupe d'autre chose que de soi-même.

Il eut un soupir de regret et se dit encore :

— Celui-là est le seul dont j'eusse pu faire mon ami. Mais sa planète est vraiment trop petite. Il n'y a pas de place pour deux...

Ce que le petit prince n'osait pas s'avouer, c'est qu'il regrettait cette planète bénie à cause, surtout, des mille quatre cent quarante couchers de soleil par vingt-quatre heures !

Chapitre

4

Le Futur et le conditionnel

Présentation

PRINCIPES

Les formes du futur
L'emploi du futur
Les formes du conditionnel
L'emploi du conditionnel

CONSTRUCTIONS

Les conjonctions temporelles : **quand, lorsque, dès que,**
aussitôt que, avant que, après que
Pendant / pour
Pendant que / tandis que

ÉTUDE DE VERBES
Devoir + *infinitif*
Devoir + *nom*

COIN DU SPÉCIALISTE

Échanges interactifs

Présentation

PRINCIPES

I.   Les formes du futur

A.   Le futur simple se forme en ajoutant les terminaisons du futur à l'infinitif du verbe utilisé. (Voir Tableau 19.) Remarquez que pour les verbes en **-re,** le **e** final de l'infinitif disparaît.

Certains verbes ont un radical irrégulier au futur. Les terminaisons sont les mêmes que pour les verbes réguliers. (Voir Tableau 20.)

Certains verbes ont des changements orthographiques au futur. (Voir Tableau 21, p. 92.) Ce sont, pour la plupart, les mêmes verbes qui ont des changements orthographiques au présent. Pour les verbes en **-yer,** **y** → **i** dans toute la conjugaison. Pour les verbes en **-eter** et en **-eler,** excepté *acheter, congeler* et *peler,* on redouble la consonne (**t** ou **l**) au futur.

Pour les verbes en **e** + *consonne* + **er,** comme *acheter, congeler, emmener, peler, peser* et *ramener,* on ajoute un accent grave.

TABLEAU 19

Le futur simple des verbes en *-er, -ir, -re*			
Terminaisons du futur simple	**Parler**	**Finir**	**Rendre**
-ai	je parlerai	je finirai	je rendrai
-as	tu parleras	tu finiras	tu rendras
-a	elle/il parlera	elle/il finira	elle/il rendra
-ons	nous parlerons	nous finirons	nous rendrons
-ez	vous parlerez	vous finirez	vous rendrez
-ont	elles/ils parleront	elles/ils finiront	elles/ils rendront

TABLEAU 20

VERBES À RADICAL IRRÉGULIER AU FUTUR

*Verbes avec un seul **r** au futur*

Être	Avoir	Savoir	Faire	Aller
je serai	j' aurai	je saurai	je ferai	j' irai
tu seras	tu auras	tu sauras	tu feras	tu iras
elle/il sera	elle/il aura	elle/il saura	elle/il fera	elle/il ira
nous serons	nous aurons	nous saurons	nous ferons	nous irons
vous serez	vous aurez	vous saurez	vous ferez	vous irez
elles/ils seront	elles/ils auront	elles/ils sauront	elles/ils feront	elles/ils iront

*Verbes avec **rr** au futur*

Voir	Pouvoir	Mourir	Courir	Envoyer
je verrai	je pourrai	je mourrai	je courrai	j' enverrai
tu verras	tu pourras	tu mourras	tu courras	tu enverras
elle/il verra	elle/il pourra	elle/il mourra	elle/il courra	elle/il enverra
nous verrons	nous pourrons	nous mourrons	nous courrons	nous enverrons
vous verrez	vous pourrez	vous mourrez	vous courrez	vous enverrez
elles/ils verront	elles/ils pourront	elles/ils mourront	elles/ils courront	elles/ils enverront

*Verbes avec **dr** au futur*

Tenir	Venir	Vouloir	Valoir	Falloir
je tiendrai	je viendrai	je voudrai	je vaudrai	
tu tiendras	tu viendras	tu voudras	tu vaudras	
elle/il tiendra	elle/il viendra	elle/il voudra	elle/il vaudra	il faudra
nous tiendrons	nous viendrons	nous voudrons	nous vaudrons	
vous tiendrez	vous viendrez	vous voudrez	vous vaudrez	
elles/ils tiendront	elles/ils viendront	elles/ils voudront	elles/ils vaudront	

*Verbes avec **vr** au futur*

Recevoir	Devoir	Pleuvoir
je recevrai	je devrai	
tu recevras	tu devras	
elle/il recevra	elle/il devra	il pleuvra
nous recevrons	nous devrons	
vous recevrez	vous devrez	
elles/ils recevront	elles/ils devront	

B. Le futur antérieur est formé avec le futur simple de l'auxiliaire **avoir** ou **être** et le *participe passé* du verbe utilisé. (Voir Tableau 22, p. 93.)

TABLEAU 21

VERBES À CHANGEMENTS ORTHOGRAPHIQUES			
$y \rightarrow i$ **Employer**	$t \rightarrow tt$ **Jeter**	$l \rightarrow ll$ **Appeler**	$e \rightarrow è$* **Emmener**
j' emploierai	je jetterai	j' appellerai	j' emmènerai
tu emploieras	tu jetteras	tu appelleras	tu emmèneras
elle/il emploiera	elle/il jettera	elle/il appellera	elle/il emmènera
nous emploierons	nous jetterons	nous appellerons	nous emmènerons
vous emploierez	vous jetterez	vous appellerez	vous emmènerez
elles/ils emploieront	elles/ils jetteront	elles/ils appelleront	elles/ils emmèneront

*Les verbes en **é** + *consonne* + **er,** comme *céder, espérer, préférer, répéter, révéler* et *suggérer,* au futur se configurent normalement : *j'espérerai, tu espéreras,* etc.

II. L'emploi du futur

A. Le futur simple

1. Le futur simple s'emploie en français comme en anglais pour exprimer qu'un fait (une action ou un état) est postérieur au moment présent.

Dans une semaine, Cécile aura dix-huit ans. Que lui offrirez-vous pour son anniversaire ?

En l'an 2345, les hommes auront beaucoup plus de loisirs. Ils ne travailleront qu'un jour par semaine. Des robots feront le reste.

REMARQUE : Pour indiquer qu'une action (ou un état) se situe dans un avenir proche du moment où l'on parle, le futur simple est souvent remplacé par la construction : **aller** (au présent) + *infinitif.* (Voir p. 14.)

Regarde ces nuages gris s'accumuler à l'horizon. Je crois qu'il va pleuvoir d'ici une heure.

Maintenant que nous avons bien mangé, nous allons faire une partie de cartes.

Le futur proche n'est pas nécessairement limité à une action immédiate.

Je vais aller en Côte d'Ivoire l'année prochaine.

Avec le futur proche l'action future est présentée comme une « intention » de la part du sujet. Avec le futur simple, l'action se situe plus objectivement dans un temps futur. En général, ces deux temps restent interchangeables.

Quand il fera nuit, je rentrerai les chaises du jardin. Je vais nettoyer la salle de séjour maintenant. Je vous promets que tout sera prêt quand nos amis arriveront.

Dans un récit au passé, **aller** à l'imparfait + *infinitif* exprime la même idée.

Chantal et ses amis, qui faisaient un pique-nique au Bois de Boulogne, sont vite rentrés, car il allait pleuvoir.

Étienne ne savait pas que ses amis allaient lui offrir un disque de chansons folkloriques.

TABLEAU 22

Le futur antérieur	
Parler	**Sortir**
j'aurai parlé	je serai sortie/sorti
tu auras parlé	tu seras sortie/sorti
elle/il aura parlé	elle/il sera sortie/sorti
nous aurons parlé	nous serons sorties/sortis
vous aurez parlé	vous serez sortie(s)/sorti(s)
elles/ils auront parlé	elles/ils seront sorties/sortis

2. Avec les conjonctions **quand, lorsque, aussitôt que, dès que,** il faut employer le futur s'il s'agit d'un fait situé dans le futur. Notez qu'en anglais, on emploie dans ce cas le présent.

REMARQUE : Les autres temps (le présent, le passé composé, etc.) sont utilisés après **quand** selon le contexte. (Voir p. 98.)

3. Le futur simple exprime parfois un ordre. (Voir p. 10.)

4. Le futur simple peut être employé dans une phrase hypothétique. (Voir pp. 7 et 96.)

B. Le futur antérieur

Le futur antérieur est utilisé pour une action future (ou un état futur) qui précède une autre action future, ou qui est considérée finie par rapport à un moment futur. Il est utilisé principalement après les conjonctions : **quand (lorsque), dès que (aussitôt que).** (Voir Tableau 23, p. 94.)

III. Les formes du conditionnel

A. Le conditionnel présent se forme en ajoutant à l'infinitif du verbe utilisé les terminaisons du conditionnel.[1] (Voir

Quand nous irons à Paris, nous visiterons des musées. *(When we go to Paris, we'll visit the museums.)*

Dès que Viviane arrivera, je lui donnerai son cadeau d'anniversaire. *(As soon as Viviane arrives,...)*

Quand nous sommes allés à Paris, nous avons visité des musées.

Quand il fait très froid dehors, ma tante ne sort jamais.

Le général a dit à ses officiers : «Vous irez jusqu'à la frontière et le régiment se reposera. »

Si vous allez à l'aéroport à 5 heures, vous aurez des embouteillages.

---

[1] Les terminaisons du conditionnel sont les mêmes que celles de l'imparfait de l'indicatif.

TABLEAU 23

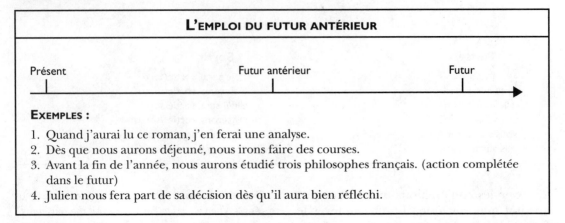

L'EMPLOI DU FUTUR ANTÉRIEUR

Présent   Futur antérieur   Futur

EXEMPLES :

1. Quand j'aurai lu ce roman, j'en ferai une analyse.
2. Dès que nous aurons déjeuné, nous irons faire des courses.
3. Avant la fin de l'année, nous aurons étudié trois philosophes français. (action complétée dans le futur)
4. Julien nous fera part de sa décision dès qu'il aura bien réfléchi.

Tableau 24.) Notez que le **e** final de l'infinitif des verbes en **-re** disparaît.

Les verbes qui ont un radical irrégulier au futur ont le même radical irrégulier au conditionnel présent. (Voir Tableau 20, p. 91.)

> je serais, tu serais...
> je voudrais, tu voudrais...
> je pourrais, tu pourrais...
> je recevrais, tu recevrais...

Les verbes qui ont des changements orthographiques au futur les ont également au conditionnel présent. (Voir Tableau 21, p. 92.)

> j'emploierais, tu emploierais...
> j'appellerais, tu appellerais...
> je jetterais, tu jetterais...
> j'emmènerais, tu emmènerais...

B. On forme le conditionnel passé avec le conditionnel présent de l'auxiliaire **être** ou **avoir** et le *participe passé* du verbe utilisé. (Voir Tableau 25.)

IV. L'emploi du conditionnel

A. Les phrases hypothétiques

Une phrase hypothétique est composée d'une proposition subordonnée introduite

Si tu avais une grande maison et deux voitures (hypothèse), serais-tu vraiment heureux ? (résultat)

TABLEAU 24

Terminaisons du conditionnel présent	Parler	Finir	Rendre
	LE CONDITIONNEL PRÉSENT DES VERBES EN -*ER*, -*IR*, -*RE*		
-ais	je parlerais	je finirais	je rendrais
-ais	tu parlerais	tu finirais	tu rendrais
-ait	elle/il parlerait	elle/il finirait	elle/il rendrait
-ions	nous parlerions	nous finirions	nous rendrions
-iez	vous parleriez	vous finiriez	vous rendriez
-aient	elles/ils parleraient	elles/ils finiraient	elles/ils rendraient

par **si** (indiquant une condition, une hypothèse ou une possibilité) et une proposition principale indiquant le résultat de cette condition. Notez que la phrase peut commencer par la proposition introduite par **si** ou par la proposition principale.

Les phrases hypothétiques se construisent le plus souvent selon le schéma suivant. (Voir Tableau 26, p. 96.)

1. Pour une conséquence envisagée comme « possible », on utilise **si** + *imparfait*. Dans ce cas la réalisation de l'action au conditionnel est présentée purement en fonction de la condition exprimée après **si**.

Si Jean-Claude réfléchissait avant de répondre aux questions, il dirait moins de sottises.

Liliane aurait été très déçue si son mari avait oublié leur anniversaire de mariage.

Si tu tombais de ce rocher, tu te ferais très mal. (« Tomber » est considéré une possibilité dont une conséquence précise découle.)

TABLEAU 25

Parler	Sortir
LE CONDITIONNEL PASSÉ	
j'aurais parlé	je serais sortie/sorti
tu aurais parlé	tu serais sortie/sorti
elle/il aurait parlé	elle/il serait sortie/sorti
nous aurions parlé	nous serions sorties/sortis
vous auriez parlé	vous seriez sortie(s)/sorti(s)
elles/ils auraient parlé	elles/ils seraient sorties/sortis

TABLEAU 26

LES PHRASES HYPOTHÉTIQUES		
Proposition subordonnée	**Proposition principale**	**Exemples**
si + *imparfait*	*conditionnel présent*	Si Grégoire disait la vérité à sa fiancée, elle serait furieuse.
si + *plus-que-parfait*	*conditionnel passé*	S'il avait fait beau, nous aurions fait du surfing.
si + *présent*	*futur**	Si je lui explique cela, elle comprendra.

*On trouve parfois le présent ou l'impératif dans la proposition principale d'une phrase hypothétique. EXEMPLES : *Si vous arrivez à la maison avant moi, vous pouvez attendre dans le jardin. Si vous avez encore faim, mangez un peu de fromage.* (Voir p. 101.)

2. Pour transposer le système hypothétique dans le passé, on utilise **si** + *plus-que-parfait.*

3. Pour une conséquence envisagée comme éventuelle ou probable, on utilise **si** + *présent.*

ATTENTION ! On ne met jamais ni le futur ni le conditionnel après **si** quand ce mot introduit une hypothèse (**si** = *if*).[2] (Voir Tableau 26.)

N'OUBLIEZ PAS... **Si** devient **s'** devant **il(s)** mais pas devant les autres voyelles :

s'il(s)   si on...
si elle(s)   si un...

B.   Un récit au passé

Les formes du conditionnel sont utilisées pour exprimer un fait « futur » par rapport

Si tu étais tombé de ce rocher (l'autre jour, la semaine dernière), tu te serais fait très mal (possibilité non accomplie).

S'il fait beau demain, Paul, Christine et moi nous irons à la pêche. Nous emporterons un piquenique. Si nous attrapons des poissons, nous pourrons les faire griller au feu de bois ce soir. (L'activité est envisagée dans sa réalisation probable. Il fera sans doute beau et les poissons mordront.)

Voilà Roland. S'il voulait nous aider à charger la voiture, cela nous rendrait grand service.

On a expliqué à Marie-Hélène que si elle acceptait ce nouveau poste, elle aurait beaucoup plus de responsabilités.

---

[2] Le futur et le conditionnel peuvent s'employer après **si** dans le sens de *whether* dans le discours indirect. EXEMPLE : *Christophe se demande si le match de football aura lieu.* (Voir p. 304.)

aux verbes passés du récit. (Voir p. 34.) Dans ce cas, le conditionnel présent fonctionne comme un futur simple dans le passé et le conditionnel passé fonctionne comme le futur antérieur dans le passé. (Voir Tableau 27 et p. 348)

C. Pour exprimer l'atténuation ou la supposition

Le conditionnel présent des verbes **pouvoir** et **vouloir** est employé pour diminuer la force d'une demande ou pour exprimer un ordre poliment.

Voudrais-tu surveiller les enfants cet après-midi ? J'ai plusieurs courses à faire en ville.

Pourriez-vous nous prêter 500 F ?

Auriez-vous la gentillesse de me prévenir s'il y a une livraison de colis demain matin ?

TABLEAU 27

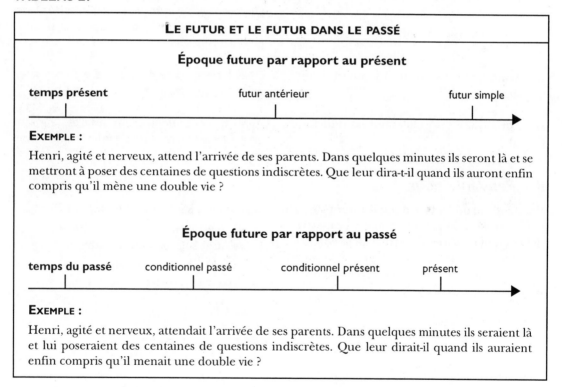

LE FUTUR ET LE FUTUR DANS LE PASSÉ

Époque future par rapport au présent

temps présent — futur antérieur — futur simple

EXEMPLE :

Henri, agité et nerveux, attend l'arrivée de ses parents. Dans quelques minutes ils seront là et se mettront à poser des centaines de questions indiscrètes. Que leur dira-t-il quand ils auront enfin compris qu'il mène une double vie ?

Époque future par rapport au passé

temps du passé — conditionnel passé — conditionnel présent — présent

EXEMPLE :

Henri, agité et nerveux, attendait l'arrivée de ses parents. Dans quelques minutes ils seraient là et lui poseraient des centaines de questions indiscrètes. Que leur dirait-il quand ils auraient enfin compris qu'il menait une double vie ?

CONSTRUCTIONS

I. Les conjonctions temporelles : quand, lorsque, dès que, aussitôt que, avant que, après que

A. On emploie toujours un temps de l'indicatif (présent, imparfait, passé composé, futur, etc.) après les conjonctions temporelles **quand, lorsque, dès que, aussitôt que.**

Quand (Lorsque) Frédérique est partie, j'ai enfin compris que je l'aimais et que j'aurais voulu l'épouser.

Dès que (Aussitôt que) le chien voyait son maître, il accourait, saisissait sa balle préférée et demandait de jouer.

ATTENTION ! Le futur ou le futur antérieur est de rigueur après ces conjonctions s'il est question d'une action future. (Ce n'est pas le cas en anglais.) (Voir p. 93.)

Quand Albert verra son cousin, il lui proposera de devenir partenaire dans sa nouvelle entreprise.

Mme Pelletier nous rejoindra aussitôt qu'elle pourra. Elle assiste à une réunion des directeurs du musée en ce moment.

Dès que vous aurez reçu des nouvelles de Marie-Hélène, dites-le-moi.[3] Cela fait plus de six mois qu'elle ne nous a pas fait signe.

B. Avant que est suivi du subjonctif. (Voir p. 259.)

Dites à ces garçons de descendre du toit avant qu'ils (ne) se fassent mal.

C. Après que est normalement suivi de l'indicatif.[4]

Après que nous nous étions installés, le garçon nous a versé à boire. (Après que nous nous soyons installés...)

II. *Pendant / pour*

Pendant introduit la totalité du temps que prend une action. Vous pouvez l'omettre devant une mesure de temps exacte comme *deux ou trois minutes, quatre heures, cinq mois,* etc. (**pendant** = *for*), mais n'employez jamais **pour** en français dans ce cas.[5]

Guy a dormi pendant tout le film.

Ils se sont promenés (pendant) deux ou trois heures dans la forêt de Fontainebleau.

J'ai travaillé (pendant) six heures à ce devoir d'informatique sans pouvoir le terminer.

---

[3] Remarquez l'impératif dans la proposition principale.

[4] Par assimilation avec **avant que,** on peut aussi utiliser le subjonctif avec **après que.** EXEMPLE : *Après qu'il soit arrivé nous avons joué au bridge.* On tend à éviter **après que** en y substituant **quand** + *indicatif* ou bien en tournant la phrase d'une autre façon. *Après son arrivée, nous avons joué au bridge.*

[5] Quand il s'agit d'une action projetée (une intention), on emploie quelquefois **pour** avec les verbes **aller, partir** et **venir.** EXEMPLES : *Nous irons en France pour quinze jours. Victor était venu à Boston pour trois mois, mais il n'y est pas resté pendant le mois de juillet, car il a fait trop chaud.*

III. *Pendant que / tandis que*

A. Pendant que (*while*) relie deux propositions qui ont lieu en même temps.

J'irai acheter du pain à la boulangerie pendant que tu finiras d'écrire tes lettres.

Irène a planté des fleurs pendant que son mari faisait la sieste.

B. Tandis que (*whereas*) sert à unir deux propositions qui présentent des actions opposées, des contrastes. Faites attention à ne pas le confondre avec **pendant que,** qui indique la simultanéité de deux actions sans les opposer.

Fabienne travaille l'après-midi tandis que son mari travaille le soir.

Hélène fait du ski nordique tandis que sa sœur fait du ski alpin.

ÉTUDE DE VERBES

A. Devoir + *infinitif*

Le verbe **devoir** à l'indicatif a deux sens. Il indique soit l'obligation, soit la supposition ou l'intention. Comparez les exemples dans le Tableau 28. (Pour la conjugaison complète du verbe **devoir,** voir p. 336.)

Devoir au conditionnel présent + *infinitif* exprime un conseil, une suggestion (*should; ought to*).

Comme vous faites un métier sédentaire, vous devriez faire du sport régulièrement.

Nous devrions emmener les enfants au cirque. Ils adorent ce genre de spectacle.

TABLEAU 28

DEVOIR + *INFINITIF*	
Obligation	**Supposition**
1. Je dois arriver à l'heure, sinon on diminue mon salaire. (Il faut que j'arrive à l'heure.)	1. Henri doit être malade. Ce doit être la grippe. (Henri a probablement la grippe.)
2. Chaque jour, elle devait prendre l'autobus de 14 heures pour aller retrouver ses enfants à la sortie de l'école.	2. L'avion devait arriver à deux heures, mais il a eu beaucoup de retard, et les passagers ont manqué leur correspondance.
3. Comme il y avait une longue queue devant le magasin, j'ai dû attendre une demi-heure.	3. L'inspecteur a dû oublier son parapluie dans le train.

Devoir au conditionnel passé indique qu'une obligation n'a pas été accomplie. Il en résulte que ce verbe au conditionnel passé exprime souvent un reproche ou un regret *(should have; ought to have).*

Mon chéri, tu aurais dû me prévenir avant d'inviter ton patron et sa femme à dîner. Nous n'avons presque rien à leur offrir. (reproche)

Didier est monté dans sa chambre en claquant la porte. Je n'aurais pas dû lui parler si sévèrement. (regret)

REMARQUE : Lorsque **devoir** signifie l'obligation, il est interchangeable avec la construction **falloir** + *subjonctif* ou **falloir** + *infinitif.*

Je dois m'absenter de mes cours pour assister au mariage de mon frère. *(ou)* Il faut que je m'absente de mes cours...

Le restaurant n'acceptait ni les cartes de crédit ni les chèques. J'ai dû payer comptant. *(ou)* Il a fallu que je paye comptant. (Il m'a fallu payer comptant.)

Elle devait étudier le fonctionnement des ordinateurs. *(ou)* Il fallait qu'elle étudie le fonctionnement des ordinateurs.

B. Devoir + *nom*

Le verbe **devoir** suivi d'un nom a le sens de *to owe.*

Je dois trente dollars à Antoine.

Nous devons notre succès à l'aide que votre pays nous a donnée.

Après les invectives que Josiane m'a lancées, elle me doit une lettre d'excuse.

COIN DU SPÉCIALISTE

A. Dans le système des phrases hypothétiques, l'action des verbes au conditionnel n'est pas considérée dans sa réalité. Elle est présentée (envisagée) comme une conséquence qui dépend entièrement de l'hypothèse annoncée (**si** + *imparfait* ou **si** + *plus-que-parfait*) :

Si j'étais riche, je fonderais une université.

Si le conférencier parlait plus lentement, je le comprendrais mieux.

En transposant ce système dans le passé on obtient :

Si j'avais été riche, j'aurais fondé une université.

Si le conférencier avait parlé plus lentement, je l'aurais mieux compris.

Parfois, le contexte exige que le système soit disloqué, c'est-à-dire, l'hypothèse est énoncée dans une perspective présente et la conséquence qui en dérive se trouve dans le passé.

M. Raymond nous aurait offert l'apéritif l'autre jour s'il n'était pas si avare (il est toujours avare).

Si l'oncle d'Irène aimait vraiment sa nièce (il continue maintenant à ne pas l'aimer), il lui aurait donné de l'argent pour finir ses études.

L'inverse est également possible, en situant l'hypothèse au passé.

> Si je n'avais pas détourné des fonds de la compagnie où je travaillais, je ne serais pas en prison aujourd'hui.

> Si vous n'aviez pas tant couru hier, vous ne seriez pas si fatigué aujourd'hui.

C'est le sens de la phrase qui détermine le choix des temps.

B.   Quand le verbe après **si** est au présent, la conséquence (au futur ou à l'impératif) est envisagée comme éventuelle ou probable.

> S'il pleut (et le ciel me semble bien gris), nous resterons à la maison.

> Si tu veux dîner avec nous, passe à l'appartement vers 7 heures. Je vais faire un soufflé au Grand Marnier. — Si tu le réussis, tout le monde sera impressionné.

Quand le verbe de la proposition principale est au présent, **si** + *présent* a souvent le sens de **quand, toutes les fois que** *(whenever)*.

> Je suis au régime, alors je prends du café noir sans sucre. Si j'ai faim, je mange une pomme ou un biscuit sec.

> Si nous allons au bord de la mer, nous emportons toujours une bouteille de vin et un poulet grillé.

> Si Jennifer a des maux de tête, elle prend des comprimés de « Nulaspro » parce qu'elle ne supporte pas l'aspirine.

NOTE : **Si** n'a pas forcément le sens de **quand** dans cette construction.

> Si tu penses cela, tu as tort. (**si** = *if*) Si tu plonges dans ce lac, tu es fou. L'eau en est glaciale.

C.   Le conditionnel présent et le conditionnel passé sont quelquefois utilisés pour annoncer un fait douteux ou une supposition. Le futur et le futur antérieur ont parfois cette fonction aussi.

> Le danger des réacteurs atomiques serait minime (fait douteux; c'est ce qu'on dit), ce qui n'empêche pas les habitants de cette ville d'être inquiets.

> Où est Cécile ? — Serait-elle malade ? Aurait-elle oublié notre rendez-vous ? (suppositions)

> Ce nouveau médicament guérirait les rhumes de cerveau. (On le dit, mais on n'est pas sûr.)

> Où est Sylvie ? Elle n'est pas venue à la fête ? — Elle aura oublié la date. (supposition)

D.   L'expression **au cas où** *(in case)* est suivie du conditionnel présent ou passé. Remarquez qu'en anglais on emploie l'indicatif présent ou passé.

> Au cas où le directeur voudrait des renseignements plus tôt, prévenez-moi, et je les lui fournirai par téléphone.

> J'ai apporté des sandwichs au cas où nous aurions faim et nous ne trouverions pas de restaurant.

> Je vous téléphonerai au cas où je n'aurais pas fini à temps.

Échanges interactifs

CONVERSATIONS DIRIGÉES

I. *(En groupes de trois) Répondez (affirmativement ou négativement selon les indications) aux questions. A posera les questions et B y répondra. A et B pourront inverser les rôles. C contrôlera les réponses et ajoutera des questions improvisées à partir des indications données.*

Situation 1 : **La semaine prochaine tu iras à une soirée.**

1. **A :** Qui emmèneras-tu à la soirée ?
    B : _____
    C : A quelle heure _____ ?
2. **A :** Qu'est-ce qu'on servira à boire ?
    B : _____
    C : (servir à manger) _____ ?
3. **A :** Y aura-t-il un orchestre ?
    B : Non, _____
    C : (jouer des compacts-disques) _____ ?
4. **A :** Qu'est-ce que tu feras pendant la soirée ?
    B : _____
    C : (danser avec toutes les invitées/tous les invités) _____ ?
5. **A :** A quelle heure finira la soirée ?
    B : _____
    C : (rester jusqu'à la fin de la soirée) _____ ?
6. **A :** Est-ce que tu étudieras quand tu seras rentrée/rentré ?
    B : Non, _____
    C : (regarder la télé) _____ ?
7. **A :** Enverras-tu une lettre de remerciement à tes hôtes ?
    B : _____
    C : (organiser une fête à ton tour) _____ ?

RÉPONSES

1. J'emmènerai...
2. On servira du vin, de la bière, du punch, des boissons non alcoolisées, etc.
3. Non, il n'y aura pas d'orchestre.
4. Pendant la soirée, nous danserons, nous parlerons à nos amis, etc.
5. La soirée finira à onze heures (à minuit, à une heure du matin, etc.).
6. Non, je n'étudierai pas quand je serai rentrée/rentré. (Non, je ne pense pas.)
7. Oui, je leur en enverrai une.

Situation 2 : **Imagine que tu vas faire un voyage au Canada.**

1. **B :** Est-ce que tu choisiras la ligne Air Canada ?
    A : Oui, _____
    C : (voyager en première classe) _____ ?
2. **B :** Descendras-tu dans un hôtel de luxe à Montréal ?
    A : Non, _____

      C : (louer un studio) _____ ?

3. **B :** Apprendras-tu à parler québécois ?
      A : Oui, _____
      C : (voir les endroits touristiques) _____ ?

4. **B :** Est-ce que tu feras du ski dans les Laurentides ?
      A : Oui, _____
      C : (aller jusqu'à...) _____ ?

5. **B :** Suivras-tu des cours à McGill ?
      A : Non, _____
      C : (aller à Laval) _____ ?

6. **B :** Goûteras-tu les spécialités de la région ?
      A : Oui, _____
      C : (manger des tourtières[6]) _____ ?

7. **B :** Visiteras-tu la Baie James[7] ?
      A : Oui, _____
      C : (prendre des photos) _____ ?

8. **B :** Est-ce que tu iras à des concerts ?
      A : Oui, _____
      C : (faire la connaissance de chanteurs canadiens) _____ ?

9. **B :** Est-ce que tu enverras des cartes postales à tes amis ?
      A : _____
      C : (filmer les moments importants de ton voyage) _____ ?

RÉPONSES

1. Oui, je choisirai la ligne Air Canada.
2. Non, je ne descendrai pas dans un hôtel de luxe à Montréal.
3. Oui, j'apprendrai à parler québécois.
4. Oui, je ferai du ski dans les Laurentides.
5. Non, je ne suivrai pas de cours à McGill.
6. Oui, je goûterai les spécialités de la région.
7. Oui, je visiterai la Baie James.
8. Oui, j'irai à des concerts.
9. Oui, j'enverrai des cartes postales à mes amis. Non, je n'enverrai pas de cartes postales à mes amis.

II. *(En groupes de trois) Répondez « non » aux questions, puis refaites les phrases au futur avec l'expression de temps donnée. A posera les questions tantôt à B tantôt à C et contrôlera les réponses.*

MODÈLE : **A :** Est-ce que tu as parlé à Thomas aujourd'hui ?
          B : Non, _____ (demain).
          B : *Non, je ne lui ai pas parlé aujourd'hui, mais je lui parlerai demain.*

1. **A :** As-tu bien dormi hier ?
      B : Non, _____ (ce soir).

---

[6] tourtières: tourtes à la viande (spécialité du Québec)

[7] la Baie James : énorme réalisation industrielle du gouvernement québécois dans le nord de la province; importantes installations hydro-électriques

2. **A :** Est-ce que tu peux m'aider à repeindre ma chambre aujourd'hui ?
    C : Non, _____ (demain).
3. **A :** As-tu téléphoné à Guy pour l'inviter à la fête ?
    B : Non, _____ (après le dîner).
4. **A :** Es-tu allée/allé au marché ?
    C : Non, _____ (lundi prochain).
5. **A :** Est-ce que tu as préparé le dessert ?
    B : Non, _____ (plus tard).
6. **A :** As-tu rangé ta chambre ?
    C : Non, _____ (tout à l'heure).

RÉPONSES

1. Non, je n'ai pas bien dormi, mais je dormirai bien ce soir.
2. Non, je ne peux pas t'aider (aujourd'hui), mais je pourrai t'aider à la repeindre demain.
3. Non, je ne lui ai pas téléphoné, mais je lui téléphonerai après le dîner.
4. Non, je ne suis pas allée/allé au marché (Je n'y suis pas allée/allé). J'y irai lundi prochain.
5. Non, je n'ai pas préparé le dessert. Je le préparerai plus tard.
6. Non, je n'ai pas rangé ma chambre, mais je la rangerai tout à l'heure.

III.   *(En groupe de trois)* ***A** posera la question « Qu'est-ce que tu ferais... ? » **B** répondra avec le verbe entre parenthèses. **C** écoutera l'échange entre **A** et **B**, contrôlera les réponses et interviendra pour donner sa propre solution.*

MODÈLE :   **A :** Qu'est-ce que tu ferais, si le prof de maths te donnait une mauvaise note ?
   B : Si _____ (étudier davantage)
   Si le prof de maths me donnait une mauvaise note, j'étudierais davantage.
   C : *Moi, si le prof de maths me donnait une mauvaise note, je laisserais tomber son cours.*

Situation 1 : Qu'est-ce que tu ferais...

1. **A :** si tu avais soif ?
    B : Si _____ (boire un verre d'eau)
    C : Moi, si j'avais soif _____
2. **A :** si tu étais fatigué ?
    B : Si _____ (aller au lit)
    C : Moi, si j'étais fatigué _____
3. **A :** si tu recevais $2.000 ?
    B : Si _____ (faire un voyage en France)
    C : Moi, si je recevais $2.000 _____
4. **A :** s'il pleuvait ?
    B : Si _____ (rester à la maison et lire un roman policier)
    C : Moi, s'il pleuvait _____
5. **A :** s'il faisait beau ?
    B : Si _____ (se promener à la campagne)
    C : Moi, s'il faisait beau _____

RÉPONSES

1. Si j'avais soif, je boirais un verre d'eau.
2. Si j'étais fatigué, j'irais au lit.
3. Si je recevais $2.000, je ferais un voyage en France.
4. S'il pleuvait, je resterais à la maison et je lirais un roman policier.
5. S'il faisait beau, je me promènerais à la campagne.

Situation 2 : Qu'est-ce que tes parents feraient...

1. **A :** si tu interrompais tes études ?
   B : (se mettre en colère)
   C : Moi, si j'interrompais mes études, mes parents _____
2. **A :** si l'université te renvoyait ?
   B : (demander pourquoi)
   C : Si l'université me renvoyait, ils _____
3. **A :** s'ils étaient en vacances ?
   B : (faire une croisière [*cruise*] en Amérique du Sud)
   C : Si mes parents étaient en vacances, _____
4. **A :** s'ils gagnaient à la loterie ?
   B : (s'offrir une nouvelle croisière)
   C : Si mes parents gagnaient à la loterie, ils _____
5. **A :** si tu recevais le Prix Nobel ?
   B : (être fou de joie)
   C : Si je recevais le Prix Nobel, mes parents _____

RÉPONSES

1. Si j'interrompais mes études, ils se mettraient en colère.
2. Si l'université me renvoyait, ils me demanderaient pourquoi.
3. S'ils étaient en vacances, mes parents feraient une croisière en Amérique du Sud.
4. S'ils gagnaient à la loterie, ils s'offriraient une nouvelle croisière.
5. Si je recevais le Prix Nobel, ils seraient fous de joie.

MISE AU POINT

I. *Mettez les verbes entre parenthèses à la forme exigée par le contexte.*

1. Si vous nagiez moins longtemps, vous (être) moins fatigué.
2. Si tu vois Serge ce soir, tu (pouvoir) tout lui raconter. Il (vouloir) savoir ce que nous avons fait pendant son absence.
3. Mon père me disait toujours : « Si tu (ne pas finir) ton assiette, tu (être) puni. »
4. Je serais très content si vous (pouvoir) participer à notre concert de jazz. Tous les bénéfices (être) donnés à des œuvres de bienfaisance.
5. Si le conseil déclare Thierry coupable, il (devoir) quitter l'université.
6. Si vous voyez M. Leclerc, (dire)-lui que je passerai chez lui dans la soirée.
7. Si j'avais su qu'elle aimait l'opéra, je (l'inviter) à voir *le Mariage de Figaro*.
8. Votre belle-mère vous aurait fait une scène, si vous (ne pas lui envoyer) de fleurs.

II. *Dans le passage suivant (adapté d'un conte de Voltaire intitulé* Memnon ou la sagesse humaine*), mettez les verbes entre parenthèses à la forme correcte du* **futur***.*

Memnon ou la sagesse humaine

Un jour, Memnon a conçu le projet insensé d'être parfaitement sage. Il n'y a guère d'hommes à qui cette folie n'ait quelquefois passé par la tête. Memnon se dit à lui-même : Pour être très sage, et par conséquent très heureux, il n'y a qu'à être sans passions; et rien n'est plus aisé, comme on sait. Premièrement, je (ne jamais aimer) de femme, car, en voyant une beauté parfaite, je me (dire) à moi-même : ces joues-là (se rider) un jour; ces beaux yeux (être) bordés de rouge; cette gorge ronde (devenir) plate et pendante; cette belle tête (devenir) chauve. Or, je n'ai qu'à la voir à présent des mêmes yeux dont je la (voir) alors; et assurément cette tête (ne pas faire) tourner la mienne.

En second lieu, je (être) toujours sobre; je (ne pas me laisser) tenter par la bonne chère,[8] par des vins délicieux, par la séduction de la société; je n'(avoir) qu'à imaginer les suites des excès, une tête pesante, un estomac embarrassé, la perte de la raison, de la santé et du temps. Je ne (manger) alors que pour le besoin; ma santé (être) toujours égale, mes idées toujours pures et lumineuses. [...]

J'ai de quoi vivre dans l'indépendance : c'est là le plus grand des biens. [...] Je (n'envier) personne, et personne (ne m'envier). Voilà qui est encore très aisé. J'ai des amis, continuait-il, je les (conserver), puisqu'ils n'(avoir) rien à me disputer. Cela est sans difficulté. [...]

(Memnon en regardant par la fenêtre a vu deux belles jeunes femmes qui lui ont vite fait abandonner tous ses projets de sagesse. Tout finit très mal pour le jeune « philosophe ».)

(Pour la suite de l'histoire de Memnon, voir p. 109.)

III. *Lisez l'histoire suivante, puis terminez les phrases en mettant les verbes entre parenthèses au* **plus-que-parfait** *ou au* **conditionnel passé***.*

A une soirée l'autre jour, Maryse a rencontré Sébastien, un jeune étudiant en droit. Comme ils s'ennuyaient à la soirée et qu'ils avaient faim, ils sont allés manger une pizza. En route, Sébastien a perdu son portefeuille, et à la fin du repas, il n'a pas pu payer l'addition. Alors, il a dû faire la vaisselle dans le restaurant pendant une semaine sans salaire. Mais le patron, voyant que le jeune homme était sérieux, lui a offert un travail permanent comme garçon de café. Sébastien était ravi parce qu'il avait besoin d'argent pour payer ses études.

1. Maryse n'aurait pas rencontré Sébastien, si elle (ne pas venir) à la soirée.
2. Si la soirée avait été amusante, Sébastien et Maryse (ne pas aller) à la pizzeria.
3. Si Sébastien (ne pas perdre) son portefeuille, il aurait pu payer l'addition.
4. Si Sébastien avait pu payer, il (ne pas travailler) une semaine pour rien.
5. Si Sébastien n'avait pas fait la vaisselle, le patron du restaurant (ne pas découvrir) que le jeune homme était sérieux.
6. Sébastien (ne pas avoir) assez d'argent pour ses études s'il n'était pas devenu garçon de café.

---

[8] chère : bonnes choses à manger

IV. *(Constructions) Remplacez les verbes entre parenthèses par le temps du verbe qui convient.*

1. Dès qu'il (écouter) la bande, il reconnaîtra ce que c'est.
2. Quand le jardin (être) refait, nous pourrons y prendre des photos de famille.
3. Lorsque Mme Lambert (se promener) dans la forêt, elle cherchait des champignons.
4. Aussitôt que le soufflé (être) cuit, il faudra le servir.
5. Quand vous (entendre) ma version de cette histoire, vous comprendrez pourquoi je me suis mis en colère contre le directeur.

V. *(Constructions) Remplacez les tirets par* **pendant que, tandis que, pendant.**

1. Monica faisait de brillantes études, _____ sa sœur ne s'intéressait à rien.
2. _____ tu finiras la vaisselle, je m'occuperai des factures.
3. J'ai travaillé à la banque royale du Canada _____ un été.
4. _____ la cigale chantait, la fourmi travaillait.
5. Si vous vous reposez _____ une heure, vous aurez les idées plus claires.

VI. *(Constructions) Refaites les phrases suivantes en employant* **devoir** + *infinitif.*

1. Thomas a probablement raison.
2. D'après l'horaire, le train est censé partir à six heures et demie.
3. Il est possible que Brigitte ait perdu son sac dans l'avion.
4. Ils ont sans doute trouvé ces bouteilles de vieux bordeaux dans la cave du château.
5. Il faudra que Sébastien fasse sa déposition avant demain.
6. Il aurait fallu que je vous prévienne, mais j'étais trop occupé.

VII. *(Constructions) Formulez quelques conseils avec le conditionnel présent de* **devoir.**

MODÈLE : — Je suis fatigué.
       — *Vous devriez aller vous coucher.*
       — *Vous devriez vous reposer.* (etc.)

1. Bernard pèse plus de deux cents livres.
2. Il se perd chaque fois qu'il va en ville.
3. Je n'ai pas compris ce poème.
4. Je me sens souvent fatigué le matin.

VIII. *(Constructions) Formulez un reproche ou un regret avec le conditionnel passé de* **devoir.**

MODÈLE : — Nous avons manqué le train.
       — *Vous auriez dû vous dépêcher.* (etc.)

1. Barbara et son ami sont arrivés en retard pour la fête.
2. Mes amis ont attrapé un rhume en faisant du ski.
3. Mon chat est resté deux jours en haut d'un arbre.
4. J'ai passé toute la journée dehors et j'ai eu un coup de soleil.

IX. *(Constructions) Imaginez que vous partez en voyage (un séjour à l'étranger par exemple) et que vous donnez des instructions aux membres de votre famille ou à vos amis. Utilisez les expressions suivantes :*

1. pendant que
2. tandis que

3. aussitôt que (dès que)
4. quand + *futur*

PROJETS DE COMMUNICATION

I. *(Devoir écrit)* Imaginez que vous pouvez devenir invisible quand vous le voulez, ou bien que vous avez le don de passer à travers les murs, ou le don de changer de forme. Que feriez-vous ? Où iriez-vous ?

II. *(Exposé oral)* Vous connaissez peut-être le dicton : « Avec des si... on mettrait Paris en bouteille. » Racontez brièvement une mésaventure que vous avez eue et expliquez comment vous auriez pu éviter certaines difficultés.

III. *(Sketch)* Qui a le plus d'imagination ? Trois ou quatre participants choisiront et prépareront un des sujets suivants qu'ils présenteront à tour de rôle en classe. Les autres étudiants décideront qui est le gagnant.

Sujet A : Si je découvrais une matière anti-gravité...
Sujet B : Si j'étais une fleur...
Sujet C : Si j'avais le pouvoir absolu...
Sujet D : Si j'étais une rivière...
Sujet E : (au choix)

Naturellement, employez des verbes au conditionnel dans la mesure du possible.

IV. *(Devoir écrit)* Racontez les obligations de la vie scolaire et sociale à l'université (sous forme de lettre que vous écrirez à une amie/un ami qui sera bientôt étudiante/étudiant de première année). Employez le verbe **devoir.**

V. *(Conversation)* Imaginez que vous rendez visite à une cartomancienne (à la célèbre médium Madame Soleil). A partir de vos questions, elle vous explique ce qui se passera plus tard dans votre vie.

VI. *(Discussion à partir d'un texte)* En exergue à son conte *Memnon ou la sagesse humaine* Voltaire écrit :

Nous tromper dans nos entreprises,
C'est à quoi nous sommes sujets;
Le matin je fais des projets,
Et le long du jour des sottises.

Après avoir lu le conte *Memnon ou la sagesse humaine*, imaginez ce que vous feriez pour mener une vie sage et heureuse. Quelles difficultés à résoudre prévoyez-vous ? Échangez vos impressions avec vos camarades.

Memnon ou la sagesse humaine

Voltaire (1694 – 1778)

Nous tromper dans nos entreprises,
C'est à quoi nous sommes sujets;
Le matin je fais des projets,
Et le long du jour des sottises.

Memnon conçut un jour le projet insensé d'être parfaitement sage. Il n'y a guère d'hommes à qui cette folie n'ait quelquefois passé par la tête. Memnon se dit à lui-même : Pour être très sage, et par conséquent très heureux, il n'y a qu'à être sans passions; et rien n'est plus aisé, comme on sait. Premièrement, je n'aimerai jamais de femme, car, en voyant une beauté parfaite, je me dirai à moi-même : Ces joues-là se rideront un jour; ces beaux yeux seront bordés de rouge; cette gorge ronde deviendra plate et pendante; cette belle tête deviendra chauve. Or, je n'ai qu'à la voir à présent des mêmes yeux dont je la verrai alors; et assurément cette tête ne fera pas tourner la mienne.

En second lieu, je serai toujours sobre; j'aurai beau être tenté par la bonne chère, par des vins délicieux, par la séduction de la société; je n'aurai qu'à me représenter les suites des excès, une tête pesante, un estomac embarrassé, la perte de la raison, de la santé et du temps. Je ne mangerai alors que pour le besoin; ma santé sera toujours égale, mes idées toujours pures et lumineuses. Tout cela est si facile, qu'il n'y a aucun mérite à y parvenir.

Ensuite, disait Memnon, il faut penser un peu à ma fortune. Mes désirs sont modérés; mon bien est solidement placé sur le receveur général des finances de Ninive; j'ai de quoi vivre dans l'indépendance : c'est là le plus grand des biens. Je ne serai jamais dans la cruelle nécessité de faire ma cour : je n'envierai personne, et personne ne m'enviera. Voilà qui est encore très aisé. J'ai des amis, continuait-il, je les conserverai, puisqu'ils n'auront rien à me disputer. Je n'aurai jamais d'humeur avec eux, ni eux avec moi; cela est sans difficulté.

Ayant ainsi fait son petit plan de sagesse dans sa chambre, Memnon mit la tête à la fenêtre. Il vit deux femmes qui se promenaient sous des platanes auprès de sa maison. L'une était vieille, et paraissait ne songer à rien; l'autre était jeune, jolie, et semblait fort occupée. Elle soupirait, elle pleurait, et n'en avait que plus de grâce. Notre sage fut touché, non pas de la beauté de la dame (il était bien sûr de ne pas sentir une telle faiblesse), mais de l'affliction où il la voyait. Il descendit, il aborda la jeune Ninivienne, dans le dessein de la consoler avec sagesse. Cette belle personne lui conta, de l'air le plus naïf et le plus touchant, tout le mal que lui faisait un oncle qu'elle n'avait point; avec quels artifices il lui avait enlevé un bien qu'elle n'avait jamais possédé, et tout ce qu'elle avait à craindre de sa violence. Vous me paraissez un homme de si bon conseil, lui dit-elle, que si vous aviez la condescendance de venir jusque chez moi, et d'examiner mes affaires, je suis sûre que vous me tireriez du cruel embarras où je suis. Memnon n'hésita pas à la suivre, pour examiner sagement ses affaires, et pour lui donner un bon conseil.

La dame affligée le mena dans une chambre parfumée, et le fit asseoir avec elle poliment sur un large sofa, où ils se tenaient tous les deux les jambes croisées vis-à-vis l'un de l'autre. La dame parla en baissant les yeux, dont il échappait quelquefois des larmes, et qui en se relevant rencontraient toujours les regards du sage Memnon. Ses discours étaient pleins d'un attendrissement qui redoublait toutes les fois qu'ils se regardaient. Memnon prenait ses affaires extrêmement à cœur, et se sentait de moment en moment la plus grande envie d'obliger une personne si honnête et si malheureuse. Ils cessèrent insensiblement, dans la chaleur de la conversation, d'être vis-à-vis l'un de l'autre. Leurs jambes ne furent plus croisées. Memnon la conseilla de si près, et lui donna des avis si tendres, qu'ils ne pouvaient ni l'un ni l'autre parler d'affaires, et qu'ils ne savaient plus où ils en étaient.

Comme ils en étaient là, arrive l'oncle, ainsi qu'on peut bien le penser; il était armé de la tête aux pieds; et la première chose qu'il dit fut qu'il allait tuer, comme de raison, le sage Memnon et sa nièce; la dernière qui lui échappa fut qu'il pouvait pardonner pour beaucoup d'argent. Memnon fut obligé de donner tout ce qu'il avait. On était heureux dans ce temps-là d'en être quitte à si bon marché; l'Amérique n'était pas encore découverte, et les dames affligées n'étaient pas à beaucoup près si dangereuses qu'elles le sont aujourd'hui.

Memnon, honteux et désespéré, rentra chez lui : il y trouva un billet qui l'invitait à dîner avec quelques-uns de ses intimes amis. Si je reste seul chez moi, dit-il, j'aurai l'esprit occupé de ma triste aventure, je ne mangerai point; je tomberai malade; il vaut mieux aller faire avec mes amis intimes un repas frugal. J'oublierai, dans la douceur de leur société, la sottise que j'ai faite ce matin. Il va au rendez-vous; on le trouve un peu chagrin. On le fait boire pour dissiper sa tristesse. Un peu de vin pris modérément est un remède pour l'âme et pour le corps. C'est ainsi que pense le sage Memnon; et il s'enivre. On lui propose de jouer après le repas. Un jeu réglé avec des amis est un passe-temps honnête. Il joue; on lui gagne tout ce qu'il a dans sa bourse, et quatre fois autant sur sa parole. Une dispute s'élève sur le jeu, on s'échauffe : l'un de ses amis intimes lui jette à la tête un cornet et lui crève un œil. On rapporte chez lui le sage Memnon ivre, sans argent, et ayant un œil de moins.

Il cuve un peu son vin; et dès qu'il a la tête plus libre, il envoie son valet chercher de l'argent chez le receveur général des finances de Ninive, pour payer ses intimes amis : on lui dit que son débiteur a fait le matin une banqueroute frauduleuse qui met en alarme cent familles. Memnon outré va à la cour avec un emplâtre sur l'œil et un placet à la main, pour demander justice au roi contre le banqueroutier. Il rencontre dans un salon plusieurs dames qui portaient toutes d'un air aisé des cerceaux de vingt-quatre pieds de circonférence. L'une d'elles, qui le connaissait un peu, dit en le regardant de côté : Ah l'horreur! Une autre, qui le connaissait davantage, lui dit : Bonsoir, monsieur Memnon; mais vraiment, monsieur Memnon, je suis fort aise de vous voir; à propos, monsieur Memnon, pourquoi avez-vous perdu un œil ? Et elle passa sans attendre sa réponse. Memnon se cacha dans un coin, et attendit le moment où il pût se jeter aux pieds du monarque. Ce moment arriva. Il baisa trois fois la terre et présenta son placet. Sa gracieuse majesté le reçut très favorablement, et donna le mémoire à un de ses satrapes pour lui en rendre compte. Le satrape tire Memnon à part, et lui dit d'un air de hauteur, en ricanant amèrement : Je vous trouve un plaisant borgne, de vous adresser au roi plutôt qu'à moi, et encore plus plaisant d'oser demander justice contre un honnête banqueroutier que j'honore de ma protection, et qui est le neveu d'une femme de chambre de ma maîtresse. Abandonnez cette affaire-là, mon ami, si vous voulez conserver l'œil qui vous reste.

Memnon, ayant ainsi renoncé le matin aux femmes, aux excès de table, au jeu, à toute querelle, et surtout à la cour, avait été avant la nuit trompé et volé par une belle dame, s'était enivré, avait joué, avait eu une querelle, s'était fait crever un œil, et avait été à la cour, où l'on s'était moqué de lui.

Pétrifié d'étonnement et navré de douleur, il s'en retourne la mort dans le cœur. Il veut rentrer chez lui; il y trouve des huissiers qui démeublaient sa maison de la part de ses créanciers. Il reste presque évanoui sous un platane; il y rencontre la belle dame du matin, qui se promenait avec son cher oncle, et qui éclata de rire en voyant Memnon avec son emplâtre. La nuit vint; Memnon se coucha sur de la paille auprès des murs de sa maison. La fièvre le saisit; il s'endormit dans l'accès, et un esprit céleste lui apparut en songe.

Il était tout resplendissant de lumière. Il avait six belles ailes, mais ni pieds, ni tête, ni queue, et ne ressemblait à rien. Qui es-tu ? lui dit Memnon. Ton bon génie, lui répondit l'autre. Rends-moi donc mon œil, ma santé, mon bien, ma sagesse, lui dit Memnon. Ensuite il lui conta comment il avait perdu tout cela en un jour. Voilà des aventures qui ne nous arrivent jamais dans le monde que nous habitons, dit l'esprit. Et quel monde habitez-vous ? dit l'homme affligé. Ma patrie, répondit-il, est à cinq cents millions de lieues du soleil, dans une petite étoile auprès de Sirius, que tu vois d'ici. Le beau pays! dit Memnon : quoi! vous n'avez point chez vous de coquines qui trompent un pauvre homme, point d'amis intimes qui lui gagnent son argent et qui lui crèvent un œil, point de banqueroutiers, point de satrapes qui se moquent de vous en vous refusant justice ? Non, dit l'habitant de l'étoile, rien de tout cela. Nous ne sommes jamais trompés par les femmes, parce que nous n'en avons point; nous ne faisons point d'excès de table, parce que nous ne mangeons point; nous n'avons point de banqueroutiers, parce qu'il n'y a chez nous ni or ni argent; on ne peut nous crever les yeux, parce que nous n'avons point de corps à la façon des vôtres; et les satrapes ne nous font jamais d'injustice, parce que dans notre petite étoile tout le monde est égal.

Memnon lui dit alors : Monseigneur, sans femme et sans dîner, à quoi passez-vous votre temps ? A veiller, dit le génie, sur les autres globes qui nous sont confiés : et je viens pour te consoler. Hélas! reprit Memnon, que ne veniez-vous pas la nuit passée pour m'empêcher de faire tant de folies ? J'étais auprès d'Assan, ton frère aîné, dit l'être céleste. Il est plus à plaindre que toi. Sa gracieuse majesté le roi des Indes, à la cour duquel il a l'honneur d'être, lui a fait crever les deux yeux pour une petite indiscrétion, et il est actuellement dans un cachot, les fers aux pieds et aux mains. C'est bien de la peine, dit Memnon, d'avoir un bon génie dans une famille, pour que de deux frères, l'un soit borgne, l'autre aveugle, l'un couché sur la paille, l'autre en prison. Ton sort changera, reprit l'animal de l'étoile. Il est vrai que tu seras toujours borgne; mais à cela près tu seras heureux, pourvu que tu ne fasses jamais le sot projet d'être parfaitement sage. C'est donc une chose à laquelle il est impossible de parvenir ? s'écria Memnon en soupirant. Aussi impossible, lui répliqua l'autre, que d'être parfaitement habile, parfaitement fort, parfaitement puissant, parfaitement heureux. Nous-mêmes, nous en sommes bien loin. Il y a un globe où tout cela se trouve; mais dans les cent mille millions de mondes qui sont dispersés dans l'étendue, tout se suit par degrés. On a moins de sagesse et de plaisir dans le second que dans le premier, moins dans le troisième que dans le second, et ainsi du reste jusqu'au dernier, où tout le monde est complètement fou. J'ai bien peur, dit Memnon, que notre petit globe terraqué ne soit précisément les Petites-Maisons de l'univers dont vous me faites l'honneur de me parler. Pas tout à fait, dit l'esprit; mais il en approche : il faut que tout soit en sa place. Eh mais ! dit Memnon, certains poètes, certains philosophes, ont donc grand tort de dire _que tout est bien_ ? Ils ont grande raison, dit le philosophe de là-haut, en considérant l'arrangement de l'univers entier. Ah ! je ne croirai cela, répliqua le pauvre Memnon, que quand je ne serai plus borgne.

Chapitre

5

Les Déterminants

Présentation

PRINCIPES

Les articles
Les adjectifs possessifs
Les adjectifs et pronoms démonstratifs

CONSTRUCTIONS

Expressions idiomatiques avec **avoir**

ÉTUDE DE VERBES
Avoir l'air + *infinitif*
Avoir besoin de / **avoir envie** + *infinitif*
Avoir du mal à + *infinitif*
Avoir à + *infinitif*

COIN DU SPÉCIALISTE

Échanges interactifs

Présentation

PRINCIPES

REMARQUE PRÉLIMINAIRE : En français, un nom est presque toujours accompagné d'un mot qui le détermine — un article (**la/le, une/un, de la/du, des,** etc.), un adjectif démonstratif (**cette, ce, ces**) ou un adjectif possessif (**ma/mon, ta/ton, sa/son,** etc.). Chacun de ces déterminants présente le nom dans une perspective différente. La plupart des déterminants reflètent le genre ou le nombre du nom : *le banquet (m.s.), ma réputation (f.s.), ces remarques (f.pl.),* etc.

I. Les articles

A. L'article défini

L'article défini (**la/le/l', les**[1]) détermine le nom soit dans son sens spécifique soit dans son sens général suivant le cas.

Les articles contractés sont formés avec **de** ou **à** et l'article défini **le** ou **les.**[2]

	Singulier	Pluriel
Féminin	**la** ⌉	
	⌡ **l'**	**les**
Masculin	**le** ⌋	
Articles contractés	**du (de + le)**	**des (de + les)**
	au (à + le)	**aux (à + les)**

1. Sens spécifique

Avec l'article défini dans son sens spécifique, on considère le nom déjà connu, déjà mentionné, ou présent dans l'esprit de la personne qui parle.

La moto que j'ai achetée (spécifique) a de mauvais freins. Je vais la déposer chez le garagiste près de mon bureau.

Les illustrations dans ce manuel sont très bien dessinées. L'artiste est-il connu ?

NOTE : L'article défini est répété dans une série de noms. En anglais ce n'est pas toujours le cas.

Il a acheté la veste, la chemise et la cravate qu'il avait vues dans la vitrine.

---

[1] **L'** est utilisé : (a) devant les noms féminins ou masculins qui commencent par une voyelle : *l'arbre (m); l'auto (f).* EXCEPTION : *le onze;* devant un **h** « non aspiré » (c'est-à-dire, un **h** qui permet l'élision) : *l'homme, l'heure.* Devant un **h** « aspiré » (un **h** qui refuse l'élision) on garde **le** ou **la** : *la hauteur, le haut, le hibou, la hache, le héros.* Dans les deux cas, **h** n'est pas prononcé.

[2] Il y a une contraction seulement avec **le** et **les.** EXEMPLE : *La voiture du professeur Fernand est stationnée devant la maison des étudiants.* Il n'y a pas de contraction avec **la** ou **l'.** EXEMPLE : *Le nom de la compagnie était écrite en grandes lettres sur la porte d'entrée de l'usine.*

2.   Sens général

L'article défini accompagne aussi les noms utilisés dans un sens général. Cet usage s'étend également aux abstractions. Notez qu'en anglais on omet l'article dans ce cas.

Aimez-vous le vin français ou préférez-vous le vin californien ?

Ils préfèrent la musique pop.

L'amour fait tourner le monde.

La patience est une grande vertu. COMPAREZ : J'admire la patience de cette femme. (sens spécifique)

3.   Cas particuliers

On utilise aussi l'article défini dans ces cas particuliers.

a.   Devant les titres — *président, professeur, docteur, prince, général*, etc. — suivis d'un nom propre. Remarquez qu'en anglais, il n'y a pas d'article dans ce cas.

Le président Latour a adressé quelques mots aux journalistes.

On a demandé au professeur Delacroix d'expliquer sa nouvelle théorie.

b.   Dans les dates. Notez les différentes façons de formuler la date :

C'est le samedi 26 janvier. Aujourd'hui nous sommes le 26.

Je suis né le 26 avril.

On peut aussi omettre l'article quand on précise le jour avec la date.

C'est aujourd'hui samedi 26 janvier.

En tête d'une lettre on met : samedi 26 janvier, 1995 *(ou)* Le 26 janvier 1995.

NOTE : Employé devant les jours de la semaine, l'article défini indique qu'un fait est habituel, que ce fait a lieu toutes les fois que ce jour revient. (Dans ce cas **le samedi** = *on Saturdays*.)

Le mercredi, je vais au laboratoire. (c'est-à-dire régulièrement ce jour-là)

Beaucoup de gens mangent du poisson le vendredi.

Avez-vous vu le film *Jamais le dimanche* avec Mélina Mercouri ?

c.   Devant les noms géographiques (pays, îles, villes). Les règles pour l'article et les prépositions devant les noms géographiques sont complexes parce que les usages varient d'une catégorie à l'autre. Pour les cas les plus courants, voir p. 350.

d.   Dans la formation du superlatif. (Voir p. 229.)

Henri nous a raconté l'épisode le plus amusant de la pièce qu'il avait lue.

B. L'article indéfini

1. Avec l'article indéfini (**une/un, des**[3]), le nom utilisé reste indéterminé. Au pluriel il s'agit d'un nombre imprécis.

	Singulier	Pluriel
Féminin	**une**	
		des
Masculin	**un**	

J'ai vu un oiseau dans l'arbre. Va-t-il y construire un nid ?

Nous avons planté des radis, des carottes et des concombres. Cet été nous pourrons faire des salades avec les légumes de notre jardin.

2. Au singulier l'article indéfini a parfois le sens numérique.

Ce n'est pas la peine de me bousculer. Je ne peux pas faire plus d'une chose à la fois.

Comme il lui restait deux tickets de métro, il m'en a passé un.

3. L'article indéfini devient **de** quand il détermine un objet direct après un verbe négatif. (L'article défini ne change pas.)

J'ai un chat et un oiseau, mais je n'ai pas de chien. Je n'aime pas beaucoup les chiens.

J'ai mis du poivre dans la sauce, mais je n'y ai pas mis de sel.

Voulez-vous de la crème sur vos fraises ? — Non merci, je ne prends pas de crème à cause de mon régime.

ATTENTION ! Dans une phrase avec le verbe **être,** l'article indéfini **une/un** et l'article partitif **de la/du/de l'** ne deviennent pas **de** dans une phrase négative.

La truite n'est pas un poisson de mer. C'est un poisson d'eau douce dont la chair est très délicate.

Ce n'est pas du chocolat suisse, c'est du chocolat belge, mais il est excellent.

4. Quand un adjectif précède un nom pluriel, on emploie souvent **de** à la place de **des** mais ce n'est pas obligatoire.

J'ai trouvé de beaux coquillages (*ou* : des beaux coquillages) au bord de la mer.

On a abattu de vieilles maisons (*ou* : des vieilles maisons) pour construire des usines.

ATTENTION ! Quand l'adjectif forme un mot composé avec le nom, il faut employer **des** (pas **de**). C'est le cas avec des mots comme :

    des petits pois
    des jeunes gens
    des grands-parents

On a servi des petits pois avec les pigeons.

Il y avait des jeunes gens très sympathiques à la réception.

---

[3] Ne confondez pas **des**, le pluriel de **une/un,** avec **des**, la contraction de **de + les**. EXEMPLES : *Voilà des haricots.* (indéfini) *Où sont les livres des étudiants ?* (contraction)

5. **Des** + *nom* représente un nombre indéterminé grand ou petit. Quand on veut indiquer qu'un nombre indéterminé n'est pas grand, on emploie **quelques.**

Il y a des livres rares à la bibliothèque. — Combien ? — A peu près 500.

J'ai quelques disques de Beethoven et de Fauré.

6. **Des** (le pluriel de **une/un**) devient **d'** devant l'adjectif **autres.**

L'avocat a d'autres clients à voir. (COMPAREZ : Il ne faut pas envier le bien des autres gens. [**des** = article contracté])

C. L'article partitif

L'article partitif (**de la/du/de l'**, **des**[4]) est formé de la préposition **de** + *l'article défini.*

	Singulier	Pluriel
Féminin	**de la** ⎤	
	⎦ **de l'**	**des**
Masculin	**du** ⎦	

L'article partitif est employé avec des noms quand on parle de masses (de substances) non dénombrables (par exemple : *de la viande, du pain, de l'eau, du café, de la crème, du bois*). La préposition **de** qui forme l'article partitif, exprime l'idée d'une quantité indéfinie de ce « tout » (*viande, crème,* etc.) désigné par le nom. L'article partitif est également utilisé avec les noms abstraits (par exemple : *de la patience, du courage,* etc.).

Nous avons bu du vin rouge pour le dîner. Les enfants ont mis de l'eau dans leur vin.

Y a-t-il de la praline dans ce dessert ? — Oui, je l'ai fait avec des amandes de mon jardin.

Est-ce que tu as mis du beurre ou de la margarine dans la sauce ?

Il faut de la patience pour faire de la broderie. Ma sœur y passe des heures.

En anglais, il n'y a pas d'article partitif, mais on peut utiliser *some, any* pour exprimer la même idée.

Jean a mis du miel dans son thé. (*John put [some] honey in his tea.*)

Y a-t-il du rhum dans la mousse au chocolat que vous avez préparée ? (*Is there any rum in the chocolate mousse… ?*)

NOTE : Certains noms peuvent être considérés dans un sens partitif ou peuvent être comptés. C'est le cas, par exemple, avec *thé, café, bière.*

Allons prendre une bière après le film. (COMPAREZ : Prend-il de la bière avec son repas ?)

Il a bu un café et un cognac. Moi, j'ai pris de l'eau minérale.

D. Omission de l'article

On emploie rarement un nom sans article en français. Voici les cas où l'on omet l'article.

1. Quand un nom est qualifié par **de** + *un autre nom*, l'article s'omet devant le second

Voulez-vous un verre de vin ou préférez-vous du cidre ?

---

[4] L'article partitif pluriel est rare. EXEMPLES : *des épinards, des confitures.* Ne confondez pas avec **des** (article indéfini), le pluriel de **une/un.** EXEMPLES : *des carottes, des petits pois.*

nom. Dans ce cas, **de** + *le second nom* s'appelle un complément déterminatif.

> une tasse de thé
> une classe de biologie
> un livre de français
> des chaussures de tennis
> des photos d'animaux

Faut-il mettre des chaussures de tennis blanches ?

2. Après toute expression de quantité comme :

beaucoup de	autant de
trop de	moins de
une foule de	peu de (un peu de)
un tas de (*fam.*)	un kilo de
ne... pas assez de	

J'ai de la chance d'avoir beaucoup de bons amis.

A cause des soldes, il y avait une foule de gens dans le magasin.

Les étudiants ont parfois trop de travail et pas assez de temps pour le faire.

Jean-Christophe a reçu un tas de compliments pour ses improvisations comiques.

EXCEPTIONS : Placés directement devant un nom pluriel, les expressions de quantité suivantes utilisent **des** :

> bien des
> la moitié des
> la plupart des
> le plus grand nombre des

Bien des gens prennent leurs vacances en juillet et août. Par conséquent, plus de la moitié des magasins et restaurants de la ville sont fermés.

Je n'ai pas compris la plupart des idées de Michel Foucault quand je l'ai lu la première fois.

NOTE : Avec **la plupart des** comme sujet, le verbe est au pluriel. C'est souvent le cas avec **la moitié des**.

La plupart des étudiants demandent des bourses, et le plus grand nombre n'en reçoit pas.

La moitié des employés ont fait la grève.

Devant un nom singulier, ces expressions sont suivies de **de** + l'article défini, l'article indéfini ou **de** + l'adjectif possessif.

Nous avons eu bien de la peine à trouver votre maison.

Il a mangé la moitié d'un petit pain.

Elle passe la plupart de son temps au laboratoire.

II.   Les adjectifs possessifs

A.   Formes

Voir Tableau 29, p. 118, pour les formes des adjectifs possessifs.

N'OUBLIEZ PAS... **Ma, ta, sa** deviennent **mon, ton, son** devant un nom féminin ou un adjectif qui commence par une voyelle ou un **h** « non aspiré ».

Je vois à son expression *(f)* que mon amie *(f)* n'aime pas mon histoire *(f)*.

Mets ton autre cravate *(f)*. Elle est plus jolie que celle-ci.

TABLEAU 29

ADJECTIFS POSSESSIFS			
Pronoms sujets	**Singulier**		**Pluriel**
	Féminin	*Masculin*	*Féminin et masculin*
je	ma	mon	mes
tu	ta	ton	tes
elle/il/on	sa	son	ses
	Féminin et masculin		*Féminin et masculin*
nous	notre		nos
vous	votre		vos
elles/ils	leur		leurs

B. Emploi

L'adjectif possessif exprime un rapport d'appartenance. En général, il s'emploie en français comme en anglais, mais il présente certaines particularités qu'il faut noter.

1. Les pronoms **sa/son, ses** correspondent chacun à *her, his, one's, its,* puisque l'adjectif possessif s'accorde avec le nom déterminé et n'indique pas le genre du possesseur.

Philippe a perdu sa nouvelle montre et son compas *(his watch and his compass).*

Madeleine a rangé son jean, son pull et sa chemise dans la commode *(her jeans, her sweater, and her shirt).*

Ce restaurant a perdu tout son charme *(its charm)* depuis qu'il y a de nouveaux propriétaires.

Il ne faut pas perdre son temps *(one's time)* à parler pour ne rien dire.

Pour éviter l'équivoque de phrases telles que : « Quand Yves est arrivé au bal avec Valérie, il a mis son casque au vestiaire. » on peut :

a. ajouter **à elle** ou **à lui** selon le cas.

Quand Yves est arrivé au bal avec Valérie, il a mis son casque à elle au vestiaire (celui de Valérie).

Yves, le fugitif, aimait profondément Valérie. Son bonheur lui donnait plus de souci que sa vie à lui.

b. ajouter **propre.**

Yves avait acheté des motos pour lui et sa femme, Valérie. Un jour que Valérie n'avait pas envie de sortir, Yves a pris sa propre moto pour faire une excursion dans les montagnes.

c.   employer un pronom démonstratif.

Quand Yves est arrivé au bal avec Valérie, il a mis son propre casque au vestiaire (celui d'Yves).

Quand Yves est arrivé au bal avec Valérie, il a mis le casque de celle-ci au vestiaire (celui de Valérie).

2.   Avec les pronoms indéfinis **on, cha-cune/chacun, quelqu'un** (sujet), on utilise l'adjectif possessif **sa/son, ses.**

Quelqu'un m'a prêté sa moto.

On prend sa retraite à soixante ans.

Chacun a donné son explication de l'accident.

Si **chacune/chacun**[5] est en apposition[5] au sujet, l'adjectif possessif est de la même personne que le sujet, et **chacune/chacun** se place après le verbe.

Demain, vous ferez chacun votre présentation. *(Tomorrow you will each give your presentation.)*

Elles ont parlé chacune de leurs expériences au lycée. *(They each spoke...)*

C. Adjectif possessif ou article défini avec les parties du corps

1.   Avec les parties du corps employées comme compléments dans une phrase, l'article défini remplace l'adjectif possessif quand le verbe (ou la construction) utilisé rend clair qui est la personne dont la partie du corps est affectée. Ceci arrive dans les cas suivants :

a.   Dans des phrases qui expriment des actions courantes où une personne agit sur une partie de son propre corps. Il s'agit surtout de gestes courants :

Le témoin, perplexe, a haussé les épaules au lieu de répondre à la question de l'avocat.

Alice m'a tendu la main en me disant bonjour.

La jeune fille a baissé la tête pour mieux se concentrer.

> hausser les épaules
> cligner de l'œil
> baisser (lever) les yeux (la tête, la main...)
> tendre la main
> serrer la main
> hocher la tête

Ferme les yeux et ouvre la bouche !

« Haut les mains ! » a crié l'agent.

Cette notion s'étend également à des expressions comme :

Ce n'est pas la peine d'élever la voix avec lui, ça ne marche pas.

> élever la voix
> perdre la vue
> perdre la tête

Cette compagnie utilise des produits chimiques dangereux qui ont déjà fait perdre la vue à plusieurs employés.

Ce chanteur de rock fait perdre la tête aux foules dès qu'il apparaît sur la scène.

---

[5] juxtaposé sans lien grammatical

b. Dans les phrases avec un verbe pronominal, puisque le pronom réfléchi désigne clairement le sujet :

> se laver (le visage, la bouche...)
> se brosser (les cheveux, les dents...)
> se casser (le bras, la jambe, le poignet...)
> se couper (le menton, le doigt, le visage...)
> se tordre (le cou, la cheville...)
> se brûler (la langue, le doigt...)
> se faire mal (à la jambe, au nez, au genou...)

Henri s'est brossé les cheveux. (**se** = à Henri)

Je me suis lavé le visage et les dents. (**me** = à moi)

Notre meilleur joueur s'est fait mal au dos au cours du match d'hier.

Elle s'est brûlé la langue en mangeant sa soupe.

REMARQUE : Quand les verbes ci-dessus sont employés à leur forme non pronominale, la personne affectée est l'objet indirect du verbe.

Laurent lave le dos à son fils. Laurent lui lave le dos. (COMPAREZ : Laurent se lave le dos.)

En se battant avec moi, mon frère m'a fait mal au cou.

Le coiffeur leur a lavé et teint les cheveux.

c. Avec des expressions comme : **avoir chaud à, avoir froid à, avoir mal à** + *partie du corps*, la personne affectée est évidente et on emploie l'article défini.

Cet enfant a très chaud à la tête et a les yeux rouges. Il faut l'emmener d'urgence à la clinique. Il se plaint aussi d'avoir mal au ventre et à la tête.

Les alpinistes avaient froid aux mains et aux pieds.

d. Dans des phrases descriptives avec **avoir,** quand les adjectifs suivent la partie du corps, on emploie l'article défini.

Tous les bébés ont les yeux bleus.

Madame Godard a le visage rond et souriant et les cheveux tout frisés.

A force de faire de la bicyclette, Alexis a les jambes très musclées.

On peut aussi employer l'article indéfini.

Mon amie a des yeux bleus.

Si un adjectif précède la partie du corps, il faut employer l'article indéfini même si d'autres adjectifs la suivent.

Christiane a de (des)[6] jolis yeux bleus.

2. Dans certains cas, on utilise l'adjectif possessif :

a. Quand l'action affectant une partie du corps n'est pas considérée typique.

Notre guide a mis son doigt sur sa bouche pour nous signaler de ne pas parler.

Elle a posé sa tête sur le coussin dans un geste de lassitude.

---

[6] Pour **de** devant un nom précédé d'un adjectif, voir p. 115.

b. Quand la partie du corps est qualifiée d'un adjectif (autre que **droit** et **gauche**).

Francine lui a tendu sa main gantée de noir.

J'ai pris sa petite main glacée et je l'ai serrée contre ma joue.

Mais : Je me suis fait mal à la jambe gauche en tombant de moto. Mon copain Pierre s'est cassé le bras droit.

c. Au cas où l'emploi de l'article défini produirait une phrase équivoque.

Bernard et Monique marchaient dans la nuit. Comme elle connaissait bien le chemin, elle a pris sa main (*ou* : elle lui a pris la main) pour le guider.

Il a couvert son visage d'un masque.

III. Les adjectifs et pronoms démonstratifs

A. L'adjectif démonstratif

1. L'adjectif démonstratif (**cette/ce** [**cet**[7]], **ces**) désigne une personne ou une chose comme si on la montrait.

	Singulier	Pluriel
Féminin	**cette**	
		ces
Masculin	**ce (cet)**	

Ce magasin vend des objets d'art.

Avez-vous déjà entendu cette chanson ?

Cet homme là-bas a l'air malade.

2. Pour distinguer entre ce qui est près et ce qui est loin quand deux personnes (ou choses) sont opposées, on ajoute **-ci** pour ce qui est plus proche, et **-là** pour ce qui est plus éloigné, aux formes de l'adjectif démonstratif.

Ce tableau-ci est beau, mais ce tableau-là est tout à fait médiocre.

B. Les pronoms démonstratifs variables

Les pronoms démonstratifs, qui sont variables, remplacent nécessairement un nom spécifique. On évite ainsi la répétition du nom. Les constructions suivantes sont possibles :

	Singulier	Pluriel
Féminin	**celle**	**celles**
Masculin	**celui**	**ceux**

1. *Pronom démonstratif* + **de** + *nom*

Prenez ce parapluie et remettez celui de Thomas dans son placard.

---

[7] **Cet** est utilisé devant un mot masculin qui commence par une voyelle ou un **h** « non aspiré » (c'est-à-dire avec lequel on peut faire la liaison) : *cet arbre, cet homme.* Mais : *Ce homard vient du Maine* (**h** « aspiré »).

2. Celle(s)-ci/celui(ceux)-ci, celle(s)-là/ celui(ceux)-là (employés surtout dans le sens de : *the former, the latter*). Remarquez que contrairement à l'anglais, le français commence par l'objet le plus proche.

Il a parlé de son avenir avec Charles et Audrey. Celle-ci lui a conseillé d'aller à l'université, celui-là de travailler d'abord et de se décider plus tard.

3. *Pronom démonstratif + proposition relative* : **celle(s)/celui (ceux) qui, celle(s)/celui (ceux) que, celle(s)/celui (ceux) dont,** etc. (Voir p. 287.)

Quel fromage préférez-vous, celui qui sent si fort, celui que vous venez de goûter, ou celui dont on fait tant de publicité ?

C. Le pronom démonstratif *ce* (neutre invariable)

Le pronom neutre **ce** est employé principalement avec le verbe **être** dans les situations suivantes :

1. Pour présenter (identifier) un nom. C'est la construction **c'est** + *nom*. Si vous employez un pronom personnel après **être**, il faut utiliser les pronoms disjoints : **moi, toi, elle/lui, nous, vous, elles/eux.** Notez que **ce** traduit l'anglais *he, she, they* quand il s'agit d'une personne.[8]

Connais-tu la Renault 18 ? C'est une voiture très bien suspendue.

Caroline est venue me voir. C'est ma meilleure amie.

Voilà Thomas. C'est mon neveu. C'est à lui qu'il faut vous adresser.

C'est toi qui as cassé la fenêtre, pas moi.

C'était pour eux que nous avions organisé la réception.

NOTE : A la 3e personne du pluriel, on emploie **ce** ou **c'** + **être.**

Ce sont (C'est) mes parents qui paient mes frais de scolarité à l'université mais c'est moi qui paie mon loyer.

2. Avec les noms de professions, de nationalités, de religions, si ceux-ci sont précédés d'un déterminant.

Connaissez-vous M. Rigault ? C'est un avocat qui habite dans la même rue que moi. (COMPAREZ : Il a été professeur avant de se lancer dans le droit.)

Qui sont ces jeunes gens ? — Ce sont des ingénieurs qui travaillent pour I.B.M.

REMARQUE : Si les noms de professions, de nationalités, ou de religions sont employés tout seuls (sans déterminants et sans adjectifs qualificatifs) on les considère alors

Connaissez-vous Mme Trévous ? — Oui, elle est ingénieur dans une compagnie d'électronique. — Et son mari ? — Ce n'est pas un scientifique.[9] Il est bibliothécaire à notre université.

_____

[8] Si on désire attirer l'attention sur le sujet, on peut parfois remplacer **ce** par **elle/il.** EXEMPLE : *Je n'oublierai jamais Julie. Elle était la seule femme à bien comprendre ce que j'essayais de faire.*

[9] Notez l'emploi de **ce** puisque le mot *scientifique* est précédé d'un déterminant *(un).*

comme des adjectifs et on utilise par conséquent : **elles/ils** + **être** ou **devenir** + *profession, nationalité, religion* (sans article indéfini).

ATTENTION ! Si la profession (religion, nationalité) est qualifiée d'un adjectif, elle devient alors un nom, et il faut utiliser **ce** + **être** + *article* + *nom.*

3. Pour introduire un adjectif qui exprime un jugement ou une valeur. Dans ce cas **ce** se réfère à une idée déjà mentionnée et qui ne peut pas être désignée par **elle** ou **il.**

Remarquez que l'on choisit entre **ce** ou **elle/ il** suivant la chose ou la personne désignée dans le contexte.

ATTENTION ! Dans la conversation **ce** remplace parfois **elle/il** même quand on parle d'une chose clairement désignée.

4. Devant le verbe **être** quand un infinitif est sujet du verbe.

D. Les pronoms démonstratifs *cela* **et** *ceci* **(neutres et invariables)**

1. Le pronom **cela** est employé devant tous les verbes excepté **être** et se réfère en général à quelque chose dont le genre ne peut pas être déterminé : une idée, une proposition, etc. Dans la conversation **cela** devient souvent **ça.**

Mon ami m'a dit qu'il est devenu athée.

Voilà M. Wapner. C'est un juge retraité qui est devenu célèbre à la télévision. (COMPAREZ : Voilà M. Wapner. Il est juge.)

Je suis allé à la fête; tout le monde parlait, personne ne dansait; je ne connaissais personne. C'était si ennuyeux que je suis rentré (**ce** = l'ensemble des activités, la situation en général).

Elle a publié son premier roman à l'âge de 17 ans. C'est remarquable (**ce** = publier un roman si jeune).

Mae West a tourné un film quand elle avait plus de 80 ans. Elle était merveilleuse dans ce film (**elle** = Mae West). C'est merveilleux (**ce** = tourner un film). Il est merveilleux (**il** = le film).

David a triché à son examen. Il est malhonnête (**il** = David). C'est dommage (**ce** = tricher à l'examen).

J'ai mis trop de sel dans la soupe. C'est immangeable (**ce** = la soupe). C'est idiot (**ce** = mettre trop de sel).

Voir, c'est croire.

Vouloir, c'est pouvoir.

Partir, c'est mourir un peu.

Louis n'est pas encore là. — Cela m'étonne; il a promis d'être à l'heure (**cela** = le fait qu'il n'est pas là).

Bonjour, Emmanuel, ça va ? — Pas mal, et toi ?

J'ai oublié d'apporter du vin. — Ça ne fait rien; j'ai trois cent cinquante bouteilles à la cave. — C'est parfait ! Ça m'évitera de retourner au magasin.

REMARQUES :

- On peut employer **cela** (**ça**) devant **être** si un autre mot intervient entre **cela** et le verbe.

- Pour insister on emploie parfois **cela** directement devant le verbe.

J'ai manqué le début du film, mais cela (ça) m'est égal.

Quatre agents, tous armés, n'ont pas réussi à arrêter le bandit. Cela est incroyable et inadmissible.

2. **Ceci** est employé surtout avec **cela** quand on oppose deux notions (actions). **Ceci** désigne ce qui est le plus proche.

Ceci sert aussi à attirer l'attention sur quelque chose qu'on est sur le point de dire ou de montrer.

Qu'est-ce que vous avez pris pour le déjeuner ? — Un peu de ceci, un peu de cela. Il y avait beaucoup de restes dans le réfrigérateur.

J'ai parlé à mon conseiller pédagogique qui m'a dit ceci. « Vous avez tout le temps devant vous pour vous spécialiser. » Dites-moi si vous êtes d'accord. — Oui, cela me semble un très bon conseil.

CONSTRUCTIONS

Expressions idiomatiques avec *avoir*

A. *Avoir* dans certaines expressions

Avoir est utilisé dans certaines expressions qui décrivent un état physique ou mental.

avoir faim	avoir froid
avoir soif	avoir peur
avoir chaud	avoir sommeil

Notez qu'il n'y a pas d'article entre **avoir** et le nom qui le suit.

Ce garçon a peur des fantômes.

Quand nous étions jeunes, nous n'avions jamais sommeil.

Quand on a soif, rien n'est aussi désaltérant qu'un thé glacé.

B. *Avoir* + âge

En français l'âge est exprimé avec le verbe **avoir** et le nombre d'années doit être suivi du mot *an(s)* : 1 an, 56 ans, 73 ans, etc., ou *mois* (3 mois, 6 mois).

Quel âge avez-vous ? — J'ai 20 ans.

C. *Avoir besoin de* / *Avoir envie de*

Ces deux expressions se construisent de la même façon. (Voir aussi pp. 125 et 126.)

J'aurai besoin d'un dictionnaire scientifique pour traduire ce document.

On a besoin d'inspiration pour écrire.

Il a envie de poisson, de haricots verts à l'ail et d'un jus de tomate. Il n'a pas envie de dessert.

As-tu envie d'un café ?

Je n'ai pas besoin de crème.

D. *Avoir mal à* + **article défini** + **partie du corps**

Employez cette expression pour indiquer une partie de votre corps qui vous fait souffrir. Notez l'emploi de l'article défini ou contracté. (Voir p. 120.)

Hélène a mal à l'estomac (à la tête, aux pieds, à la gorge, etc.)

E. *Avoir l'air*

1. *Avoir l'air* + **adjectif**

Vous pouvez accorder l'adjectif soit avec le sujet de la phrase soit avec **air.**

Éliane a l'air très heureuse (heureux) d'être rentrée de voyage.

2. *Avoir l'air d'une/d'un* + **nom**

Julien a l'air d'un vieux garçon.

ÉTUDE DE VERBES

Certaines des expressions idiomatiques avec **avoir** peuvent gouverner un infinitif.

A. *Avoir l'air* + **infinitif**

Ils ont l'air de ne pas avoir dormi depuis plusieurs jours.

B. *Avoir besoin de / avoir envie de* + **infinitif**

Vous avez besoin de faire plus attention.

J'ai envie d'aller au cinéma.

C. *Avoir du mal à* + **infinitif**

Cette expression a le sens de « avoir de la difficulté à ».

Il a du mal à rester debout jusqu'à minuit, parce qu'il se lève à cinq heures du matin.

D. *Avoir à* + **infinitif**

Cette expression indique une obligation comme le verbe **devoir.**

J'ai à écrire un devoir sur *Madame Bovary* pour demain. (= Je dois écrire un devoir...)

Les Nations Unies auront à trouver une solution au conflit du Moyen-Orient. (= Les Nations Unies devront trouver...)

COIN DU SPÉCIALISTE

A. Dans une phrase négative, **de la/du/de l', une/un** et **des** (le pluriel de **une/un**) deviennent normalement **de.** (Voir p. 115.) Cependant, dans certains cas, quand la négation est mise en contraste avec une affirmation, on emploie **de la/du/de l', une/un** ou **des.**

> Marilyn ne prend pas de la crème mais du lait. (C'est-à-dire, elle prend quelque chose.)
>
> Éliane ne fait pas du ski alpin; elle fait du ski de fond.
>
> Aujourd'hui je ne prends pas un croissant mais une brioche. COMPAREZ : Aujourd'hui je ne prends pas de croissant.
>
> Charlotte n'a pas cueilli des roses rouges mais des roses jaunes. (Elle a cueilli des roses.) COMPAREZ : Elle n'a pas cueilli de roses. (C'est-à-dire, aucune rose n'est cueillie.)

B. Après **avoir besoin de** et **avoir envie de,** l'article défini s'utilise seulement quand le nom est pris dans un sens spécifique.

> J'ai besoin de la sauce que j'ai préparée l'autre jour (= une sauce spécifique). COMPAREZ : J'ai besoin de sauce (= une quantité de sauce).
>
> De même, dans une phrase négative avec ces expressions, on utilise l'article indéfini **(un, une)** seulement quand la négation est mise en contraste avec une affirmation.
>
> Je n'ai pas besoin d'une voiture sur le campus, mais j'ai besoin d'une bicyclette pour aller à mes cours.

C. Normalement, il n'y a pas d'article défini dans un complément déterminatif (c'est-à-dire : **de** + *nom*. EXEMPLES : *un livre de français, un verre de vin*). Cependant, l'article défini est utilisé dans certains cas :

1. Quand le complément déterminatif est qualifié (par exemple : d'un adjectif, d'une proposition relative).

> Louis a bu un verre du vin que j'avais mis sur la table. COMPAREZ : Louis a bu un verre de vin.
>
> Donnez-moi une livre des tomates qui viennent d'être livrées. (C'est-à-dire spécifiquement ces tomates-là et non pas n'importe quelles tomates)

2. Quand le nom est employé dans un sens spécifique.

> L'histoire de la France est très complexe (France considérée comme un pays spécifique). COMPAREZ : Adèle connaît bien son histoire de France (*de France* indique le domaine historique connu).
>
> Denise vient de trouver un petit dictionnaire du français fondamental. (COMPAREZ : Denise utilise son dictionnaire de français pour écrire ses rédactions.)

D. **Leur** est l'adjectif possessif de la 3e personne du pluriel, mais il reste singulier quand le nom qu'il détermine est singulier. Ceci permet d'indiquer que **leur** + *nom* se réfère à chaque membre individuel d'un groupe. Examinez bien les exemples et notez qu'en anglais on emploie quelquefois le pluriel où le français met **leur** au singulier.

> Les passagers qui fumaient ont éteint leur cigarette avant le départ de l'avion. (SENS : Chaque passager fumait *une* cigarette.)
>
> Tous les invités ont levé leur verre pour porter un toast à l'invité d'honneur.

On peut aussi mettre le pluriel en français pour insister sur l'ensemble des objets (ou des personnes) plutôt que sur un rapport d'attribution individuelle.

> Les passagers qui fumaient ont éteint leurs cigarettes...

> Tous les invités ont levé leurs verres...

Attention : Certains mots abstraits restent au singulier en français, par exemple *vie*. Notez l'usage contraire en anglais.

> Ces chercheurs ont consacré leur vie (*their lives*) à la recherche nucléaire.

E. Avoir beau + *infinitif* indique que l'action à l'infinitif est faite en vain; même si elle s'accomplit avec persévérance, elle n'affectera pas l'action qui s'ensuit. En anglais on utilise l'expression *no matter how much* pour exprimer la même idée.

> J'ai beau lui dire de ne pas s'inquiéter, il continue à croire qu'il ne réussira pas à son examen. Je lui dis en vain (Quoique je lui dise) de ne pas s'inquiéter,...

> Vous aurez beau insister, elle n'acceptera jamais de quitter sa mère.

> Le bébé avait beau crier, personne ne l'entendait à travers la porte fermée.

Échanges interactifs

CONVERSATIONS DIRIGÉES

I. *(En groupes de trois)* B *répondra d'abord négativement à la question posée par A, puis ajoutera une phrase affirmative en utilisant les suggestions entre parenthèses.* C *contrôlera les réponses et ajoutera une phrase de sa propre invention.*

Modèle : **A :** Mets-tu de la mayonnaise sur tes artichauts ?
> **B :** Non, je _____. Je (mettre / vinaigrette).
> **B :** *Non, je ne mets pas de mayonnaise sur mes artichauts. Je mets de la vinaigrette.*
> **C :** *Moi, je préfère mettre du jus de citron avec un peu de sel et de poivre.*

1. **A :** Manges-tu du poisson fumé le matin ?
    B : Non, je _____. Je (prendre / café au lait, banane, œufs brouillés).
    C : Moi, je _____.

2. **A :** Est-ce que tu fais ta correspondance pendant le cours de sciences politiques ?
    B : Non, je _____. J'(écouter / professeur / et / prendre / notes).
    C : Moi, je _____.

3. **A :** Est-ce que tu as vu de bons films récemment ?
    B : Non, je _____. J'(étudier / chimie / biologie / maths / du matin au soir. Ce /n'être pas / vie) !
    C : Moi, je _____.

4. **A :** Y a-t-il des ordinateurs et des caméscopes dans une salle de classe traditionnelle ?
    B : Non, il _____. Il y a (bureau / chaises / tableau noir / craie). Les étudiants utilisent (stylos / et / papier / pour faire / devoirs / et / passer / examens).
    C : Il y a parfois aussi _____.

5. **A :** Est-ce que le sénateur à qui tu écris t'envoie sa réponse lui-même ?

   B : Non, il _____. Il (m'envoyer / lettres / ou / circulaires / écrit / par / représentants).

   C : Mon sénateur _____.

6. **A :** Tu m'as dit l'autre jour que tu as fait un voyage en voilier au Caraïbes. Est-ce que tu as visité la Guadeloupe ?

   B : Non, je _____. Je (aller / à la Martinique).

   C : Moi, je _____.

7. **A :** Met-on de la farine dans une mousse au chocolat ?

   B : Non, on _____. On (mettre / chocolat / œufs / beurre / sucre / crème fraîche).

   C : On peut aussi mettre _____.

8. **A :** J'ai remarqué qu'on offre en soldes un pull-over rose, vert et brun. Est-ce que tu achèterais ce pull-over ?

   B : Non, je _____. Je (acheter / jeans / pull-over blanc en coton).

   C : Moi, je _____.

RÉPONSES

1. Non, je ne mange pas de poisson fumé le matin. Je prends du café au lait, une banane et des œufs brouillés.
2. Non, je ne fais pas ma correspondance pendant le cours de sciences politiques. J'écoute le professeur et je prends des notes.
3. Non, je n'ai pas vu de bons films récemment. J'étudie la chimie, la biologie et les maths du matin au soir. Ce n'est pas une vie !
4. Non, il n'y a pas d'ordinateurs et pas de caméscopes dans une salle de classe traditionnelle. (Il n'y a ni ordinateurs ni caméscopes...) Il y a un bureau, des chaises, un tableau noir et de la craie. Les étudiants utilisent leurs (des) stylos et du papier pour faire leurs (les) devoirs et passer leurs (les) examens.
5. Non, il ne m'envoie pas sa réponse lui-même. Il m'envoie des lettres ou des circulaires écrites par ses représentants.
6. Non, je n'ai pas visité la Guadeloupe. Je suis allé à la Martinique.
7. Non, on ne met pas de farine dans une mousse au chocolat. On met du chocolat, des œufs, du beurre, du sucre, de la crème fraîche.
8. Non, je n'achèterais pas ce pull-over. J'achèterais des jeans et un pull-over blanc en coton.

II. *(En groupes de deux) Refaites les phrases avec le nom donné en faisant les changements d'article nécessaires. Faites attention aux contractions. A et B liront les phrases et contrôleront les réponses à tour de rôle.*

1. **A :** J'aime le lait. J'en bois à tous les repas.

   B : Je bois _____ (lait) seulement le matin.

2. **A :** Je prends quelquefois du vin le soir.

   B : Je ne prends pas _____ (vin) le soir. Je préfère _____ (thé).

3. **A :** J'aime les tempêtes de neige et les orages.

   B : Je n'aime pas _____ (tempêtes de neige) et j'ai peur _____ (orages).

4. **A :** J'aime l'océan. Mes parents ont une maison à Malibu où je passe mes vacances.

   B : Tu as de la chance. Moi, j'ai grandi dans le Kansas. Je n'ai jamais vu _____ (océan), mais je connais bien _____ (plaines du Mid-west).

Inversez les rôles :

5. **B** : J'écoute les informations à la radio chaque soir.

   A : Je ne m'intéresse pas _____ (informations) radio-diffusées. Je préfère lire _____ (journaux) ou _____ (revues).

6. **B** : Comme j'habite le campus, j'ai des amis qui passent me voir tous les jours.

   A : Moi, j'ai un studio en ville. Je n'ai presque pas _____ (amis) qui viennent me voir.

7. **B** : J'ai regardé une émission de Michel Oliver[10] l'autre jour, et maintenant je sais faire les crêpes et la mousse au chocolat.

   A : Je veux bien essayer _____ (crêpes), mais je ne tiens pas à manger _____ (mousse). Je suis un régime en ce moment.

8. **B** : Je lis un roman de Tolstoï en russe.

   A : Je n'ai pas encore lu _____ (roman) russe ni en russe ni en anglais !

RÉPONSES

1. Je bois du lait seulement le matin.
2. Je ne prends pas de vin le soir. Je préfère le thé.
3. Je n'aime pas les tempêtes de neige et j'ai peur des orages.
4. Tu as de la chance. Moi, j'ai grandi dans le Kansas. Je n'ai jamais vu l'océan, mais je connais bien les plaines du Mid-west.
5. Je ne m'intéresse pas aux informations radio-diffusées. Je préfère lire les journaux ou les revues.
6. Moi, j'ai un studio en ville. Je n'ai presque pas d'amis qui viennent me voir.
7. Je veux bien essayer les (tes) crêpes, mais je ne tiens pas à manger de (la) mousse. Je suis un régime en ce moment.
8. Je n'ai pas encore lu de roman russe ni en russe ni en anglais !

III. _(En groupes de deux)_ _B répondra négativement à la question posée par A et enchaînera avec des phrases affirmatives utilisant les mots entre parenthèses. Improvisez avec d'autres mets que vous prenez aux différents repas._

MODÈLE : **A** : Prends-tu de la bière le matin ?

               B : Non, _____ (jus d'orange, céréales).

               B : _Non, je ne prends pas de bière. Je prends du jus d'orange et des céréales._

Le petit déjeuner

1. **A** : Prends-tu des bananes flambées pour le petit déjeuner ?

   B : Non, je _____ (omelette, pain grillé, confitures).

2. **A** : Mets-tu du lait dans ton café ?

   B : Non, je _____ (sucre, crème).

3. **A** : Est-ce que tu finis tes devoirs le matin en mangeant ?

   B : Non, je _____ (devoirs) avant de me coucher. Le matin, je lis _____ (revues de sport / ou / magazines).

Le déjeuner

1. **A** : Prends-tu du saumon poché pour le déjeuner ?

   B : Non, je _____ (sandwich, salade, soupe, yaourt, tacos, pizza).

---

[10] Michel Oliver est un chef cuisinier qui fait des émissions sur la cuisine à la télévision.

2. **A :** Mets-tu de la sauce hollandaise sur tes hamburgers ?

   B : Non, je _____ (sauce tomate, ketchup, moutarde, mayonnaise, cornichons, laitue, rondelles de tomates).

3. **A :** Bois-tu du champagne avec ton déjeuner ?

   B : Non, je _____ (lait, jus de fruits, citronnade, eau, thé glacé, café).

Le dîner

1. **A :** Prends-tu des céréales pour le dîner ?

   B : Non, je _____ (rosbif, poisson, légumes, pommes de terre, riz, pâtes).

2. **A :** Prends-tu des truffes au Grand Marnier pour le dessert ?

   B : Non, je _____ (glace au chocolat, tarte au pommes, fruits frais, gâteau aux carottes).

3. **A :** Aimes-tu les éclairs au chocolat ?

   B : Non, je _____. Je préfère (tarte aux cerises, glace à la vanille, petits gâteaux secs).

RÉPONSES

Le petit déjeuner

1. Non, je ne prends pas de bananes flambées. Je prends une omelette, du pain grillé, des confitures.
2. Non, je ne mets pas de lait dans mon café. Je mets du sucre et de la crème.
3. Non, je finis mes devoirs avant de me coucher. Le matin, je lis des revues de sport ou des magazines.

Le déjeuner

1. Non, je ne prends pas de saumon poché pour le petit déjeuner. Je prends un sandwich, de la salade, de la soupe, du yaourt, des tacos, de la pizza.
2. Non, je ne mets pas de sauce hollandaise sur mon hamburger. Je mets de la sauce tomate, du ketchup, de la moutarde, de la mayonnaise, des cornichons, de la laitue, des rondelles de tomates.
3. Non, je ne bois pas de champagne. Je bois du lait, du jus de fruits, de la citronnade, de l'eau, du thé glacé, du café.

Le dîner

1. Non, je ne prends pas de céréales pour le dîner. Je prends du rosbif, du poisson, des légumes, des pommes de terre, du riz, des pâtes.
2. Non, je ne prends pas de truffes au Grand Marnier pour le dessert. Je prends de la glace au chocolat, de la tarte aux pommes, des fruits frais, du gâteau aux carottes.
3. Non, je n'aime pas les éclairs au chocolat. Je préfère la tarte aux cerises, la glace à la vanille, les petits gâteaux secs.

MISE AU POINT

I. _Remplacez les tirets par le déterminant correct — article, adjectif possessif, adjectif démonstratif. Faites attention aux contractions._

Overdose de pâtes...

Cette confession d'un étudiant d'une Grande École de Commerce nous parvient de Vichy, station thermale dont les vertus ne sont plus à démontrer, où le narrateur suit actuellement une cure intensive...

J'étais né à Nice, y avais vécu et étudié pendant 10 longues années. Autant dire que j'étais totalement habitué à _____ culture niçoise, si particulière : c'est _____ mélange à la fois méridional et italien... plutôt détonant, mais aussi chaleureux et accueillant.

Plus particulièrement, j'adorais toutes _____ sortes de pâtes : _____ spaghettis, _____ raviolis, _____ tortellinis, _____ lasagnes (_à la carbonara_ ou _al forno_), _____ coquillettes, fines et « normales », _____ vermicelles en hiver, « cheveux d'anges » ou « normales ». C'était _____ base de _____ nourriture, et _____ mère, ainsi que _____ grand-mère, savaient comment me faire plaisir : _____ bon plat de pâtes, avec _____ courgettes ou _____ fenouil, et j'étais ravi.

Mais, durant l'été 90, j'ai, avec beaucoup de chance et un certain plaisir, intégré _____ « Grande École de Commerce », l'ESCP,[11] située, bien sûr, à Paris. A ce moment-là, je ne savais pas que j'allais perdre _____ grand amour.

J'ai dû, comme tous _____ « provinciaux » qui intègrent _____ école parisienne, me trouver _____ logement, _____ amis, m'habituer à _____ enfer parisien. Mais surtout, j'ai dû apprendre à faire _____ cuisine.

La France, paraît-il, est LE pays de la gastronomie, de « _____ bonne bouffe »... Pour ma part, je me suis vite trouvé réduit à _____ plat, seul et unique : _____ pâtes. Pendant _____ trois premiers mois, je n'ai mangé pratiquement que ça, alternant _____ différentes variétés selon _____ envies. Mais j'ai commis _____ erreur fatale : _____ week-end, _____ amis parisiens m'ont emmené à un « Métro », chaîne de supermarchés allemande qui s'adresse à _____ restaurateurs, traiteurs et familles nombreuses. Tout y est vendu en grandes quantités, on ne peut rien acheter à l'unité. Tenté par _____ prix particulièrement bas, j'ai constitué _____ stock d'épicerie pour l'hiver, dont, entre autres, des pâtes : 15 paquets de 500 grammes de spaghettis, ce qui était une erreur colossale !

Dès la fin _____ deuxième paquet, je commençais à en avoir « ras-le-bol », mais enfin, _____ humeur restait _____ beau fixe.

Mi-décembre, j'avais fini _____ cinquième paquet de pâtes. A partir de là, j'ai commencé à compter ces horribles paquets : plus que 11, plus que 10... Ils commençaient à me « sortir par les yeux ».

La nuit, mes rêves me servaient pêle-mêle des repas gastronomiques faits dans les meilleurs restaurants de la ville : un soir c'était _____ loup grillé au fenouil, _____ riz pilaf et _____ haricots verts persillés; le lendemain du rosbif au jus garni de légumes de saison. Pour commencer il y avait toujours un hors-d'œuvre — _____ escargots à _____ ail ou une assiette de crudités, ou _____ soupe (bisque de crevettes).

Le plateau de fromages aurait transporté de joie un bec fin. On y voyait de tout — _____ brie, _____ camembert, _____ roquefort, _____ fromage de chèvre, _____ morbier, _____ gruyère.

---

[11] ESCP : l'École Supérieure de Commerce de Paris

Les desserts, n'en parlons pas... tout y passait... _____ flans, _____ tartes aux fraises, _____ glace au moka, _____ sorbet, _____ compote de pêches, _____ ananas au kirsch, _____ gâteaux recouverts de crème au beurre.

Janvier étant enfin venu, le temps devenait horrible, glacial, sombre; il pleuvait tous _____ jours, il grêlait de temps en temps. J'étais seul dans _____ appartement, et j'invitais _____ camarades de plus en plus souvent, à _____ fois pour ne pas manger seul et pour écouler _____ stock de pâtes. J'avais, depuis longtemps, épuisé toutes _____ recettes et tous les artifices, sauces, accompagnements destinés à modifier _____ goût de pâtes qu'aucune sauce ne pouvait déguiser complètement.

Un beau matin, _____ ami me proposa d'aller faire quelques courses avec lui : il avait _____ voiture, et c'était pour moi _____ chance inespérée. J'allais enfin pouvoir acheter quelque chose qui me changerait de _____ affreuses pâtes (dont je rêvais même _____ nuit, maintenant et qui venaient se mêler à _____ élucubrations gastronomiques _____ plus savoureuses)... Je suis retourné donc au « Métro », où, tenté _____ nouvelle fois par _____ prix extrêmement avantageux, j'ai décidé d'acheter... 12 paquets de 500 grammes de riz !

II. *Julien est plein de bonnes intentions mais facilement distrait. Après sa première journée de travail dans une pizzeria le patron l'appelle pour le congédier. Julien essaie de se justifier, mais le patron tient ferme.*

Julien : Mais j'ai préparé les pizzas que les clients ont commandées.

Le patron : Oui, mais vous (ne pas mettre / fromage) _____ sur les pizzas.

Julien : Il y a beaucoup _____ calories dans le fromage. Et puis je (ne pas aimer le fromage) _____ .

Le patron : Cela se peut, et puis il (ne pas y avoir assez) _____ sel sur nos pizzas. Nos clients me l'ont signalé.

Julien : Mais les anchois que je mets sur les pizzas sont déjà salés.

Le patron : Des anchois ! Qui vous a dit de mettre des anchois sur les pizzas ? Nos clients (ne jamais prendre / anchois) _____ .

Julien : Mais, j'ai des amis qui (aimer / anchois) _____ .

Le patron : Ce (ne pas être / raison) _____ pour en mettre sur nos pizzas. Je suppose que si vous avez des amis qui aiment le nougat, vous allez en mettre aussi avec des olives.

Julien : Je (ne jamais mettre / olives) _____ . J'ai horreur de ça.

Le patron [sévèrement] : Mais qui êtes-vous ? Le serveur ou le client ?

Julien [inquiet] : J'ai servi la salade dans les bols et la bière dans les verres.

Le patron : Avez-vous lavé les bols et les verres ?

Julien : Je (ne pas laver / bols) _____ et je (ne pas laver / verres) _____ . J'ai tout jeté !

Le patron [sursautant] : Jeté ! Mais pourquoi donc ?

Julien : Je ne peux tout de même pas (mettre / verres en plastique / et / bols en papier) _____ dans la machine à laver la vaisselle !

Le patron : Qui vous a dit de prendre du papier et du plastique ?

Julien : Il (ne pas y avoir / autres verres) _____ dans la cuisine.

Le patron : Avez-vous fait la vaisselle ce matin ?

Julien [contrit] : Non, il était tard. Mes amis m'attendaient pour aller au bowling, alors je (ne pas faire / vaisselle) _____ . Je (ne pas avoir / temps) _____ .

Le patron : Eh bien, maintenant vous en aurez davantage, car vous ne travaillez plus ici [le poussant vers la porte]. Allez vite. (Ne pas remettre / pieds) _____ ici ou...

Julien [implorant] : Mais vous (ne pas me donner / chèque) _____ !

III. *Placez l'expression entre parenthèses dans la phrase en faisant les changements d'articles nécessaires.*

1. Anne a reçu des compliments. (beaucoup de)
2. Nous avons des problèmes à résoudre. (bien des)
3. Ces étudiants travaillent pendant l'été. (la plupart des)
4. Irène a des copains. (un tas de)

IV. *Remplacez les tirets par l'adjectif possessif qui convient.*

Au bureau des objets trouvés

Vous vous trouvez à l'aéroport Roissy-Charles-de-Gaulle prêt à rentrer aux États-Unis. Tout d'un coup vous remarquez que vous n'avez plus _____ valise qui contient toutes _____ affaires, ainsi que celles de _____ femme et de _____ fille. Vous allez au bureau des objets trouvés et vous vous adressez à l'employé qui est endormi sur _____ bureau. Vous le réveillez pour réclamer _____ valise.

— Monsieur, je viens vous demander si on ne vous a pas apporté _____ valise.

L'employé, l'air ennuyé, pose _____ journal, se lève et demande :

— C'est possible. Vous pouvez me la décrire, _____ valise. Nous en recevons au moins cinquante par jour. Comment est-elle ?

— Eh bien, elle est toute neuve, marron. _____ fermeture est dorée et j'y ai mis _____ affaires avec celles de _____ femme et de _____ enfant.

— Monsieur, _____ valise est peut-être au milieu des quatre-vingt-trois valises que nous avons ici et que vous venez de décrire. Est-ce que _____ nom est dessus ?

— Non, mais il y a les initiales de _____ femme.

— Et quelles sont _____ initiales ?

— C.R.

— Ça réduit le nombre à 23. Décidément, _____ journée commence mal. Pouvez-vous me détailler ce qu'elle contient _____ valise ?

— Eh bien, il y a les affaires de _____ petite fille : _____ baladeur *(m)*, _____ cassettes, _____ affaires de toilette, _____ revue de musique punk, _____ chapeau de plage. Je crois que _____ femme et moi y avons mis _____ maillots, _____ Ambre solaire,[12] et _____ serviettes, et peut-être _____ sandales.

L'employé, en train de fouiller dans différentes valises, demande :

— Est-ce que _____ maillots sont rouges et jaunes ?

— Non. Ils sont bleus et verts.

— Bon, voilà une bouée gonflable en forme de canard, un matelas pneumatique et un clavier d'ordinateur. Ce n'est pas croyable; il y a des gens qui emportent _____ bureau avec eux.

— Je ne vous demande pas de me donner _____ avis, mais plutôt de trouver _____ valise. Ce que les autres emportent dans _____ valises n'est pas _____ affaire.

---

[12] Ambre solaire : marque de crème solaire

—Ah, en voilà une qui semble correspondre à _____ description. Tiens. Qu'est-ce que c'est que ce sachet au fond de votre valise ?

— Mais, c'est un sachet de lavande. .....

Terminez l'aventure en quelques lignes.

V. *Dans le dialogue suivant remplacez les tirets par la forme correcte de l'adjectif démonstratif* **cette/ce (cet), ces,** *du pronom démonstratif* **celle(s)/celui (ceux)** *ou du pronom neutre* **ce, cela, ça, ceci.**

Une mauvaise surprise

Un acheteur, qui voit affichés des prix très avantageux, entre dans un garage exposant des Porsches, des Maseratis, des BMW, des Jaguars, etc.

Acheteur : Une BMW à moitié prix et neuve. Quelle affaire !

Vendeur [pensant qu'il tient un gogo[13]] : Oui, monsieur, nous en avons trois, une bleu-marine, une gris métallisé, une noire à toit-ouvrant automatique. Laquelle vous intéresse ?

Acheteur : La bleue. Est-ce que je peux la regarder ?

Vendeur : Je savais que _____ était _____ que vous vouliez. Elle est merveilleuse : silencieuse, confortable, économique. Elle est idéale pour l'homme d'affaires. _____ est le modèle que nous vendons le plus. Je garantis que vous ne le regretterez...

Acheteur [inspectant minutieusement] : D'où vient _____ marque sur la carrosserie ?

Vendeur [frottant rapidement avec sa manche] : _____ n'est rien, ça. Rien du tout.

Acheteur : Mais vous m'avez dit que _____ voiture est neuve. Il ne devrait pas y avoir de rayures. Voyons _____ stéréo avec ses quatre haut-parleurs. Est-_____ compris dans le prix ?

Vendeur : _____ est une option. _____ vous coûtera un petit supplément de trois mille francs.

Acheteur : Et _____ peau de panthère sur les sièges avant ?

Vendeur : _____ c'est du vrai. Et vous l'aurez pour dix mille francs... [à voix basse] par siège.

Acheteur : Et _____ boîte derrière le siège ?

Vendeur : _____ est notre nouveau modèle de bar portatif. _____ est automatique pour la plupart des boissons. Vous appuyez sur _____ deux boutons pour obtenir le cocktail de votre choix. Voulez-vous essayer ?

Acheteur : D'accord. [Il appuie sur le bouton, rien ne sort mais le coffre de la voiture s'ouvre avec un bruit d'enfer.]

Vendeur : Tiens ! c'est le système d'alarme. Une question de réglage, je suppose, mais une fois que _____ sera mis au point, vous voyagerez en toute sécurité et pas besoin de vous arrêter pour boire. Moyennant un petit supplément de cinq cents francs, notre mécanicien s'occupera de _____ réparation immédiatement.

Acheteur : Nous verrons _____. Est-ce que je peux regarder le moteur ?

Vendeur : Allez-y.

Acheteur [constatant que le moteur a l'air suspect puisqu'il ressemble à _____ de sa Citroën deux chevaux] : Est-ce bien le moteur de _____ modèle de BMW ?

Vendeur : Non, non. Vous n'y pensez pas. Un moteur de 2,7 litres consomme bien trop. _____ est le moteur que nous proposons à nos clients désireux de faire des économies d'essence. En fait, il fonctionne à l'alcool. Si vous voulez le moteur allemand original, on

---

[13] gogo *(m) fam.* : client naïf à qui on peut vendre n'importe quoi à n'importe quel prix

vous l'installera gratuitement, bien entendu, pour un modeste supplément de vingt mille francs (taxes et transport non compris).

Acheteur : Alors, tout compris _____ voiture coûte plus cher que le modèle standard ?

Vendeur : Oui, mais à la longue _____ est vous qui bénéficiez, et il faut bien que nous recouvrions nos frais.... Qu'est-ce que c'est que _____ carte ?

Acheteur : Eh bien, mon ami, _____ est ma carte du Ministère du Commerce, et des frais, je garantis que vous en aurez moins en prison.

VI. *(Constructions) Remplacez les tirets par* **avoir l'air (de), avoir mal à** *ou* **avoir du mal à.**

1. Alexis _____ comprendre les nuances stylistiques. Il confond romantisme et naturalisme et se trompe sur les dates importantes dans la vie des grands auteurs. Chaque fois qu'on lui pose une question il _____ malheureux.
2. On manque d'air dans cette pièce. J'_____ la tête. Si on allait faire un tour dehors ?
3. Ma voisine _____ sympathique. J'_____ croire que personne ne lui parle.
4. Pauvre Alice ! Son nouveau coiffeur lui a fait une horrible permanente. Elle _____ un mouton ! J'ai _____ croire que le salon de coiffure a refusé de lui rendre son argent.
5. Regarde cet homme assis à la table voisine. Ne trouves-tu pas qu'il _____ un acteur de cinéma ?

VII. *(Constructions) Dans les phrases suivantes, remplacez le verbe* **devoir** *par* **avoir à.**

1. Notre professeur de littérature comparée est un bourreau du travail. Nous devons faire des exposés tous les jours. Nous devons aussi lire trois romans par semaine en trois langues différentes.
2. Il faut que je retourne au laboratoire ce soir. Je dois vérifier le résultat de mes dernières expériences.
3. M. Gauthier a dû payer une grosse amende, parce qu'il a fait un faux témoignage pour protéger sa sœur qu'il croyait coupable d'un forfait.
4. Nathalie est passée à la cuisine, parce qu'elle devait préparer les hors-d'œuvre avant l'arrivée de ses invités.

VIII. *(Constructions) Faites des phrases qui illustrent bien le sens de :*

1. avoir l'air
2. avoir soif
3. avoir envie
4. avoir du mal à + *infinitif*
5. avoir mal à
6. avoir à

PROJETS DE COMMUNICATION

I. *(Sketch)* Mettez en scène un épisode similaire à celui de l'histoire « Overdose de pâtes ». (Voir p. 131.)

II. *(Devoir écrit)* Avez-vous déjà perdu un objet important, votre portefeuille, votre voiture dans un grand parking à l'aéroport, un devoir important auquel vous avez travaillé pendant des semaines, un fichier informatique, un objet que vous avez emprunté à une amie/un ami? Qu'avez-vous fait ?

III. *(Sketch)* Un groupe d'étudiants dîne dans un restaurant où le service est aussi mauvais que la cuisine. Le garçon, inepte, étourdi *(scatterbrained)*, se trompe dans la commande, renverse les plats sur les clients. Tout est mal préparé. Quand on renvoie les plats, le chef se met en colère, insulte tout le monde.

IV. *(Devoir écrit)* Préparez un paragraphe sur un des sujets suivants.

1. Description de votre endroit préféré (réel ou imaginaire). Essayez de donner envie d'y aller à la personne qui vous lit.

2. Quelles sont les qualités que vous admirez le plus chez vos amis ?

V. *(Débat)* Les principes selon lesquels il faut régler sa vie : dévouement, fidélité, héroïsme, ambition, hédonisme, matérialisme ? A quelles valeurs spirituelles attachez-vous le plus d'importance ?

VI. *(Travail écrit collectif)* Préparez une brochure publicitaire pour votre université (école) destinée à attirer les étudiants et les convaincre de venir à cette école. La brochure peut être satirique si vous le voulez. S'il y a des artistes ou des photographes dans la classe, ils pourront illustrer leur devoir.

VII. *(Monologue)* Composez un monologue humoristique sur un des sujets suivants.

1. Le premier repas que j'ai préparé moi-même.

2. Mon premier dîner en tête-à-tête au restaurant. (Était-ce un restaurant à trois étoiles ou un « boui-boui » ?)

3. Un repas dans un RU (restaurant universitaire) particulièrement lamentable.

4. Un repas horrible qu'un bon ami (une bonne amie) m'a servi avec les meilleures intentions du monde.

VIII. *(Présentation orale ou écrite avec ou sans dégustation)* Voici une recette pour les crêpes légères. A partir de ce modèle, préparez votre recette pour votre plat préféré.

Crêpes légères

Cuisine pour tous

Préparation : 10 minutes. Cuisson : 3 minutes par crêpe.

Ingrédients : 250 grammes de farine, 5 œufs, 100 grammes de beurre, 90 grammes de sucre en poudre, 3 décilitres de lait, 2 décilitres d'eau, 1 pincée de sel, citron.

Délayer la farine dans une terrine avec le lait et l'eau tiède. Ajouter 15 grammes de beurre et une bonne pincée de sel. Laisser reposer ce mélange 1 heure. Ajouter les jaunes, le zeste de citron, le reste du beurre fondu et le sucre en poudre et enfin les blancs battus en neige ferme et légèrement salés. La pâte doit être lisse et claire. Verser dans la poêle une petite cuillerée d'huile; faire chauffer. Verser dessus un peu de pâte en agitant la poêle de façon qu'elle s'étende régulièrement. Retourner dès que la crêpe est dorée et qu'elle peut se détacher. Cuire sur le deuxième côté. Saupoudrer de sucre. Servir brûlant. Les crêpes faites au beurre sont plus fines.

IX. *(Discussion à partir de textes)* Beaucoup d'auteurs et de cinéastes utilisent les animaux, les oiseaux ou les insectes dans leurs œuvres pour en réalité décrire la vie ou la nature de l'humanité. En groupes de trois ou quatre, traitez les sujets suivants :

1. Dégagez ce que Prévert nous dit dans son poème à propos des escargots. Êtes-vous d'accord avec sa philosophie ?

2. Rousseau, dans son livre *l'Émile ou De l'éducation*, critique La Fontaine en suggérant que les *Fables* peuvent avoir une mauvaise influence sur les enfants. Dans *Le Corbeau et le Renard*, par exemple, la morale ne pourrait-elle pas être que la flatterie mène à tout et qu'il est donc bon de l'utiliser à ses propres fins ? Quel est votre avis sur ce côté ambigu des *Fables* ?

3. Quelles autres histoires d'animaux connaissez-vous ?

Chanson des escargots qui vont à l'enterrement

Jacques Prévert (1900 – 1977), *Paroles 1948*

A l'enterrement d'une feuille morte
Deux escargots s'en vont
Ils ont la coquille noire
Du crêpe autour des cornes
Ils s'en vont dans le noir
Un très beau soir d'automne
Hélas quand ils arrivent
C'est déjà le printemps
Les feuilles qui étaient mortes
Sont toutes ressuscitées
Et les deux escargots
Sont très désappointés
Mais voilà le soleil
Le soleil qui leur dit
Prenez prenez la peine
La peine de vous asseoir
Prenez un verre de bière
Si le cœur vous en dit
Prenez si ça vous plaît
L'autocar pour Paris
Il partira ce soir
Vous verrez du pays
Mais ne prenez pas le deuil
C'est moi qui vous le dis
Ça noircit le blanc de l'œil
Et puis ça enlaidit

Les histoires de cercueils
C'est triste et pas joli
Reprenez vos couleurs
Les couleurs de la vie
Alors toutes les bêtes
Les arbres et les plantes
Se mettent à chanter
A chanter à tue-tête
La vraie chanson vivante
La chanson de l'été
Et tout le monde de boire
Et tout le monde de trinquer
C'est un très joli soir
Un joli soir d'été
Et les deux escargots
S'en retournent chez eux
Ils s'en vont très émus
Ils s'en vont très heureux
Comme ils ont beaucoup bu
Ils titubent un p'tit peu
Mais là-haut dans le ciel
La lune veille sur eux.

Le Corbeau et le renard

Jean de La Fontaine, *Fables* (1668)

Maître corbeau, sur un arbre perché,
 Tenait en son bec un fromage.
Maître renard, par l'odeur alléché,
 Lui tint à peu près ce langage :
 « Hé ! bonjour, Monsieur du Corbeau.
Que vous êtes joli ! que vous me semblez beau !
 Sans mentir, si votre ramage
 Se rapporte à votre plumage,
Vous êtes le phénix des hôtes de ces bois. »
A ces mots, le corbeau ne se sent pas de joie;
 Et pour montrer sa belle voix,
Il ouvre un large bec, laisse tomber sa proie.
Le renard s'en saisit, et dit : « Mon bon monsieur,
 Apprenez que tout flatteur
 Vit aux dépens de celui qui l'écoute.
Cette leçon vaut bien un fromage sans doute. »
 Le corbeau, honteux et confus,
Jura, mais un peu tard, qu'on ne l'y prendrait plus.

Chapitre

6

Les Pronoms

Présentation

PRINCIPES

Les pronoms sujets
Les pronoms objets directs et indirects
Les pronoms objets : **y** et **en**
Les pronoms disjoints
Les pronoms possessifs

CONSTRUCTIONS

Constructions possessives
Expressions idiomatiques avec **en**
Expressions idiomatiques avec **y**

ÉTUDE DE VERBES
Penser/penser à
Manquer / manquer à / manquer de
Jouer à / jouer de

COIN DU SPÉCIALISTE

Échanges interactifs

Présentation

PRINCIPES

REMARQUE PRÉLIMINAIRE : Un pronom est un mot qui remplace un nom; il a donc le même genre et le même nombre que le nom qu'il représente.

J'aime cette veste. Je la porte tous les jours.

Dominique, tu es gentille d'être venue.

Où est la vidéo ? — Elle est à la maison.

Où sont vos photos ? — Je ne les *(f)* ai pas vues.

I. Les pronoms sujets

	Singulier	Pluriel
1re personne	**je**	**nous**
2e personne	**tu**	**vous**
3e personne	**elle/il/on**	**elles/ils**

A. Tu / Vous

Tu est la forme familière de la 2e personne du singulier. On l'emploie quand on parle à ses amis, à des membres de sa famille ou à des enfants. Les étudiants emploient régulièrement **tu** entre eux. En cas d'hésitation, employez **vous** (forme polie) qui est toujours correcte. Le **vous** de politesse est considéré singulier pour l'accord des adjectifs et des participes passés lorsqu'on s'adresse à une seule personne. Quand on s'adresse à un groupe mixte (hommes et femmes) le **vous** est considéré masculin pluriel.

B. On

On est le pronom indéfini de la 3e personne.

On doit suivre le code de la route.

On boit beaucoup quand on a soif.

On peut aussi remplacer d'autres pronoms sujets, mais cet usage est réservé à la langue parlée ou familière.

Quand tout le monde arrivera, on ira prendre une pizza. (*on ira* = nous irons)

On y va ! *(Let's go!)*

Salut, Marc. On est fatigué aujourd'hui ? a dit Christian à son copain assis les yeux fermés devant une tasse de café. (*on est* = tu es)

C. Place des pronoms sujets

Les pronoms sujets sont normalement placés devant le verbe. Ils se placent après le verbe dans les cas suivants :

• dans une interrogation avec inversion

La nouvelle déléguée prendra-t-elle la parole à la réunion ce soir ?

Vont-ils servir du vin à ce banquet officiel ?

- avec les verbes de déclaration quand ils sont placés au milieu ou à la fin d'une phrase citée en discours direct

« Allons au restaurant », a-t-elle suggéré.

« J'ai vu ce film, a-t-il dit, mais je ne l'ai pas aimé. »

Mais : Il a dit : « J'ai vu ce film, mais je ne l'ai pas aimé. »

II. Les pronoms objets directs et indirects

A. Emploi

Me, te, se, nous, vous, se[1] sont objets directs ou indirects et se réfèrent uniquement à des personnes. **La/le, les** sont toujours objets directs et remplacent des noms de personnes ou de choses. **Lui, leur** sont toujours objets indirects et se réfèrent le plus souvent aux personnes ou aux animaux.

		Singulier	Pluriel
objet direct ou indirect	1re personne	me	nous
	2e personne	te	vous
	3e personne	se	se
objet direct seulement	3e personne	la/le	les
objet indirect seulement	3e personne	lui	leur

Henri voit-il son patron le week-end ? — Oui, il le voit quelquefois pour discuter des contrats. — Fait-il des suggestions à son patron ? — Oui, il lui communique toujours son point de vue, mais M. Beaufort ne l'écoute pas toujours.

Aimez-vous les bonbons acidulés ? — Oui, je les aime, mais je préfère le nougat.

Est-ce que Madame Lebrun a répondu à votre demande d'emploi ? — Je crois qu'elle me donnera sa réponse demain. Je vous tiendrai au courant.

Je me suis mis à crier quand les enfants se sont jetés dans la piscine.

B. Place des pronoms objets

1. Les pronoms personnels objets sont placés devant le verbe aux temps simples, devant l'auxiliaire aux temps composés. (Voir Tableau 30, p. 143.)

Avez-vous déjà pris le hovercraft (l'aéroglisseur) pour aller en Angleterre ? — Non, je ne l'ai jamais pris, je préfère l'avion.

Je te ferai signe en arrivant à Bordeaux. Nous pourrons visiter quelques vignobles ensemble.

---

[1] Pour l'emploi des pronoms **me, te, se, nous, vous, se** dans la conjugaison pronominale, voir *Chapitre 7*.

N'oubliez pas l'accord du participe passé quand vous utilisez **la/le, les** dans un temps composé. (Voir p. 32.)

Avez-vous remercié Nicole et Liliane de leur cadeau ? — Malheureusement, je ne les ai pas remerciées. Il faut que je leur écrive.

Claude n'a pas reçu ta lettre. Lui as-tu répondu ? — Non, mais je vais lui donner un coup de fil.

Ont-ils téléphoné à leurs parents ? — Oui, ils leur ont téléphoné hier.

Ce jeune homme ingrat a mis ses parents dans une maison de retraite. Il ne les a plus jamais revus et ne leur a jamais écrit. Quelle triste histoire !

2. Avec un verbe + *infinitif,* le pronom est placé devant celui des verbes qui gouverne logiquement le pronom.

Pourriez-vous lire ces rapports et me donner votre avis immédiatement ? — Malheureusement, je suis très pris en ce moment, mais je peux y jeter un coup d'œil ce soir et vous donner mon avis demain.

As-tu demandé à Carole de préparer un dessert ? — Oui, je lui ai demandé d'en préparer un. Je crois qu'elle va faire une tarte aux pommes.

3. A l'impératif affirmatif, le pronom objet se place après le verbe et y est attaché par un trait d'union. **Me** et **te** deviennent **moi** et **toi.**

Laisse-nous tranquilles. Tu vois bien que nous essayons de travailler.

Envoie-lui une carte drôle pour son anniversaire.

Connaissez-vous la nouvelle version de la chanson « Parlez-moi d'amour » ?

Combien de pêches voulez-vous ? — Donnez-m'en quatre ou cinq.

A l'impératif négatif, les pronoms objets sont à leur place habituelle devant le verbe (sans trait d'union).

Ne me donne pas trop de glace. Je suis au régime.

Je sais que Frédéric a une patience d'ange, mais ne le fatigue pas avec tes plaintes ou il ne voudra plus te voir.

Justin est très indiscret. Surtout, ne lui parle pas de cette affaire, ou tu peux être sûre que tout le village le saura.

Ne nous donnez pas la réponse. Nous voulons la trouver nous-mêmes.

C. Ordre des pronoms objets

1. Quand il y a deux pronoms objets devant le verbe, le premier pronom se réfère à une personne et le second à une chose, excepté avec les pronoms **la, le, les, lui, leur** qui sont toujours dans l'ordre suivant :

la		**lui**
le	devant	
les		**leur**

(Voir Tableau 30.)

2. Pour l'ordre des pronoms après le verbe (impératif affirmatif seulement), voir Tableau 31, p. 144.

D. Répétition du pronom objet

Dans une série de verbes où on emploie le même pronom objet, il est toujours correct de répéter ce pronom; aux temps simples c'est obligatoire. Pour les exceptions, voir p. 153.

Je les prends et je les mets sur la table.

Je les ai pris et je les ai mis sur la table.

Claudine vous a insulté et vous a maltraité.

TABLEAU 30

L'ORDRE DE CERTAINS PRONOMS DEVANT LE VERBE			
			Exemples
me			Ils me prêtent leur stéréo. Ils me la prêtent.
te		**la**	Vous nous avez montré vos nouveaux tableaux. Vous nous les avez montrés.
se	devant	**le**	J'aimerais te donner ce bracelet. J'aimerais te le donner.
nous		**les**	Daniel avait très envie de ce blouson, alors il se l'est offert.
vous			
la		**lui**	Je lui ai prêté ma voiture. Je la lui ai prêtée.
le	devant		Je leur offrirai l'apéritif. Je le leur offrirai.
les		**leur**	
me			Je voulais un peu de salade mais on ne m'en a pas offert.
te			Je commanderai un soufflé et je t'en donnerai un peu.
se			Il est très égoïste, mais il ne s'en rend pas compte.
nous	devant	**en**	A votre place, je ne lui en parlerais pas. Vous risqueriez de l'offenser.
vous			Ils ne voulaient pas avoir de cartes de crédit, mais je leur en ai montré
lui			l'avantage.
leur			Que pensez-vous de ces montres ? Il y en a deux ou trois qui ne coûtent
y			pas trop cher.

TABLEAU 31

ORDRE DES PRONOMS APRÈS LE VERBE A L'IMPÉRATIF AFFIRMATIF			
			Exemples
	-la	-moi	Merci de m'avoir prêté ta moto. — De rien, mais rends-la-moi avant
Verbe +	-le	-toi*	ce soir.
	-les	-lui	S'il te demande de lui rendre ses compacts-disques, donne-les-lui.
		-leur	Faut-il montrer ces articles aux étudiants ? — Oui, montrez-les-leur
		-nous	tout de suite.
			Voulez-vous voir mes nouvelles affiches ? — Oui, montrez-les-nous.
	-m'en		Veux-tu de la sauce hollandaise ? — Avec plaisir, mais donne-m'en
	-t'en		seulement un peu.
	-lui-en		Cette scie électrique est très dangereuse. Sers-t'en avec
Verbe +	-leur-en		précaution.
	-nous-en		Charles n'a pas eu de crêpes; donnez-lui-en.
	-vous-en		« Allez-vous-en, je n'ai plus rien à vous dire ! » a-t-il crié en claquant
			la porte.

* « -le-toi » ne se rencontre pas souvent. EXEMPLE : *Si tu ne veux pas emporter ce paquet, fais-le-toi envoyer.*
(C'est-à-dire : demande à quelqu'un de te l'envoyer.)

E. Phrases négatives avec des pronoms

Les pronoms se placent entre **ne** et le verbe d'un temps simple, entre **ne** et l'auxiliaire d'un temps composé, ou entre **ne pas** et l'infinitif complément si l'infinitif gouverne le pronom.

Vous avez un bon poste, une belle famille et une grande maison et vous n'êtes pas heureux. Je ne vous comprends pas !

Éliane vient de rompre avec son petit ami. — Tiens ! elle ne m'en a pas parlé.

Le syndicat préfère ne pas intervenir dans la dispute qui vient de se déclarer dans l'usine Renault.

Xavier a écrit plusieurs poèmes d'amour à son amie, mais il a préféré ne pas les lui montrer.

F. *Le* neutre

Le, pronom neutre invariable, peut remplacer un adjectif ou une proposition (une idée complète).

Les maisons de ce quartier sont-elles anciennes ? — Oui, elles le sont. La plupart datent du dix-septième siècle. (**le** = anciennes)

Si quelqu'un vient fouiller dans vos affaires, je vous le dirai. (**le** = si on vient fouiller)

Puisque vous le voulez, nous dînerons en ville. (**le** = dîner en ville)

TABLEAU 32

EMPLOI DE Y	
Y remplace...	**Exemples**
à + un endroit	Passerez-vous encore vos vacances à Monaco ? — Oui, j'y passerai mes vacances.
en (au, dans) + un pays	Jean-Paul a-t-il vécu au Maroc ? — Oui, il y a vécu quand il était jeune.
à, dans, sur, sous, devant, etc. + une chose	Les enfants ont-ils rangé leurs jouets dans le placard ? — Non, ils ne les y ont pas rangés.
à + une proposition	Avez-vous réfléchi à ce que vous ferez ? — Oui, j'y ai réfléchi.

III. Les pronoms objets : *y* et *en*

A. Le pronom **y** se réfère aux choses, c'est-à-dire, remplace **à** + quelque chose.[2] Pour l'emploi de **y** voir Tableau 32.

N'OUBLIEZ PAS... **Y** n'est pas exprimé devant le futur ni le conditionnel du verbe **aller.**

Irez-vous à l'île du Prince Édouard cet été ? — Non, j'irai plutôt au printemps.

B. En principe, **en** remplace **de** + *une chose.*[3] On peut, cependant, utiliser **en** avec des personnes, surtout quand il s'agit d'un groupe comme : **des amis, des parents, des gens, des professeurs,** etc.[4]

Avez-vous des amis dans le milieu du cinéma ? — Oui, j'en ai quelques-uns qui seraient très heureux de vous aider.

Êtes-vous content de vos nouveaux collègues ? — Oui, j'en suis ravi.

L'emploi de **en** est illustré dans le Tableau 33, p. 146.

REMARQUES :

1. Quand **en** remplace un nom précédé d'une expression de quantité comme *un, deux, beaucoup, plusieurs, une foule de,* il faut répéter l'expression de quantité.

J'ai trois frères. Élisabeth en a trois aussi, mais elle est l'aînée.

Avez-vous pris beaucoup de spaghettis ? — Oui, j'en ai pris beaucoup. J'en ai même pris un peu trop.

---

[2] Ne confondez pas le pronom **y** avec les pronoms **lui** et **leur** qui remplacent **à** + *une personne.*

[3] Ne confondez pas **en** (= **de** + quelque chose) et **la/le, les** (objet direct). EXEMPLES : *Avez-vous pris du pain ? — Oui, j'en ai pris pour deux jours. Avez-vous pris mon papier à lettres ? — Oui, je l'ai pris. Je vous le rendrai tout de suite.*

[4] Quand la personne est nommée il est préférable d'employer **de** + *pronom disjoint.* EXEMPLES : *Le père de Jim est le nouveau président du Rotary Club. Les membres sont-ils satisfaits de lui ?*

TABLEAU 33

EMPLOI DE *EN*	
En remplace...	**Exemples**
de	Ces jeunes violonistes russes ont-ils beaucoup de talent ? — Oui, ils en ont beaucoup. Tout le monde le dit.
de la (du, de l') + une chose	Prenez-vous du café ? — Non, merci. Je n'en prends jamais le soir.
des	Écrit-il des articles dans le journal des étudiants ? — Oui, il en écrit beaucoup.
de + un nom précédé de l'article indéfini un nom précédé d'un nombre (un, trois, quinze, etc.)	Avez-vous un chien ? — J'en ai un.* Avez-vous acheté une dizaine de billets ? — Oui, j'en ai même acheté onze. A-t-il au moins une idée ? — Oui, il en a une. Ça ne lui arrive pas souvent.
de + un endroit (pays, ville) **de** + proposition	Arrive-t-il des Bermudes ? — Oui, il en arrive; il est tout bronzé. Est-il capable de vous remplacer ? — Oui, il en est tout à fait capable.

* Notez que dans une négation on n'emploie pas l'article indéfini **une/un.** EXEMPLE : — *Avez-vous un chien ? — Non, je n'en ai pas.*

2. L'adjectif **quelques** devient **quelques-unes/quelques-uns** quand on l'utilise avec **en.**

Est-ce que vous avez quelques suggestions à faire à propos de ma nouvelle invention ? — Oui, j'en ai noté quelques-unes qui me semblent indispensables.

3. Le participe passé des verbes ayant **en** pour objet reste invariable.

Combien de factures avez-vous reçues ? — J'en ai reçu cinq mais je n'ai pu en payer que deux.

4. Y précède **en** quand on emploie les deux pronoms. On les trouve surtout dans l'expression **il y en a.**

Y a-t-il du lait en poudre dans le placard ? — Oui, il y en a mais pas beaucoup.

ATTENTION ! A l'impératif, il faut garder le **-s** à la 2e personne du singulier des verbes en **-er** quand **y** ou **en** suit directement le verbe. C'est aussi le cas pour les verbes comme *couvrir, ouvrir, souffrir, offrir.*

Voilà la clé de mon nouvel appartement. Vas-y quand tu veux et fais comme chez toi. MAIS : J'ai entendu un bruit à la cave. Va voir ce qui s'y passe.

Combien de boîtes d'anchois faut-il ouvrir ? Ouvres-en une pour le moment. Je ne sais pas si les enfants aiment le poisson sur leur pizza.

IV. Les pronoms disjoints

A. Formes

Notez bien les différences de formes entre les pronoms disjoints et les pronoms sujets. (Voir p. 140.)

	Singulier	Pluriel
1re personne	**moi**	**nous**
2e personne	**toi**	**vous**
3e personne	**elle/lui**	**elles/eux**

B. Emploi

Le pronom disjoint est utilisé principalement quand le pronom est séparé du verbe. Pour les emplois les plus fréquents du pronom disjoint, voir Tableau 34.

TABLEAU 34

EMPLOI DU PRONOM DISJOINT	
Emploi	**Exemples**
1. Après une préposition : *sur, pour, devant, à côté de, avec, sans,* etc.	Voulez-vous aller au restaurant avec moi ? Ces jeunes gens sont très sérieux. Vous pouvez compter sur eux.
2. Après **que** : a. dans les comparaisons b. dans la restriction : **ne... que**	Mon oncle court plus vite que moi. Je n'aime que toi et je n'aimerai toujours que toi.
3. Dans l'expression de mise en relief : **c'est... qui (que)** (Faites attention à la personne du verbe.)	Jack Nicholson, c'est lui qui a gagné un prix au festival de Cannes. C'est moi et seulement moi qui suis responsable.
4. Dans les réponses elliptiques	Qui veut du gâteau ? — Moi !
5. Comme sujets multiples	Hélène et moi, nous avons dansé ensemble pendant des heures. Michelle et toi, vous apporterez du vin rouge, et Diane et moi, nous apporterons du vin blanc.
6. Pour renforcer le pronom sujet ou objet	Toi, on t'entend un peu trop parler ! Tu devrais être plus discret.
7. Après certains verbes exceptionnels comme **penser à, se fier à, venir à, s'intéresser à**	Pensez-vous beaucoup à Lise depuis qu'elle vous a quitté ? — Oui, je pense à elle jour et nuit.

C. Sujets multiples

Quand un des sujets multiples d'une phrase est un pronom disjoint, il est préférable de résumer les sujets multiples avec le pronom sujet qui convient.

NOTE : A la 3e personne seulement, le pronom disjoint peut être le sujet de la phrase; dans ce cas on omet d'habitude le pronom sujet.

De même avec les sujets multiples à la 3e personne, on omet en général le pronom sujet qui les résume.

Sophie et moi, nous sortons beaucoup depuis qu'elle a rompu avec son ancien fiancé.

Voilà Frank et sa femme. Elle est médecin; lui finit ses études de droit. (C'est-à-dire : Elle est médecin; lui, il finit ses études de droit.)

Les assistants du laboratoire veulent faire la grève. Le directeur et eux vont en discuter cet après-midi.

D. Le pronom disjoint *soi*

Soi se réfère à un sujet indéfini comme : *on, chacun, tout le monde, celui qui.*

On a souvent besoin d'un plus petit que soi. *(proverbe)*

Chacun pour soi et Dieu pour tous.

Maintenant ça suffit. Tout le monde rentre chez soi.

V. Les pronoms possessifs

A. Formes

Voir Tableau 35 pour les formes des pronoms possessifs.

1. N'OUBLIEZ PAS... Les formes contractées après **à** et **de** devant tous les pronoms possessifs excepté le féminin singulier :

au mien	du mien
aux miens	des miens
aux miennes	des miennes
au nôtre	du nôtre
etc.	

MAIS : à la mienne, de la leur, etc.

2. Remarquez la différence de prononciation entre **notre** et **la/le/les nôtre(s)** et entre **votre** et **la/le/les vôtre(s).**

Je n'ai pas de dictionnaire français-anglais. Je vais peut-être avoir besoin du tien.

Jacques, je suis parfaitement capable de trouver du travail moi-même. Tu ferais mieux de t'occuper de tes affaires et de ne pas tant penser aux miennes.

L'automatisation est plus avancée dans mon pays que dans le vôtre. (**o** fermé)

Votre omelette est bonne. (**o** ouvert) La nôtre est trop salée. (**o** fermé)

TABLEAU 35

LES PRONOMS POSSESSIFS			
Possesseur singulier		**Possesseur pluriel**	
Adjectifs possessifs	*Pronoms possessifs*	*Adjectifs possessifs*	*Pronoms possessifs*
ma maison →	la mienne	notre maison →	la nôtre
mon chien →	le mien	notre chien →	le nôtre
mes idées →	les miennes	nos idées	les nôtres
mes livres →	les miens	nos livres	
ta maison →	la tienne	votre maison →	la vôtre
ton chien →	le tien	votre chien →	le vôtre
tes idées →	les tiennes	vos idées	les vôtres
tes livres →	les tiens	vos livres	
sa maison →	la sienne	leur maison →	la leur
son chien →	le sien	leur chien →	le leur
ses idées →	les siennes	leurs idées	les leurs
ses livres →	les siens	leurs livres	

B. Emploi

1. Le pronom possessif remplace un nom précédé d'un adjectif possessif. Il varie donc en genre et en nombre selon le nom qu'il remplace.

J'ai pris ma voiture pour aller en ville, et mes amis ont pris la leur (leur voiture).

Votre maison est très grande; la mienne est toute petite.

Yves fera ses devoirs avant de dîner et Suzanne fera les siens après la conférence ce soir.

2. Avec des sujets indéfinis comme **tout le monde** et **chacune/chacun** (sujet) on emploie : *la sienne, les siennes, le sien, les siens.*

Tout le monde avait des histoires amusantes à raconter et chacun voulait être le premier à raconter la sienne.

Si **chacun** est en apposition au sujet, le pronom possessif est alors de la même personne que le sujet. Notez que **chacune/chacun** se place après le verbe. (C'est aussi le cas avec l'adjectif possessif. Voir p. 119.)

Nous avions tous[5] des histoires à raconter. Nous avons raconté chacun la nôtre.

---

[5] Prononcez bien le **s** de *tous* quand il est employé comme un pronom.

CONSTRUCTIONS

I. Constructions possessives

Vous pouvez exprimer la possession de plusieurs façons en français :

- **de** + *nom*

  Les vêtements de Julienne sont toujours très chics. Je me demande où elle les achète.

- **être à** + *nom (pronom disjoint)*
  Notez qu'avec **être à** on emploie les pronoms disjoints.

  Cette lampe à pétrole et ce sac de couchage ne sont pas à moi. Seraient-ils à Xavier ?

- **c'est** + *pronom possessif*

  Où avez-vous trouvé cette boucle d'oreille ? Je crois bien que c'est la mienne. (Je crois bien qu'elle est à moi.)

- **appartenir à** + *nom*
  Notez qu'avec **appartenir** on emploie les pronoms objets indirects.

  Ce vélo appartient à mon frère.

  Cette maison ne lui appartient pas. Il en est locataire.

II. Expressions idiomatiques avec *en*

A. En être : pour indiquer le point auquel on est arrivé

Où en sommes-nous dans notre discussion sur l'influence des médias ? — Nous parlions de l'évolution de la publicité en Amérique.

Où en es-tu dans ta lecture des *Misérables* ? — J'en suis à l'endroit où Jean Valjean révèle son identité.

B. S'en aller (de) : (synonyme de **partir**)

Le chien s'en allait du jardin chaque soir et revenait le lendemain à l'aube sans qu'on le sache.

Si tu continues à me rendre la vie impossible, je vais finir par m'en aller.

Comme Bernard s'ennuyait à mourir à la conférence, il s'en est allé avant la fin.[6]

NOTE : Le verbe **quitter** a aussi le sens de « partir » mais ne peut s'employer qu'avec un objet direct exprimé.

Je quitte la maison à 5 heures du matin chaque jour pour éviter la circulation. Ce n'est pas une vie.

C. En avoir assez : arriver au bout de sa patience

Comme mon frère en avait assez de travailler dans une banque, il a quitté un poste important et s'en est allé en Afrique où il a vécu plusieurs années comme un nomade.

---

[6] Au passé composé, on utilise de préférence « il est parti ».

J'en ai assez de lui répéter toujours la même chose ! Si ça continue, je vais en parler à son chef.

III. Expressions idiomatiques avec *y*

A. *S'y prendre (bien, mal)*

Cette expression signifie en anglais : *to go about something (well or poorly)*.

Comment s'y prend-on pour programmer un ordinateur ?

Laissez-moi vous montrer comment découper le poulet. Vous vous y prenez très mal.

B. *S'y connaître en*

Cette expression a le sens de « être expert (très compétent) en ».

Je vais demander à mon frère, qui s'y connaît en vins de Californie, de choisir une bouteille de pinot noir.

ÉTUDE DE VERBES

A. *Penser / penser à*

Penser + *infinitif* a le sens de « avoir l'intention de ».

Juliette pense se spécialiser en biochimie.

Nous pensons faire une excursion en montagne.

Penser à + *infinitif* a le sens de « réfléchir à, considérer ».

Quand j'étais jeune, je ne pensais pas à faire des économies. Maintenant, je le regrette.

Je n'ai pas pensé à laisser du lait pour le chat.

REMARQUES :

On dit aussi **penser à quelqu'un** ou **à quelque chose.**

Ce docteur pense tout le temps à ses malades et à son travail.

Pour solliciter une opinion on utilise : **Que pensez-vous de...** ? Notez que la réponse à cette question est « Je pense que... ».

Que pensez-vous des nouvelles mesures prises par l'État pour protéger l'environnement ? — Je pense qu'elles sont insuffisantes.

B. *Manquer / manquer à / manquer de*

Le verbe **manquer** change de construction d'après le sens que vous lui donnez. (Notez l'emploi des pronoms dans les exemples ci-dessous.)

1. Manquer : *to miss*

Si vous manquez ce film, vous le regretterez. — Ne t'en fais pas, je ne le manquerai pas.

Si nous ne nous dépêchons pas, nous allons manquer le début du concert.

J'ai manqué Julie l'autre jour parce que je suis arrivé avec une heure de retard.

2. Manquer à : *to be missing, to be lacking, to fail, not to live up to, not to be true to*

La force a manqué au candidat pour terminer sa campagne.

Mon ami m'avait promis d'être ici à 5 heures, mais une fois de plus, il a manqué à sa parole. *(... he broke his word.)*

ATTENTION ! **Manquer à quelqu'un** a aussi le sens de *to be missed by someone*

Depuis que Mimi est partie pour la Guyane, elle manque à ses amis qui comptaient toujours sur elle pour organiser des fêtes. *(She is missed by her friends, i.e., Her friends miss her.)*

Georges avait écrit : « Tu me manques beaucoup. » *(I miss you.)* au bas de la carte postale qu'il a envoyée à son amie.

3. Manquer de + *nom* (sans article) : *to lack, to be short of*

Le Japon manque de matières premières.

Christophe ne manque pas de talent mais quand il est question de bonne volonté il en manque beaucoup.

En ce moment, je manque de temps pour arriver à tout faire.

4. Il manque (impersonnel) : *to be missing, to be lacking*

Je crois qu'il manque trois pages à ce vieux manuscrit que j'ai trouvé. — Es-tu sûr qu'il n'en manque pas davantage ?

NOTE : On peut employer **manquer** intransitivement dans le même sens.

Trois pages manquaient à ce manuscrit.

C. *Jouer à / jouer de*

Il faut employer **jouer à** pour un sport ou un jeu et **jouer de** pour un instrument de musique. Notez l'emploi du pronom **y** ou **en** suivant le cas.

Robert aime-t-il jouer au tennis ? — Non, il n'aime pas spécialement y jouer. Il préfère jouer aux échecs ou au bridge.

Alain joue-t-il de la contrebasse ? — Oui, il en joue mais il préfère jouer du synthétiseur.

COIN DU SPÉCIALISTE

A. On emploie l'inversion du pronom sujet après **peut-être, aussi** *(consequently),* **à peine,** *(hardly, scarcely),* **encore, sans doute** *(probably),* **en vain,** lorsque ces expressions introduisent une proposition.

> Peut-être arrivera-t-elle par le prochain avion.
>
> La théorie est facile, encore faut-il la prouver.
>
> Ces spécimens sont très rares. Aussi sont-ils très recherchés par les collectionneurs.

Quand ces mots sont placés après le verbe, il n'y a pas d'inversion.

> Elle arrivera peut-être par le prochain avion.

Dans la langue parlée, l'expression **peut-être,** placée en tête de phrase, peut devenir **peut-être que.** Dans ce cas, on ne fait pas l'inversion.

> Peut-être qu'elle arrivera par le prochain avion.

B. Quand **en** remplace un nom et est qualifié d'un adjectif, il faut utiliser **de** devant l'adjectif.

> Porte-t-il des costumes de marque ? — Oui, il en porte de très jolis.
>
> Les pneus de ma voiture sont complètement usés. Je dois en acheter de nouveaux.
>
> Avez-vous trouvé des chemises en soie ? — Oui, j'en ai vu de sensationnelles chez Cardin.

C. On combine rarement les pronoms **me, te, se, nous, vous** avec **y** excepté avec certains verbes qui, pour la plupart, sont pronominaux : *se promener, s'installer,* etc., ou pronominaux idiomatiques comme : *s'y prendre, s'y connaître.* (Voir p. 151.)

> Nous nous y connaissons un peu en musique électronique.
>
> Comment s'y prend-elle pour rester si mince ?
>
> Si tu vois une table libre, tu peux t'y installer et nous attendre.
>
> Vous emmène-t-elle quelquefois chez ses parents ? — Oui, elle m'y emmène au moins une fois par an.

D. Les pronoms **la/le, les** ne sont pas utilisés avec **en.** On peut les employer avec **y** mais on évite de le faire, surtout avec **la** et **le.**

> A-t-elle remis les clés dans le tiroir ? — Elle les y a remises ce matin.

E. Quand on a plusieurs verbes aux temps composés avec les mêmes pronoms objets, on n'est pas obligé de répéter les pronoms objets. Dans ce cas on ne répète pas non plus l'auxiliaire si celui-ci ne change pas.

> Il sait que Monique vous a insulté et maltraité. (**vous** — objet direct d'*insulter* et de *maltraiter.* On peut aussi dire : Monique vous a insulté et vous a maltraité.)
>
> Êtes-vous prête ? Vous êtes-vous coiffée et maquillée ? (**être** est employé pour les deux verbes)
>
> Je lui ai téléphoné et écrit hier soir. (**lui** — objet indirect pour les deux verbes)
>
> Mais : Il les a vus et leur a fait signe de la main. (**les** — objet direct ; **leur** — objet indirect)

F.   Avec certains verbes, il est impossible d'employer les pronoms objets indirects devant le verbe. C'est le cas avec **penser à, songer à,** et certains verbes pronominaux comme **se fier à, s'intéresser à, s'adresser à.** Avec ces verbes, on emploie un pronom disjoint.

> Pensez-vous à Élisabeth ? — Oui, je pense à elle toute la journée, mais je me demande si elle pense à moi.

> Ce type est un grand égoïste. A votre place je ne me fierais pas à lui.

> Le sénateur s'est-il adressé aux officiers ? — Oui, il s'est adressé à eux après le déjeuner et leur a fait beaucoup de compliments.

Remarquez que si l'objet indirect est une chose, on emploie alors le pronom **y** comme d'habitude. (Voir p. 145.)

> S'intéressent-ils aux arts martiaux ? — Oui, ils s'y intéressent énormément.

> Pense-t-il aux conséquences de ses actes ? — Non, il n'y pense jamais.

Le verbe **présenter** pose un problème spécial. Si l'objet direct du verbe est **la/le, les,** vous pouvez, ce qui est normal, avoir aussi un pronom objet indirect.

> Voilà M. Tremblay. Je voudrais vous le présenter. (c'est-à-dire : présenter M. Tremblay à vous)

> Christophe a présenté sa sœur à Monsieur Duloup. Christophe la lui a présentée.

Mais si l'objet direct du verbe **présenter** est **me, te, se, nous, vous,** il faut employer **à** + *pronom disjoint* pour exprimer l'objet indirect du verbe **présenter** s'il y en a un.

> Je ne connais pas les amis de Christian. Il m'a dit qu'il me présenterait à eux.

> Cher Monsieur... Je me présenterai à vous dès mon arrivée à Strasbourg.

G.   On peut aussi renforcer les pronoms disjoints de la façon suivante :

1.   En ajoutant **-même** (singulier) ou **-mêmes** (pluriel) au pronom disjoint pour l'intensifier. Remarquez le trait d'union.

> Il vous le diront eux-mêmes, si vous voulez le savoir.

> Il faut être indulgent. J'ai préparé le dîner moi-même.

> Vous pouvez faire cette expérience scientifique vous-même(s).

REMARQUE : Ne confondez pas **moi-même** (*myself*) et **même moi** (*even I*), **lui-même** et **même lui,** etc.

> Même lui ne comprend pas les idées de ce philosophe autrichien, qui d'ailleurs se contredit lui-même.

2.   En utilisant **seul** (*alone*) pour renforcer le pronom disjoint. Dans ce cas il n'y a pas de trait d'union.

> « Toi seule, tu as compris ma détresse ! » s'est-il exclamé en soupirant.

> Elle seule pouvait se baigner dans une eau si glaciale. Moi, j'étais transi de froid.

Échanges interactifs

CONVERSATIONS DIRIGÉES

I. *(En groupes de trois) A posera les questions à B et à C. B répondra affirmativement aux questions en ajoutant une explication. C répondra négativement en précisant pourquoi. Utilisez un pronom dans les réponses. A contrôlera les réponses. Ensuite, changez de rôles : B posera les questions à A et à C et contrôlera les réponses.*

MODÈLE : **A :** Prends-tu des œufs au petit déjeuner ?
B : *Oui, j'en prends parce que j'ai faim.*
C : *Non, je n'en prends pas parce que j'y suis allergique.*

Situation 1 : La vie quotidienne

A :
1. Fais-tu des excursions à bicyclette le week-end ?
2. Vas-tu au cinéma le week-end ? Vois-tu des films français ?
3. Est-ce que tu prends des notes pendant les conférences ?
4. Si je parle très vite, est-ce que tu me comprends ?
5. Le téléphone a sonné à minuit hier soir. Mais je n'y ai pas répondu. Est-ce toi qui m'as téléphoné hier ?

B :
6. Est-ce que tu écoutes la radio le matin ?
7. Es-tu contente/content de tes voisins à la résidence ?
8. Est-ce que tu invites ta petite amie/ton petit ami chez toi ?
9. Est-ce que tu écris quelquefois à tes amis de lycée ?
10. As-tu payé la facture de ta carte de crédit ?

RÉPONSES

1. Oui, j'en fais parce que...
Non, je n'en fais pas parce que...
2. Oui, j'y vais parce que... J'en vois parce que...
Non, je n'y vais pas parce que... Je n'en vois pas parce que...
3. Oui, j'en prends parce que...
Non, je n'en prends pas parce que...
4. Oui, je te comprends parce que...
Non, je ne te comprends pas parce que...
5. Oui, c'est moi qui t'ai téléphoné parce que...
Non, ce n'est pas moi qui t'ai téléphoné parce que...
6. Oui, je l'écoute le matin parce que...
Non, je ne l'écoute pas parce que...
7. Oui, je suis contente/content d'eux parce que...
Non, je ne suis pas contente/content d'eux parce que...
8. Oui, je l'invite chez moi parce que...
Non, je ne l'invite pas chez moi parce que...

9.   Oui, je leur écris quelquefois parce que...
     Non, je ne leur écris pas parce que...
10. Oui, je l'ai payée parce que...
     Non, je ne l'ai pas payée parce que...

Situation 2 : A la plage

C :
1.   Est-ce que tu as apporté de la limonade ?
2.   As-tu apporté ta serviette de bain ?
3.   As-tu remarqué les nuages noirs ? Crois-tu que nous ayons (aurons) de la pluie ?
4.   Vas-tu te baigner tout de suite ?
5.   As-tu mis les revues dans ton sac de plage ?
6.   Est-ce que Sylvie a apporté de la crème solaire ?
7.   As-tu donné à manger au chien avant de partir ?
8.   Allons-nous rester longtemps à la plage ?

RÉPONSES
1.   Oui, j'en ai apporté parce que...
     Non, je n'en ai pas apporté parce que...
2.   Oui, je l'ai apportée parce que...
     Non, je ne l'ai pas apportée parce que...
3.   Oui, je les ai remarqués. Je crois que nous en aurons parce que...
     Non, je ne les ai pas remarqués. Je ne crois pas que nous en ayons parce que...
4.   Oui, je vais me baigner tout de suite parce que...
     Non, je ne vais pas me baigner tout de suite parce que...
5.   Oui, je les y ai mises parce que...
     Non, je ne les y ai pas mises parce que...
6.   Oui, elle en a apporté parce que...
     Non, elle n'en a pas apporté parce que...
7.   Oui, je lui ai donné à manger parce que...
     Non, je ne lui ai pas donné à manger parce que...
8.   Oui, nous allons y rester longtemps parce que...
     Non, nous n'allons pas y rester longtemps parce que...

II.   *(En groupes de deux) Imaginez que vous êtes dans la salle de gymnastique. A et B poseront les questions et contrôleront les réponses à tour de rôle.*

A :
1.   Aimes-tu faire de la musculation ?
2.   Est-ce que tu sais utiliser cette machine ?
3.   Est-ce que tu veux essayer les barres parallèles ?
4.   As-tu envie d'aller au sauna ?

B :
5.   As-tu besoin de faire quelques mouvements d'échauffement ?
6.   Est-ce que tu peux soulever ces haltères ?
7.   Est-ce que tu penses parler au moniteur aujourd'hui ?
8.   Crois-tu avoir perdu du poids ?

RÉPONSES

1. Oui, j'aime en faire. (Non, je n'aime pas en faire.)
2. Oui, je sais l'utiliser. (Non, je ne sais pas l'utiliser.)
3. Oui, je veux les essayer. (Non, je ne veux pas les essayer.)
4. Oui, j'ai envie d'y aller. (Non, je n'ai pas envie d'y aller.)
5. Oui, j'ai besoin d'en faire. (Non, je n'ai pas besoin d'en faire.)
6. Oui, je peux les soulever. (Non, je ne peux pas les soulever.)
7. Oui, je pense lui parler. (Non, je ne pense pas lui parler.)
8. Oui, je crois en avoir perdu. (Non, je ne crois pas en avoir perdu.)

III. *(En groupes de deux) Répondez affirmativement aux questions en utilisant deux pronoms dans chaque réponse. A et B poseront les questions et contrôleront les réponses à tour de rôle.*

A :
1. Est-ce que je t'ai prêté mon sac de couchage ?
2. Est-ce que tu m'as rendu mon sac de couchage ?
3. Est-ce que tu prêtes tes cassettes à tes amis ?
4. Est-ce que tes amis te rendent tes cassettes ?
5. Est-ce que tu m'as apporté un pot de confitures ?
6. Est-ce que je t'ai donné une de mes photos ?

B :
7. Est-ce que tes amis te parlent de leurs difficultés ?
8. Est-ce que tes parents t'envoient de l'argent ?
9. Est-ce que tu écris des lettres à ton amie/ami ?
10. Est-ce que ton amie/ami t'envoie aussi des lettres ?
11. Est-ce que nous devons remettre nos devoirs au professeur ?
12. Le professeur va-t-il nous rendre nos devoirs demain ?

RÉPONSES

1. Oui, tu me l'as prêté.
2. Oui, je te l'ai rendu.
3. Oui, je les leur prête.
4. Oui, ils me les rendent.
5. Oui, je t'en ai apporté un.
6. Oui, tu m'en as donné une.
7. Oui, ils m'en parlent.
8. Oui, ils m'en envoient.
9. Oui, je lui en écris.
10. Oui, elle/il m'en envoie aussi.
11. Oui, nous devons les lui remettre.
12. Oui, il va nous les rendre demain.

IV. *(En groupes de trois) Après avoir entendu la phrase de A, B donnera un ordre en employant les verbes donnés et des pronoms. C contrôlera les réponses et jouera le rôle du policier.*

Situation : Deux amis circulent en voiture à New York

1. **A :** Je crois que nous avons besoin de prendre de l'essence.
   B : Alors (s'arrêter) à la prochaine station-service et (acheter).
2. **A :** Le plein revient à $12.76, mais je n'ai pas d'argent sur moi.
   B : Voilà ma carte de crédit. (Donner) au garagiste.
3. **A :** J'ai l'impression qu'il n'y a pas assez d'air dans les pneus.
   B : Alors, (vérifier). Tiens, voilà le garagiste qui revient. (Demander) de (vérifier).

4. **A :** Le garagiste dit que nous avons besoin de nouveaux pneus.
   B : (Ne pas acheter) ici. Je connais une boîte où ils seront moins chers.

5. **A :** Bon. En route. ... As-tu l'adresse de la maison ?
   B : Pas sur moi. J'ai laissé mon carnet d'adresses à l'appartement. (Retourner).

6. **A :** Euh... je crois qu'une voiture à feu clignotant nous suit.
   B : Pas de veine ! C'est la police. (Ralentir) !

7. **A :** Trop tard. Il faut que je me range.
   B : (Préparer) une bonne excuse. Le flic[7] a l'air d'une brute.
   Le policier : Vos papiers, s'il vous plaît !

8. **A :** Alors, tu les as ?
   B : Tiens, voilà les papiers. (Donner / à l'agent).
   Le policier : Pourquoi roulez-vous avec vos feux de détresse allumés ?
   A [agité] : Mes feux. Mais je ne savais pas. Vous comprenez, Monsieur l'agent, c'est une voiture que je conduis pour la première fois. Je la connais mal. J'ai dû... enfin vous... les feux...
   Le policier : Bon, (ne pas s'énerver) ! (Éteindre / les feux) et tout ira bien.

9. **A :** Nous voilà quittes pour notre peur. Alors, en route !
   B : Après ce qui vient d'arriver, (me / laisser / conduire) !

RÉPONSES

1. **B :** Alors arrête-toi à la prochaine station-service et achètes-en.
2. **B :** Voilà ma carte de crédit. Donne-la au garagiste.
3. **B :** Alors, vérifie-les. Tiens, voilà le garagiste qui revient. Demande-lui de les vérifier.
4. **B :** N'en achète pas ici. Je connais une boîte où ils seront moins chers.
5. **B :** Pas sur moi. J'ai laissé mon carnet d'adresses à l'appartement. Retournons-y.
6. **B :** Pas de veine ! C'est la police. Ralentis !
7. **B :** Prépare une bonne excuse. Le flic a l'air d'une brute.
   Le policier : Vos papiers, s'il vous plaît !
8. **B :** Tiens, voilà les papiers. Donne-les à l'agent.
   Le policier : Pourquoi roulez-vous avec vos feux de détresse allumés ?
   Le policier : Bon, ne vous énervez pas ! Éteignez les feux et tout ira bien.
9. **B :** Après ce qui vient d'arriver, laisse-moi conduire !

V. *(En groupes de deux) Répondez aux questions avec un pronom possessif. Improvisez selon les circonstances. A et B se partageront les questions et contrôleront les réponses à tour de rôle.*

1. J'ai mis de la crème sur mon gâteau. Et toi ?
2. J'enferme souvent mes clés dans la voiture. Et toi ?
3. J'ai fini ma traduction du poème. Et Annette ?
4. J'ai repeint ma chambre en vert. Et toi, de quelle couleur as-tu repeint ta chambre ?
5. Mon amie/ami et moi, nous avons stationné notre voiture devant le théâtre. Et toi et tes amis, où avez-vous stationné votre voiture ?
6. Mon amie/ami et moi, nous avons loué notre appartement très cher. Et Carole et Françoise ?

---

[7] flic *(argot)* : agent de police (en anglais c'est *cop*)

RÉPONSES

1. J'en ai mis (Je n'en ai pas mis) sur le mien.
2. J'enferme souvent (Je n'enferme jamais) les miennes.
3. Elle a fini (Elle n'a pas fini) la sienne.
4. J'ai repeint la mienne en... (Je n'ai pas repeint la mienne.)
5. Nous avons stationné la nôtre...
6. Elles n'ont pas loué le leur très cher. (Elles ont loué le leur très cher aussi.)

MISE AU POINT

I. _Remplacez les mots en italique par des pronoms._

1. Nous parlons de notre visite _des châteaux de la Loire._
2. Il vous a donné _son numéro de téléphone._
3. Jérôme a donné un joli chat _à son amie._
4. Odile est allée _en Turquie_ l'année dernière.
5. Sylvain nous fera entendre _des disques de musique africaine._
6. Après avoir vu _ce film,_ Bertrand est allé en discuter au café.
7. Nous avons envoyé _des cartes de Noël_ à tous nos amis.
8. Quand est-ce que tu me rendras _mon blouson de cuir_ ?
9. J'ai fait _ces raviolis_ moi-même.
10. M. Viguier a-t-il vraiment donné _un magnétoscope_ à son fils ?
11. Est-ce que j'ai mis trop _de poivre_ dans la sauce ?

II. _Répondez négativement aux questions en utilisant un ou deux pronoms dans chaque réponse._

1. M'avez-vous donné votre chèque ?
2. Est-ce que je vous ai rendu vos documents ?
3. Avez-vous perdu vos écouteurs ?
4. Avez-vous fini de lire votre courrier ?
5. Avez-vous pris du jus de tomate ?
6. Pouvez-vous me prêter un peu d'argent ?
7. Avez-vous envie d'aller à la conférence ?
8. Emmenez-vous vos amis dans des restaurants chers ?
9. Est-ce que vous avez déjà fini vos études ?

III. _Répondez aux questions selon le contexte. Utilisez des pronoms dans vos réponses._

A. _Imaginez que vous êtes assise/assis à un café à Paris. Une/Un touriste assise/assis à une table voisine entame la conversation et vous demande :_

1. Avez-vous visité le centre Beaubourg ?
2. Êtes-vous contente/content de votre hôtel ?
3. Aimez-vous votre chambre ?
4. Y a-t-il une salle de bains ?
5. Dînerez-vous à la Tour d'Argent ce soir ?
6. Avez-vous rencontré des Parisiens sympathiques ?

7. Est-ce que vous enverrez des cartes postales à vos amis ?
8. Irez-vous bientôt sur la Côte d'Azur ?

B.   *Imaginez que vous êtes chez le dentiste qui vous demande :*

1. Avez-vous mal à cette dent ?
2. Supportez-vous l'anesthésie ?
3. Est-ce qu'on vous a fait des radios à votre dernière visite ?
4. Est-ce que je vous fais mal ?
5. Vous lavez-vous les dents tous les jours ?
6. Voulez-vous des écouteurs pour vous distraire ?
7. Voulez-vous une couronne en or ?

C.   *Imaginez que vous et vos amis rentrez d'une réception. On vous demande :*

1. Êtes-vous arrivés en retard à la réception ?
2. Avez-vous rencontré des gens originaux ou excentriques ?
3. Avez-vous parlé à tous les invités ?
4. A-t-on servi des amuse-gueule ?
5. A-t-on offert du champagne ?
6. Avez-vous aimé la musique ?
7. Avez-vous trouvé les hôtes sympathiques avant de partir ?

IV.   *Répondez aux questions. Utilisez des pronoms dans vos réponses. (Révision)*

1. Buvez-vous du jus d'orange le matin ?
2. Êtes-vous allée/allé à la Martinique ?
3. Connaissez-vous les serveurs du café près de l'université ?
4. Avez-vous dîné chez le président ?
5. Allez-vous me téléphoner dimanche ?
6. Vos grands-parents vous envoient-ils des cadeaux de temps en temps ?
7. Vous souvenez-vous de votre école élémentaire ?
8. Est-ce qu'il faut de la patience pour apprendre le français ?
9. Vous rappelez-vous les noms des quatre personnages principaux des *Trois Mous-quetaires* ?
10. Promettez-vous de lire ce livre ?
11. Votre mère vous donne-t-elle de l'argent ?
12. Allez-vous aux concerts de rock avec vos professeurs ?
13. Pensez-vous souvent à ceux qui sont plus malheureux que vous ?
14. Avez-vous remboursé toutes vos dettes ?
15. Réfléchissez-vous à votre carrière ?

V.   *Employez un pronom possessif à la place des mots entre parenthèses.*

1. Mon ami a acheté une voiture. Moi, j'ai vendu (ma voiture).
2. Tout le monde a apprécié le discours de Jérôme mais personne n'a réagi (à mon discours).
3. Voilà ma jaquette. Henri, où est (ta jaquette) ?

4. Ils nous ont montré leurs diapositives l'autre jour. La semaine prochaine Elsa nous montrera (ses diapositives).
5. Georges a répondu à la lettre de son amie, mais il n'a pas répondu (à notre lettre).
6. J'aime bien tes affiches, mais je n'aime pas beaucoup (leurs affiches).
7. J'ai rendu à Valérie tous ses albums de photos, mais je ne sais pas ce que j'ai fait (de tes albums).
8. J'ai jeté tous mes devoirs à la fin du trimestre, mais Henri a gardé (ses devoirs).

VI. *(Constructions) Trouvez une autre façon de dire les phrases suivantes. Employez un pronom possessif ou les expressions* **être à, appartenir à, être** + *pronom possessif.*

1. Ce violon est à moi.
2. Ce sont leurs meubles.
3. Ces bouteilles m'appartiennent.
4. Ce journal est-il à vous ?
5. Est-ce que c'est ton bateau ?

VII. *(Constructions) Remplacez les tirets par* **à** *ou* **de** *là où c'est nécessaire. N'oubliez pas de faire les contractions.*

1. Patrick était triste parce qu'il devait jouer _____ violon et il aurait voulu jouer _____ ballon avec ses amis.
2. Si vous manquez _____ le début du film, vous pourrez le voir à la deuxième séance.
3. Votre exposé manque _____ clarté.
4. Si vous manquez _____ vos engagements, vous n'irez pas très loin dans votre carrière.
5. Nous avons manqué _____ l'autocar de 6 h.
6. Pendant les premiers jours de leur séparation, Carla manquait beaucoup _____ son mari.
7. Gérard pensait _____ louer un appartement à Saint-Germain des Prés.
8. Chloé pense _____ repeindre sa chambre ce week-end.
9. Que pensez-vous _____ la crise de l'énergie ?

VIII. *(Constructions) Faites des phrases avec les verbes suivants ou utilisez-les dans un paragraphe de votre invention. Imaginez, par exemple, que vous écrivez une carte postale à une amie/un ami où vous parlez de vos activités pendant un séjour à l'étranger.*

1. jouer de
2. jouer à
3. manquer à
4. penser de
5. manquer de
6. manquer

PROJETS DE COMMUNICATION

I. *(Devoir écrit)* L'autre jour Henri a reçu une lettre. La lettre était dans une enveloppe rose parfumée. La mère d'Henri était très curieuse de savoir qui avait écrit cette lettre mais elle savait qu'elle ne devait pas y toucher. Pourtant, incapable de résister à sa curiosité, elle l'a ouverte à la vapeur... Continuez cette histoire. Quel est le contenu de la lettre ? Imaginez le dialogue entre Henri et sa mère lorsque celui-ci découvre l'indiscrétion de sa mère.

II. *(Sketch)* Un groupe de quatre à cinq étudiants mettra en scène une des situations suivantes.

1. Un dîner en famille un jour de fête.

2. Une discussion au dortoir après un grand match de football américain.

III. *(Sketch)* Pendant votre absence, on vous a laissé un mot vous demandant d'aller retirer un paquet à la poste. Le lendemain, vous allez à la poste, vous faites la queue pendant une demi-heure et la postière/le postier ne le trouve pas. Avec une/un camarade qui joue le rôle de la postière/du postier, mettez en scène une des situations suivantes.

1. On a fait suivre votre paquet à quelqu'un qui porte votre nom mais qui habite une autre ville.

2. On vous a envoyé votre paquet en exprès et vous remarquez qu'il n'est arrivé qu'au bout de trois mois et contenait des chocolats fondus à cause de la chaleur.

Vocabulaire utile

Noms

un annuaire *a telephone directory*	le mandat *money order*
le cachet *seal, stamp*	la poste restante *general delivery*
le code postal *zip code*	la postière/le postier *postal clerk*
l'employée/l'employé *employee*	la queue *line (of people)*
le guichet *teller window*	le timbre *postage stamp*
une lettre recommandée *a registered letter*	

Verbes

égarer *to lose, misplace*	ficeler *to tie (up)*
faire suivre *to forward*	réclamer *to complain*

Adjectifs

affairé *busy*	impatient *impatient*
aimable *amiable, friendly*	incompétent *incompetent*
désagréable *unpleasant*	poli *polite*
désobligeant *unobliging*	serviable *obliging, willing (to help)*

Expressions

d'un ton brusque *bruskly*	d'une voix traînante *in a drawling voice*

IV. *(Dialogue)* Choisissez une des situations suivantes et préparez un dialogue que vous présenterez en classe.

1. Quand Agnès, qui voulait aller à une soirée, a demandé à son ami Patrice s'il voulait l'accompagner, il lui a répondu qu'elle pouvait y aller seule, car il en avait assez de passer son temps avec des gens qui ne s'y connaissent pas en sport. Elle lui a répondu qu'il ne savait pas s'y prendre avec ses amis, et qu'elle le laisserait tomber si ça continuait. Comme

Patrice consultait déjà son magazine sportif, Agnès a décidé de partir en claquant la porte. Continuez en imaginant la conversation que Patrice a eue avec Agnès au téléphone le lendemain pour se remettre dans les bonnes grâces de celle-ci. Utilisez, dans la mesure du possible, les expressions idiomatiques : *s'y prendre (bien ou mal), en avoir assez, s'y connaître en.*

2. Vous allez quitter le restaurant et vous prenez votre imperméable accroché au portemanteau, mais une autre main s'en est aussi saisi. Vous n'avez pas plus l'intention de laisser partir un étranger avec votre imperméable que lui de vous laisser partir avec le sien. Imaginez le dialogue en utilisant des pronoms possessifs.

MODÈLE : — Je vous demande pardon, mais cet imperméable est à moi.
— Je regrette. C'est le mien. Je suis arrivé avec et d'ailleurs j'y ai laissé mes clés.
— Eh bien, regardons dans la poche.
— Vous voyez bien que ce sont les miennes !
— Et moi, je garantis que cette clé-là ouvrira la porte de ma voiture, si vous voulez bien m'accompagner au parking.

(La conversation continue dans le parking où les coïncidences se multiplient à l'infini.)

V. *(Devoir écrit)* Écrivez un paragraphe dans lequel vous utilisez les expressions idiomatiques étudiées dans *Constructions.*

1. Il vous est sans doute arrivé d'entreprendre quelque chose d'apparemment facile pour constater ensuite que tout se compliquait. En fin de compte vous avez perdu patience. Racontez.

2. Décrivez vos goûts en matière d'habillement. Quelles questions auriez-vous pour quelqu'un qui s'y connaît en haute couture ?

VI. *(Discussion à partir d'un texte)* Après avoir lu le texte d'Ionesco pour en apprécier l'humour, traitez en groupe de trois ou quatre un des sujets suivants.

1. Le rôle que le hasard joue dans la vie.
2. La force comique d'une phrase répétée. Présentez des exemples où la répétition verbale produit un effet comique.

La Cantatrice chauve

Ionesco (1912 – 1994)

(M. et Mme Martin ont été invités à dîner chez les Smith. Mais ceux-ci ne sont pas prêts à les recevoir et au moment où les Martin arrivent, les Smith doivent les abandonner au salon pour aller s'habiller.)

Mme et M. Martin s'assoient l'un en face de l'autre, sans se parler. Ils se sourient, avec timidité.

M. Martin : [Le dialogue qui suit doit être dit d'une voix traînante, monotone, un peu chantante, nullement nuancée.] Mes excuses, Madame, mais il me semble, si je ne me trompe, que je vous ai déjà rencontrée quelque part.

Mme Martin : A moi aussi, Monsieur, il me semble que je vous ai déjà rencontré quelque part.

M. Martin : Ne vous aurais-je pas déjà aperçue, Madame, à Manchester, par hasard ?

Mme Martin : C'est très possible. Moi, je suis originaire de la ville de Manchester ! Mais je ne me souviens pas très bien, Monsieur, je ne pourrais pas dire si je vous y ai aperçu ou non !

M. Martin : Mon Dieu, comme c'est curieux ! Moi aussi je suis originaire de la ville de Manchester, Madame !

Mme Martin : Comme c'est curieux !

M. Martin : Comme c'est curieux !... Seulement, moi, Madame, j'ai quitté la ville de Manchester, il y a cinq semaines, environ.

Mme Martin : Comme c'est curieux ! quelle bizarre coïncidence ! Moi aussi, Monsieur, j'ai quitté la ville de Manchester, il y a cinq semaines environ.

M. Martin : J'ai pris le train d'une demie après huit le matin, qui arrive à Londres à un quart avant cinq, Madame.

Mme Martin : Comme c'est curieux ! comme c'est bizarre ! et quelle coïncidence ! J'ai pris le même train, Monsieur, moi aussi !

M. Martin : Mon Dieu, comme c'est curieux ! Peut-être bien alors, Madame, que je vous ai vue dans le train ?

Mme Martin : C'est bien possible, ce n'est pas exclu, c'est plausible et après tout pourquoi pas !... Mais je n'en ai aucun souvenir, Monsieur !

M. Martin : Je voyageais en deuxième classe, Madame. Il n'y a pas de deuxième classe en Angleterre, mais je voyage quand même en deuxième classe.

Mme Martin : Comme c'est bizarre, que c'est curieux, et quelle coïncidence ! moi aussi, Monsieur, je voyageais en deuxième classe !

M. Martin : Comme c'est curieux ! Nous nous sommes peut-être bien rencontrés en deuxième classe, chère Madame !

Mme Martin : La chose est bien possible et ce n'est pas du tout exclu. Mais je ne m'en souviens pas très bien, cher Monsieur !

M. Martin : Ma place était dans le wagon n° 8, sixième compartiment, Madame !

Mme Martin : Comme c'est curieux ! ma place aussi était dans le wagon n° 8, sixième compartiment, cher Monsieur !

M. Martin : Comme c'est curieux et quelle coïncidence bizarre ! Peut-être nous sommes-nous rencontrés dans le sixième compartiment, chère Madame ?

Mme Martin : C'est bien possible, après tout ! Mais je ne m'en souviens pas, cher Monsieur !

M. Martin : A vrai dire, chère Madame, moi non plus je ne m'en souviens pas, mais il est possible que nous nous soyons aperçus là, et, si j'y pense bien, la chose me semble même très possible !

Mme Martin : Oh ! vraiment, bien sûr, vraiment, Monsieur !

M. Martin : Comme c'est curieux !... J'avais la place n° 3, près de la fenêtre, chère Madame.

Mme Martin : Oh, mon Dieu, comme c'est curieux et comme c'est bizarre, j'avais la place n° 6, près de la fenêtre, en face de vous, cher Monsieur.

M. Martin : Oh, mon Dieu, comme c'est curieux et quelle coïncidence !... Nous étions donc vis-à-vis, chère Madame ! C'est là que nous avons dû nous voir !

Mme Martin : Comme c'est curieux ! C'est possible mais je ne m'en souviens pas, Monsieur !

M. Martin : A vrai dire, chère Madame, moi non plus je ne m'en souviens pas. Cependant, il est très possible que nous nous soyons vus à cette occasion.

Mme Martin : C'est vrai, mais je n'en suis pas sûre du tout, Monsieur.

M. Martin : Ce n'était pas vous, chère Madame, la dame qui m'avait prié de mettre sa valise dans le filet et qui ensuite m'a remercié et m'a permis de fumer ?

Mme Martin : Mais si, ça devait être moi, Monsieur ! Comme c'est curieux, comme c'est curieux, et quelle coïncidence !

M. Martin : Comme c'est curieux, comme c'est bizarre, quelle coïncidence ! Eh bien alors, alors nous nous sommes peut-être connus à ce moment-là, Madame ?

Mme Martin : Comme c'est curieux et quelle coïncidence ! c'est bien possible, cher Monsieur ! Cependant, je ne crois pas m'en souvenir.

M. Martin : Moi non plus, Madame.

[Un moment de silence. La pendule sonne 2, 1.]

M. Martin : Depuis que je suis arrivé à Londres j'habite rue Bromfield, chère Madame.

Mme Martin : Comme c'est curieux, comme c'est bizarre ! moi aussi, depuis mon arrivée à Londres j'habite rue Bromfield, cher Monsieur.

M. Martin : Comme c'est curieux, mais alors, mais alors, nous nous sommes peut-être rencontrés rue Bromfield, chère Madame.

Mme Martin : Comme c'est curieux; comme c'est bizarre ! c'est bien possible, après tout ! Mais je ne m'en souviens pas, cher Monsieur.

M. Martin : Je demeure au n° 19, chère Madame.

Mme Martin : Comme c'est curieux, moi aussi j'habite au n° 19, cher Monsieur.

M. Martin : Mais alors, mais alors, mais alors, mais alors, mais alors, nous nous sommes peut-être vus dans cette maison, chère Madame ?

Mme Martin : C'est bien possible, mais je ne m'en souviens pas, cher Monsieur.

M. Martin : Mon appartement est au cinquième étage, c'est le n° 8, chère Madame.

Mme. Martin : Comme c'est curieux, mon Dieu, comme c'est bizarre ! et quelle coïncidence ! moi aussi j'habite au cinquième étage, dans l'appartement n° 8, cher Monsieur !

M. Martin : [songeur] Comme c'est curieux, comme c'est curieux, comme c'est curieux et quelle coïncidence ! vous savez, dans ma chambre à coucher j'ai un lit. Mon lit est couvert d'un édredon vert. Cette chambre, avec ce lit et son édredon vert, se trouve au fond du corridor, entre les water et la bibliothèque, chère Madame !

Mme Martin : Quelle coïncidence, ah mon Dieu, quelle coïncidence ! Ma chambre à coucher a, elle aussi, un lit avec un édredon vert et se trouve au fond du corridor, entre les water, cher Monsieur, et la bibliothèque !

M. Martin : Comme c'est bizarre, curieux, étrange ! alors, Madame, nous habitons dans la même chambre et nous dormons dans le même lit, chère Madame. C'est peut-être là que nous nous sommes rencontrés !

Mme Martin : Comme c'est curieux et quelle coïncidence ! C'est bien possible que nous nous y soyons rencontrés, et peut-être même la nuit dernière. Mais je ne m'en souviens pas, cher Monsieur !

M. Martin : J'ai une petite fille, ma petite fille, elle habite avec moi, chère Madame. Elle a deux ans, elle est blonde, elle a un œil blanc et un œil rouge, elle est très jolie, et elle s'appelle aussi Alice, chère Madame.

Mme Martin : Quelle bizarre coïncidence ! moi aussi j'ai une petite fille, elle a deux ans, un œil blanc et un œil rouge, elle est très jolie et s'appelle aussi Alice, cher Monsieur !

M. Martin : [même voix traînante, monotone] Comme c'est curieux et quelle coïncidence ! et bizarre ! c'est peut-être la même, chère Madame !

Mme Martin : Comme c'est curieux ! c'est bien possible, cher Monsieur.

[Un assez long moment de silence... La pendule sonne vingt-neuf fois.]

M. Martin : [Après avoir longuement réfléchi, se lève lentement et, sans se presser, se dirige vers Mme Martin qui, surprise par l'air solennel de M. Martin, s'est levée, elle aussi, tout doucement; M. Martin a la même voix rare, monotone, vaguement chantante.] Alors, chère Madame, je crois qu'il n'y a pas de doute, nous nous sommes déjà vus et vous êtes ma propre épouse... Élisabeth, je t'ai retrouvée !

[Mme Martin, s'approche de M. Martin sans se presser. Ils s'embrassent sans expression. La pendule sonne une fois, très fort. Le coup de la pendule doit être si fort qu'il doit faire sursauter les spectateurs. Les époux Martin ne l'entendent pas.]

Mme Martin : Donald, c'est toi, darling !

[Ils s'assoient dans le même fauteuil, se tiennent embrassés et s'endorment. La pendule sonne encore plusieurs fois. Mary, sur la pointe des pieds, un doigt sur ses lèvres, entre doucement en scène et s'adresse au public.]

Mary : Élisabeth et Donald sont, maintenant, trop heureux pour pouvoir m'entendre. Je puis donc vous révéler un secret. Élisabeth n'est pas Élisabeth, Donald n'est pas Donald. En voici la preuve : l'enfant dont parle Donald n'est pas la fille d'Élisabeth, ce n'est pas la même personne. La fillette de Donald a un œil blanc et un autre rouge tout comme la fillette d'Élisabeth. Mais tandis que l'enfant de Donald a l'œil blanc à droite et l'œil rouge à gauche, l'enfant d'Élisabeth, lui, a l'œil rouge à droite et le blanc à gauche ! Ainsi tout le système d'argumentation de Donald s'écroule en se heurtant à ce dernier obstacle qui anéantit toute sa théorie. Malgré les coïncidences extraordinaires qui semblent être des preuves définitives, Donald et Élisabeth n'étant pas les parents du même enfant ne sont pas Donald et Élisabeth. Il a beau croire qu'il est Donald, elle a beau se croire Élisabeth. Il a beau croire qu'elle est Élisabeth. Elle a beau croire qu'il est Donald : ils se trompent amèrement. Mais qui est le véritable Donald ? Quelle est la véritable Élisabeth ? Qui donc a intérêt à faire durer cette confusion ? Je n'en sais rien. Ne tâchons pas de le savoir. Laissons les choses comme elles sont. [Elle fait quelques pas vers la porte, puis revient et s'adresse au public.] Mon vrai nom est Sherlock Holmès.

Chapitre

7

Les Verbes pronominaux

Présentation

PRINCIPES

Classification des verbes pronominaux
Conjugaison des verbes pronominaux
L'accord du participe passé des verbes pronominaux
Verbes pronominaux à sens idiomatique

CONSTRUCTIONS

Le passif

ÉTUDE DE VERBES

Verbes pronominaux + **à** ou **de** + *infinitif*
Verbes comme **s'asseoir** et **se lever**

Échanges interactifs

Présentation

PRINCIPES

I. Classification des verbes pronominaux

Un verbe pronominal est un verbe conjugué avec un pronom personnel « réfléchi » : *me, te, se, nous, vous, se.* Ce pronom représente le sujet du verbe.

A. Quand le sujet de l'action est également l'objet de cette action, le verbe pronominal est réfléchi.

Marie-Claude se coiffe très bien.

Marie-Claude se coiffe et s'habille très bien, mais elle ne se maquille jamais.

Les enfants se baignent dans le lac en été. Ils s'amusent beaucoup.

Est-ce que tu te vois dans la glace ?

B. Quand deux ou plusieurs sujets agissent l'un sur l'autre (ou les uns sur les autres), le verbe pronominal est réciproque. Dans ce cas, le verbe est toujours pluriel.

Mireille et Justin se téléphonaient chaque jour parce qu'ils n'avaient pas le temps de s'écrire.

C. Beaucoup de verbes pronominaux ne sont ni réfléchis ni réciproques. Ce sont des verbes pronominaux à sens idiomatique. Certains d'entre eux existent seulement à la forme pronominale :

> s'absenter *to be absent*
> s'abstenir de *to refrain from*
> s'efforcer de (à) *to strive*
> se méfier de *to beware of*
> se moquer de *to make fun of*
> se rendre compte de *to realize*
> se souvenir de *to remember*

A votre place, je me méfierais des gens qui me font trop de compliments.

Te souviens-tu de notre premier voyage à Venise?

Est-ce que tu te rends compte du danger du voyage que tu proposes ?

D'autres verbes peuvent se conjuguer avec ou sans pronom réfléchi. Pour ces verbes, la forme pronominale a souvent un sens différent de celui du verbe non pronominal. Par exemple, **plaindre** : *to pity* ; **se plaindre** : *to complain.* Pour quelques verbes courants dans cette catégorie, voir p. 173 et Tableau 38, p. 174.

D. Certains verbes pronominaux peuvent avoir un sens passif.

Le français se parle dans beaucoup de pays africains. (= est parlé)

Le sucre se vend chez l'épicier. (= est vendu)

Les maisons se vendent encore très cher malgré la baisse de l'économie.

Le cours mondial des matières premières se décide à New York. (= est décidé)

II. Conjugaison des verbes pronominaux

Voir Tableau 36, p. 170. Remarquez que les verbes pronominaux aux temps composés sont conjugués avec l'auxiliaire **être.**

A. Le pronom réfléchi est une partie intégrale de la conjugaison des verbes pronominaux. Notez la place du pronom avec un verbe négatif ainsi qu'aux temps composés.

Tu as l'air bien fatigué. — Il y a de quoi ! Je me lève tous les jours à six heures et je ne me couche jamais avant deux heures du matin.

Léa et Christophe ne se sont pas amusés à la fête. Et vous ? — Nous nous y sommes ennuyés à mourir. Il n'y avait personne de notre âge.

Le docteur lui disait à chaque visite : « Il faut que vous vous reposiez et que vous vous fassiez moins de soucis. »

Nous ne nous sommes pas rendu compte que Claire ne s'entendait pas avec ses parents. Elle s'était enfuie de la maison à l'âge de seize ans.

Est-ce que je me serais trompé de route ? Voilà deux heures que nous roulons sans avoir traversé un seul village.

B. Quand un verbe pronominal est employé dans une construction infinitive, le pronom réfléchi correspond au sujet.

J'ai envie de me reposer.

Est-ce que je peux me servir de ta voiture ce week-end ? J'ai envie de me balader à la campagne. — Oui, tu peux t'en servir si tu me promets d'en prendre soin.

Ils voulaient s'allonger au soleil, et nous voulions nous asseoir à l'ombre.

C. A l'impératif affirmatif, le pronom réfléchi se place après le verbe.

Asseyez-vous, je vous en prie.

Dépêche-toi, nous allons être en retard.

Mais : Ne vous asseyez pas sur cette chaise, elle est très fragile.

TABLEAU 36

Conjugaison d'un verbe pronominal : *SE LAVER*

	Temps simples	**Temps composés**
	Indicatif présent	*Passé composé*
Affirmatif	je me lave	je me suis lavée/lavé*
	tu te laves	tu t'es lavée/lavé
	elle/il se lave	elle/il s'est lavée/lavé
	nous nous lavons	nous nous sommes lavées/lavés
	vous vous lavez	vous vous êtes lavée(s)/lavé(s)[†]
	elles/ils se lavent	elles/ils se sont lavées/lavés
Négatif	je ne me lave pas	je ne me suis pas lavée/lavé
	tu ne te laves pas	tu ne t'es pas lavée/lavé
	elle/il ne se lave pas	elle/il ne s'est pas lavée/lavé
	nous ne nous lavons pas	nous ne nous sommes pas lavées/lavés
	vous ne vous lavez pas	vous ne vous êtes pas lavée(s)/lavé(s)
	elles/ils ne se lavent pas	elles/ils ne se sont pas lavées/lavés
Interrogatif	est-ce que je me lave ?[‡]	me suis-je lavée/lavé ? [§]
	te laves-tu ?	t'es-tu lavée/lavé ?
	se lave-t-elle/il ?	s'est-elle/il lavée/lavé ?
	nous lavons-nous ?	nous sommes-nous lavées/lavés ?
	vous lavez-vous ?	vous êtes-vous lavée(s)/lavé(s) ?
	se lavent-elles/ils ?	se sont-elles/ils lavées/lavés ?

Impératif

Affirmatif	*Négatif*
lave-toi	ne te lave pas
lavons-nous	ne nous lavons pas
lavez-vous	ne vous lavez pas

* Voir p. 171 pour l'accord du participe passé.

[†] Avec le **vous** de politesse, le participe passé est singulier (féminin ou masculin).

[‡] L'inversion est inusitée à la 1re personne des temps simples. On emploie **est-ce que.** Exemple : *Est-ce que je me trompe ? Est-ce que je me fais des illusions ?*

[§] L'inversion à la 1er personne des temps composés est rarement utilisée excepté dans le style soutenu.

Ne confondez pas l'impératif d'un verbe pronominal avec l'impératif d'un verbe non pronominal.

Mets-toi (pronominal) sur le divan, si tu veux, mais ne mets pas tes pieds sur la table.

Ne lave pas ta voiture aujourd'hui. Il va pleuvoir.

Lave-toi les mains avant de te mettre à table.

III.   L'accord du participe passé des verbes pronominaux

A.   Les verbes pronominaux réfléchis ou réciproques, quoique conjugués avec **être,** s'accordent avec le pronom réfléchi, pourvu que celui-ci soit objet direct. Autrement dit, si le pronom réfléchi est *indirect*, le participe passé reste *invariable*. Notez que le pronom réfléchi représente le sujet et donc est du même genre et nombre que le sujet.

Robert et Christian se sont habillés en vitesse. (**se** = objet direct, masc. pluriel)

Geneviève s'est offert une stéréo pour son anniversaire. (**offrir qch. à qqn,** donc **se** = objet indirect)

Chantal et Élisabeth se sont écrit des cartes postales pendant les vacances. Elle ne se sont pas téléphoné ni vues. (**écrire à qqn, téléphoner à qqn,** mais **voir qqn**)

Pascale s'est levée à l'aube et s'est mise à travailler à son nouveau roman.

Cᴀs sᴘéᴄɪᴀʟ : Si le verbe pronominal gouverne un objet direct (autre que le pronom réfléchi), le participe s'accorde avec cet objet direct s'il précède le verbe. Dans ce cas le pronom réfléchi est indirect, mais la règle de l'accord avec l'objet direct prime.

Je n'aime pas la maison que mon frère s'est construite. (**maison** = objet direct qui précède le verbe; **s'** = objet indirect) Cᴏᴍᴘᴀʀᴇᴢ : Mon frère s'est construit cette maison.

Les cadeaux qu'elles se sont envoyés n'ont pas coûté très cher. (**cadeaux** = objet direct, **se** = objet indirect)

Les insultes qu'ils se sont lancées auraient fait rougir un gardien de prison. (**insultes** = objet direct, **se** = objet indirect)

Rᴇᴍᴀʀᴏᴜᴇ : Dans les phrases avec les parties du corps comme objet direct, le pronom réfléchi est considéré indirect, et le participe passé varie seulement si la partie du corps précède le verbe. Voici quelques verbes courants employés avec les parties du corps :

> se brosser / se coiffer / se peigner
> se laver (les mains, le visage, les dents...)
> se maquiller (les yeux)
> se raser (la barbe, la tête, les jambes...)
> se salir (les mains, la figure...)
> se brûler (le bras, la main...)
> se casser (le doigt, la jambe...)
> se blesser (le nez, les pieds...)
> se couper (le menton, le doigt...)

Annette s'est lavé le visage. (**se** = à elle : objet indirect) Cᴏᴍᴘᴀʀᴇᴢ : Annette s'est lavée (**se** = objet direct qui précède le verbe)

Ils se sont brûlé les mains avec ce produit chimique. (**se** = objet indirect). Mᴀɪs : Ils se les sont brûlées. (**les** = objet direct qui précède le verbe)

B.   Dans le cas des verbes pronominaux à sens idiomatique ou à sens passif, il n'est pas toujours possible d'analyser le pronom réfléchi. L'accord se fait alors avec le sujet. Voir

Alice ne s'est pas souvenue de sa promesse.

Vous vous êtes trompés, mes amis !

Marie-Hélène s'est dépêchée d'écrire son article.

TABLEAU 37

VERBES PRONOMINAUX DONT LE PARTICIPE PASSÉ S'ACCORDE AVEC LE SUJET

(liste partielle)

s'absenter de	s'écrier	se faire à	se promener
s'affaiblir	s'efforcer de	s'habituer à	se raviser
s'amuser de	s'éloigner de	se hâter de	se rebeller
s'apercevoir de	s'en aller de	s'infiltrer	se réfugier
s'approcher de	s'endormir	s'inscrire	se réjouir de
s'arrêter de	s'enfuir de	s'intéresser à	se repentir
s'attendre à	s'ennuyer	se lamenter	se résoudre
s'avancer	s'entendre	se lever	se réveiller
se cacher de	s'éprendre	se marier	se sauver de
se coucher	s'étonner	se méfier de	se sentir
se couvrir de	s'évader	se mettre à	se servir de
se dépêcher de	s'évanouir	se moquer de	se soucier de
se diriger vers	s'évaporer	se mordre	se souvenir de
se disputer (avec)	s'éveiller	se passer	se suicider
se douter de	s'excuser	se plaindre de	se taire
s'échapper de	s'extasier	s'y prendre	se tromper
s'écouler	se fâcher	se presser de	se voir

EXEMPLES :

1. Nous nous sommes amusés au cirque.
2. Elle ne s'est pas souvenue de ma fête.
3. Ils se sont trompés de route.
4. Elle s'est bien doutée qu'il pleuvrait.

Tableau 37 pour une liste partielle de verbes pronominaux qui s'accordent avec le sujet.

RÉSUMÉ : Pour faire l'accord du participe passé des verbes pronominaux, suivez le précis suivant :

1. Si le pronom réfléchi d'un verbe pronominal est objet direct : faites l'accord avec le pronom réfléchi (c'est-à-dire avec le sujet puisque le pronom réfléchi représente le sujet).

Nous ne nous sommes pas aperçus qu'il tremblait.

La porte s'est ouverte automatiquement. (pronominal « passif »)

Cette marchandise s'est vendue plus rapidement l'année dernière. (pronominal « passif »)

Mes nièces ne s'étaient pas vues depuis trois ans. (**se** = *féminin pluriel*)

2. Si le pronom réfléchi est clairement indirect et si la phrase ne contient pas un autre objet direct qui précède le verbe, le participe passé est invariable.

Diane et Valérie se sont écrit pendant des années. Elles se sont raconté toutes leurs aventures amoureuses.

3. Si, en plus du pronom réfléchi, le verbe a un objet direct qui précède le verbe, l'accord se fait avec cet objet direct. (Le pronom réfléchi sera indirect dans ce cas.)

Quelles questions les avocats se sont-ils posées avant le commencement du procès ?

4. Si le verbe pronominal est idiomatique (par exemple, des verbes comme **se souvenir, s'apercevoir, se dépêcher,** où la fonction du pronom réfléchi n'est pas claire), le participe passé s'accorde avec le sujet.

Lise s'est aperçue trop tard de son erreur.

5. Si le verbe est pronominal à sens passif, le participe passé s'accorde avec le sujet.

Cette maison s'est vendue très bon marché.

IV. Verbes pronominaux à sens idiomatique

A. Certains verbes, lorsqu'ils sont conjugués à la forme pronominale, ont un sens idiomatique. Comparez les exemples donnés dans le Tableau 38, p. 174, et notez bien les différences de sens entre les deux formes du verbe.

B. Les verbes pronominaux suivants gouvernent un complément avec **de** :

    se rendre compte de _to realize_
    se tromper de[1] _to be wrong about_
    s'apercevoir de _to notice, to perceive_
    se plaindre de _to complain_
    se servir de _to use_
    se souvenir de _to remember_

Il se rend compte des dangers de la vitesse. (Il s'en rend compte.)

Je me suis plaint du bruit. Je m'en suis plaint.

Nous savons nous servir des ordinateurs. (Nous savons nous en servir.)

Faites attention à l'ordre des pronoms :

m'en	nous en
t'en	vous en
s'en	s'en

---

[1] **Se tromper** s'emploie aussi sans **de** : **Je me suis trompé** (_I made a mistake_).

TABLEAU 38

VERBES QUI CHANGENT DE SENS A LA FORME PRONOMINALE

Verbes	**Exemples**
aller *to go*	Nous allons à Strasbourg visiter le Parlement européen.
s'en aller *to go away; to leave*	Si tu continues à me critiquer, je vais m'en aller.
apercevoir *to see; to perceive; to make out*	J'aperçois un petit village au fond de la vallée.
s'apercevoir (de) *to notice; to realize*	Jean-Paul ne s'est pas aperçu de son erreur.
demander *to ask*	J'ai demandé à quelqu'un de m'indiquer la route.
se demander *to wonder*	Je me demande à qui je devrais parler.
douter *to doubt*	Je doute qu'il accepte mon offre.
se douter *to suspect*	Je me doutais bien qu'il serait difficile de faire l'ascension de cette montagne.
ennuyer *to annoy; to vex; to bore*	Cette émission ennuiera les enfants.
s'ennuyer *to be bored*	On ne s'ennuie jamais dans le cours de ce professeur.
entendre *to hear*	Avez-vous déjà entendu la Symphonie Fantastique de Berlioz ?
s'entendre *to get along*	Je m'entends bien avec mes parents.
faire *to make; to do*	Comment fait-on un « croque-monsieur » ?
se faire à *to get used to*	Je n'aurais pas pu me faire à la vie militaire.
passer *to pass; to spend (time)*	Nous avons passé l'été à Vancouver.
se passer de *to do without*	Je ne peux pas me passer de café le matin.
plaindre *to pity*	Je plains les gens qui n'ont pas assez à manger.
se plaindre *to complain*	Les prisonniers se sont plaints de la mauvaise qualité de la cuisine.
plaire *to please*	Ces iris plairont beaucoup à ma mère.
se plaire *to be happy; to be pleased*	Vous plaisez-vous dans notre pays ?
servir *to serve*	On servait le dîner à six heures.
se servir de *to use*	On se sert d'un parapluie quand il pleut.
taire *to say nothing about; to hush up; to hide*	Pendant des années, il a tu son chagrin.
se taire *to remain silent; to become silent*	Elle se taisait chaque fois qu'un étranger entrait dans la salle.
tromper *to deceive*	Madame Bovary trompait son mari par ennui.
se tromper de *to be mistaken*	Il est arrivé à l'heure, mais il s'est trompé de jour.
trouver *to find*	A-t-on trouvé une solution à la crise de l'énergie ?
se trouver *to be; to find oneself*	Au centre du village se trouvait une fontaine.

NOTE : On peut dire aussi **se rendre compte que, s'apercevoir que, se plaindre que (de ce que).**

Vous ne vous êtes pas rendu compte que le poème est écrit en vers libres.

Quand Georges s'est aperçu que personne ne l'écoutait, il s'est mis à crier.

C. Les expressions suivantes ont des sens idiomatiques.

1. S'en faire / s'y faire

S'en faire (se faire des soucis) a le sens de *to worry.*

Ne vous en faites pas. Nous arriverons à l'heure.

Se faire à (s'y faire) est un synonyme de **s'habituer à** *(to get used to).*

Elle ne s'est jamais faite à l'idée que son mari, lui, voulait faire du zoga. (Elle ne s'y est jamais faite.)

2. S'agir de : *to be about, to concern*

Ce verbe est conjugué exclusivement à la forme **il** (impersonnel) : *il s'agit de, il s'agissait de, il s'agira de,* etc. Il ne peut avoir d'autre sujet. Pour dire « *This film (play, novel, etc.) is about…* », il faut dire : « Dans ce film (cette pièce, ce roman), il s'agit de… »

Dans cet article, il s'agit de plusieurs femmes qui jouent un rôle important dans le M.L.F.[2]

Il s'agissait d'analyser les résultats de l'expérience.

3. Se souvenir de / se rappeler

Ces deux verbes synonymes ne se construisent pas de la même façon. Avec le verbe **se rappeler** on n'emploie pas **de.** Notez bien les différentes constructions possibles.

se souvenir de ┐
                    ├ + *une personne*
                    │   *ou une chose*
se rappeler ┘

Je me souviens de Michel Pelletier, de son humour prodigieux. Je me rappelle aussi sa générosité sans bornes. Il nous manquera beaucoup.

se souvenir de ┐
                    ├ + *infinitif passé*
se rappeler ┘

Marion, vous souvenez-vous d'avoir traversé ce village ? — Oui, et je me rappelle aussi avoir déjeuné dans ce petit restaurant près du port.

se souvenir que ┐
                     ├ + *proposition*
se rappeler que ┘

Il ne se souvient pas que nous avons parlé de ses difficultés.

Liliane s'est souvenue à la dernière minute qu'elle n'avait pas acheté de pain.

---

[2] M.L.F. : Mouvement de Libération des Femmes

Ne vous rappelez-vous pas que je vous ai dit de faire attention ?

Rappelez-vous, a dit le pasteur, qu'il ne suffit pas de confesser vos fautes. Il faut essayer de ne pas recommencer.

se souvenir de ⎤
              ⎥ + *infinitif présent*
se rappeler de ⎦

S'est-elle souvenue de lui rendre la clé ?

Rappelle-toi d'éteindre le gaz.

CONSTRUCTIONS

Le passif

A. Formation du passif

Une phrase passive est seulement possible quand le verbe est transitif direct à la voix active. L'objet direct dans la phrase active devient le sujet de la phrase passive et subit l'action. Le sujet de la phrase active devient le complément d'agent de la phrase passive et prend une part active à l'action.[3] (Voir Tableau 39.) La préposition **par** introduit en général l'agent.

Un prisonnier a écrit ces poèmes. (phrase active) devient : Ces poèmes ont été écrits par un prisonnier. (phrase passive)

TABLEAU 39

TRANSFORMATION DE LA PHRASE ACTIVE EN PHRASE PASSIVE
Voix active   Sujet + verbe actif + objet direct
Voix passive   Sujet + verbe passif + complément d'agent
EXEMPLES :
1. Les enfants ont cueilli toutes les cerises. → Toutes les cerises ont été cueillies par les enfants.
2. La ville vend tous ces terrains. → Tous ces terrains sont vendus par la ville.
3. Jacques Pépin préparera les desserts pour notre banquet. → Les desserts pour notre banquet seront préparés par Jacques Pépin.

---

[3] En anglais on peut former des phrases passives à partir de l'objet indirect, par exemple : *Barbara was offered a job by her uncle.* Pour traduire cette phrase en français, il faut commencer par l'objet direct : *Un poste a été offert à Barbara par son oncle*, ou on peut exprimer l'idée d'une façon active : *L'oncle de Barbara lui a offert un poste.*

Pour mettre un verbe à la voix passive, vous placez le participe passé de ce verbe après le temps voulu du verbe **être**. Par exemple, pour former le passif du passé composé actif « a reconnu », on emploie le passé composé d'**être** + *le participe passé* : **reconnu.**

Passé composé passif de **reconnaître** :

j'ai été	reconnue/reconnu
tu as été	reconnue/reconnu
elle/il a été	reconnue/reconnu
nous avons été	reconnues/reconnus
vous avez été	reconnue(s)/reconnu(s)
elles/ils ont été	reconnues/reconnus

Voir Tableau 40, p. 178.

REMARQUE : La préposition **de** peut remplacer **par** quand le verbe exprime un sentiment ou une action où l'agent ne prend pas une part très active. C'est souvent le cas avec les verbes suivants :

accompagner	obéir
aimer	précéder
couvrir	respecter
craindre	suivre
entendre	voir
haïr	

Paula Branson, la nouvelle P.-D.G.[4] de la compagnie, est très estimée de ses collègues.

L'empereur Néron était haï de ses sujets, et à juste titre.

Partout où il allait, Philippe était toujours accompagné de son chien.

Dans le convoi cet après-midi, le président sera précédé de ses ministres.

B. Moyens d'éviter le passif

Les Français utilisent la voix active dans des cas où on utilise le passif en anglais. Quand l'agent n'est pas exprimé, on peut former une phrase active avec **on** si l'agent sous-entendu est une personne. Quand il s'agit d'une action habituelle ou générale, on peut utiliser un verbe pronominal. Comparez les exemples dans le Tableau 41, p. 179.

[4] P.-D.G. : Président-Directeur Général

TABLEAU 40

TEMPS DES VERBES A LA VOIX PASSIVE

Présent

je suis reconnue/reconnu*

Passé composé

j'ai été† reconnue/reconnu

Imparfait

j'étais reconnue/reconnu

Plus-que-parfait

j'avais été reconnue/reconnu

Futur simple

je serai reconnue/reconnu

Futur antérieur

j'aurai été reconnue/reconnu

Conditionnel présent

je serais reconnue/reconnu

Conditionnel passé

j'aurais été reconnue/reconnu

Subjonctif présent

que je sois reconnue/reconnu

Subjonctif passé

que j'aie été reconnue/reconnu

Infinitif présent

être reconnue(s)/reconnu(s)

Infinitif passé

avoir été reconnue(s)/reconnu(s)

Participe présent

étant reconnue(s)/reconnu(s)

Participe présent (forme composée)

ayant été reconnue(s)/reconnu(s)

Passé simple

je fus reconnue/reconnu

Passé antérieur

j'eus été reconnue/reconnu

EXEMPLES :

1. Chaque année, la ville était inondée par la rivière.
2. L'équipe française de ski sera sûrement battue par les Italiens.
3. La reine d'Angleterre est accueillie par 21 coups de canon.
4. Sans le travail assidu de ces chercheurs, la cause de cette maladie n'aurait jamais été découverte.
5. Le général tenait à ce que ses ordres soient respectés.
6. Après le jugement, le prisonnier a été conduit en prison.
7. Cela fait très mal d'être mordu par un chien.

* Accordez le participe passé avec le sujet.
† Dans les temps composés **été** reste invariable.

ÉTUDE DE VERBES

A. Certains verbes pronominaux gouvernent l'infinitif avec la préposition **à** :

s'amuser à *to have a good time*
s'attendre à (ce que) *to expect*
se décider à *to decide, to resolve; to make up one's mind*
s'habituer à *to get used to*
se mettre à *to begin*

NOTE : Les verbes *s'attendre à, s'habituer à, s'intéresser à, se mettre à* s'emploient aussi avec un nom.

La tante de Robert n'aime pas regarder la télévision. Elle s'amuse à faire des mots-croisés ou à lire des romans policiers.

Mon père s'attend à être nommé vice-consul. S'il réussit, il faudra que nous nous habituions à voyager.

Bernard s'est décidé à travailler plus régulièrement afin d'améliorer ses notes.

Quand le chanteur de rock est enfin apparu sur la scène, tous les spectateurs se sont mis à crier.

Ayant vécu toute sa vie dans la capitale, Nicole ne s'habitue pas à la vie à la campagne. Elle s'y ennuie à mourir.

Dites à Julien que je m'intéresse à son affaire de location de skis.

TABLEAU 41

MOYENS D'ÉVITER LE PASSIF	
Voix passive	**Voix active**
	On + *verbe actif*
Des mesures strictes seront prises contre les abus de l'alcool et de la drogue.	On prendra des mesures strictes contre les abus de l'alcool et de la drogue.
Elle a été nommée directrice d'une compagnie d'exportation avant l'âge de trente ans.	On l'a nommée directrice d'une compagnie d'exportation avant l'âge de trente ans.
Quand Hélène est arrivée au site de l'explosion, son mari Philippe avait déjà été emmené d'urgence à l'hôpital.	Quand Hélène est arrivée sur le lieu de l'explosion, on avait déjà emmené son mari Philippe d'urgence à l'hôpital.
	Verbe pronominal
Dans combien de pays du monde le français est-il parlé ?	Dans combien de pays du monde le français se parle-t-il ?
Le journal que vous cherchez est vendu dans tous les kiosques.	Le journal que vous cherchez se vend dans tous les kiosques.

B. Certains verbes pronominaux gouvernent l'infinitif avec **de** :

s'arrêter de *to stop*
se dépêcher de *to hasten*
s'efforcer de (à) *to try hard; to make an effort to*
s'excuser de *to excuse oneself for*
se hâter de *to hasten*
s'occuper de *to take care of*
se presser de *to be in a hurry, to rush*
se réjouir de *to be delighted about, be glad about*
se souvenir de[5] *to remember*
s'en vouloir de[6] *to be really sorry about; to regret; to be annoyed with oneself*

Christophe se dépêchait (se hâtait) de manger pour aller au cinéma.

Catherine courait depuis plus d'une heure. Elle s'est arrêtée de courir parce qu'elle avait un point de côté.

Bien que ce nouvel employé se soit efforcé de plaire à ses supérieurs, il n'a pas été promu.

Je m'en veux de ne pas vous avoir écrit en arrivant à Grenoble. J'ai dû m'occuper immédiatement de choisir mes cours à l'université.

C. Pour certains verbes comme **s'asseoir, se lever,** il ne faut pas confondre l'action (exprimée par un verbe pronominal) avec la situation qui en est le résultat (exprimée par **être** + *adjectif*).

s'asseoir — être assise/assis
se lever — être levée/levé
se coucher — être couchée/couché
s'allonger — être allongée/allongé
se presser — être pressée/pressé
se fâcher — être fâchée/fâché
se fatiguer — être fatiguée/fatigué
se perdre — être perdue/perdu

Elle était assise et lisait un magazine. *(She was seated…)* Je me suis assis *(I sat down)* dans le fauteuil à côté d'elle, mais je n'ai pas osé lui adresser la parole.

J'étais assis *(I was seated)* devant la télé quand Paul est entré dans le salon. Je me suis levé *(I got up)* pour lui dire bonjour.

Depuis que nous habitons la campagne, nous sommes toujours levés *(we are up)* à l'aube pour nous occuper de la ferme et nous ne nous couchons pas *(we don't go to bed)* avant minuit.

Elle s'est allongée sur le divan mais elle ne pouvait pas s'endormir. *(She stretched out on the couch…)*

Quand je suis rentré chez moi, mes chats étaient tous allongés sur le divan. *(…were all stretched out on the couch.)*

Comme Jean-Pierre était très pressé *(was in a hurry),* il n'est resté qu'une minute.

Ils se sont pressés de ranger leurs affaires avant l'arrivée de leurs invités. *(They hurried [hastened] to straighten up…)*

---

[5] Voir p. 175.

[6] **En vouloir à** existe aussi dans le sens de *to be angry.* EXEMPLE : *Je lui en veux de ne pas m'avoir invité à son mariage.*

Échanges interactifs

CONVERSATIONS DIRIGÉES

I. *(En groupes de trois) **A, B** et **C** poseront les questions et contrôleront les réponses à tour de rôle.*

Situation 1 : Les activités quotidiennes

A posera les questions.

1. A quelle heure te lèves-tu ?
2. Est-ce que tu te dépêches pour aller à tes cours le matin ou as-tu le temps de lire le journal ?
3. Quand tu fais ta toilette...
   - est-ce que tu te brosses les cheveux ?
   - (pour une femme) est-ce que tu te maquilles ?
   - (pour un homme) est-ce que tu te rases ?
4. Quand tu vas à tes cours...
   - est-ce que tu t'assieds toujours à la même place ?
   - est-ce que tu t'ennuies au cours ?
   - est-ce que tu t'endors pendant les conférences ?
5. Que fais-tu pour te détendre le week-end ?

RÉPONSES

1. Je me lève à...
2. Oui, je me dépêche pour aller à mes cours. Non, je ne me dépêche pas pour aller à mes cours.
3. • Oui, je me brosse les cheveux. Non, je ne me brosse pas les cheveux.
   • (pour une femme) Oui, je me maquille. Non, je ne me maquille pas.
   • (pour un homme) Oui je me rase. Non, je ne me rase pas.
4. • Oui, je m'assieds toujours à la même place. Non, je ne m'assieds pas toujours à la même place.
   • Oui, je m'ennuie au cours. Non, je ne m'ennuie pas au cours.
   • Oui, je m'endors pendant les conférences. Non, je ne m'endors pas pendant les conférences.
5. Pour me détendre le week-end... (je vais à la plage).

Situation 2 : Souvenirs d'enfance

B posera les questions.

1. Te disputais-tu quelquefois avec tes parents quand tu étais jeune ?
2. Est-ce que tu te moquais de tes frères ou de tes copains ?
3. Est-ce que tes parents se fâchaient contre toi ?
4. Est-ce que tu t'entendais bien avec tes instituteurs ?
5. Que faisiez-vous avec vos camarades pour vous amuser le week-end ?

RÉPONSES

1. Je me disputais quelquefois avec mes parents quand j'étais jeune. Je ne me disputais pas avec mes parents quand j'étais jeune.
2. Je me moquais de mes frères (de mes copains). Je ne me moquais pas de mes frères (de mes copains).
3. Oui, mes parents se fâchaient contre moi. Non, mes parents ne se fâchaient pas contre moi.

4. Oui, je m'entendais bien avec mes instituteurs. Non, je ne m'entendais pas bien avec mes instituteurs.
5. Le week-end, pour nous amuser, mes camarades et moi, nous allions au cinéma ou nous faisions des excursions à la montagne. (par exemple)

Situation 3 : **En retard**

A et B sont arrivés avec deux heures de retard pour le dîner. Leur hôte C leur pose des questions.

1. Vous êtes-vous perdus en route ?
2. S'est-il mis à pleuvoir ?
3. Pourquoi ne vous êtes-vous pas arrêtés dans une station-service pour nous prévenir ?
4. Vous ne vous êtes pas trop ennuyés pendant le voyage ?

RÉPONSES *(possibles)*

1. Oui, nous nous sommes perdus en route.
2. Oui, il s'est mis à pleuvoir.
3. Nous nous sommes arrêtés dans une station-service, mais le téléphone était en dérangement.
4. Non, nous ne nous sommes pas ennuyés, mais nous nous sommes beaucoup inquiétés à cause de notre retard.

II. *(En groupes de trois)* A, B *et* C *joueront le rôle d'un groupe d'amies/amis qui s'entendent bien, mais qui ne sont pas toujours d'accord quand il s'agit d'organiser des projets. A tout ce que l'une/l'un suggère, l'autre prendra la contrepartie.*

Projet de voyage Paris–Côte d'Azur

1. **A :** Nous nous lèverons à l'aube pour partir avant les embouteillages.
    B : Non, nous (ne pas se lever) à l'aube. Je (ne jamais se coucher) avant minuit ou une heure du matin.
    C : Moi non plus et je refuse de (se lever) avant dix heures du matin.
2. **A :** Nous ne ferons pas notre toilette. Je (**au choix** : ne pas se raser / ne pas se maquiller / ne pas se laver / ne pas se peigner).
    B : Et on partira comme des cochons ! Si tu me permets une suggestion, (se laver) la veille. Comme ça, nous ne perdrons pas de temps le matin.
    C : Pendant que vous discutez d'hygiène personnelle, moi, je vais (s'occuper) de choses sérieuses. Les valises ne sont pas faites.
    B : (Ne pas s'agiter) comme ça ! Nous n'emportons presque rien. Des bikinis, des shorts, quelques T-shirts.
    C : Justement, rien ! Je n'ai rien à (se mettre).
    A : Si tu (se dépêcher) tu peux encore arriver au magasin avant la fermeture.
    C : Comment veux-tu que je fasse ça en un quart d'heure ? Je n'aime pas (s'y prendre) à la dernière minute, tu le sais bien.
3. **A :** Comme tu veux. Revenons à notre itinéraire. Nous nous arrêterons en route pour le petit déjeuner. Je connais un bon endroit.
    B : Non, (ne pas s'arrêter...). Nous prendrons un café avant de monter en voiture.
    C : Ni l'un ni l'autre. J'ai une thermos dont nous pouvons (se servir). Nous boirons le café en roulant.
4. **A :** Et mes tartines à la confiture ? Tu sais bien que je (ne pas se déplacer) d'un pas le matin sans manger.

B : Pour une fois tu peux bien (s'en passer).

C : Ah, non ! Dans la vie il ne faut pas (se priver). Emportons des œufs durs et des sandwiches au pâté pour le déjeuner.

5. **A :** Pourquoi est-ce que je (se contenter) d'un casse-croûte, quand nous pouvons descendre dans des relais gastronomiques ? Nous (pouvoir se servir) de l'itinéraire de mes parents. Ils font souvent le trajet pour raison d'affaires et connaissent tous les bons endroits.

   B : Tu parles ! Comme si on avait les mêmes moyens ! Avec quel argent on (s'offrir) les hostelleries de grand luxe ?

   C : Tu as raison. J'ai déjà du mal à (se tirer d'affaire) avec ce que je gagne. Et n'oublie pas que je n'ai rien à (se mettre) sur le dos !

6. **A :** Bon, ça marche pour les auberges de jeunesse. Au moins, on (ne pas s'ennuyer). Pour notre première étape, nous devrions nous arrêter à Fontainebleau pour (se promener) dans la forêt.

   B : [ironique] Et puis chasser des papillons ! On (se promener) quand on arrivera à destination.

   C : Pour une fois je suis d'accord. Les gens qui (se balader) sur la Croisette[7] sont quand même plus drôles que les écureuils faisant des provisions de noix pour l'hiver.

7. **A :** On voit bien que la Nature te laisse indifférente/indifférent. Il y a pourtant tant d'endroits pittoresques où l'on (pouvoir se promener), surtout quand nous serons dans le Midi.

   B : Par exemple ?

   A : [de plus en plus transporté] Je connais un domaine privé près de Cannes avec un parc où (se dresser) d'immenses cyprès qui mènent à des grottes obscures peuplées de statues antiques. Nous (s'asseoir) sur un banc de marbre, dans un endroit calme, loin de la foule et nous contemplerons la mer au loin et le reflet des arbres dans l'eau limpide des bassins....

   B : Mais, tu (se moquer) de nous ! Je (ne aucunement s'intéresser) à la méditation. Je propose qu'on (s'installer) dans un cabaret, qu'on (se commander) une bonne bouteille de vin et que...

   C : Trêve de fantaisies ! Si nous continuons à (se disputer), nous ne partirons jamais.

   A : [decouragé] Je (se rendre compte) un peu tard que j'aurais mieux fait de prendre le train !

RÉPONSES

1. **A :** Nous nous lèverons à l'aube pour partir avant les embouteillages.

   B : Non, nous ne nous lèverons pas à l'aube. Je ne me couche jamais avant minuit ou une heure du matin.

   C : Moi non plus et je refuse de me lever avant dix heures du matin.

2. **A :** Nous ne ferons pas notre toilette. Je (**au choix :** ne me raserai pas / ne me maquillerai pas / ne me laverai pas / ne me peignerai pas).

   B : Et on partira comme des cochons ! Si tu me permets une suggestion, lavons-nous la veille. Comme ça, nous ne perdrons pas de temps le matin.

   C : Pendant que vous discutez d'hygiène personnelle, moi, je vais m'occuper de choses sérieuses. Les valises ne sont pas faites.

---

[7] Route qui longe le bord de mer à Cannes et où se trouvent des cafés, des magasins chics, le Casino.

    B : Ne t'agite pas comme ça ! Nous n'emportons presque rien. Des bikinis, des shorts, quelques T-shirts.

    C : Justement, rien ! Je n'ai rien à me mettre.

    A : Si tu te dépêches tu peux encore arriver au magasin avant la fermeture.

    C : Comment veux-tu que je fasse ça en un quart d'heure ? Je n'aime pas m'y prendre à la dernière minute, tu le sais bien.

3.   **A :** Comme tu veux. Revenons à notre itinéraire. Nous nous arrêterons en route pour le petit déjeuner. Je connais un bon endroit.

    B : Non, nous ne nous arrêterons pas. Nous prendrons un café avant de monter en voiture.

    C : Ni l'un ni l'autre. J'ai une Thermos dont nous pouvons nous servir. Nous boirons le café en roulant.

4.   **A :** Et mes tartines à la confiture ? Tu sais bien que je ne me déplace pas d'un pas le matin sans manger.

    B : Pour une fois tu peux bien t'en passer.

    C : Ah, non ! Dans la vie il ne faut pas se priver. Emportons des œufs durs et des sandwiches au pâté pour le déjeuner.

5.   **A :** Pourquoi est-ce que je me contenterais d'un casse-croûte, quand nous pouvons descendre dans des relais gastronomiques ? Nous pouvons nous servir de l'itinéraire de mes parents. Ils font souvent le trajet pour raison d'affaires et connaissent tous les bons endroits.

    B : Tu parles ! Comme si on avait les mêmes moyens ! Avec quel argent s'offrira-t-on les hostelleries de grand luxe ?

    C : Tu as raison. J'ai déjà du mal à me tirer d'affaire avec ce que je gagne. Et n'oublie pas que je n'ai rien à me mettre sur le dos !

6.   **A :** Bon, ça marche pour les auberges de jeunesse. Au moins, on ne s'ennuiera pas. Pour notre première étape, nous devrions nous arrêter à Fontainebleau pour nous promener dans la forêt.

    B : [ironique] Et puis chasser des papillons ! On se promènera quand on arrivera à destination.

    C : Pour une fois je suis d'accord. Les gens qui se baladent sur la Croisette sont quand même plus drôles que les écureuils faisant des provisions de noix pour l'hiver.

7.   **A :** On voit bien que la Nature te laisse indifférente/indifférent. Il y a pourtant tant d'endroits pittoresques où l'on peut se promener, surtout quand nous serons dans le Midi.

    B : Par exemple ?

    A : [de plus en plus transporté] Je connais un domaine privé près de Cannes avec un parc où se dressent d'immenses cyprès qui mènent à des grottes obscures peuplées de statues antiques. Nous nous assiérons sur un banc de marbre, dans un endroit calme, loin de la foule et nous contemplerons la mer au loin et le reflet des arbres dans l'eau limpide des bassins....

    B : Mais, tu te moques de nous ! Je ne m'intéresse aucunement à la méditation. Je propose qu'on s'installe dans un cabaret, qu'on se commande une bonne bouteille de vin et que...

    C : Trêve de fantaisies ! Si nous continuons à nous disputer, nous ne partirons jamais.

    A : [découragé] Je me rends compte un peu tard que j'aurais mieux fait de prendre le train !

III. *(En groupes de deux) A, une femme, parle au téléphone à son mari qui vient de partir en voyage d'affaires et elle lui fait des reproches. B, le mari, se défend comme il peut. Utilisez les indications données entre parenthèses pour formuler vos réponses.*

1.   **A :** Tu ne t'es pas souvenu de fermer les fenêtres.

    B : En effet, mais je (se souvenir) d'éteindre le chauffage.

2.   **A :** Tu ne t'es pas aperçu qu'il y avait une fuite d'eau dans la salle de bains.

    B : Je (s'en rendre compte), mais je n'ai pas eu le temps de la réparer avant de partir en voyage.

3. **A :** J'ai pensé que j'irai chez mes parents pendant ton absence.

   B : (Ne pas s'ennuyer [futur])-tu ? Je ne comprends pas pourquoi ils (s'installer) dans une ferme perdue en Bretagne.

4. **A :** Il faut bien que j'y aille seule. Tu (ne jamais se sentir à l'aise [passé composé]) à la campagne, du moins c'est ce que tu me dis chaque fois qu'on parle d'aller voir papa et maman.

   B : En fait, il (ne pas s'agir de) la campagne. Tu sais bien que je (ne jamais s'entendre) avec ton père. Nous (se disputer) à chaque visite. A mon avis, les commis-voyageurs valent autant que les fermiers. Je ne vois pas pourquoi il (se moquer) de moi simplement parce que je préfère la ville à la campagne.

5. **A :** Ah, elle est bien bonne celle-là ! (Ne pas se souvenir)-tu de notre dernière visite ? Quelle scène ! Je ne te croyais pas capable de faire des remarques aussi désobligeantes.

   B : Je (ne pas se souvenir de grand-chose). Tu sais bien que j'avais pris un verre de trop. J'avais les idées troubles. Je (ne pas s'apercevoir) que tu me faisais signe de (se taire). Je (s'emporter [passé composé]), il est vrai, mais c'est bien la première fois que cela m'arrive.

RÉPONSES

1. **A :** Tu ne t'es pas souvenu de fermer les fenêtres.

   B : En effet, mais je me suis souvenu d'éteindre le chauffage.

2. **A :** Tu ne t'es pas aperçu qu'il y avait une fuite d'eau dans la salle de bains.

   B : Je m'en suis rendu compte, mais je n'ai pas eu le temps de la réparer avant de partir en voyage.

3. **A :** J'ai pensé que j'irai chez mes parents pendant ton absence.

   B : Ne t'ennuieras-tu pas ? Je ne comprends pas pourquoi ils se sont installés dans une ferme perdue en Bretagne.

4. **A :** Il faut bien que j'y aille seule. Tu ne t'es jamais senti à l'aise à la campagne, du moins c'est ce que tu me dis chaque fois qu'on parle d'aller voir papa et maman.

   B : En fait, il ne s'agit pas de la campagne. Tu sais bien que je ne me suis jamais entendu avec ton père. Nous nous disputons à chaque visite. A mon avis, les commis-voyageurs valent autant que les fermiers. Je ne vois pas pourquoi il se moquerait (se moque) de moi simplement parce que je préfère la ville à la campagne.

5. **A :** Ah, elle est bien bonne celle-là ! Ne te souviens-tu pas de notre dernière visite ? Quelle scène ! Je ne te croyais pas capable de faire des remarques aussi désobligeantes.

   B : Je ne me souviens pas de grand-chose. Tu sais bien que j'avais pris un verre de trop. J'avais les idées troubles. Je ne me suis pas aperçu que tu me faisais signe de me taire. Je me suis emporté, il est vrai, mais c'est bien la première fois que cela m'arrive.

MISE AU POINT

I. _Mettez les verbes entre parenthèses à la forme correcte. Faites attention au contexte pour choisir le temps correct du verbe._

1. Bernadette (se laver), (s'habiller), (se peigner), puis elle est descendue dans le salon. Sa sœur, qui l'attendait, lui a dit : « Enfin te voilà. (Se dépêcher) ou nous allons manquer le début du spectacle ! »

2. Vous (ne jamais vous faire) à la vie française si vous ne changez pas vos habitudes.
3. Si nous n'avions pas regardé la carte, nous (se tromper) de route.
4. Gilles (se demander) l'autre jour s'il ne devait pas quitter sa femme.
5. Nous (ne pas s'écrire) pendant les vacances de l'année dernière.
6. Hervé, (se souvenir)-tu de la fête des pères ? — Non, j'ai complètement oublié.
7. Dominique et son mari (s'endormir) pendant le concert. C'était bien dommage.
8. Nous (s'installer) au balcon pour bronzer un peu, mais nous sommes rentrés parce qu'il faisait trop chaud.
9. Thibault (se fâcher) contre moi parce que j'avais oublié de l'inviter au match de football.
10. Hier, trois fous (s'échapper) de l'asile.

II. *Accordez, s'il le faut, les participes passés. (Voir pp. 32 et 171 avant de faire l'exercice.)*

1. Anne-Marie et Hélène se sont levé___ à sept heures. Elles se sont baigné___ et coiffé___ et elles ont mis___ leurs shorts. Elles se sont mis___ à table et ont déjeuné___ rapidement. Elles ne se sont pas parlé___ pendant le petit déjeuner. Ensuite, elles sont sorti___ et ont couru___ pendant une heure. Puis, elles ont changé___ de vêtements et sont allé___ à leur cours d'histoire. Comme la conférence ne les intéressait pas beaucoup, elles se sont installé___ au fond de la salle pour lire leur courrier.

2. Juliette et Christophe ont continué___ à s'écrire longtemps après avoir quitté le lycée où ils étaient allé___ ensemble. Christophe s'était engagé dans la marine. Juliette s'était marié___ avec un pilote d'Air France. Comme les deux amis voyageaient beaucoup, les cartes qu'ils s'envoyaient venaient de tous les coins du monde. Ils se sont écrit___ pendant des années mais ils ne se sont jamais revu___.

3. J'ai retrouvé___ dans un carton au grenier les lettres d'amour que mes parents s'étaient envoyé___. Ils s'étaient écrit ___ pendant des années. Ils s'étaient rencontré___ à l'Université de Grenoble où ma mère était allé___ faire de la recherche. Ç'avait été le coup de foudre. Mais mon père, avant de faire son service militaire, a passé___ deux ans en Algérie. A son retour, ils se sont enfin marié___ et se sont installé___ dans le sud de la France.

III. *Mettez les verbes entre parenthèses à la forme correcte du* **présent,** *de l'***impératif,** *du* **passé (passé composé, imparfait, plus-que-parfait)** *ou gardez certains verbes à l'***infinitif,** *selon le cas.*

A la conférence

Sébastien et Chantal (s'intéresser) depuis quelque temps au domaine suprasensible et aux expériences parapsychologiques. L'autre jour, ils (se lever) à quatre heures du matin et (se dépêcher) de s'habiller et de manger, car la conférence du grand parapsychologue Prosper Médium (se tenir) à 5 heures du matin dans un terrain vague dominant les bas quartiers de la capitale.

Le docteur Médium, un charlatan accompli qui (se dire) diplômé d'un grand institut d'études parapsychologiques internationales, affirmait avec conviction à tous ceux qui voulaient bien l'écouter : « Je (s'engager) à vous mettre en rapport avec un groupe analogue de mes fidèles à Moscou, si vous (se décider) à me verser la somme de 500F et à (se réunir) à l'aube. »

A 5 heures juste, tous les disciples (se trouver) au lieu indiqué pour l'expérience. Le docteur a d'abord demandé aux participants de (s'asseoir) en cercle. Puis il leur a dit : « Maintenant, (se donner) les mains et fermez les yeux pour mieux (se concentrer). Je vais vous jouer de la musique folklorique slave pour créer l'ambiance nécessaire. »

Quand les spectateurs ont enfin rouvert les yeux une demi-heure plus tard, le docteur Médium avait disparu. Certains affirmaient avoir entendu parler russe et soutenaient que les voix semblaient venir de très loin. D'autres (se douter bien) que le bon docteur (se moquer) d'eux et avait adroitement enregistré des conversations russes sur sa cassette de musique de fond. Chantal et Sébastien (se promettre) de faire plus attention à l'avenir.

Le petit diable

Le petit Martial Salvia, âgé de trois ans, est un vrai diable. En l'espace de 24 heures il (se débrouiller) pour mettre la maison sens dessus dessous. Il a d'abord fait tomber la télévision de ses parents. Ensuite, il (s'enrouler) dans le fil du téléphone qu'on venait d'installer. Une heure après, au lieu de s'endormir, il (se mettre) au travail dans la salle de bains. Voulant se baigner tout seul il a inondé la pièce. A l'imitation de sa mère, il (se maquiller). Inspiré par une publicité à la télévision, il (se laver) les dents. Deux tubes de pâte dentifrice y sont passés. Puis il (se peigner) avec un peigne couvert de crème Nivéa. Ses cris de joie ont attiré sa mère qui le voyant le visage tout blanc de crème lui a dit :

— Mais enfin qu'est-ce que tu as fait ? Pourquoi (se lever)? Je croyais t'avoir dit de (se reposer). Martial a regardé sa mère d'un air ahuri en léchant ses doigts couverts de crème.

— Viens que je te lave les mains et la tête; ça va te faire un peu mal !

Après 10 minutes de hurlements sauvages et de gesticulations : — Voilà. Maintenant, va (se recoucher).

Le soir, la mère éreintée (se plaindre) à son mari des mauvais coups de leur futur prix Nobel. M. Salvia dit :

— Il faut que nous (se décider) à embaucher une jeune fille au pair. Je sais que tu (se fatiguer) à surveiller Martial toute la journée. Comme ça tu (se remettre) à écrire et... qui sait, on (s'offrir) plus souvent des sorties.

A ce moment, Martial (se présenter) dans le salon, agitant les deux moitiés du permis de conduire de sa mère et des billets de banque déchirés...

Continuez le récit en tenant compte des questions suivantes.

1. Que font les parents de Martial ?
2. Quand la jeune fille au pair arrive, s'entend-elle avec Martial ou se disputent-ils ? (Imaginez leur conversation, par exemple, à propos d'un bonbon dont il a envie et qu'elle ne veut pas lui donner, ou devant la télé quand ils ne peuvent pas se mettre d'accord sur le choix de l'émission à regarder.)
3. Que feriez-vous si vous vous occupiez de Martial ?

IV. *(Constructions) Transformez les phrases suivantes au passif.*

1. Les gardiens nourrissaient les animaux du zoo.
2. Je suis content que le vent n'ait pas détruit l'antenne.

3. On a condamné Meursault à la peine de mort.[8]
4. Les États-Unis n'ont pas signé le traité.
5. La secrétaire avait déjà envoyé le paquet.
6. On pêche beaucoup de poissons à Terre-Neuve.
7. On distribue mieux les journaux dans les villes que dans les campagnes.

V. *(Constructions) Remplacez les tirets par la préposition* **par** *ou* **de** *selon le cas.*

1. Le plus grand poisson a été pêché _____ M. Dulard.
2. Le train est tiré _____ deux locomotives.
3. Les branches des arbres étaient couvertes _____ neige.
4. Ce maire est très respecté _____ tous les habitants du village.

VI. *(Constructions) Mettez les phrases suivantes à la voix active.*

1. Le riz doit être planté à la main.
2. J'espère que vous n'avez pas été dérangé par le bruit.
3. La vallée était inondée chaque année par la rivière.
4. Il a été élevé par ses parents adoptifs.
5. La légende dit que Rémus et Romulus ont été nourris par une louve.
6. La pièce a été applaudie longuement.

VII. *(Constructions) Le sculpteur Pierre XXX, dont les statues très avant-garde ne sont pas toujours appréciées par le public, vient d'installer sa dernière création « Au cancre » sur la place principale d'une université. La statue est faite entièrement de matériaux que l'artiste a rassemblés dans la région. Voici quelques-uns des commentaires défavorables des étudiants et des visiteurs. Mettez ces remarques à la voix passive. (Notez qu'il n'est pas toujours nécessaire d'exprimer l'agent.)*

1. Cette statue défigure notre campus !
2. L'artiste a fait cette statue en un quart d'heure !
3. On valorise les étudiants sans talent !
4. Pourquoi l'artiste a-t-il fait les yeux avec des balles de tennis ?
5. Ce bandit a volé ma bicyclette et l'a incorporée à la statue !
6. Pourquoi a-t-on mis des antennes de télévision à la place des bras de l'étudiant ?
7. La statue émet des paroles incompréhensibles toutes les dix minutes !
8. Il faut que nous détruisions cette horreur.

VIII. *(Constructions) Remplacez les tirets par* **à** *ou* **de** *là où c'est nécessaire.*

1. Il s'attendait _____ voir un spectacle fabuleux.
2. Dépêchez-vous _____ partir; vous allez manquer le train.
3. Il ne s'est pas excusé _____ lui avoir marché sur le pied.
4. Elle s'est mise _____ rire.
5. Nous nous sommes décidés _____ leur servir de guide.
6. Il est très difficile de s'arrêter _____ fumer.

---

[8] Meursault : le personnage principal de *L'Étranger* de Camus

IX. *Remplacez les tirets par* **que** *ou* **de** *selon le cas là où c'est nécessaire.*

1. Elle se rappelait très bien _____ l'erreur qu'elle avait faite.
2. Vous souvenez-vous _____ sa réaction quand vous lui avez dit la vérité ?
3. Je ne me rappelle pas _____ lui avoir donné ce conseil.
4. Je ne me souviens pas _____ leur avoir dit cela.
5. Vous souvenez-vous _____ moi ?
6. Elle ne s'est pas rendu compte _____ son père était malade.
7. Je me rendais compte _____ son importance.
8. Il ne se souvenait pas _____ on lui avait promis une récompense de 10 francs.

PROJETS DE COMMUNICATION

I. *(Devoir écrit)* Vous avez certainement pu observer une grande passion amoureuse dans votre entourage. Racontez-la en utilisant une variété de verbes pronominaux : *se voir, se rencontrer, se parler, se comprendre, s'entendre, se fâcher, se réconcilier,* etc.

II. *(Sketch)* Vous allez déménager. Quand la propriétaire inspecte les lieux, elle s'aperçoit que le four est sale, qu'il y a des trous dans les murs et que le chat a déchiré les rideaux. Vos amis ont aussi brûlé le tapis avec des cigarettes. Elle refuse donc de vous rendre la caution dont vous avez besoin pour payer les déménageurs. Ils vont arriver bientôt, et vous soutenez que l'appartement était déjà un vrai taudis quand vous avez emménagé. Vous vous expliquez avec elle. Essayez d'utiliser quelques-unes des expressions suivantes.

> emménager *to move in* / déménager *to move*
> les dégâts *(m) damage*
> le loyer *rent*
> la caution *damage deposit*
> le bail *lease*
> les arrhes *(f) deposit* (donner des arrhes *to put down a deposit*)
> l'assurance *(f) insurance*
> le locataire *tenant*
> poursuivre en justice *to file a lawsuit*
> Et puis quoi encore ! *And then what!*
> C'est ça que vous appelez propre ? *You call that clean?*
> On ne peut pas faire confiance aux gens. *There's no trusting people.*
> Je m'en doutais. *I suspected as much.*
> Pour qui me prenez-vous ? *Who do you think I am?*
> Vous n'y pensez pas ! *Don't you dare!*
> Vous êtes tombé sur la tête ! *You're nuts!*
> Mon avocat se mettra en rapport avec vous. *My lawyer will be in touch with you.*

III. *(Exposé oral)* Racontez une brouille *(dispute)* ou un malentendu...

- avec une voisine/un voisin de vos parents
- avec une étrangère/un étranger
- entre deux jeunes mariés
- avec une/un camarade de chambre

IV. *(Discussion de classe)* Si vous êtes allée/allé à l'étranger, avez-vous eu des difficultés à communiquer avec les gens du pays que vous visitiez ? Comment vous êtes-vous parlé ? Vous êtes-vous compris ? Vous êtes-vous fait des signes ?

V. *(Débat)* Le mariage ou la cohabitation.

VI. *(Sketch)* Vous vous adressez à une agence matrimoniale dans l'espoir de trouver le mari parfait ou la femme idéale.

1. Décrivez vos habitudes à la conseillère/au conseiller qui prendra des notes.
2. La conseillère/le conseiller choisira, après consultation, une cliente/un client dans la classe et organisera la rencontre.

Exemple :

La conseillère : Voici Mlle X, qui adore se baigner l'hiver à la Jamaïque et qui, comme vous, *j* aime se détendre devant un feu de bois avec un verre de vin blanc.

Le conseiller : Voici un jeune homme qui adore s'amuser avec son ordinateur. Il cherche une jeune fille s'intéressant à l'électronique pour échanger des connaissances techniques dans le but de fonder une famille d'experts en matière d'informatique.

La conseillère : Voici un jeune homme écologiste qui cherche une compagne pour se retirer à la campagne et essayer de se refaire une existence plus proche de la nature.

Le conseiller : Voici une jeune fille qui cherche un compagnon pour former une communauté alternative.

La conseillère : Voici un jeune homme misanthrope qui cherche une compagne pour vivre sur une île déserte.

VII. *(Dialogue)* Vous vous disputez avec votre frère parce que vous le trouvez trop égocentrique. Écrivez votre conversation selon le modèle suivant.

— Tu passes la journée à te regarder dans la glace, à te coiffer, te recoiffer et à te demander ce que les autres pensent de toi.

— Mais qu'est-ce que cela peut te faire ? Occupe-toi de tes affaires.

— Je veux bien, mais la jeune fille avec qui tu veux sortir trouve que tu te prends trop au sérieux, et que si elle se marie un jour, ce ne sera pas avec quelqu'un qui se contemple le nombril ! ...

Dans votre dialogue, essayez d'utiliser quelques-uns des verbes de la liste suivante :

s'aimer trop soi-même	s'habiller soigneusement
s'admirer	se tenir la main
se prendre pour le bon Dieu	s'attirer mutuellement
se croire sorti de la cuisse de Jupiter	se décourager
se rendre compte	se monter la tête
se disputer / se réconcilier	sortir ensemble
se morfondre / s'ennuyer	se faire de la bile
se séparer	croire que c'est arrivé
se mettre en colère	attirer les filles, les garçons
finir par s'énerver	

VIII. _(Discussion)_ L'exposition d'une œuvre d'art (ou d'une nouvelle école artistique) soulève souvent de vives discussions, surtout quand celle-ci ne semble pas se conformer au goût établi de l'époque. Illustrez ce fait en vous basant sur une expérience personnelle (par exemple : l'inauguration d'une nouvelle statue dans votre université) ou sur un exemple tiré de l'histoire de l'art.

IX. _(Devoir écrit)_ Imaginez qu'à la suite d'un accident vous avez eu une crise d'amnésie. Racontez l'incident et votre comportement pendant que vous ne saviez pas qui vous étiez. Expliquez comment vous avez enfin retrouvé la mémoire. Utilisez entre autres les verbes suivants : _se tromper, se demander, se souvenir de, se rappeler que, se rendre compte (de / que), s'en vouloir, s'asseoir — être assise/assis, se fâcher — être fâchée/fâché, s'allonger — être allongée/allongé._

X. _(Discussion à partir d'un texte)_ Après avoir lu le texte suivant de Marcel Proust (1871–1922) où il essaie de saisir en détail le moment de transition entre l'éveil et le sommeil et de mieux comprendre le fonctionnement du souvenir chez l'homme, traitez en groupes de trois ou quatre les sujets suivants.

1. Vous êtes-vous déjà trouvés dans des circonstances où différents moments de votre vie se sont présentés à votre conscience de sorte que le présent et le passé étaient parfois difficiles à départager ? Racontez.

2. Racontez un souvenir d'enfance particulièrement émouvant pour vous.

3. Proust, semblable à beaucoup d'enfants, est particulièrement sensible à la visite de sa maman le soir, dont il attend un baiser avant de pouvoir s'endormir. Quelle est l'importance de ces moments de rituel et d'intimité profonde pour les enfants ?

4. Les enfants et les adultes attachent une valeur différente au soir et à la nuit. Illustrez d'après votre expérience et vos souvenirs.

A la recherche du temps perdu (1913)

Marcel Proust

Un homme qui dort tient en cercle autour de lui le fil des heures, l'ordre des années et des mondes. Il les consulte d'instinct en s'éveillant et y lit en une seconde le point de la terre qu'il occupe, le temps qui s'est écoulé jusqu'à son réveil; mais leurs rangs peuvent se mêler, se rompre. Que vers le matin, après quelque insomnie, le sommeil le prenne en train de lire, dans une posture trop différente de celle où il dort habituellement, il suffit de son bras soulevé pour arrêter et faire reculer le soleil, et à la première minute de son réveil, il ne saura plus l'heure, il estimera qu'il vient à peine de se coucher. Que s'il s'assoupit dans une position encore plus déplacée et divergente, par exemple après dîner assis dans un fauteuil, alors le bouleversement sera complet dans les mondes désorbités, le fauteuil magique le fera voyager à toute vitesse dans le temps et dans l'espace, et au moment d'ouvrir les paupières, il se croira couché quelques mois plus tôt dans une autre contrée. Mais il suffisait que, dans mon lit même, mon sommeil fût profond et détendit entièrement mon esprit; alors celui-ci lâchait le plan du lieu où je m'étais endormi et, quand je m'éveillais au milieu de la nuit, comme j'ignorais où je me trouvais, je ne savais même pas au premier instant qui j'étais; j'avais seulement dans sa simplicité première le sentiment de l'existence comme il peut frémir au fond d'un animal; j'étais plus dénué que l'homme des cavernes; mais alors le souvenir — non encore du lieu où j'étais, mais de quelques-uns de ceux que j'avais habités et où j'aurais pu être — venait à moi comme un secours d'en haut pour me tirer du néant d'où je n'aurais pu sortir tout seul; je passais en une seconde par-dessus des siècles de civilisation, et l'image confusément entrevue de lampes à pétrole, puis de chemises à col rabattu, recomposaient peu à peu les traits originaux de mon moi.

Peut-être l'immobilité des choses autour de nous leur est-elle imposée par notre certitude que ce sont elles et non pas d'autres, par l'immobilité de notre pensée en face d'elles. Toujours est-il que, quand je me réveillais ainsi, mon esprit s'agitant pour chercher, sans y réussir, à savoir où j'étais, tout tournait autour de moi dans l'obscurité, les choses, les pays, les années. Mon corps, trop engourdi pour remuer, cherchait, d'après la forme de sa fatigue, à répéter la position de ses membres pour en induire la direction du mur, la place des meubles, pour reconstruire et nommer la demeure où il se trouvait. Sa mémoire, la mémoire de ses côtes, de ses genoux, de ses épaules, lui présentait successivement plusieurs des chambres où il avait dormi, tandis qu'autour de lui les murs invisibles, changeant de place selon la forme de la pièce imaginée, tourbillonnaient dans les ténèbres. Et avant même que ma pensée, qui hésitait au seuil des temps et des formes, eût identifié le logis en rapprochant les circonstances, lui, — mon corps, — se rappelait pour chacun le genre du lit, la place des portes, la prise de jour des fenêtres, l'existence d'un couloir, avec la pensée que j'avais en m'y endormant et que je retrouvais au réveil. Mon côté ankylosé, cherchant à deviner son orientation, s'imaginait, par exemple, allongé face au mur dans un grand lit à baldaquin, et aussitôt je me disais : « Tiens, j'ai fini par m'endormir quoique maman ne soit pas venue me dire bonsoir », j'étais à la campagne chez mon grand-père, mort depuis bien des années; et mon corps, le côté sur lequel je reposais, gardiens fidèles d'un passé que mon esprit n'aurait jamais dû oublier, me rappelaient la flamme de la veilleuse de verre de Bohème, en forme d'urne, suspendue au plafond par des chaînettes, la cheminée en marbre de Sienne, dans ma chambre à coucher de Combray, chez mes grands-parents, en des jours lointains qu'en ce moment je me figurais actuels sans me les représenter exactement, et que je reverrais mieux tout à l'heure quand je serais tout à fait éveillé.

Puis renaissait le souvenir d'une nouvelle attitude; le mur filait dans une autre direction : j'étais dans ma chambre chez Mme de Saint-Loup, à la campagne; mon Dieu ! il est au moins dix heures, on doit avoir fini de dîner ! J'aurai trop prolongé la sieste que je fais tous les soirs en rentrant de ma promenade avec Mme de Saint-Loup, avant d'endosser mon habit. Car bien des années ont passé depuis Combray, où dans nos retours les plus tardifs c'étaient les reflets rouges du couchant que je voyais sur le vitrage de ma fenêtre. C'est un autre genre de vie qu'on mène à Tansonville, chez Mme de Saint-Loup, un autre genre de plaisir que je trouve à ne sortir qu'à la nuit, à suivre au clair de lune ces chemins où je jouais jadis au soleil; et la chambre où je me serai endormi au lieu de m'habiller pour le dîner, de loin je l'aperçois, quand nous rentrons, traversée par les feux de la lampe, seul phare dans la nuit.

Chapitre

8

La Négation

Présentation

PRINCIPES

La négation d'un verbe conjugué ou d'un infinitif
La négation des pronoms et des adjectifs indéfinis
La négation d'une série de noms ou de verbes
La réponse négative elliptique
La restriction : **ne... que, ne... guère**
Si (affirmation)

CONSTRUCTIONS

La négation multiple

ÉTUDE DE VERBES
Faire semblant de / **prétendre**
Commencer à (de) / **finir de; commencer par** / **finir par**
Verbes + *infinitif*
Verbes + **de** + *infinitif*

COIN DU SPÉCIALISTE

Échanges interactifs

Présentation

PRINCIPES

REMARQUES PRÉLIMINAIRES : La négation en français est formée de deux mots : **ne** placé devant le verbe et **pas** (ou un autre mot négatif : **plus, personne, jamais,** etc.) placé après le verbe ou l'auxiliaire.[1]

Je ne comprends pas cette idée de Pascal.

Je n'ai pas voulu vous faire de la peine.

Geoffrey n'a jamais vu la mer.

Quelquefois, la phrase commence par un mot négatif (**personne, rien**) mais il y a toujours un **ne** devant le verbe.

Personne ne peut répondre à ma question.

Dans une série de phrases négatives, on emploie **non plus**, à partir de la deuxième négation, ce qui donne :

> **ne... pas non plus**
> **ne... jamais non plus,** etc.

Non plus est l'équivalent dans une phrase négative de **aussi** dans une phrase affirmative.

J'ai téléphoné à mes parents et je leur ai aussi écrit. — Je n'ai pas téléphoné à mes parents et je ne leur ai pas écrit non plus.

Marthe ne boit pas de café et moi je n'en bois pas non plus.

Jean-Louis n'a rien fait hier, et moi, je n'ai rien fait non plus.

I.   La négation d'un verbe conjugué ou d'un infinitif

A.   Les adverbes négatifs

Le Tableau 42 résume les adverbes négatifs les plus courants. Remarquez l'adverbe ou les adverbes affirmatifs correspondant à chaque négation.

B.   Détails de construction

1. Il y a normalement un **ne** devant le verbe (ou l'auxiliaire à un temps composé). **Ne** devient **n'** devant une voyelle ou un **h** « non aspiré ».

Philippe ne dort pas bien et ne mange presque rien. Ça devient inquiétant.

Nous ne sommes jamais montés dans le grenier de cette maison. On dit que la maison est hantée, mais personnellement je n'y crois pas.

Nous n'habitons pas Antibes. Nous y passons seulement l'été.

NOTE : Dans la langue parlée (familière), on omet parfois le **ne** de la négation, ce qui est grammaticalement incorrect.

J'ai pas dormi de la nuit. (familier) COMPAREZ : Je **n'**ai **pas** dormi de la nuit. (négation correcte)

---

[1] Pour la négation d'un infinitif, voir pp. 11 et 195.

TABLEAU 42

NÉGATION D'UN VERBE	
Négation	**Exemples**
ne... pas	Je ne vois pas vos clés.
ne... pas du tout (intensification de *ne... pas*)	Il n'a pas du tout compris notre idée.
ne... jamais Affirmation : *toujours, souvent, parfois, quelquefois, de temps en temps, de temps à autre*	Allez-vous parfois au cirque ? — Non, je n'y vais jamais. Vous téléphonait-il de temps à autre ? — Non, il ne me téléphonait jamais.
ne... plus Affirmation : *encore* ou *toujours* (dans le sens de *encore*)	Avez-vous encore (toujours) faim ? — Non, j'ai mangé une banane et je n'ai plus faim.
ne... pas encore Affirmation : *déjà*	Audrey, êtes-vous déjà allée en France ? — Non, je n'y suis pas encore allée.
ne... nulle part Affirmation : *quelque part*	Allez-vous quelque part pour les vacances cet été ? — Non, je ne vais nulle part cet été.
ne... pas toujours	Je n'ai pas toujours le temps de faire mes exercices de gymnastique.
ne... pas souvent	Je ne vais pas souvent au cinéma.

2. Quand l'infinitif sujet ou complément est négatif, on met la négation (**ne pas, ne jamais,** etc.) devant l'infinitif présent ou devant l'auxiliaire pour l'infinitif passé,[2] à l'exception de **personne, aucune/aucun** et **nulle part.** (Voir p. 196.)

Être ou ne pas être, telle est la question...

J'ai envie de m'allonger sur une belle plage déserte et de ne rien faire et de ne voir personne pendant dix jours.

Henri regrette de ne pas pouvoir participer au débat sur l'avortement.

Le docteur nous a conseillé de ne plus suivre ce régime et de nous méfier de certains produits alimentaires.

Sarah est déçue de ne pas avoir remporté le premier prix dans le concours littéraire auquel elle a participé.

[2] L'infinitif passé : **n'avoir pas** (**n'être pas, n'être jamais,** etc.) + *participe passé* est également possible. EXEMPLES : *Il est content de n'avoir pas fait d'erreurs. Elle est triste de n'y être pas allée.* Cette tournure se rencontre surtout dans le style soutenu.

3. Les pronoms objets (directs et indirects) se placent entre **ne** et le verbe ou l'auxiliaire. (Voir p. 144.)

Le sujet est délicat, je vous l'avoue, et si cela vous gêne, je ne vous en parlerai plus.

François vous a-t-il prêté son nouvel ordinateur ? — Non, je ne le lui ai pas demandé.

4. L'article partitif (**de la/du/de l'**) et l'article indéfini (**une/un, des**) déterminant un objet direct deviennent **de** dans une phrase négative. (Voir p. 115.)

Ne prenez pas de café; ça vous empêchera de dormir. Prenez plutôt un jus de fruit.

Nous n'avons jamais fait de ski en France.

5. Aux temps composés, **nulle part** est placé après le participe passé.

Avez-vous trouvé le disque de Jacques Brel que vous cherchiez ? — Non, je ne l'ai vu nulle part. Il faudra que je le commande.

6. Le mot **pas** n'est jamais utilisé dans une négation avec un autre mot négatif comme **jamais, plus, nulle part, rien, personne,** etc.

Charles ne fume plus depuis qu'il est rentré de France et il m'a dit qu'il ne recommencerait jamais.

Nous n'irons nulle part ce week-end, car on a annoncé des tempêtes de vent.

ATTENTION ! Ne confondez pas les négations **ne... plus** et **ne... pas encore.**

Affirmatif	Négatif
encore *(still)* ↔	ne... plus *(no longer)*
déjà *(already)* ↔	ne... pas encore *(not yet)*

Est-ce que tu te sers encore de l'anthologie de poésie que je t'ai prêtée ? — Non, tu peux la reprendre. Je n'en ai plus besoin.

As-tu déjà vu le film de Fellini appelé *Intervista* ? — Non, je ne l'ai pas encore vu.

II. La négation des pronoms et des adjectifs indéfinis

A. *Personne* et *rien*

Personne et **rien** (la négation de **quelqu'un** et **quelque chose**) peuvent être le sujet ou l'objet d'un verbe dans une phrase. On les emploie aussi après les prépositions. (Voir Tableau 43.)

N'OUBLIEZ PAS...

1. Aux temps composés, **personne** (objet) suit le participe passé.

Je n'ai vu personne que je connaissais au café, alors je suis rentré. (COMPAREZ : Je n'ai rien pris ce matin avant de quitter la maison.)

TABLEAU 43

LA NÉGATION : *PERSONNE ET RIEN*	
Négations	**Exemples**
Sujet de la phrase **personne ne...** + *verbe* **rien ne...** + *verbe*	Est-ce que quelqu'un vous a insulté ? — Non, personne ne m'a insulté. Grégoire est si blasé que rien ne l'intéresse.
Objet de la phrase **ne...** *verbe...* **personne** **ne** + *verbe...* **rien**	Avez-vous remarqué quelqu'un de suspect dans le bâtiment ? — Non, je n'ai remarqué personne de suspect. Je ne comprends rien parce que vous parlez trop vite.
Après une préposition **ne** + *verbe* + *préposition* + **personne (rien)**	Avez-vous parlé à quelqu'un de vos projets ? — Non, je n'en ai parlé à personne. Cet été je ne veux m'occuper de rien.

2. Le verbe d'une phrase avec **personne ne...** ou **rien ne...** est toujours au singulier.

Il a si peu de suite dans les idées que personne ne peut comprendre ce qu'il dit.

Rien ne m'intéresse dans cette émission de télé.

Rien ne sert de courir, il faut partir à point. (La Fontaine)

3. Le mot **pas** n'est jamais utilisé dans une négation avec **personne** et **rien.**

Personne n'est venu[3] me voir.

J'ai lu jusqu'à minuit, puis j'ai voulu regarder la télé, mais rien ne m'intéressait.

Je ne savais pas que tu venais de rompre avec Marianne. Pourquoi ne m'as-tu rien dit ?

B. *Personne (rien)* + *de* + **adjectif;** *personne (rien)* + *à* + **infinitif**

1. L'adjectif qui qualifie **rien** et **personne** est toujours précédé de la préposition **de.**

Je ne connais personne de compétent.

Je ne fais rien de spécial pour Noël.

2. L'infinitif complément de **rien** et de **personne** est toujours précédé de **à.**

Mon beau-frère n'a personne à voir dans cette ville.

D'après ce qu'a dit le docteur, il n'y a rien à faire de plus en ce moment pour Jacquie. Avec du repos, elle se remettra de sa commotion cérébrale.

NOTE : Ces deux règles s'appliquent aussi à **quelqu'un** et à **quelque chose.**

Connaissez-vous quelqu'un de sympathique à inviter à notre fête ?

---

[3] Notez que *personne* est masculin dans la négation **personne... ne / ne... personne,** mais le mot *personne* (affirmatif) est féminin. COMPAREZ : *Une personne est venue me voir. Personne n'est venu me voir.*

Malheureusement, je n'ai rien à vous offrir, mais je peux commander quelque chose à boire ou même à manger au restaurant de l'hôtel.

Daniel ne semble jamais écouter quand j'ai quelque chose d'important à lui dire.

C. Devant un infinitif complément

Devant un infinitif complément (présent ou passé) les trois négations : **ne... personne**, **ne... aucune/aucun** et **ne... nulle part** se placent autour de l'infinitif.

Jacques est triste de ne connaître personne avec qui sortir ce week-end.

D. *Aucune/aucun*

1. Aucune/aucun veut dire « pas un ». C'est la négation qui correspond à **tous, quelques. Aucune/aucun** peut être adjectif ou pronom, et est en général au singulier.

J'ai lu plusieurs revues en attendant le départ de mon avion. Et vous ? — Je n'en ai lu aucune. (Je n'ai lu aucune revue.)

ATTENTION ! Ne confondez pas **aucune/ aucun** *(none)* avec **personne** *(no one)* ou **rien** *(nothing)*.

Regarde toutes ces tartes aux fruits dans la devanture de la pâtisserie. Tu en veux une ? — Non, aucune ne me tente. (COMPAREZ : Veux-tu manger quelque chose avant d'aller faire les courses ? — Non, rien ne me tente.)

Aucun de mes amis n'est venu. (COMPAREZ : Personne n'est venu.)

2. Aucune/aucun (pronom) remplace **aucune/aucun** (adjectif) + *nom*. C'est la négation de « quelques-uns » et peut être *sujet* ou *objet* du verbe ou *objet d'une préposition*. Quand **aucune/aucun** est *sujet*, le verbe est toujours au singulier.

Aucune de mes valises n'est assez grande pour toutes les affaires que je veux emporter.

Je n'ai vu aucun de mes amis au café. Ils devaient être à leurs cours.

3. Si vous utilisez **aucune/aucun** (pronom) à la place de **aucune/aucun** (adjectif) quand celui-ci accompagne un objet direct, notez qu'il faut aussi utiliser **en** pour désigner le nom remplacé.

Avez-vous pris des précautions ? — Non, je n'ai pris aucune précaution. Je n'en ai pris aucune. (**en** = des précautions)

Nathalie a-t-elle goûté à ces truffes au chocolat ? — Non, elle n'en a voulu aucune. (**en** = de ces truffes).

ATTENTION ! Dans des phrases comme « A-t-il dit cela à tous ses amis ? — Il ne l'a dit à aucun. », où **aucune/aucun** remplace un nom précédé d'une préposition autre que **de**, n'employez pas **en**.

S'est-il fâché contre tous ses amis ? — Non, il ne s'est fâché contre aucun (d'entre eux). Et pourtant ils n'ont pas arrêté de le taquiner.

Ta camarade de chambre a-t-elle emporté tous ses livres quand elle a déménagé ? — Non, elle n'en a pris aucun.

Se souvenait-il de ses amis après son amnésie ? — Non, il ne se souvenait d'aucun.

4. Aux temps composés, **aucune/aucun** (objet) suit le participe passé.

Ont-ils visité quelques ruines romaines lors de leur passage à Rome ? — Non, ils n'en ont visité aucune.

E. *Ne... pas grand-chose*

La négation **ne... pas grand-chose** a le sens de « peu de chose ».

Lucas est un fana de sports. Il ne fait pas grand-chose le week-end à part regarder les matchs de football à la télé.

III. La négation d'une série de noms ou de verbes

A. Les négations **ne** + *verbe* + **ni... ni...** et **ni... ni... ne** + *verbe* servent à réunir dans une phrase négative des séries de noms, de pronoms ou d'infinitifs. **Ni... ni...** correspond aux affirmations : **et... et...**, **ou... ou...**, **soit... soit...**

Je vois qu'on donne *Carmen* à l'opéra et *Le Lac des Cygnes* au ballet. Veux-tu que je prenne des billets ? — Non merci, je n'aime ni le ballet ni l'opéra.

Ni Marie ni Micheline ne savaient qu'elles sortaient toutes les deux avec le même homme.

Ce bâtiment est surveillé jour et nuit. On ne peut ni entrer ni sortir sans carte d'identité.

Détails de construction

1. Avec **ni... ni... ne** + *verbe*, le verbe se met en général au pluriel.[4]

Ni mon frère ni ma sœur ne sont allés à l'université.

Ni Gérard ni Nathalie ne pourront nous accompagner.

2. Dans une phrase avec **ne** + *verbe* + **ni... ni...**, l'article partitif et l'article indéfini disparaissent. C'est-à-dire, dans une phrase négative et partitive, il n'y a pas d'article après **ni**.

Je prends du pain et de la confiture le matin. Je ne prends ni fromage ni poisson. Mais : Je n'aime ni les escargots ni les cuisses de grenouilles.

3. On répète la préposition s'il y en a une.

Je ne m'intéresse ni au baseball ni au football américain, mais j'adore le foot et le hockey.

4. Avec une série de verbes négatifs on utilise **ne** devant chaque verbe.

Ces jeunes gens ne fument ni ne boivent d'alcool (ni ne sortent..., etc.).

[4] Le singulier est également possible avec deux sujets à la 3e personne quand on veut insister sur l'idée de disjonction. EXEMPLE : *Ni Carole ni Sébastien n'a été élu président de l'association des étudiants.*

B. Ne... ni... ni... réunit aussi des séries de propositions.

L'inspecteur de police ne sait ni qui est entré dans la maison ni ce qu'on y a volé.

Philippe ne nous a dit ni quand il arrivait ni quand il partait.

C. La négation en série avec **ne... ni... ni...** rend souvent difficile la construction de la phrase. Pour simplifier, on peut construire la phrase de manières différentes :

1. Avec **ne... pas... ni... (ni...).**

Je ne prends pas de sucre, ni de crème. (COMPAREZ : Je ne prends ni sucre ni crème.)

Véronique ne sait pas que son beau-père est malade ni qu'il est à l'hôpital. (COMPAREZ : Véronique ne sait ni que son beau-père est malade ni qu'il est à l'hôpital.)

2. En faisant deux phrases négatives indépendantes.

Elle ne mange pas de produits laitiers. Elle ne mange pas de viande non plus. (COMPAREZ : Elle ne mange ni produits laitiers ni viande.)

IV. La réponse négative elliptique

Pour éviter la répétition de toute une phrase négative, on peut utiliser la plupart des négations sans **ne.**

Est-ce que quelqu'un est venu me voir pendant mon absence ? — Non, personne.

Qu'avez-vous fait hier soir ? — Rien.

As-tu déjà vu les égouts de Paris ? — Non, pas encore.

REMARQUE : **Pas** n'est jamais employé seul comme réponse elliptique. On dit, par exemple : *pas moi, pas un, pas maintenant, pas vraiment, pas pour vous,* etc.

Qui a pris mon blouson ? — Pas moi.

Aimes-tu les tripes à la mode de Caen ? — Pas vraiment; en fait, pas du tout.

V. La restriction : *ne... que, ne... guère*

A. Employez **ne... que** comme expression restrictive. C'est un synonyme de l'adverbe « seulement ».

Les Japonais n'ont que quelques jours de congés payés. (Les Japonais ont seulement quelques jours de congé.)

Marc ne boit que de l'eau pendant le dîner.

B. Employez **ne... guère** dans le sens de « peu, à peine, presque pas, pas beaucoup, pas très ».

Mes amis n'ont guère envie d'entendre de nouveau cette histoire.

Cet homme ne travaille guère parce que sa femme appartient à l'aristocratie de la finance.

VI. _Si_ (affirmation)

Si remplace **oui** lorsqu'on réagit emphatiquement à une phrase négative ou à une question négative.

Vous n'avez pas compris cette phrase. — Si, je l'ai comprise !

N'êtes-vous pas fatigué après trois heures de marche ? — Bien sûr que si.

CONSTRUCTIONS

La négation multiple

On peut, dans une même phrase, combiner plusieurs mots négatifs (excepté **pas**). La phrase reste négative en dépit de cette accumulation. Les différentes combinaisons ainsi que l'ordre des mots sont illustrées dans les Tableaux 44 et 45 (p. 202).

A. Les adverbes négatifs : **ne... jamais, ne... plus, ne... pas encore, ne... nulle part** peuvent se combiner selon le Tableau 44.

B. Les négations **ne... personne, ne... rien, ne... aucune/aucun, ne... ni... ni...** peuvent être _sujet_ ou _objet_ de la phrase ou les deux à la fois. Ils peuvent également s'utiliser avec un (ou plusieurs) adverbes. Voir Tableau 45 pour les différentes combinaisons possibles.

TABLEAU 44

ADVERBES NÉGATIFS MULTIPLES		
sujet + **ne** + _verbe_ +	plus jamais plus nulle part* jamais nulle part encore jamais encore nulle part	+ _le reste de la phrase_

EXEMPLES :
1. Cet accident l'a laissé paralysé. Il ne marchera plus jamais.
2. Cette nouvelle mode ne se voit encore nulle part aux États-Unis.
3. Ce vieillard ne veut plus aller seul nulle part.

* N'oubliez pas que **nulle part** se met après le participe passé dans les temps composés. EXEMPLE : _Je cherche ce compact-disque depuis longtemps. Je ne l'ai encore trouvé nulle part._

TABLEAU 45

PRONOMS NÉGATIFS MULTIPLES

Sujet négatif		**Objet négatif**	
personne ne		personne	
rien ne	+ *verbe* +	rien	+ *le reste de la phrase*
aucune/aucun (de)... ne		aucune/aucun (de)	
ni... ni... ne		ni... ni...	

EXEMPLES :
1. Personne n'a rien vu parce qu'il y avait trop de brouillard.
2. Aucun de mes amis n'a parlé à personne de notre secret.
3. Quelle réunion tumultueuse. Tout le monde parlait à la fois et personne n'écoutait personne.

Sujet négatif		**Adverbe négatif**		**Objet négatif**	
personne ne		jamais		personne	
rien ne	+ *verbe* +	encore	+	rien	+ *le reste de la phrase*
aucune/aucun (de) ne		plus		aucune/aucun (de)	
ni... ni... ne				ni... ni..	

EXEMPLES :
1. Personne ne veut plus jouer.
2. Rien ne lui faisait jamais peur.
3. Ni Céline ni Pierre n'ont jamais rien vu de si beau.

	Adverbe négatif		**Objet négatif**	
	jamais		personne	
sujet non négatif + **ne** + *verbe* +	encore	+	rien	+ *le reste de la phrase*
	plus		aucune/aucun (de)	
			ni... ni...	

EXEMPLES :
1. Je voulais acheter un magnétoscope, mais le marchand n'en avait plus aucun à me montrer.
2. Marc et Louise n'avaient encore rien préparé pour les invités.
3. Je suis sûr qu'il ne montrera jamais à personne les documents que je lui ai confiés.

N'OUBLIEZ PAS... Aux temps composés, **rien, jamais, encore, plus** précèdent le participe passé. **Personne, aucune/aucun, nulle/nul,** (employés comme objet) et **nulle part** suivent le participe passé.

Les spectateurs n'ont rien dit quand il a lancé cette remarque.

Ni Jérôme ni Chantal n'ont vu personne en allant au magasin.

Je voulais servir des chanterelles avec l'omelette, mais je n'en ai trouvé nulle part.

C. Dans une négation multiple, le **pas** de **ne... pas encore** disparaît.

Il n'a encore rien vu de si beau.

Je n'ai encore parlé à personne de mon projet de thèse.

D. On peut combiner plus de deux négations dans une même phrase. La phrase reste négative.

Après avoir perdu sa femme, M. Moreau est devenu un ermite. Il s'est retiré dans le château qu'il possédait et ne quittait que rarement ses terres. Aucune activité ne semblait plus intéresser cet homme qui autrefois avait été un pilier de la société. Il ne se montrait plus ni à l'église le dimanche ni aux réceptions de ses amies. Quand on essayait de l'interroger, il disait simplement : « Je ne recevrai plus jamais personne chez moi. Je n'irai plus jamais nulle part non plus. J'attends avec impatience le jour où j'irai rejoindre ma chère épouse Héloïse, qui fut toute ma joie dans la vie. » Il faut avouer que c'est un cas bien étrange.

ÉTUDE DE VERBES

A. *Faire semblant de / prétendre*

Faire semblant de + *infinitif* veut dire *to pretend*.

Ne fais pas semblant de comprendre quand tu ne comprends pas.

Ce prof ne sait rien, mais il fait toujours semblant de tout savoir.

Prétendre veut dire *to claim* ou *to aspire*. Il n'a jamais le sens de « faire semblant ».

Les économistes prétendent que l'énergie nucléaire remplacera un jour le pétrole.

On savait dans tout le royaume que le jeune prince Yvain prétendait au trône, et cherchait à assassiner son demi-frère Léonidas.

B. *Commencer à (de) / finir de; commencer par / finir par*

1. **Finir de** est le contraire de **commencer à.**

Les ouvriers ont commencé à construire la maison en septembre et ils ont fini de poser le toit en décembre.

2. On emploie **commencer par** + *infinitif* pour parler de la première chose que l'on fait dans une série.

Dans sa première conférence, la célèbre chimiste a commencé par énumérer quelques théories de base, puis elle a enchaîné avec plusieurs démonstrations de réactions.

3. **Finir par** + *infinitif* est idiomatique et a le sens de *enfin, finalement*.

Mon camarade a fini par reconnaître que ses remarques désobligeantes lui faisaient beaucoup d'ennemis.

C. Verbes + infinitif

Les verbes suivants gouvernent l'infinitif directement :

aimer	espérer
aimer mieux	pouvoir
compter	préférer
désirer	souhaiter
détester	vouloir

Ce jeune homme préfère boire de l'eau minérale.

Nous espérons recevoir d'ici quelques jours les nouvelles raquettes de tennis que nous avons commandées.

Mon camarade de chambre comptait me rendre l'argent que je lui avais prêté, mais il a oublié de le faire. Qu'est-ce que je peux lui dire pour le lui rappeler sans le froisser ?

REMARQUES :

• Ces mêmes verbes peuvent gouverner un nom objet direct.

J'aime le poisson et les légumes, mais je ne suis pas très amateur de viande.

Je voudrais une tartine de beurre et un verre de lait.

• **Compter sur** s'emploie avec un nom ou un pronom.

Puisque tu as une camionette, est-ce que je peux compter sur toi pour m'aider à déménager ?

Messieurs, pouvons-nous compter sur votre collaboration dans l'opération clandestine dont nous venons de parler ?

D. Verbes + *de* + infinitif

Les verbes suivants gouvernent l'infinitif avec **de.**

accepter de	menacer de
accuser de	permettre de
défendre de	persuader de
empêcher de	promettre de

M. Delmas a accepté de parler à la réunion des Jeunes Socialistes.

Promettez-moi de vous reposer après vos examens ! Je vous défends d'ouvrir un manuel scolaire pendant un mois !

Remarquez les différences de construction avec les verbes suivants :

empêcher quelqu'un de
persuader quelqu'un de

On a empêché ce chercheur de continuer ses expériences de laboratoire sur les rats, parce qu'il les faisait souffrir.

Le président n'a pas pu persuader son aide de démissionner quand le scandale a éclaté.

promettre à quelqu'un de
permettre à quelqu'un de
défendre à quelqu'un de

Il a promis à sa femme de l'emmener en croisière en Alaska pour leur cinquième anniversaire de mariage.

Quand nous étions petits, notre mère ne nous permettait pas de traverser la rue seuls.

La préfecture de police a défendu aux employés de manifester devant l'usine, si cela bloquait la circulation.

accuser quelqu'un de quelque chose
accuser quelqu'un de faire (d'avoir fait) quelque chose

On a accusé les directeurs de cette entreprise de négligence et de détournements de fonds.

Mes amis m'accusent d'être parfois très sarcastique. Ils ne comprennent pas que je plaisante.

Le procureur a accusé ce père de famille d'avoir tué de sang-froid sa femme et ses trois enfants. Quelle triste histoire !

COIN DU SPÉCIALISTE

A. La négation **nulle/nul ne...** / **ne... nulle/nul,** synonyme de **aucune/aucun... ne,** appartient au style écrit.

Je n'ai nulle envie de revoir Julie.

Nul n'est prophète en son pays. (proverbe)

B. Remarquez l'adverbe négatif : **ne... nullement (aucunement)** qui s'emploie dans le sens de « ne... pas du tout ».

Est-ce que cela vous gêne que je passe la nuit sur votre divan ? — Non, nullement (aucunement).

C. Ne... point, synonyme de **ne... pas,** est réservé au style écrit recherché.

Le vieillard, presque aveugle, ne reconnaissait point ses enfants.

D. A la forme négative, quatre verbes : **pouvoir, savoir, cesser, oser,** peuvent être négatifs sans **pas** : *je ne sais = je ne sais pas.* Cette tournure s'emploie plutôt dans le style soutenu que dans la conversation.

Je n'ose (Je n'ose pas) lui parler de cela.

Il ne cesse de répéter la même chose.[5]

Je ne peux (Je ne puis[6]) vous voir avant la semaine prochaine.

Il ne pouvait s'empêcher de penser à Hélène tout le temps.

M. Dutoit ne savait quoi répondre aux réclamations des étudiants.

---

[5] **Ne cesser de** + *infinitif* indique qu'une action est faite sans arrêt. EXEMPLE : *Il ne cesse de répéter les mêmes histoires.* (= Il les répète constamment.) Le verbe **ne pas cesser de** a le sens de « continuer à ». EXEMPLE : *Il n'a pas cessé de voir son amie après qu'ils se sont (soient) disputés, mais il ne cesse de la contrarier.* (= Il a continué à la voir mais il la contrarie continuellement.)

[6] A la 1re personne seulement, **puis** peut remplacer **peux.** Notez aussi que l'inversion se fait exclusivement avec **puis.** EXEMPLE : *Puis-je vous accompagner ?*

E. La préposition **sans** peut être suivie d'une négation. Dans ce cas, on n'emploie pas **ne**.

Nous sommes partis sans rien dire.

« Il a longtemps vécu seul sans personne avec qui parler. » (*Le Petit Prince*, de Saint-Exupéry)

Nous arriverons à huit heures sans aucune difficulté.

Échanges interactifs

CONVERSATIONS DIRIGÉES

I. *(En groupes de trois) A posera une question à **B** et à **C**. **B** y répondra selon les données entre parenthèses, en faisant attention aux temps des verbes, puis **C** prendra la contrepartie de **B** avec une phrase négative de sa fabrication.*

MODÈLE : **A :** A quelle heure vous couchez-vous ?
B : (à dix heures) *Je me couche à dix heures.*
C : *Moi, non. Je ne me couche jamais avant une heure du matin.*

1. **A :** Quelles sortes de concerts aimez-vous le mieux ?
B : _____ (récitals de violon).
C : Moi, non. _____.

2. **A :** Faites-vous du ski en hiver ?
B : Oui, _____ (aller [passé composé] / plusieurs fois / à Vail).
C : Moi, non. _____ (ne pas encore).

3. **A :** Prenez-vous du sucre et du lait dans ton thé ?
B : Oui, _____.
C : Moi, non. _____ (ne... ni... ni).

4. **A :** Quelles danses aimez-vous ?
B : _____ (la valse et la polka).
C : Moi, non. _____ (ne... ni... ni).

5. **A :** Est-ce que quelqu'un est venu vous voir hier soir ?
B : Oui, mon frère cadet _____.
C : Moi, non. _____ (personne).

6. **A :** Avez-vous récemment écrit un article pour le journal du campus ?
B : Oui, _____ (éditorial).
C : Moi, non. _____ (ne rien).

7. **A :** Voudriez-vous devenir cosmonaute ?
B : Oui, _____.
C : Moi, non. _____.

8. **A :** Est-ce que quelque chose vous est arrivé hier soir ?
B : Oui, _____ (ma voiture / tomber / en panne).
C : Moi, non. _____ (rien ne / m'arriver).

9. **A :** Est-ce que vous avez lu Pascal et Descartes en français ?
B : Oui, _____ (dans mon cours de philosophie).
C : Moi, non. _____ (ne... ni... ni...).

10. **A :** Avez-vous parlé de vos inventions à quelqu'un ?
    B : Oui, _____ (mentionner à tous mes amis).
    C : Moi, non. _____ (ne... personne).
11. **A :** Écrivez-vous souvent à vos parents ?
    B : _____ (presque tous les week-ends).
    C : Moi, non. _____.

RÉPONSES

1. **B :** J'aime les récitals de violon.
   C : Moi, non. Je n'aime pas les récitals de violon.
2. **B :** Oui, je suis allé plusieurs fois à Vail.
   C : Moi, non. Je ne suis pas encore allé à Vail.
3. **B :** Oui, je prends du sucre et du lait dans mon thé.
   C : Moi, non. Je ne prends ni sucre ni lait dans mon thé.
4. **B :** J'aime la valse et la polka.
   C : Moi, non. Je n'aime ni la valse ni la polka.
5. **B :** Oui, mon frère cadet est venu me voir.
   C : Moi, non. Personne n'est venu me voir.
6. **B :** Oui, j'ai écrit un éditorial.
   C : Moi, non. Je n'ai rien écrit.
7. **B :** Oui, je voudrais devenir cosmonaute.
   C : Moi, non. Je ne voudrais pas devenir cosmonaute.
8. **B :** Oui, ma voiture est tombée en panne.
   C : Moi, non. Rien ne m'est arrivé.
9. **B :** Oui, j'ai lu Pascal et Descartes dans mon cours de philosophie.
   C : Moi, non. Je n'ai lu ni Pascal ni Descartes (dans mon cours de philosophie).
10. **B :** Oui, je les ai mentionnées à tous mes amis.
    C : Moi, non. Je ne les ai mentionnées à personne.
11. **B :** Oui, je leur écris presque tous les week-ends.
    C : Moi, non. Je ne leur écris pas tous les week-ends.

II. *(En groupes de trois)* B *et* C, *à tour de rôle, reprendront les phrases dites par* A *en introduisant la négation indiquée entre parenthèses dans leur version.* A *contrôlera les réponses.*

MODÈLE : **A :** J'ai regardé par la fenêtre et j'ai vu quelque chose de bizarre.
    B : (ne... rien) *J'ai regardé par la fenêtre et je n'ai rien vu de bizarre.*
    A : En sortant de la bibliothèque j'ai vu quelqu'un de suspect.
    C : (ne... personne) *En sortant de la bibliothèque je n'ai vu personne de suspect.*

1. **A :** Je suis resté dans ma chambre et j'ai lu toute la journée.
   B : (ne rien faire)
   A : Je suis allé au café et j'ai parlé à tous mes amis.
   C : (ne parler à personne)
2. **A :** J'ai relu l'article sur les analyses du ADN *(DNA)* et j'en ai compris l'importance dans le domaine judiciaire.
   B : (ne rien comprendre)
   A : La conférence du professeur à ce sujet était très claire.
   C : (ne... pas du tout)

3. **A :** J'aime la salade et les fruits.
    B : (ne... ni... ni)
    A : J'ai pris du riz et du poulet pour mon dîner.
    C : (ne... ni... ni)

4. **A :** Mes parents m'envoient régulièrement de l'argent.
    B : (ne... plus)
    A : Mes parents me téléphonent tous les week-ends.
    C : (ne... jamais) !

5. **A :** J'ai déjà choisi une carrière.
    B : (ne... pas encore)
    A : La compagnie Megatruc m'a offert un poste permanent.
    C : (ne... rien)

6. **A :** Quand mes amis sont en vacances, ils m'écrivent tous.
    B : (aucun... ne)
    A : Mes amis ont toujours des aventures incroyables.
    C : (ne... jamais)

7. **A :** J'ai très envie de te parler de mon avenir.
    B : (ne... aucun)
    A : Plusieurs universités m'ont offert une bourse.
    C : (aucun... ne)

8. **A :** J'irai au Canada, au Mexique et au Pérou cet été.
    B : (ne... nulle part)
    A : Je vais rencontrer beaucoup de nouveaux amis.
    C : (ne... personne)

9. **A :** Quelqu'un m'a parlé de l'incident hier soir.
    B : (personne... ne)
    A : J'ai bien compris pourquoi les étudiants ont fait une émeute.
    C : Moi, je (ne... pas du tout)

RÉPONSES

1. **B :** Je suis resté dans ma chambre et je n'ai rien fait.
    C : Je suis allé au café et je n'ai parlé à personne.

2. **B :** J'ai relu l'article sur les analyses du ADN et n'y ai rien compris.
    C : La conférence du professeur à ce sujet n'était pas du tout claire.

3. **B :** Je n'aime ni la salade ni les fruits.
    C : Je n'ai pris ni riz ni poulet pour mon dîner.

4. **B :** Mes parents ne m'envoient plus d'argent.
    C : Mes parents ne me téléphonent jamais !

5. **B :** Je n'ai pas encore choisi de carrière.
    C : La compagnie Megatruc ne m'a rien offert de permanent.

6. **B :** Quand mes amis sont en vacances, aucun d'eux ne m'écrit.
    C : Mes amis n'ont jamais d'aventures incroyables.

7. **B :** Je n'ai aucune envie de te parler de mon avenir.
    C : Aucune université ne m'a offert de bourse.

8. **B :** Je n'irai nulle part cet été.
   C : Je ne vais rencontrer personne.
9. **B :** Personne ne m'a parlé de l'incident.
   C : Moi, je n'ai pas du tout compris pourquoi les étudiants ont fait une émeute.

III. *(En groupes de trois) Répondez aux questions avec la négation qui convient. A posera les questions à B et à C et contrôlera les réponses. B répondra et C reprendra la réponse avec un pronom objet.*

MODÈLE : **A :** Bois-tu quelquefois du saké le matin ?
              B : *Non, je ne bois pas de saké le matin.*
              C : *Moi non plus, je n'en bois pas.*

1. Est-ce que quelqu'un vous a invitée/invité au cinéma récemment ?
2. Est-ce que quelque chose de drôle vous est arrivé pour le premier avril ?
3. Avez-vous déjà lu un roman en norvégien ?
4. Est-ce que Jérôme vous a encore parlé de ses problèmes financiers ?
5. Est-ce que vous avez déjà vu un film de la Nouvelle Vague ?
6. Est-ce que vous avez raconté cette histoire invraisemblable à quelqu'un ?
7. Est-ce que quelques-uns de vos amis connaissent cette blague ?
8. Est-ce que vous prenez des vitamines tous les jours ?

RÉPONSES

1. **B :** Non, personne ne m'a invitée/invité au cinéma récemment.
   C : Non, personne ne m'y a invitée/invité récemment non plus.
2. **B :** Non, rien de drôle ne m'est arrivé pour le premier avril.
   C : Rien de drôle ne m'est arrivé non plus.
3. **B :** Non, je n'ai jamais lu de roman en norvégien.
   C : Je n'en ai jamais lu en norvégien non plus.
4. **B :** Non, il ne m'a plus parlé de ses problèmes financiers.
   C : Il ne m'en a plus parlé non plus.
5. **B :** Non, je n'ai pas encore vu de film de la Nouvelle Vague.
   C : Je n'en ai pas encore vu non plus.
6. **B :** Non, je n'ai raconté cette histoire invraisemblable à personne.
   C : Je ne l'ai racontée à personne non plus.
7. **B :** Non, aucun de mes amis ne connaît cette blague.
   C : Aucun de mes amis ne la connaît non plus.
8. **B :** Non, je ne prends pas de vitamines tous les jours.
   C : Non, je n'en prends pas tous les jours non plus.

IV. *(En groupes de deux) A, pour qui tout va bien, posera les questions à B, pour qui tout va mal. B répondra toujours à la forme négative. A contrôlera les réponses. Puis on changera de rôle.*

1. Quand je vais au cours, j'apprends quelque chose. Et toi ?
2. Tous les garçons (toutes les filles) veulent sortir avec moi. Et toi ?
3. Les amis de mes parents m'invitent à toutes leurs soirées. Et toi ?
4. Je sais déjà ce que je veux faire dans la vie. Et toi ?
5. Après avoir fini mes études, j'irai partout dans le monde. Et toi ?

6. Je deviendrai sénateur ou gouverneur. Et toi ?
7. Je ferai quelque chose d'important. Et toi ?
8. Tout le monde parlera de moi. Et toi ?

RÉPONSES

1. Moi, je n'apprends rien.
2. Aucun des garçons (aucune des filles) ne veut sortir avec moi. (Personne ne veut sortir avec moi.)
3. Les amis de mes parents ne m'invitent à aucune soirée (à aucune de leurs soirées).
4. Moi, je ne sais pas encore ce que je veux faire dans la vie.
5. Moi, je n'irai nulle part après avoir fait mes études.
6. Moi, je ne deviendrai ni sénateur ni gouverneur.
7. Moi, je ne ferai rien d'important.
8. Personne ne parlera de moi.

MISE AU POINT

I. *Répondez aux questions en utilisant la négation correcte.*

Au bureau

1. La secrétaire arrive-t-elle toujours à l'heure ?
2. Le comptable a-t-il souvent des ennuis avec le fisc ?
3. Le patron a-t-il encore parlé du budget ?
4. Vous avez déjà vu ces rapports ?
5. Nos concurrents ont-ils souvent obtenu de meilleurs résultats que nous ?
6. Quelqu'un vous a-t-il aidé à préparer ces statistiques ?
7. Le directeur financier vous a-t-il promis une augmentation ?
8. Irez-vous quelque part cet été ?
9. Le veilleur de nuit a-t-il trouvé quelqu'un dans le bureau du P.-D.G ?
10. Y a-t-il quelque chose qui vous déplaise dans votre travail ?

II. *Antoine n'aime pas beaucoup voyager en avion. Il ne supporte pas la foule, le sentiment d'être enfermé; il a le mal de l'air. L'hôtesse qui le sert est une de ses amies. Elle le trouve très difficile et raconte l'affaire à sa collègue pendant leur pause-café. Reconstituez ce qu'elle a dit en mettant à la forme négative les phrases identifiées par (–) dans les paragraphes suivants.*

(–) Antoine a beaucoup de plaisir à voyager en avion. Cependant, il fait souvent des voyages d'affaires. (–) Ses amis l'accompagnent toujours à l'aéroport. Il doit toujours y aller en limousine, ce qui finit par lui coûter assez cher. (–) Il peut mettre ces dépenses aux frais de la compagnie. (–) Toutes les lignes aériennes lui plaisent. Il a tout essayé et c'est chaque fois un drame. Pendant le voyage il reste dans son siège sans bouger. Quand les autres passagers demandent à se lever, il les regarde d'un air excédé. (–) Il se rassied toujours, bloquant ainsi la vue aux passagers qui regardent le film. Il commande des jus de fruit toutes les dix minutes. (–) Il a très soif. C'est pour embêter les hôtesses et les stewards. (–) Il boit aussi du whisky et du vin. (–) Il regarde toujours le film. (–) Il veut lire un journal ou travailler à son ordinateur.

Chaque fois que je passe devant lui, il me demande l'heure de l'arrivée. (–) Le dîner qu'on lui sert est toujours à son goût. (–) Il y a assez de sel sur la viande. Les légumes sont trop cuits. (–) Il a pris quelque chose pour le dessert. Puis il a demandé à son voisin de lui donner le sien. (–) Le voisin voulait lui parler et lui donner son dessert. Ils ont failli se battre... Tiens, la lumière rouge s'est encore allumée. Il faut que j'aille voir ce qu'il veut.

III. _Dans la conversation suivante le client répond aux questions en utilisant principalement_ **ne... que** _ou_ **ne... guère.**

Un client difficile

Un homme distingué portant un chapeau melon et une canne s'installe à un café. Le serveur, le prenant pour un personnage important, s'approche de lui, le sourire aux lèvres.

Le garçon : Un café pour Monsieur ?

Le monsieur : Non, (je / ne... que / boire de l'eau).

Le garçon : Bien, une eau minérale. Et avec ça... une pâtisserie ? un baba au rhum ?

Le monsieur : Je (ne... guère / toucher à l'alcool). Y en a-t-il beaucoup dans vos babas ?

Le garçon [à lui-même] : Le chef pâtissier (ne... guère / en / mettre). Il en boit plus qu'il n'en met dans ses recettes !

Le monsieur : Je n'ai pas encore lu _Le Monde_ aujourd'hui.

Le garçon : Hélas, nous (ne plus / en / avoir) ou je vous en aurais passé un volontiers. Mais vous pourriez en acheter un au kiosque.

Le monsieur [ouvrant son portefeuille] : Je (ne... que / avoir) des billets de 500F. Pourriez-vous me faire de la monnaie ?

Le garçon : Notre caisse n'est pas une banque, Monsieur, mais je vais voir ce que je peux faire.

Quelques minutes plus tard, le garçon revient : Voilà votre monnaie, votre Évian, et un _Nouvel Observateur_ qu'un client vient de laisser.

Le monsieur [empochant les billets de banque] : Désolé, je (ne... que / lire) _Le Monde_. [Puis regardant sa montre] Mon Dieu ! J'ai complètement oublié que j'avais rendez-vous avec le ministre. Je (ne... guère / avoir / de temps / à perdre). Garçon, vite, un taxi.

Le monsieur se lève de table, après avoir avalé l'eau d'un trait, saute dans le taxi et disparaît, laissant le garçon le _Nouvel Observateur_ à la main et le visage décomposé.

Le garçon : Eh bien, celui-là (ne... que / être) un sale profiteur. Avec son costume habillé et ses airs de gentleman, il m'a vraiment eu ! Il n'a même pas laissé de pourboire. La prochaine fois je (ne... plus / être) si poli.

La caissière [accourant, l'air affolé] : Christophe, ce billet que tu viens de me passer... c'est un faux !

IV. _Dans la conversation suivante les enfants répondent toujours par une expression négative elliptique._

La maison hantée

En passant devant une maison abandonnée depuis quelques années, j'ai remarqué des enfants qui jouaient dans le jardin. Ils n'avaient pas l'air d'y habiter, alors je me suis arrêtée pour leur poser quelques questions.

Moi : Qu'est-ce que vous faites là ?

Les enfants : _____. On joue à cache-cache.

Moi : Est-ce qu'il y a quelqu'un à l'intérieur de la maison en ce moment ?

Les enfants : Non, _____. Mais tout à l'heure Fabrice et Justine y sont entrés puis ressortis en criant.

Moi : Ont-ils vu quelqu'un dans la maison ?

Les enfants : Non, _____. Mais il y avait plein de toiles d'araignées et des cloportes dans la cave.

Moi : Ont-ils touché à quelque chose ?

Les enfants : Oh non, à _____ !

Moi : Avez-vous entendu des bruits bizarres dans cette maison ?

Les enfants : Non, _____.

Moi : Vous savez, les murs de cette maison sont pourris. Les plafonds pourraient s'effondrer sur vous. Et je ne serais pas étonnée si elle cachait un ou deux fantômes. J'espère que vous n'avez pas l'intention d'y retourner.

Les enfants : Non, _____. C'est promis.

Comme je tendais l'oreille vers la porte de devant d'un air troublé, les enfants, convaincus d'avoir entendu des gémissements d'outre-tombe, sont partis à toutes jambes.

V. *(Constructions) Ajoutez la négation entre parenthèses aux phrases négatives données.*

1. (ne... jamais) Je ne suis plus retourné chez ce coiffeur qui m'a massacré.
2. (ne... jamais) Ce garçon est paresseux. Il ne fait rien.
3. (ne... plus) Le restaurant a beaucoup baissé. Aucun de mes amis n'y va.
4. (ne... nulle part) J'ai cherché partout cette marque de parfum. On ne la trouve plus.

VI. *(Constructions) Combinez les deux phrases négatives pour en former une seule avec une négation multiple. Suivez le modèle.*

Modèle : Le maire d'un village a disparu mystérieusement. On ne l'a jamais revu. Personne ne l'a revu.

Négation multiple : *Personne ne l'a jamais revu. (Jamais personne ne l'a revu.)*

1. Voilà un spécimen de fleur tout nouveau. On n'a pas encore vu ce spécimen. On ne l'a vu nulle part. Voilà un spécimen qu'on _____.
2. Voilà un jeune homme qui est toujours de mauvaise humeur. Autrefois il avait des amis, mais maintenant on ne lui parle plus. Personne ne lui parle. Personne _____.
3. Hier il y avait encore du jambon dans le réfrigérateur. Maintenant il n'y a plus de jambon. Il n'y a rien à manger. Il n'y a _____.
4. Élise s'est brouillée avec son copain. Il s'est engagé dans la légion étrangère. Elle ne l'a plus revu. Elle ne l'a jamais revu. Elle ne l'a _____.
5. Alain voudrait faire un voyage en Grèce. Il n'a pas encore fait de projet. Il n'a fait aucun projet. Il _____.
6. Renée promet de ne plus dire de choses méchantes. Renée promet de ne rien dire. Elle promet de _____.
7. Edgar ne voyage jamais. Nadine ne voyage jamais. Ni _____.
8. Bernard a été attaqué par un requin. Depuis ce jour il ne va plus à la mer. Il ne va jamais à la mer. Il ne va _____.

VII. (_Constructions_) _Remplacez les tirets par_ **prétendre** _ou_ **faire semblant de,** _selon le cas. Mettez le verbe au temps exigé par le contexte._

1. Mon copain _____ connaître un système infaillible pour gagner à la roulette, mais je crois qu'il exagérait.
2. Si vous _____ dormir, le chat viendra vous lécher le bout du nez.
3. Christophe Colomb _____ que la terre était ronde et en faisant son célèbre voyage il a réussi à le prouver.
4. Quand Roger avait cinq ans, il _____ être médecin. Ce jeu l'amusait beaucoup.
5. Quand les gens lui parlent, mon neveu _____ ne pas les entendre clairement.

VIII. (_Constructions_) _Remplissez les tirets par_ **à, de** _ou_ **par.**

1. Quand vous aurez fini _____ lire ce livre de Montesquieu, pourriez-vous me le passer ? Je commence _____ m'intéresser aux philosophes du 18ᵉ siècle.
2. Rentrons ! Il commence _____ faire froid.
3. Le professeur a commencé _____ nous présenter ses collègues. Ensuite, il a parlé des résultats de ses expériences récentes dans le domaine de la bactériologie. Je dois avouer que ses remarques ont fini _____ m'ennuyer. Je commençais _____ m'endormir quand la cloche a sonné. Le professeur, très absorbé par son sujet, n'avait pas encore fini _____ parler. Le fait que l'amphithéâtre était presque vide ne semblait en rien diminuer son enthousiasme pour son sujet.

IX. (_Constructions_) _Remplacez les tirets par_ **à** _ou_ **de** — _là où c'est nécessaire._

1. Mes amis aiment _____ écrire des articles dénonçant les injustices sociales qu'ils observent dans notre ville. Moi, je préfère _____ m'occuper de la critique du cinéma.
2. Barbe-Bleue défendait à ses femmes _____ entrer dans une certaine salle de son château qu'il se réservait exclusivement. Elles promettaient toutes _____ obéir, mais ne tenaient pas leur promesse. Quand il s'en apercevait, il les accusait _____ l'avoir trahi et les mettait à mort.
3. Je déteste _____ faire des problèmes de mathématiques. Je suis plutôt doué pour les langues. J'espère _____ apprendre à en parler plusieurs couramment.
4. Ma sœur avait envie d'aller en France, mais nos parents ne voulaient pas _____ lui permettre _____ voyager seule.

PROJETS DE COMMUNICATION

I. (_Devoir écrit_) Choisissez un personnage dont l'attitude envers la vie est négative (par exemple : Scrooge de Dickens ou le Misanthrope de Molière) et écrivez une page dans le journal intime de votre personnage.

II. (_Monologue_) Vous avez décidé de changer de vie. Vous rentrez chez vous un soir, insatisfait de tout ce qui vous arrive : tout le monde vous donne des ordres, tous vos amis vous empruntent de l'argent et ne vous le rendent pas, vous payez des sommes folles pour vos livres, vous avez des devoirs difficiles, de mauvaises notes, des professeurs irritables, vous passez vos week-ends à lire, à écrire, à faire des expériences scientifiques au laboratoire, etc.

Vous vous promettez que tout sera bientôt différent : « Je ne recevrai plus d'ordre de per-sonne. Le week-end je ne ferai rien. Je ne ferai ni devoirs, ni expériences... » etc. Élaborez à votre guise ce monologue intérieur, où vous exposez vos souhaits. Utilisez les négations sui-vantes :

ne... plus	ni... ni... ne	ne... rien
ne... pas encore	ne... plus jamais	aucune/aucun (de)... ne
ne... ni... ni...	personne... ne	ne... nulle part

III. *(Sketch)* Lamentations d'une étudiante/d'un étudiant pour qui tout va mal dans le pire des mondes possibles, sous forme de confidences faites à une amie/un ami intime : « J'ai tant de travail que je ne peux plus dormir. Je ne peux plus faire de sport. Je passe mes soirées seule/seul dans ma chambre. Personne ne vient me voir... » etc.

IV. *(Débat)* Une/Un ou deux étudiantes/étudiants optimistes pourraient faire un débat avec des étudiantes/étudiants pessimistes sur un des sujets suivants :

- la Troisième Guerre mondiale
- l'avenir de la planète Terre
- l'idée célèbre de Rousseau : « L'homme est né libre, et partout il est dans les fers. » (*Du contrat social*)

V. *(Devoir écrit)* Traitez un des sujets suivants :

- une promesse qu'on n'a pas tenue
- une grande déception *(disappointment)*

Dans la mesure du possible, utilisez dans votre anecdote quelques-unes des expressions ver-bales suivantes :

aimer mieux + *infinitif*	compter sur quelqu'un + *infinitif*
empêcher quelqu'un de + *infinitif*	accuser quelqu'un de + *infinitif*
promettre à quelqu'un de + *infinitif*	persuader quelqu'un de + *infinitif*
compter + *infinitif*	espérer + *infinitif*

VI. *(Discussion à partir d'un texte)* Après avoir lu le poème suivant de Paul Éluard (1895–1952), traitez en groupes de trois ou quatre les questions suivantes.

1. Essayez de montrer comment le poète arrive à peindre un portrait positif du monde en utilisant une litanie de phrases négatives aboutissant enfin à une affirmation essentielle.

2. Y a-t-il une progression dans les images évoquées par Éluard ? Lesquelles vous ont paru les plus frappantes ?

3. D'après le poète, quel est le rôle primordial de l'homme sur notre globe terrestre ? Pourquoi est-ce que *vivre* est un « devoir » autant qu'un « droit » ?

4. Comment le poète profite-t-il des phrases hypothétiques pour affirmer la nécessité de l'homme ?

5. Si vous deviez écrire un pastiche de ce poème, quelles images mettriez-vous à la place de celles choisies par Éluard ?

Le droit le devoir de vivre

Paul Éluard, Le Livre ouvert

Il n'y aurait rien
Pas un insecte bourdonnant
Pas une feuille frissonnante
Pas un animal léchant ou hurlant
Rien de chaud rien de fleuri
Rien de givré rien de brillant rien d'odorant
Pas une ombre léchée par la fleur de l'été
Pas un arbre portant des fourrures de neige
Pas une joue fardée par un baiser joyeux
Pas une aile prudente ou hardie dans le vent
Pas un coin de chair fine pas un bras chantant
Rien de libre ni de gagner ni de gâcher
Ni de s'éparpiller ni de se réunir
Pour le bien pour le mal
Pas une nuit armée d'amour ou de repos
Pas une voix d'aplomb pas une bouche émue
Pas un sein dévoilé pas une main ouverte
Pas de misère et pas de satiété
Rien d'opaque rien de visible
Rien de lourd rien de léger
Rien de mortel rien d'éternel

Il y aurait un homme
N'importe quel homme
Moi ou un autre
Sinon il n'y aurait rien.

Chapitre

9

Le Genre, le nombre et les adjectifs

Présentation

PRINCIPES

Le féminin des adjectifs et des noms
Le pluriel
L'accord des adjectifs
La place de l'adjectif qualificatif
Le comparatif
Le superlatif

CONSTRUCTIONS

Les comparatifs et superlatifs irréguliers
Expressions idiomatiques de comparaison
Comme, comme si

ÉTUDE DE VERBES
Verbes + **à** + *infinitif*
Passer du temps à / mettre du temps à

COIN DU SPÉCIALISTE

Échanges interactifs

Présentation

PRINCIPES

Remarque préliminaire : En français, les noms peuvent être masculins, féminins, singuliers ou pluriels. D'une manière générale, les adjectifs qualificatifs s'accordent avec le nom ainsi que les déterminants (articles, adjectifs possessifs, démonstratifs et interrogatifs).

« Ma Mère-grand,[1] quels grands yeux vous avez ! a dit le petit Chaperon rouge.— C'est pour mieux te voir, mon enfant, a répondu le loup. — Ma Mère-grand, quelles grandes dents vous avez ! — C'est pour mieux te manger ! »

Ma cousine est très généreuse. Elle m'a prêté $7 000 pour acheter une voiture.

Nous mangerons les belles mangues que vous avez rapportées du Mexique. Elles seront tout à fait mûres d'ici deux jours.

Le roman que je viens de lire est excellent mais un peu trop long.

I. Le féminin des adjectifs et des noms

A. Féminins réguliers

Pour former le féminin d'un nom ou d'un adjectif, ou d'un participe passé, ajoutez **-e** à la forme masculine.

Masculin	Féminin
ami	amie
élégant	élégante
vécu	vécue
enchanté	enchantée
écouté	écoutée

L'amie de Frédéric est une spécialiste renommée en neurobiologie. Elle est très douée pour la recherche. C'est une travailleuse infatigable et une bonne mère de famille également.

La chanson que nous avons écoutée hier soir était chantée dans toutes les boîtes de nuit élégantes de l'époque.

Attention ! Si l'adjectif se termine par un **e** muet, le féminin et le masculin sont identiques. Par exemple,

Masculin	Féminin
facile	facile
sauvage	sauvage
calme	calme
rapide	rapide
moderne	moderne
timide	timide
extraordinaire	extraordinaire
souple	souple

Ce jeune homme timide n'aime pas les mondanités. Il mène une vie calme dans un petit appartement moderne qu'il a hérité de ses parents.

Connaissez-vous l'eau de toilette Eau Sauvage (féminin) de Dior ? Ne la trouvez-vous pas extraordinaire ?

---

[1] Dans le conte *Le Petit Chaperon rouge* de Perrault, l'inversion de *grand-mère* est utilisée comme un effet stylistique.

TABLEAU 46

TERMINAISONS AU FÉMININ		
Changement de terminaison	**Adjectif ou nom modèle**	**Autres exemples**
1. -eux → -euse -oux → -ouse*	heureux → heureuse jaloux → jalouse	nerveux, joyeux, douteux époux
2. -eur → -euse[†]	danseur → danseuse	chanteur, menteur, flatteur, buveur, fumeur, nageur, vendeur
3. -teur → -trice	acteur → actrice	directeur, instructeur, auditeur, lecteur, rédacteur, spectateur, instituteur, protecteur
-deur → -drice[‡]	ambassadeur → ambassadrice	
4. -er → -ère	léger → légère	premier, dernier, entier, conseiller, fier, sorcier, fermier, infirmier
5. -f → -ve	actif → active	vif, sportif, passif, veuf, neuf *(adj.)*
6. Certains mots qui se terminent par une voyelle + **n/l/s/t** redoublent la consonne.[§]	bon → bonne gentil → gentille bas → basse net → nette	ancien, canadien, norvégien, mignon pareil, cruel, sensationnel gros, épais muet, coquet

* EXCEPTIONS : doux → douce; roux → rousse; notez aussi : faux → fausse.

[†] Les adjectifs suivants en **-eur** sont réguliers : meilleur/meilleure, extérieur/extérieure, intérieur/intérieure, supérieur/supérieure, inférieur/inférieure, majeur/majeure, mineur/mineure, antérieur/antérieure, postérieur/postérieure.

[‡] Notez l'exception: ambassadeur → ambassadrice.

[§] Certains mots ne redoublent pas la consonne : secret/secrète, idiot/idiote, petit/petite, gris/grise, subtil/subtile, original/originale, fin/fine.

B. Féminins irréguliers

1. Certains mots changent de terminaison avant le **e** final du féminin. (Pour les changements les plus fréquents, voir Tableau 46.)

2. Certains féminins sont complètement irréguliers. (Voir Tableau 47 pour une liste partielle de ces mots.)

C. Formes identiques

Pour certains mots, le masculin et le féminin sont identiques. On change le

Cécile n'est qu'une enfant et elle parle déjà de devenir artiste.

TABLEAU 47

FÉMININS DIVERSEMENT IRRÉGULIERS					

Féminins en -lle*

beau	belle
nouveau	nouvelle
fou	folle
mou	molle
vieux	vieille

Féminins en -esse

maître	maîtresse
prince	princesse
comte	comtesse
hôte	hôtesse
tigre	tigresse

Féminins en -che

blanc	blanche
frais	fraîche
sec	sèche

Autres féminins irréguliers

favori	favorite
long	longue
public	publique
grec	grecque
héros	héroïne
bénin	bénigne
malin	maligne
compagnon	compagne

Féminins de quelques animaux†

coq (poulet)	poule
canard	cane
cerf	biche
cheval (étalon)	jument
bouc	chèvre
cochon (porc)	truie
mouton (bélier)	brebis
dindon	dinde
bœuf (taureau)	vache

Féminin = un mot différent

mâle	femelle	fils	fille
homme	femme	jeune homme	jeune fille
mari	femme‡	frère	sœur
père	mère	neveu	nièce
parrain	marraine	oncle	tante
garçon	fille	gendre	bru (belle-fille)

* *Beau, nouveau, fou, mou, vieux* ont une forme masculine spéciale : *bel, nouvel, fol, mol, vieil*, employée devant un mot masculin qui commence par une voyelle ou un **h** non aspiré (muet). EXEMPLES : *un vieil homme, un bel appartement.*

† Pour les noms d'animaux où il n'y a qu'un nom pour l'espèce, on indique le genre en ajoutant le mot « mâle » ou « femelle », selon le cas. EXEMPLES : *un opossum femelle, une souris mâle (Mickey la souris).*

‡ On dit aussi : *époux → épouse.*

déterminatif selon le genre. Ce sont le plus souvent des mots qui se terminent par **-e** muet : *une/un pianiste,*[2] *une/un artiste, une/ un enfant, la/le touriste, ma/mon camarade, cette/ce secrétaire, une/un complice,* etc.

Avez-vous entendu cette jeune pianiste israé-lienne ?

---

[2] Autres mots comme **pianiste** : *flûtiste, violoniste, violoncelliste.*

D. Mots toujours féminins

Les mots suivants sont toujours féminins même quand ils désignent un homme : *la sentinelle, la victime, la personne.*

Le sergent Mercier, qui était la sentinelle, n'a rien entendu ce soir-là.

Son mari a été une des victimes de l'avalanche.

E. Mots toujours masculins

1.   Certains noms de professions exercées à l'origine par des hommes : *professeur,*[3] *docteur, auteur, juge, ingénieur, architecte,* etc. sont masculins. En parlant d'une femme on peut dire : *une femme juge, une femme docteur.*

Madame Serpereau est un des docteurs les plus compétents de notre clinique. Son fils aîné s'est marié avec une femme juge.

Ma fiancée est ingénieur.

2.   **Chic** et **amateur** n'ont pas de féminin mais peuvent prendre **-s** au pluriel.

Ingrid porte des robes chics[4] et pas trop chères.

Nathalie est très amateur de musique indienne.

F. Mots toujours invariables

1.   Les noms de fruits et de fleurs utilisés comme un adjectif de couleur.

— Voilà une jolie veste marron et verte qui ira très bien avec ta chemise lilas. — Et après ça, tu me diras sans doute d'acheter des chaussures de tennis orange et des chaussettes cerise !

2.   Les adjectifs de couleur composés.

Pour aller à cette soirée, Marie-Paule voulait une jupe bleu marine, une blouse gris fer, des bas vert pistache, et une écharpe vert foncé ou vert clair. — Tu parles d'un ensemble ! Elle ne peut pas porter des jeans comme tout le monde !

II. Le pluriel

A. Le pluriel des adjectifs et des noms

Pour former le pluriel on ajoute normalement **-s** à tous les mots sauf à ceux qui ont déjà **-s, -x,** ou **-z,** final au singulier.

Singulier	Pluriel
la porte	les portes
petit	petits

MAIS :

le vers	les vers
le nez	les nez
heureux	heureux

_____

[3] On dit aussi *la professeur.*

[4] On peut également écrire : *des robes chic* (sans **-s**).

B. Pluriels irréguliers

1. Avec certains groupes de mots, il faut changer la terminaison pour former le pluriel.

a. Les mots suivants en **-al** ont leur pluriel en **-aux** :

journal	journaux
cheval	chevaux
animal	animaux
brutal	brutaux
cordial	cordiaux
royal	royaux
radical	radicaux
impartial	impartiaux
spécial	spéciaux
etc.	

Certains hommes d'affaires lisent plusieurs journaux tous les jours.

Pour devenir pilote, il faut avoir des talents spéciaux.

Alban adore les chevaux persans.

EXCEPTIONS :

bal(s)	festival(s)
banal(s)	final(s)[5]
carnaval(s)	naval(s)
fatal(s)	récital(s)

Les chantiers navals de Gdansk ont été à l'origine du syndicat polonais Solidarité.

Raoul a raté tous ses examens finals. Quel cancre !

b. Certains mots en **-ail** ont leur pluriel en **-aux** :

travail	travaux
vitrail	vitraux
émail	émaux

Les vitraux de la cathédrale de Chartres sont impressionnants.

La circulation sur cette route est très lente à cause des travaux.

D'autres prennent **-s** :

chandail	chandails
détail	détails

Ces chandails irlandais sont tricotés à la main.

Le directeur a annoncé une réunion d'urgence sans donner de détails.

2. Les mots en **-au, -eau, -eu** prennent **-x** au lieu de **-s** au pluriel :

noyau	noyaux
tuyau	tuyaux
couteau	couteaux
eau	eaux
niveau	niveaux
plateau	plateaux
rideau	rideaux

Ma sœur vient de faire exposer ses derniers tableaux dans une galerie d'art à Paris.

---

[5] On dit aussi *finaux*.

ruisseau	ruisseaux
tableau	tableaux
beau	beaux
nouveau	nouveaux
neveu	neveux

EXCEPTIONS : bleu(s), pneu(s)

Je vais acheter les nouveaux pneus que mon garagiste m'a recommandés. Ils tiennent très bien la route.

Jean-Claude était couvert de bleus, mais personne ne soupçonnait que son père le battait.

3. Les sept mots suivants en **-ou** prennent un **-x** au pluriel :

bijou	bijoux
caillou	cailloux
chou	choux
genou	genoux
hibou	hiboux
joujou	joujoux
pou	poux

Les bijoux qu'on a vendus à mon neveu étaient faux et ne valaient pas la moitié de ce qu'il a payé.

Les autres mots en **-ou** forment leur pluriel régulièrement avec **-s**.

cou	cous
sou	sous
trou	trous
voyou	voyous

Ces voyous avaient les vêtements pleins de trous et pas même trois sous dans leur poche.

4. Certains mots ont un pluriel très irrégulier :

œil	yeux
ciel	cieux[6]

Quand le blessé a rouvert les yeux, il ne savait pas où il était.

« Notre Père, qui êtes aux Cieux... »

5. Les mots **œuf** et **bœuf** forment leur pluriel avec **-s**, mais la prononciation est irrégulière : bœufs = [bø], œufs = [ø].

Il y a des bœufs [bø] et des vaches dans les prairies.

---

[6] Quand on parle de l'état du ciel, ou du ciel dans le tableau d'un peintre, le pluriel de *ciel* est *ciels*. EXEMPLES : *Il a fait des comparaisons entre les ciels de Van Gogh et ceux de Cézanne. Les ciels de l'automne sont plus limpides que ceux de l'été.* Le pluriel *cieux* a le sens de « le firmament; le paradis ». « Cieux, écoutez ma voix; terre, prête l'oreille. » (Racine)

6. Remarquez aussi les pluriels suivants :

madame	mesdames
mademoiselle	mesdemoiselles
monsieur	messieurs

C. Le pluriel des mots composés

1. Les prépositions et les verbes dans les mots composés restent toujours invariables. Un nom dans un mot composé reste singulier quand le sens s'oppose à ce qu'il soit pluriel.

Les gratte-ciel de San Francisco sont moins hauts que ceux de New York.

Ils passent leurs après-midi à bavarder.

Dans cette région, les arcs-en-ciel sont magnifiques.

2. Les mots formés de noms et d'adjectifs sont variables.

Ce vieil avare avait chez lui trois coffres-forts pleins d'argent, alors que sa famille vivait dans la misère.

3. Le pluriel de **jeune homme** est **jeunes gens.**

Ces jeunes gens viennent du Brésil.

En cas de doute, quand vous employez un mot composé au pluriel, consultez le dictionnaire.

D. Pluriel des mots anglais

Pour former le pluriel des mots anglais qui sont entrés dans la langue française, on ajoute **-s** ou **-es.**

Quand mes amis vont aux matchs (matches) de boxe, ils emportent toujours des sandwichs (sandwiches) et de la bière.

Remarque : un pique-nique / des pique-niques

E. Cas particuliers

1. Demi peut varier avant le nom mais doit varier après le nom.

Est-ce que tu peux m'apporter une demi-livre (une demie livre) de sucre, du lait et des œufs pour faire une crème caramel ?

Ma tante Mathilde regarde la télé tous les soirs jusqu'à dix heures et demie, puis elle se couche.

2. Les mots **vacances** (dans le sens de *congé*) et **mathématiques**[7] s'utilisent généralement au pluriel.

J'ai passé de bonnes vacances à l'île Maurice.

David aime les mathématiques, l'informatique et la philosophie.

---

[7] On dit aussi *la mathématique.*

3. Le mot **fiançailles** est toujours pluriel.

Julie et Arthur se sont mariés secrètement sans même annoncer leurs fiançailles.

4. Le mot **gens,** qui s'emploie au pluriel, est masculin.

Les gens dans l'appartement voisin sont très touchés par votre gentillesse.

Mais, si un adjectif est placé directement devant le mot **gens** cet adjectif se met au féminin.

De bonnes gens ont caché ce parachutiste anglais dans leur grenier pendant toute la guerre.
Tous les gens du village étaient mécontents.

ATTENTION ! **Jeunes gens,** qui forme une sorte de mot composé, est toujours masculin.

Certains jeunes gens que je connais ne boivent pas d'alcool.

5. Les noms de famille sont toujours au singulier, excepté les noms de familles royales.

Les Vincent sont plus riches que les Quirin, mais ils ont moins d'influence en politique.
Nous avons étudié l'histoire des Bourbons et des Habsbourgs à l'école, mais je ne me souviens plus de rien.

III. L'accord des adjectifs

A. Un adjectif s'accorde toujours avec le nom qu'il qualifie.

Tous ces ouvriers sont protégés par leur syndicat, qui a récemment demandé de grosses augmentations de salaire.

Clotilde prenait ses vacances sur la Côte d'Azur où elle partageait une maison avec de bons amis. Ils déjeunaient souvent d'une salade de tomates cueillies dans leur jardin.

B. Si un adjectif qualifie deux (ou plusieurs) noms de genres différents, il se met au masculin pluriel.

Les diplomates ont acheté des chemises et des costumes très élégants mais chers.
Pouvez-vous lui trouver une lampe, une table et un tapis anciens[8] ?

C. Dans le cas d'un nom collectif qualifié par **de** + *un autre nom,* on peut faire l'accord avec le nom ou avec le complément.

Un groupe d'étudiants a (ont) présenté des danses folkloriques.

ATTENTION ! Avec des mots comme *la famille, la police, tout le monde,* le verbe est toujours au singulier.

La police est arrivée trop tard. Le voleur s'était emparé de cinq cent mille dollars et avait disparu dans une voiture qui l'attendait devant la porte. Tout le monde tremblait de peur.

---

[8] Dans une série de noms de genre mixte suivis d'un adjectif qui s'applique à toute la série, on place le nom masculin à la fin de la série surtout si l'adjectif se prononce différemment au féminin. « Une table et un tapis anciens » est préférable à « un tapis et une table anciens. »

Mes deux frères voulaient s'installer en Australie, mais ma famille a refusé de les laisser partir.

IV. La place de l'adjectif qualificatif

A. La majorité des adjectifs qualificatifs se placent le plus souvent après le nom.

Ce jeune homme hardi et sans scrupules s'est acheté une caravane de grand luxe avec une carte de crédit volée et a vécu plusieurs mois dans le camping des parcs nationaux avant qu'on le prenne. C'est une histoire incroyable !

Je m'intéresse aux relations franco-américaines au 19ᵉ siècle. J'ai l'intention d'y consacrer un article détaillé dans la *Revue d'Économie Mondiale* que nous préparons comme projet de cours ce semestre.

Quand nous étions en France, nous avons visité plusieurs églises romanes.

A-t-il publié les résultats de ses expériences scientifiques ?

Ne vous asseyez pas devant la fenêtre ouverte.[9]

B. Certains adjectifs précèdent en général le nom. (Voir Tableau 48.)

Il a composé un très beau sonnet pour mon anniversaire. C'était une grande surprise.

TABLEAU 48

ADJECTIFS QUI PRÉCÈDENT SOUVENT LE NOM	
bon ≠ mauvais	beau
meilleur ≠ pire	faux
grand ≠ petit	gros
jeune ≠ vieux	nouveau
long ≠ bref	joli

EXEMPLES :

Quelle bonne idée !
Ses meilleurs amis l'ont trahi.
Ils ont chanté une belle cantate de Bach.
Je crois que vous faites une grosse erreur.
Yvonne a traduit en anglais un long passage de *La Chanson de Roland.*

---

[9] Notez que les participes passés suivent toujours le nom. EXEMPLES : *un récit animé, un chien perdu.*

C. Certains adjectifs se placent devant ou après le nom suivant le sens que l'on veut donner à l'adjectif.

1. Les adjectifs **dernière/dernier** et **prochaine/prochain** sont placés après le nom dans les expressions de temps comme : *la semaine dernière, le mois prochain,* etc.

Je suis allé à la montagne le week-end dernier.

Nous partons pour la Chine le mois prochain.

Ces adjectifs, ainsi que **première/premier**, sont placés devant le nom quand il s'agit d'une série.

La prochaine fois, fais attention où tu marches.

Je n'ai pas compris le premier acte de cette pièce.

Il fait froid en général pendant la dernière semaine de décembre.

2. Les adjectifs suivants ont leur sens littéral quand ils sont placés *après* le nom :

certaine/certain = sûr
différente/différent = pas similaire, varié
diverse/divers = varié

Voici une preuve certaine de votre théorie.

Le conférencier peut traiter beaucoup de sujets différents.

Les gens ont exprimé des opinions diverses sur l'avortement.

Placés devant le nom, ces trois adjectifs signifient un nombre vague.

Certaines erreurs de calcul semblent inévitables.

Il existe diverses solutions à ce problème.

3. Les adjectifs : **cher, ancien, pauvre, propre** changent également de sens selon leur place. Comparez les exemples dans le Tableau 49.

D. Certains adjectifs qui sont employés comme « déterminants » se placent *devant* le nom : les adjectifs démonstratifs (**cette/ce[t], ces**), possessifs (**ma/mon, mes; ta/ton, tes; sa/son, ses,** etc.), les adjectifs ordinaux (**première/premier, deuxième,** etc.), les adjectifs interrogatifs (**quelle[s]/quel[s]**) et quelques adjectifs indéfinis comme **autre(s), chaque, toute(s)/tout (tous), plusieurs.**

Mes chats chassent les oiseaux dans le jardin. C'est leur jeu préféré, hélas !

Ce recueil contient les plus beaux sonnets de Ronsard.

Quelle carrière votre frère a-t-il choisie après avoir fait son service militaire ?

Le 20ᵉ siècle touche à sa fin.

Chaque jour apporte ses difficultés. Tout homme doit être philosophe.

J'ai vécu plusieurs années à Venise avant de m'installer à Rome.

E. Quand il y a deux ou plusieurs adjectifs avec un nom, mettez chaque adjectif à sa place habituelle.

Sabine collectionne les vieux masques africains. Elle parle couramment plusieurs langues africaines.

TABLEAU 49

QUELQUES ADJECTIFS QUI CHANGENT DE SENS DEVANT OU APRÈS LE NOM	
Devant le nom	**Après le nom**
1. cher = _dear (kind)_	cher = _expensive_
2. ancien = _old (former)_	ancien = _old (antique)_
3. pauvre = _poor (to be pitied)_	pauvre = _poor (not wealthy)_
4. propre = _own_	propre = _clean_
5. même = _same_	même = _itself (herself, himself, themselves)_
6. seul = _only_	seul = _alone_

EXEMPLES :

1. « Chers parents, je ne vous ai pas écrit depuis une éternité, mais... »	L'Orangerie est un restaurant cher. Il faut compter au moins $250 par personne pour y dîner.
2. Françoise est une ancienne amie de lycée que je n'ai pas vue depuis 20 ans.	Voilà une maison ancienne, construite à la fin du 18e siècle.
3. Personne ne veut donner à manger à ce pauvre chien abandonné. C'est une honte !	Grégoire, qui vient d'une famille pauvre, a fait son chemin et a lancé une nouvelle compagnie de produits électroniques.
4. Après avoir longtemps voyagé, c'est très agréable de dormir dans son propre lit.	Victor a mis sa plus belle veste et une chemise propre pour aller à la réception chez le doyen.
5. Vous avez la même robe et le même chapeau que moi. Quelle coïncidence !	Ce garçon, c'est la paresse même. Il passe des journées entières vautré devant la télé.
6. Hervé est le seul musicien de sa famille. (= il n'y en a pas d'autres...)	Henri seul ne pourra pas réaliser ce projet énorme. (Henri seul = Henri, sans qu'on l'aide)

A mon avis, Bertrand est un grand poète méconnu, mais ses longs poèmes élégiaques ne plaisent pas beaucoup aux lecteurs de nos jours.

Corinne est une petite fille très douée. Elle a exécuté le concerto pour violon de Mendelssohn à l'âge de huit ans.

Dans une phrase telle que : « Elle enseigne une gymnastique californienne bizarre. », vous remarquerez que le premier adjectif qualifie le nom, formant ainsi un groupe _nom + adjectif_ qualifié à son tour par le deuxième adjectif (« bizarre »).

[nom + adjectif] adjectif

OU (si les adjectifs précèdent le nom)

adjectif [adjectif + nom]

Romanée Conti est un vin français cher. ([vin français] cher)

La grand-mère d'Édith a un livre sur les cuisines régionales oubliées. ([cuisines régionales] oubliées)

La question a déjà provoqué des crises internationales préoccupantes. ([crises internationales] préoccupantes)

Il a fini par se marier avec une charmante jeune femme. (charmante [jeune femme])

Si les deux adjectifs se rapportent au nom d'une façon égale on place **et** entre les deux :

> *nom* + [*adjectif* **et** *adjectif*]
>
> OU
>
> [*adjectif* **et** *adjectif*] *nom*

F. Pour un effet stylistique (pour souligner une réaction affective) on peut mettre l'adjectif devant le nom.

La question a déjà provoqué des crises préoccupantes et dangereuses pour la paix. (crises [préoccupantes et dangereuses])

Le Château d'Yquem est un vin rare et apprécié par les connaisseurs. Connaissez-vous d'autres grands crus français rares et appréciés ?

Tristan et Yseut, c'est une vieille et belle histoire d'amour.

Ils ont servi de délicieux hors-d'œuvre et d'excellents vins à la réception.

Le capitaine de l'équipe de rugby a mis au point un remarquable plan d'entraînement.

« Mais le vert paradis des amours enfantines. » (Baudelaire)

V. Le comparatif

A. Il y a deux sortes de comparaisons : la comparaison d'égalité exprimée par les mots **aussi, autant,** et la comparaison d'inégalité exprimée par les mots **plus, moins.** (Voir Tableau 50.)

TABLEAU 50

LES COMPARATIFS		
		Exemples
plus		Mon beau-frère est plus intelligent que moi. Guy parle plus rapidement que vous.
aussi	+ *adjectif / adverbe* + **que**	Anne-Marie est aussi grande que son frère. Quand Sylvie était jeune, elle courait aussi vite qu'une championne olympique.
moins		Éric est moins sérieux que son frère. Sophie écrit moins lisiblement que moi.
plus de		Nicolas avait plus d'argent qu'Étienne, mais il a tout perdu à la bourse.
autant de	+ *nom* + **que**	Miriam n'a pas autant de vêtements que ses amies, mais elle s'habille avec plus de goût.
moins de		Nous avons moins de devoirs que les autres étudiants et, par conséquent, plus de temps à consacrer au sport.

B. Vous pouvez renforcer la comparaison avec un adverbe d'intensité comme : **beaucoup, de loin, bien, infiniment, tellement.**

Régis est bien plus fort que Thierry en algèbre.

Il est tellement plus agréable de voyager en train qu'en avion ! — Oui, mais pensez au temps que vous perdez.

C. Notez bien les détails de construction suivants.

1. **Que** est placé devant le second terme de comparaison.

Le ski est plus dangereux que la natation.

ATTENTION ! **Plus de, moins de** (expressions de quantité) s'emploient aussi devant un nombre. Ne confondez pas ce type de phrase avec les comparaisons **plus de... que, moins de... que.**

J'ai plus de 3 000 F suisses en banque. (COMPAREZ : Georges a plus d'argent en France qu'en Suisse.)

Jacques a reçu plusieurs plaintes en moins d'une semaine.

Janine et Albert ont plus de persévérance que de talent.

2. On emploie le pronom disjoint après **que** dans les phrases comparatives.

Henri est moins doué en électronique que moi.

Marc ne sort pas souvent avec ses amis. Il travaille beaucoup plus qu'eux.

3. Il faut répéter le comparatif devant chaque adjectif.

Béatrice est plus sportive et plus vivante que ses deux frères.

VI.   Le superlatif

Le superlatif est formé avec l'article défini **la, le, les** et le comparatif **plus** ou **moins.** (Voir Tableau 51, p. 230.)

A.   Le superlatif relatif
1.   Place de l'adjectif
Quand l'adjectif précède le nom, le superlatif le précède aussi.

Étienne a choisi le plus beau chat siamois de la portée (... un beau chat).

Quand l'adjectif suit le nom, le superlatif de cet adjectif le suit aussi.

Dans ce restaurant végétarien, on ne sert que les légumes et les fruits les plus frais (... des légumes frais).

REMARQUE : Dans la phrase : « De mes deux frères, Philippe est le plus doué. », notez que le français emploie le superlatif alors que l'anglais emploie le comparatif. *(Of my two brothers, Philip is the more gifted.)*

TABLEAU 51

LE SUPERLATIF		
Superlatif relatif		**Exemples**
la / le / les plus	+ *adjectif* + **de**	Yann est le journaliste le plus (le moins) travailleur
le plus	+ *adverbe* + **de**	de l'équipe.
		C'est lui qui écrit le plus (le moins) rapidement de
la / le / les moins	+ *adjectif* + **de**	tous les étudiants.
le moins	+ *adverbe* + **de**	Voilà la plus belle plage du pays.
Superlatif absolu		
très	+ *adjectif* / *adverbe*	Cette pièce de théâtre est très drôle.
		Monique nous a très gentiment offert le café.

2. Détails de construction

a. **De** précède toujours le nom auquel le superlatif se réfère. Faites attention de ne pas employer « dans » comme en anglais.

Si Daniel gagne aux prochains Jeux olympiques, il sera le nageur le plus rapide du monde.

Ellen est l'infirmière la plus dévouée de l'hôpital.

b. Un adjectif possessif peut remplacer l'article défini devant un nom suivi d'un superlatif.

Cette artiste a utilisé ses pinceaux les plus fins et les teintes les plus sombres pour achever son autoportrait.

Pierre avait un tel parti-pris qu'il ne comprenait pas nos idées les plus simples et a refusé de participer à nos meilleurs projets.

c. Avec le verbe **être** à la 3ᵉ personne, on emploie **ce** à la place de **elle(s)** ou **il(s)**, même s'il s'agit de personnes.

Connaissez-vous Pascal ? C'est le chercheur le plus intelligent de sa génération. C'est aussi le plus timide de tous mes amis.

3. Le subjonctif après un superlatif

Pour employer le subjonctif après un superlatif, voir p. 262.

Le Père Goriot de Balzac est le roman le plus émouvant que je connaisse.

B. Le superlatif absolu

1. Le superlatif absolu est exprimé avec des adverbes comme **très, bien, vraiment, tout à fait, extrêmement, absolument, complètement.**

Louise est rentrée de voyage complètement remise de sa dépression nerveuse.

Ce menuisier est très consciencieux. Les meubles qu'il a faits sont extrêmement chers, car il n'utilise que des bois exotiques.

Ce que vous dites est tout à fait faux et je suis vraiment surpris que vous puissiez le croire.

2. Certains adjectifs comme *formidable, excellent, merveilleux, sensationnel, exquis, terrible, extraordinaire, unique* ne sont jamais précédés de **très** au superlatif absolu puisqu'ils expriment déjà en eux-mêmes une idée superlative. Pour intensifier ces adjectifs, vous pouvez utiliser des expressions comme : **vraiment, tout à fait, parfaitement, absolument, bien,** etc.

Cette comédie musicale est vraiment sensationnelle.

Il paraît que le film *Jurassic Park* de Spielberg a des passages absolument terrifiants.

Martial fait parfois des remarques bien extraordinaires pour son âge.

CONSTRUCTIONS

I. Les comparatifs et superlatifs irréguliers

A. Les adjectifs *bonne/bon, mauvaise/mauvais* **et les adverbes** *bien, mal*

Ces adjectifs et adverbes ont une forme comparative et superlative spéciale. (Voir Tableau 52.)

1. Meilleure(s)/meilleur(s), le comparatif irrégulier de **bonne(s)/bon(s),** varie en genre et en nombre.

Ce sont les Rockets de Houston qui ont fait les meilleures performances de l'année.

TABLEAU 52

COMPARATIF ET SUPERLATIF IRRÉGULIERS				
	bonne/bon	mauvaise/mauvais	bien	mal
Comparatif	meilleure(s)/meilleur(s)	pire plus mauvaise(s)/ plus mauvais	mieux	pis* plus mal
Superlatif	la (les) meilleure(s)/ le(s) meilleur(s)	la (les) plus mauvaise(s)/ le(s) plus mauvais la (les) pire(s)/le(s) pire(s)	le mieux	le pis le plus mal

EXEMPLES :

Est-ce que mon ordinateur est meilleur que le tien ?
Ils travaillent dans les pires conditions.
Qui a répondu le mieux à cette question ?
Bénédicte joue encore plus mal au tennis qu'Agnès.

* **Pis** ne s'emploie guère dans la langue parlée, sauf dans certaines expressions comme : « de mal en pis, tant pis ». EXEMPLE : *Avec l'inflation et le chômage les choses vont de mal en pis dans ce pays.*

2. **(La/le) pire** et **(la/le) plus mauvaise/ mauvais** sont presque toujours interchangeables.

Certains jeunes gens croient que l'alcool est pire (plus mauvais) que la marijuana.

Mais, si **mauvais** est employé dans le sens de *defective, spoiled*, on utilise dans ce cas **plus mauvais** et non pas **pire**.

De tous ses légumes, le marchand m'a vendu les plus mauvais.

La vue de mon neveu est plus mauvaise que jamais, mais il refuse, par vanité, de porter des lunettes. — Pourquoi ne s'achète-t-il pas des verres de contact ?

3. Le comparatif d'infériorité de **bonne/ bon** est **moins bonne(s)/moins bon(s)** et le superlatif est **la/le moins bonne/bon, les moins bonnes/bons**. Il en va de même pour les adverbes **bien** et **mal** : **le moins bien, le moins mal**.

Les éditoriaux de notre revue sur l'écologie sont moins bons cette année que l'année dernière.

J'ai l'impression que ce jeune violoniste prodige joue moins bien qu'avant.

B. Quelques expressions avec *mieux* et *pis*

1. **Tant mieux** *(so much the better)* / **Tant pis** *(too bad)*

Nous serons beaucoup plus nombreux que prévu pour le banquet. — Tant mieux, ça animera la fête.

Je n'ai pas le temps de lire vos poèmes ce soir. — Tant pis, ce sera pour une autre fois.

2. **Faire de son mieux** *(to do one's best)* Un synonyme pour cette expression est *faire tout son possible*.

Les pompiers ont fait de leur mieux pour arrêter le feu. (Ils ont fait tout leur possible...)

3. **Être mieux** *(to be more comfortable)* Cette phrase est le comparatif d'*être bien*.

Ton vieil oncle sera mieux dans ce fauteuil près du feu que sur cette chaise devant la fenêtre ouverte.

Ne confondez pas **être mieux** avec **être meilleure(s)/meilleur(s)** — le comparatif de **être bonne(s)/bon(s)** — qui s'applique aux qualités physiques ou morales.

Noëlle est bonne nageuse mais Fabienne est meilleure.

Yves Montand était un bon acteur mais un meilleur chanteur.

II. Expressions idiomatiques de comparaison

A. *De plus en plus / De moins en moins*

La guérison de certains cancers semble de plus en plus probable.

Il fait de moins en moins chaud.

B. *Plus... plus / Moins... moins / Plus... moins*

Ce pauvre garçon n'a pas de chance. Il est toujours affamé. Plus il mange, plus il grossit. Plus il grossit, moins il s'estime.

C. Comparaisons de grandeur, de poids ou d'âge

Pour faire des comparaisons de grandeur, de poids ou d'âge on emploie la tournure : **avoir** + *expression de mesure* + **de plus que (de moins que)**.

Suzanne a trois ans de plus que son cousin, mais elle est plutôt moins sage que lui.

Avec le poids, on peut utiliser le verbe **peser**.

Ce jambon pèse un kilo de plus que l'autre. Lequel voulez-vous ?

D. *Davantage*

Davantage est un synonyme de **plus**.

Vous lisez davantage que (plus que) moi.

Colette travaille beaucoup mais Annick travaille davantage.

III. *Comme, comme si*

Nous avons déjà vu **comme**, synonyme de **puisque**. (Voir p. 45.)

Comme elle s'ennuyait toute seule dans sa chambre, elle a décidé de faire une promenade.

Comme + *nom* et **comme si** + *proposition* servent à présenter des comparaisons ou à faire des analogies. Après **comme si,** le verbe est à l'imparfait ou au plus-que-parfait, même si la proposition principale est au présent.

Quand Jacques a vu l'homme au chapeau noir devant sa porte il est parti comme une flèche, comme si un monstre le poursuivait.

Le chien se frotte les yeux comme s'ils étaient irrités.

La vieille dame criait au secours comme si quelqu'un l'avait attaquée.

ÉTUDE DE VERBES

A. Les verbes suivants gouvernent l'infinitif avec **à** :

aider à	inviter à
s'amuser à	se mettre à
arriver à	obliger à
condamner à	parvenir à
consentir à	réussir à
s'ennuyer à	

David m'a appris à nager le crawl.

Janine s'est mise à rire en voyant le clown tomber de bicyclette.

Julien n'a pas réussi à convaincre son père de ses bonnes intentions.

Frédéric a invité tous ses copains à faire du ski à Chamonix. Malheureusement, une tempête de neige les a obligés à rester trois jours au chalet sans sortir.

Sisyphe a été condamné à exécuter la même tâche pour l'éternité.

B. Les expressions **passer du temps à** *(to spend one's time)* et **mettre du temps à** *(to take*

J'ai des amis qui passent tout leur temps libre à jouer de la musique de chambre.

time) gouvernent un infinitif en français; en anglais, on emploie un participe présent.

Notez aussi l'expression **rester** *(debout, assis, allongé)* **à faire quelque chose.**

Henri et Juliette ont mis trois semaines à traverser les États-Unis en voiture, car ils se sont arrêtés dans plusieurs parcs nationaux.

Comment peux-tu rester assis à regarder la télé quand il fait si beau dehors ? Allons faire une partie de tennis.

COIN DU SPÉCIALISTE

A. Avec les adjectifs **inférieure/inférieur, supérieure/supérieur,** on emploie **à** devant le second terme de la comparaison.

> Ce journal est supérieur à celui que nous avons lu hier.

B. Dans une phrase négative **aussi** peut devenir **si,** et **autant** peut devenir **tant.**

> Il n'est pas si (aussi) intelligent que toi.

> Claudine n'a pas pris autant (tant) de poids que moi.

C. Si le deuxième terme d'une comparaison est un verbe d'opinion, on peut employer un **ne** explétif devant ce verbe (mais il est possible de l'omettre).

> Elle est meilleure architecte qu'Emmanuel (ne) croyait.

Parfois, on emploie le pronom neutre **le** avec ou sans **ne** explétif.

> Elle est meilleure architecte qu'Emmanuel (ne) le croyait.

Avec **aussi** et **autant,** il n'y a jamais de **ne** explétif.

> La Provence est aussi belle qu'on le dit.

D. L'adjectif **petite/petit** a une forme comparative irrégulière : **moindre.** Le superlatif est **la moindre/le moindre, les moindres. Moindre** n'est pas toujours interchangeable avec **plus petite/petit.** Le comparatif **plus petite/petit** est utilisé quand il est question des dimensions physiques (mesurables) d'un objet. Dans ce cas le comparatif irrégulier **moindre** n'est pas utilisé.

> Estelle hésitait entre deux voitures. Elle a enfin décidé d'acheter la plus petite et la plus économique.

> Votre chambre est plus petite que la mienne.

La/le moindre est employé quand la dimension est présentée sur le plan de l'importance ou de la valeur.

> Combien de temps faut-il pour aller de Dijon à Lyon ? — Je n'en ai pas la moindre idée.

> Le moindre effort semble le fatiguer, ce qui se comprend après une maladie si grave.

> Ce jeune homme doit de l'argent à tous ses amis mais c'est le moindre de ses soucis. Il vient de perdre son poste et sa femme l'a quitté.

Échanges interactifs

CONVERSATIONS DIRIGÉES

I. Quelle coïncidence ! *(En groupes de deux) A parle de plusieurs membres de sa famille, en ne mentionnant que les hommes. B reprendra chaque phrase de A mais en ne parlant que des femmes. Contrôlez les réponses à tour de rôle.*

MODÈLE : **A :** Mon père est infirmier.
  B : *Ma mère est infirmière.*

1. **A :** Mon cousin est steward à Air France.
    B : Ma _____ est _____ à KLM.
2. **A :** Mon père est psychologue dans une clinique à New York.
    B : Ma mère est _____ dans une clinique à Boston.
3. **A :** Mon frère est ambassadeur à Tokyo.
    B : Ma _____ est _____ à Beijing.
4. **A :** Mon oncle Paul a traité tous ses amis de menteurs.
    B : Ma _____ Christine a traité toutes ses _____ de _____.
5. **A :** Selon mon grand-père, Gérard Depardieu est le meilleur acteur français.
    B : Selon ma _____, Catherine Deneuve _____.
6. **A :** Mon frère Grégoire ne s'entend pas du tout avec son beau-frère.
    B : Ma _____ Simone ne s'entend pas du tout avec _____.
7. **A :** Mon neveu est un excellent violoniste.
    B : Ma _____ est _____ pianiste.
8. **A :** Mon chien est très jaloux de moi.
    B : Ma _____ n'est pas (jaloux) _____, mais elle est toujours (furieux) _____ contre le facteur.
9. **A :** Mon cousin est insupportable à l'école. Ses instituteurs ne savent pas quoi faire de lui.
    B : Ma _____ est un ange à l'école. Ses _____ sont toujours (satisfait) _____ d'elle.
10. **A :** J'ai un vieil ami qui m'a envoyé une carte postale du Zaïre.
     B : J'ai _____ qui m'a envoyé un souvenir du Sénégal.

RÉPONSES

1. **B :** Ma cousine est hôtesse de l'air à KLM.
2. **B :** Ma mère est psychologue dans une clinique à Boston.
3. **B :** Ma sœur est ambassadrice à Beijing.
4. **B :** Ma tante Christine a traité toutes ses amies de menteuses.
5. **B :** Selon ma grand-mère, Catherine Deneuve est la meilleure actrice française.
6. **B :** Ma sœur Simone ne s'entend pas du tout avec sa belle-sœur.
7. **B :** Ma nièce est une excellente pianiste.
8. **B :** Ma chienne n'est pas jalouse de moi, mais elle est toujours furieuse contre le facteur.
9. **B :** Ma cousine est un ange à l'école. Ses institutrices sont toujours satisfaites d'elle.
10. **B :** J'ai une vieille amie qui m'a envoyé un souvenir du Sénégal.

II. *(En groupes de quatre) Vous assistez à une grande réunion de famille et pendant le repas il y a un tel bruit qu'il est difficile de suivre la conversation. B, C et D enchaîneront à partir de la phrase dite par A en faisant les changements nécessaires dans la phrase. A contrôlera les réponses et demandera des précisions et proposera un commentaire selon le cas.*

1. **A :** J'aime les longs week-ends.
   B : Moi aussi, j'aime les (long) vacances.
   C : Personnellement, je trouve les croisières (ennuyeux). C'est bon pour les gens à la retraite.
   D : Quant à moi, _____.

2. **A :** Le vin blanc est très fruité et bien frais.
   B : L'eau (minéral), par contre, n'est pas assez (frais).
   C : Moi, je pense que la soupe est (délicieux) mais un peu (relevé) pour mon goût.
   D : Puisque ton eau minérale est tiède, je te conseille de _____.

3. **A :** Ce jambon est délicieux.
   B : Et ma côtelette d'agneau est (parfait).
   C : La mienne n'est pas assez (cuit). Elle est toute (saignant).
   D : Les pommes de terre sont _____.

4. **A :** Mon mari est sportif. Il fait du tennis et du volley-ball tous les week-ends.
   B : Ma nièce lui ressemble. Elle est (fanatique) de golf. Elle n'est pas (studieux) du tout. Il faut que je lui donne des leçons (particulier), sinon...
   C : Justement, les enfants des Chaumont sont malades depuis quelque temps. Liliane est (hyperactif) et sa sœur est (boulimique). La mère est complètement (affolé) et ne sait pas quoi faire.
   D : En effet, la vie n'est pas toujours facile. _____.

5. **A :** Le plateau de fromages est impressionnant.
   B : La tomme est (exquis). Moi, je la préfère (onctueux).
   C : J'aime les pommes avec le fromage. Celles-ci sont vraiment (croquant).
   D : Je crois que la tante Marie a trouvé un nouveau chef, vrai cordon bleu. Je parie qu'il aura préparé des tartes (feuilleté), (léger) et (croustillant).

6. **A :** Mon cousin est acteur. Il joue dans un nouveau film en ce moment.
   B : Tiens ! ma femme est (acteur) aussi. Elle préfère le théâtre. Elle joue dans une pièce (sensationnel) en ce moment (intitulé) *Le Sèche-Cheveux*.
   C : Ah, moi j'en ai entendu parler. Il s'agit de deux jeunes filles (jaloux) qui tuent leur ami en jetant un sèche-cheveux dans une baignoire (plein) d'eau.
   D : Quelle horreur ! _____.

7. **A :** Mon frère est avocat.
   B : Ma sœur aussi est (avocat).
   C : Dans ma famille il n'y a que des docteurs. Ma sœur est (chirurgien / esthétique) dans une (clinique / grand) à New York.
   D : Et ma mère y est (infirmier).

8. **A :** Gérard porte souvent un pantalon vert.
   B : Et avec ça, il met toujours (une chemise/ rose).
   C : Moi aussi, je l'ai vu dans cet accoutrement. Il portait des chaussures (blanc) ce jour-là. Il avait l'air très (artiste) !
   D : Moi, je pense qu'il n'a pas de goût. Il devrait s'acheter des vêtements (plus chic).

9. **A :** J'ai acheté un nouveau manteau hier.

   B : Moi , j'ai enfin trouvé une veste (gris) de Cardin qui va à merveille avec mon pantalon en cuir.

   C : On a enfin mis en solde une chemise (blanc) de Façonnable dont j'avais envie depuis très longtemps. Elle est en soie (naturel). A $15.95, j'ai fait une (bon) affaire.

   D : [d'un ton moqueur] Vous avez de la chance ! Moi je n'ai rien à me mettre sur le dos, à part une (vieux) chemise en flanelle de Ralph Lauren et un jeans de Cacharel.

10. **A :** Mon oncle est canadien. Et ta tante ?

    B : Elle est (chinois) d'origine, mais elle est (né) à San Francisco.

    C : Ma cousine est (italien), mais elle a passé sa jeunesse à Moscou parce que sa mère y était (ambassadeur) à l'époque.

    D : Eh bien, moi je suis tout bêtement américain. Né aux États-Unis, j'ai passé (tout) ma vie à Chicago !

RÉPONSES

1. **B :** Moi aussi, j'aime les longues vacances.

   C : Personnellement, je trouve les croisières ennuyeuses. C'est bon pour les gens à la retraite.

   D : Quant à moi, _____.

2. **B :** L'eau minérale, par contre, n'est pas assez fraîche.

   C : Moi, je pense que la soupe est délicieuse mais un peu relevée pour mon goût.

   D : Puisque ton eau minérale est tiède, je te conseille de _____.

3. **B :** Et ma côtelette d'agneau est parfaite.

   C : La mienne n'est pas assez cuite. Elle est toute saignante.

   D : Les pommes de terres sont _____.

4. **B :** Ma nièce lui ressemble. Elle est fanatique de golf. Elle n'est pas studieuse du tout. Il faut que je lui donne des leçons particulières, sinon...

   C : Justement, les enfants des Chaumont sont malades depuis quelque temps. Liliane est hyperactive et sa sœur est boulimique. La mère est complètement affolée et ne sait pas quoi faire.

   D : En effet, la vie n'est pas toujours facile. _____.

5. **B :** La tomme est exquise. Moi, je la préfère onctueuse.

   C : J'aime les pommes avec le fromage. Celles-ci sont vraiment croquantes.

   D : Je crois que la tante Marie a trouvé un nouveau chef, vrai cordon bleu. Je parie qu'il aura préparé des tartes feuilletées légères et croustillantes.

6. **B :** Tiens ! ma femme est actrice aussi. Elle préfère le théâtre. Elle joue dans une pièce sensationnelle en ce moment intitulée *Le Sèche-Cheveux*.

   C : Ah, moi j'en ai entendu parler. Il s'agit de deux jeunes filles jalouses qui tuent leur ami en jetant un sèche-cheveux dans une baignoire pleine d'eau.

   D : Quelle horreur ! _____.

7. **B :** Ma sœur aussi est avocate.

   C : Dans ma famille il n'y a que des docteurs. Ma sœur est chirurgienne esthétique dans une grande clinique à New York.

   D : Et ma mère y est infirmière.

8. **B :** Et avec ça, il met toujours une chemise rose.

   C : Moi aussi, je l'ai vu dans cet accoutrement. Il portait des chaussures blanches ce jour-là. Il avait l'air très artiste !

   D : Moi, je pense qu'il n'a pas de goût. Il devrait s'acheter des vêtements plus chic (chics).

9. **B :** Moi, j'ai enfin trouvé une veste grise de Cardin qui va à merveille avec mon pantalon en cuir.

   C : On a enfin mis en solde une chemise blanche de Façonnable dont j'avais envie depuis très longtemps. Elle est en soie naturelle. A $15.95, j'ai fait une bonne affaire.

   D : [d'un ton moqueur] Vous avez de la chance ! Moi je n'ai rien à me mettre sur le dos, à part une vieille chemise en flanelle de Ralph Lauren, et un jeans de Cacharel.

10. **B :** Elle est chinoise d'origine, mais elle est née à San Francisco.

    C : Ma cousine est italienne, mais elle a passé sa jeunesse à Moscou parce que sa mère y était ambassadrice à l'époque.

    D : Eh bien, moi je suis tout bêtement américain. Né aux États-Unis, j'ai passé toute ma vie à Chicago !

III. *(En groupes de deux)* **A** *et* **B** *compareront leur vie pendant le trimestre (semestre) actuel à leur vie le trimestre (semestre) précédent.* **A** *et* **B** *poseront les questions et contrôleront les réponses à tour de rôle. Utilisez des adjectifs à la forme comparative ou superlative dans vos réponses.*

La vie académique

1. Est-ce que tu as plus de (moins de, autant de) films que le trimestre (semestre) dernier ?
2. Quelles activités scolaires te prennent le plus de (le moins de) temps ?
3. Quel est ton cours le plus difficile (le plus ennuyeux, le plus intéressant) ? En quels cours as-tu les meilleurs résultats ?
4. Quel est ton professeur le plus sympathique (le mieux organisé, le plus inspiré, le plus ennuyeux, etc.) ?

Les loisirs

1. As-tu plus de (moins de, autant de) temps libre ?
2. Est-ce que tu es plus actif (moins actif, aussi actif) ?
3. Vas-tu plus souvent (moins souvent, aussi souvent) au cinéma ?
4. Sors-tu plus souvent (moins souvent, aussi souvent) que l'année dernière ?

La vie quotidienne

1. Dépenses-tu plus d'argent (moins d'argent, autant d'argent) pour ton logement et ta nourriture ?
2. Est-ce que tes amis sont plus sympathiques (moins sympathiques, aussi sympathiques) que l'année dernière ?
3. Quels sont tes meilleurs (tes moins bons) souvenirs du trimestre (semestre) dernier ?
4. Dans quel magasin trouve-t-on les meilleurs vêtements ? les vêtements les moins chers ? les vêtements les plus à la mode ?

(Improvisez d'autres questions qui utilisent des comparatifs et des superlatifs.)

RÉPONSES

La vie académique

1. J'ai plus de (moins de, autant de) films que le trimestre (semestre) dernier.
2. Les activités qui me prennent le plus (le moins de temps) sont... mes devoirs de maths (mes expériences en biochimie, mes lectures en économie politique, etc.)
3. Mon cours le plus difficile (le plus ennuyeux, le plus intéressant) est... J'ai les meilleurs résultats en...
4. Mon professeur le plus sympathique (le mieux organisé, le plus inspiré, le plus ennuyeux) est...

Les loisirs

1. J'ai plus de (moins de, autant de) temps libre.
2. Je suis plus actif (moins actif, aussi actif).
3. Je vais plus souvent (moins souvent, aussi souvent) au cinéma.
4. Je sors plus souvent (moins souvent, aussi souvent) que l'année dernière.

La vie quotidienne

1. Je dépense plus d'argent (moins d'argent, autant d'argent) pour mon logement et ma nourriture.
2. Mes amis sont plus sympathiques (moins sympathiques, aussi sympathiques) que l'année dernière.
3. Mes meilleurs souvenirs sont... Mes moins bons souvenirs sont...
4. On trouve les meilleurs vêtements (les vêtements les moins chers, les vêtements les plus à la mode) ... à Macy's (au Gap, à Banana Republic, etc.).

IV. _(En groupes de deux)_ **A** _lira la phrase._ **B** _reprendra la phrase en remplissant le blanc par la forme comparative qui convient._ **A** _contrôlera les réponses. Puis on changera de rôle._

1. **A :** Ce roman de Simenon est bon.
   B : Celui-là est _____.
2. **A :** Cette situation est mauvaise.
   B : Celle-là est _____.
3. **A :** Un lapin court vite.
   B : Un léopard court _____.
4. **A :** Un bracelet en or coûte cher.
   B : Un bracelet en argent coûte _____.
5. **A :** Moi, je travaille bien de 5 heures à 7 heures le matin.
   B : Moi, je travaille _____.
6. **A :** Barbra Streisand chante bien.
   B : Dolly Parton chante _____.
7. **A :** La pâtisserie française est riche.
   B : La pâtisserie américaine est _____.
8. **A :** Les échecs _(chess)_ sont un jeu difficile.
   B : Le jeu de dames _(checkers)_ est _____.
9. **A :** La BMW décapotable _(convertible)_ est une auto peu économique.
   B : La Renault 2CV (deux chevaux) est _____.
10. **A :** Les jours sont longs en été.
    B : En hiver les jours sont _____.

RÉPONSES

1. Celui-là est meilleur (moins bon, aussi bon).
2. Celle-là est pire (plus mauvaise, moins mauvaise).
3. Un léopard court plus vite.
4. Un bracelet en argent coûte moins cher.
5. Moi, je travaille mieux de _____ à _____.
6. Dolly Parton chante aussi bien (mieux, moins bien) que Barbra Streisand.

7. La pâtisserie américaine est moins riche (aussi riche, plus riche) que la pâtisserie française.
8. Le jeu de dames est plus facile que les échecs.
9. La Renault 2CV (deux chevaux) est une voiture plus économique que la BMW décapotable.
10. En hiver, les jours sont moins longs (plus courts).

V. *(En groupes de deux)* *A posera la question, et, après avoir entendu la réponse de **B**, fera une comparaison. **B** contrôlera les réponses. Puis on changera de rôle.*

MODÈLE : **A :** Combien de camarades de chambre as-tu ?
           B : *Deux.*
           A : *J'ai plus de (moins de/autant de) camarades de chambre que toi.*

1. Combien de frères (sœurs, cousins, cousines, etc.) as-tu ?
2. Combien d'heures par jour étudies-tu ?
3. Combien de lettres reçois-tu chaque semaine ?
4. Combien d'heures dors-tu chaque nuit ?
5. Combien de films as-tu vus ce trimestre (ce semestre) ?
6. Combien de compacts-disques as-tu ?

RÉPONSES

1. J'ai plus de (moins de, autant de) frères (sœurs, cousins, cousines, etc.) que toi. Tu as plus de (moins de, autant de) frères (sœurs, cousins, cousines, etc.) que moi.
2. J'étudie plus (moins, autant) que toi. Tu étudies plus (moins, autant) que moi.
3. Je reçois plus de (moins de, autant de) lettres que toi. Tu reçois plus de (moins de, autant de) lettres que moi.
4. Je dors plus (moins, autant) que toi. Tu dors plus (moins, autant) que moi.
5. J'ai vu plus de (moins de, autant de) films que toi. Tu as vu plus de (moins de, autant de) films que moi.
6. J'ai plus de (moins de, autant de) compacts-disques que toi. Tu as plus de (moins de, autant de) disques que moi.

VI. *(En groupes de deux)* *Formez des phrases avec un superlatif (**le plus** ou **le moins** selon votre choix). A et B contrôleront les réponses à tour de rôle.*

1. Évelyne est très intelligente. (la classe)
2. Didier est un coureur rapide. (l'équipe)
3. Mon frère est paresseux. (la famille)
4. Serge est un jeune homme conformiste. (la fraternité)
5. Ces fromages sont bons. (France)
6. Ce sont de beaux tableaux. (le musée)

RÉPONSES

1. Évelyne est la plus (la moins) intelligente de la classe.
2. Didier est le coureur le plus (le moins) rapide de l'équipe.
3. Mon frère est le plus (le moins) paresseux de la famille.
4. Serge est le jeune homme le plus (le moins) conformiste de la fraternité.
5. Ces fromages sont les meilleurs (les moins bons) de France.
6. Ce sont les plus beaux (les moins beaux) tableaux du musée.

MISE AU POINT

I.   *Imaginez que vous êtes rédactrice/rédacteur d'un journal. Vous corrigez les fautes dans les lettres suivantes envoyées par les lecteurs. Pour cela il faut accorder les adjectifs entre parenthèses avec les noms.*

Lettre 1 : Madame,

J'ai lu votre article sur l'accordéoniste et je crois que vos impressions sont (faux). La musique d'André Bonnot est aussi (bon) que la (dernier) symphonie de Beethoven.

Lettre 2 : Madame,

J'écris pour vous dire que j'ai téléphoné à votre journal pour placer une (petit) annonce. Je veux vendre ma (vieux) bicyclette, ma (gentil) vache, ma chèvre (nerveux), mon argenterie (ancien). Votre téléphoniste (hargneux) m'a répondu d'une voix (sec) que j'étais (fou), et que je ferais mieux de m'occuper de la vente de mes poulets. Est-il permis de traiter les gens de la sorte ?

Lettre 3 : Madame,

Votre journal ment ! ! ! Ce n'est pas le chien Lucifer qui a trouvé les pierres (précieux). C'est mon neveu qui jouait dans l'étable. Les bijoux étaient dans un sac qu'on avait caché derrière une (gros) botte de foin.

Lettre 4 : Madame,

Je vous écris pour vous apprendre que le sénateur a fait construire une maison (somptueux) à Antibes pour son beau-frère le percepteur des finances.

II.   *Voilà le portrait d'un jeune homme. Faites les changements nécessaires dans le texte pour le rendre applicable à une jeune fille.*

« Victor Vidal est un grand jeune homme très courageux, travailleur. Il est dévoué, plein de bonnes intentions, et il adore les enfants. Il n'est jamais oisif. Comme vous le savez, il est actif dans plusieurs comités d'étudiants. De plus c'est un musicien accompli et un étudiant sérieux. Victor n'est jamais nerveux sur la scène et deviendra certainement un grand artiste. Malgré son prodigieux talent, c'est un jeune homme modeste et courtois avec sa famille et avec tous ses amis. »

Gisèle Delacour est une grande jeune fille... (continuez)

III.   *Voici quelques titres ou sous-titres qui pourraient figurer dans un journal universitaire. Récrivez-les en mettant les mots en italique au pluriel. Faites attention aux articles.*

1.   *Un travail important* de construction entrepris avec *un fond gouvernemental.*
2.   Gratuit : une pizza ou un *hors-d'œuvre chaud* au restaurant universitaire. (Présenter le coupon)
3.   *Un chandail rouge trouvé* dans le stade.
4.   *Le récital final* de la guitariste Louise Piquecordes. Un prodige de virtuosité ! Entrée gratuite !

5. *Un nouveau pneu pour votre bicyclette !*
6. Coin cuisine : « Comment préparer *le chou.* »
7. *Examen final annulé !*

IV. *Mettez les mots entre parenthèses au pluriel.*

1. Cet artiste peint admirablement les (cheval).
2. Il y a des trafiquants dans le quartier de la gare et les policiers chargés de les arrêter sont parfois (brutal). Je vous conseille de ne pas vous y promener tard le soir.
3. Sur les routes de France, on voit souvent des (panneau) indicateurs qui disent : « Attention ! (travail) ! »
4. Connaissez-vous ces (journal) ? Sont-ils aussi (impartial) qu'on le dit ?
5. « Ces contes sont (banal), mais nos lecteurs et lectrices les lisent avec avidité », a avoué le rédacteur en chef.
6. Quand il pleut, mon grand-père a mal (au genou).
7. Ce garçon paresseux passe des journées entières à jeter (un caillou) dans la rivière.
8. Ses (neveu) ont agi comme (un fou) à la réception.
9. Ma petite nièce a refusé d'aller à tous les (récital) de Jean-Pierre Rampal. Elle n'aime que les synthétiseurs.
10. (Ce/vitrail/est/le plus ancien) de la cathédrale de Chartres.

V. *Refaites les phrases en mettant les mots masculins à leur forme féminine.*

1. Voilà mon disque préféré.
   Voilà ma chanson _____.
2. Son nouveau chapeau est gris.
   Sa _____ chemise est _____.
3. Le tissu de ce complet est très doux.
   La laine de _____ écharpe est très _____.
4. Ce chat est trop gros.
   Cette chatte est trop _____.
5. En passant devant le château, Chantal a aperçu le duc de Brantôme.
   En passant devant le château, Chantal a aperçu _____ de Brantôme.
6. Le héros du roman devient gérant d'une vaste entreprise commerciale.
   L'_____ du roman devient _____ d'une vaste entreprise commerciale.
7. Le prince est malheureux jusqu'au jour où il rencontre Sylvie.
   La _____ est _____ jusqu'au jour où elle rencontre Sylvain.

VI. *Mettez le mot entre parenthèses à la forme comparative ou superlative selon le cas. Il y a parfois plusieurs solutions possibles.*

1. C'est (belle) fille que je connaisse.
2. Ce climat est (dur) qu'on me l'avait dit.
3. Ils ont acheté (bons) chocolats du magasin.
4. De tous ces étudiants, c'est lui qui a répondu (mal).
5. Sa réaction à ma critique est (mauvaise) que je ne croyais.
6. Cet arrangement me convient (bien) que l'autre.
7. Ce facteur poète ne fait pas son travail. Il a (mauvais) réputation.

VII. *Faites une phrase indépendante avec chacun des adjectifs entre parenthèses. Faites attention à la place de l'adjectif et à l'accord.*

Utilisez la forme superlative avec **la plus, le plus** *ou* **les plus.**

MODÈLE : Jean-Christophe a écrit [le poème (bon / profond)].
Jean-Christophe a écrit le meilleur poème.
Jean-Christophe a écrit le poème le plus profond.

1. Lara a pris [le gâteau (petit / sucré)].
2. Pensez-vous que le français soit [la langue (joli / musical)] ?
3. Il a avoué que c'était [le projet (grand / ambitieux)] de sa carrière.

Maintenant, utilisez la forme superlative avec **la moins, le moins** *ou* **les moins.**

4. Ephraïm avait le cheval (rapide / beau).
5. Elle a acheté le collier (cher / joli).
6. Quel est, à votre avis, le métier (utile / intéressant) ?

VIII. *Formez des phrases comparatives ou superlatives avec les éléments donnés.*

1. Voilà / étudiants / sportif / université.
2. Cet étudiant / répondre / bien / les autres.
3. Mon ami / parler / distinctement / moi.
4. Le soleil / se coucher / tôt / en hiver.
5. Les légumes / frais / être / bon / légumes surgelés.
6. Ces bâtiments / être / moderne / ville.

IX. *Remplacez les tirets par* **que, de** *ou* **à** *avec un article défini, selon le cas. (Faites attention aux contractions.)*

1. Cette maison n'est-elle pas la plus jolie _____de_____ village ?
2. Ne trouvez-vous pas le vin californien inférieur _____au_____ vin français ?
3. Nous avons vu les endroits les plus pittoresques _____du_____ pays.
4. Il y a plus _____de_____ 3 000 000 de volumes dans cette bibliothèque.
5. Le TGV[10] est plus rapide _____que_____ tous les autres trains.
6. Je vois bien que tu as plus _____de_____ patience _____que_____ moi.
7. Jean-Paul danse mieux _____que_____ son rival.
8. Nous venons de traverser la période la plus critique _____de l'_____ année.

X. *(Constructions) Réunissez les phrases avec* **plus... plus** *ou* **plus... moins.**

MODÈLE : Je cours beaucoup. J'ai mal à la cheville.
Plus je cours plus j'ai mal à la cheville.

1. Vous roulez vite en voiture. Vous risquez d'avoir un accident.
2. Je la connais. Je l'admire.
3. Je pense à ce voyage. J'ai envie de le faire.

---

[10] TGV : **T**rain à **g**rande **v**itesse, qui va, par exemple, de Paris à Lyon en moins de deux heures.

4.   On revoit ce film. On l'aime.
5.   On vieillit. Les muscles perdent de leur souplesse.

XI.   *(Constructions) Remplacez les tirets par* **mieux, meilleur, mal** *ou* **pis,** *selon les cas.*

1.   La guerre va de _____ en _____.
2.   Si vous mettez ce pull-over, vous serez _mieux_, car il fait froid dans cette pièce.
3.   Il a oublié de m'envoyer le chèque. Tant _pis_, je payerai moi-même.
4.   Nous avons fait de notre _mieux_ pour obtenir une bourse.

XII.   *(Constructions) Faites des phrases comparatives de mesure, de poids ou d'âge, avec les données suivantes.*

1.   J'ai 30 ans. Vous avez 45 ans.
2.   Ce banc vert mesure deux mètres. Ce banc orange mesure deux mètres.
3.   J'ai mis 60 grammes de sucre dans le gâteau. Anne en a mis 100.
4.   Je pèse cinquante kilos. Ma sœur en pèse soixante.

XIII.   *(Études de verbes) Faites des phrases ou écrivez un paragraphe avec les verbes suivants. (Imaginez, par exemple, que vous devez expliquer à vos parents pourquoi vous n'allez pas passer les vacances d'été à la maison.)*

1.   aider à
2.   inviter à
3.   passer du temps à

4.   mettre du temps à
5.   réussir à

PROJETS DE COMMUNICATION

I.   *(Devoir écrit)* Décrivez un village idéal (avec ou sans ironie), ses habitants, leurs activités ou les vôtres si vous y habitiez.

II.   *(Exposé oral)* Faites le portrait physique et moral de votre acteur de cinéma préféré et de votre actrice préférée.

III.   *(Discussion)* En groupes de trois ou quatre, élaborez votre définition de la camaraderie, de l'amitié et de l'amour. Faites des portraits physiques et moraux de personnes qui incarneraient pour vous ces différents sentiments.

IV.   *(Débat)* L'homme saura-t-il s'adapter à une vie où le travail aura disparu ?

V.   *(Sketch)* Présentez une interview ou un débat où deux candidates/candidats aux élections présentent leurs idées et expliquent ce qu'elles/ils comptent faire quand elles/ils seront élues/élus. Utilisez, dans la mesure du possible, un grand nombre de comparatifs et de superlatifs.

VI.   *(Devoir écrit)* Nous aimons tous rêver pendant la journée. Comparez la vie de vos fantaisies à celle de la réalité.

VII. *(Exposés oraux)* Chaque étudiante/étudiant préparera une description de l'état (du pays, de la province) dont elle/il vient. A partir des descriptions fournies, on composera un document détaillant les traits saillants de chaque état en les comparant les uns aux autres.

Adjectifs à utiliser :

abordable	boisé	petit	reposant
agricole	fascinant	peuplé	touristique
arriéré	gastronomique	pollué	traditionnel
attrayant	grand	populaire	varié
avant-gardiste	industriel		

Employez aussi quelques adverbes au degré comparatif et superlatif.

VIII. *(Jeu)* La gasconnade. La fanfaronnade.

Les Gascons sont connus pour leur tendance à l'exagération dans le récit de leurs exploits. Les participantes/participants au jeu présenteront à tour de rôle, une aventure où elles/ils ont agi avec un courage exemplaire, inouï même. Les spectateurs jugeront qui mérite le prix pour la meilleure fanfaronnade.

IX. *(Pastiche)* Écrivez un pastiche. Choisissez un des extraits suivants pour vous servir de modèle, puis improvisez au gré de votre inspiration. Vous pouvez choisir une personne, un endroit ou un objet.

Poésie ininterrompue (fragment)

Paul Éluard (1895 – 1952)

(Dans l'extrait suivant, début d'un long poème, le poète décrit des femmes.)

Nue effacée ensommeillée
Choisie sublime solitaire
Profonde oblique matinale
Fraîche nacrée ébouriffée
Ravivée première régnante
Coquette vive passionnée
Orangée rose bleuissante
Jolie mignonne délurée
Naturelle couchée debout
Étreinte ouverte rassemblée
Rayonnante désaccordée
Gueuse rieuse ensorceleuse
Étincelante ressemblante
Sourde secrète souterraine
Aveugle rude désastreuse
Boisée herbeuse ensanglantée
Sauvage obscure balbutiante
Ensoleillée illuminée
Fleurie confuse caressante

Instruite discrète ingénieuse
Fidèle facile étoilée
Charnue opaque palpitante
Inaltérable contractée
Pavée construite vitrifiée
Globale haute populaire
Barrée gardée contradictoire
Égale lourde métallique
Impitoyable impardonnable
Surprise dénouée rompue

Le Vieux (extrait)

Maupassant (1850 – 1893)

Un tiède soleil d'automne tombait dans la cour de la ferme, par-dessus les grands hêtres des fossés. Sous le gazon tondu par les vaches, la terre, imprégnée de pluie récente, était moite, enfonçait sous les pieds avec un bruit d'eau; et les pommiers chargés de pommes semaient leurs fruits d'un vert pâle, dans le vert foncé de l'herbage...

Une paysanne sortit de la maison. Son corps osseux, large et plat, se dessinait sous un caraco de laine qui serrait la taille. Une jupe grise, trop courte, tombait jusqu'à la moitié des jambes, cachées en des bas bleus, et elle portait aussi des sabots pleins de paille. Un bonnet blanc, devenu jaune, couvrait quelques cheveux collés au crâne, et sa figure brune, maigre, laide, édentée, montrait cette physionomie sauvage et brute qu'ont souvent les faces des paysans.

Les Gommes (extrait) (1953)

Alain Robbe-Grillet (1922 –   )

Wallas, le détective, se trouve dans un restaurant automatique. Après avoir examiné l'ensemble des mets offerts, il va enfin choisir un plat.

Arrivé devant le dernier distributeur, Wallas ne s'est pas encore décidé. Son choix est d'ailleurs de faible importance, car les divers mets proposés ne diffèrent que par l'arrangement des articles sur l'assiette; l'élément de base est le hareng mariné.

Dans la vitre de celui-ci Wallas aperçoit, l'un au-dessus de l'autre, six exemplaires de la composition suivante : sur un lit de pain de mie, beurré de margarine, s'étale un large filet de hareng à la peau bleu argenté; à droite cinq quartiers de tomate, à gauche trois rondelles d'œuf dur; posées par-dessus, en des points calculés, trois olives noires. Chaque plateau supporte en outre une fourchette et un couteau. Les disques de pain sont certainement fabriqués sur mesure.

Wallas introduit son jeton dans la fente et appuie sur un bouton. Avec un ronronnement agréable de moteur électrique, toute la colonne d'assiettes se met à descendre; dans la case vide située à la partie inférieure apparaît, puis s'immobilise, celle dont il s'est rendu acquéreur. Il la saisit, ainsi que le couvert qui l'accompagne, et pose le tout sur une table libre.

Après avoir opéré de la même façon pour une tranche du même pain, garni cette fois de fromage, et enfin pour un verre de bière, il commence à couper son repas en petits cubes.

Un quartier de tomate en vérité sans défaut, découpé à la machine dans un fruit d'une symétrie parfaite.

La chair périphérique, compacte et homogène, d'un beau rouge de chimie, est régulièrement épaisse entre une bande de peau luisante et la loge où sont rangés les pépins, jaunes, bien calibrés, maintenus en place par une mince couche de gelée verdâtre le long d'un renflement du cœur. Celui-ci, d'un rose atténué légèrement granuleux, débute, du côté de la dépression inférieure, par un faisceau de veines blanches, dont l'une se prolonge jusque vers les pépins — d'une façon peut-être un peu incertaine.

Tout en haut, un accident à peine visible s'est produit : un coin de pelure, décollé de la chair sur un millimètre ou deux, se soulève imperceptiblement.

A la table voisine trois hommes sont installés, trois employés des chemins de fer. Devant eux, toute la place disponible est occupée par six assiettes et trois verres de bière.

Tous les trois découpent des petits cubes dans trois disques de pain au fromage. Les trois autres assiettes contiennent chacune un exemplaire de l'arrangement hareng-tomate-œuf-dur-olives dont Wallas possède également une copie. Les trois hommes, outre leur uniforme identique en tout point, ont la même taille et la même corpulence : ils ont aussi, à peu de chose près, la même tête.

Ils mangent en silence, avec des gestes rapides et précis.

Quand ils ont achevé leur fromage, ils boivent chacun la moitié du verre de bière.

X. *(Discussion à partir d'un texte)* Après avoir lu le texte de Bernard Dadié, traitez en groupe de trois ou quatre les sujets suivants :

1. La rivalité entre amis peut parfois avoir des conséquences graves. Donnez des exemples tirés de votre propre expérience. Parlez aussi d'exemples où l'amitié ou l'amour a joué un rôle positif dans votre vie ou dans la vie de ceux que vous connaissez.
2. La justice divine intervient parfois où la justice humaine fait défaut. Trouvez des exemples dans la mythologie, dans les cultures primitives, et dans la vie quotidienne.

La Lueur du soleil couchant seule sera notre témoin

Bernard Dadié (1916 –   )

Il y a longtemps de cela. Dans un village étaient deux amis, deux amis inséparables. On ne voyait jamais l'un sans l'autre et l'on disait d'eux qu'ils étaient l'ombre l'un de l'autre. Tout chez eux se faisait en commun. Aussi les citait-on en exemple dans le village. Riches tous les deux, aucun d'eux ne vivait aux crochets de l'autre. Ils portaient des pagnes de même nuance, des sandales de même teinte. On les aurait pris pour des jumeaux. Tous deux étaient mariés. Et ils s'appelaient Amantchi et Kouame.

L'existence pour eux s'écoulait paisible. Ils partaient ensemble pour les voyages d'affaires et ensemble encore, revenaient. Jamais on ne voyait l'un sans l'autre. Pour une amitié c'en était véritablement une.

Chaque soir, ils partaient se promener dans la plantation de l'un ou de l'autre, et jamais n'ergotaient sur le sens de tel ou tel mot prononcé par l'un d'eux... Ils étaient, pour tout dire, heureux. Mais qui aurait jamais cru que sous les dehors d'une amitié aussi tendre et chaude, aussi sûre et constante, il y avait une ombre ? Qui aurait cru qu'Amantchi avait un faible pour la femme de Kouame ? Qui aurait cherché un dessous aux nombreux cadeaux qu'il venait tout le temps faire à cette femme ?

Au début, le village avait jasé. Puis las de jaser, il s'était tu puisqu'il n'était pas arrivé à jeter le trouble dans l'esprit de Kouame, puisqu'il n'était point parvenu à brouiller les deux amis. Et il s'était tu, le village. Et les choses avaient continué à aller du même train qu'avant.

La vie était belle. L'on vieillissait avec le temps et jamais avant le temps. On dormait bien et s'amusait bien. On n'avait pas à courir après les aiguilles d'un cadran quelconque, encore moins à tout le temps sursauter à un coup de sirène. On prenait son temps pour jouir de tout : on ne se pressait point. La vie était là, devant soi, riche, généreuse. On avait une philosophie qui permettait de se comporter de la sorte. On se savait membre d'une communauté qui jamais ne devait s'éteindre... Pour voyager, on pouvait bien mettre des jours et des jours, voire des mois. On était sûr d'arriver sans encombre, sans accident aucun... On partait au chant du coq, on se reposait lorsque le soleil se faisait trop chaud, on repartait dès qu'il avait franchi la cime des arbres et on s'arrêtait le soir dans le premier village venu pour se coucher. Connu ou non, on était reçu avec plaisir. L'étiquette commande. On parlait des diables, des génies et des revenants comme on aurait parlé d'un voisin de case avec la conviction qu'ils existaient. Et un homme qui mourait, mourait soit de maladie naturelle sans complication aucune due à une transgression d'interdit,[11] soit parce que les diables et les sorciers s'en étaient mêlés, s'étaient saisis de son « ombre », son âme. On se livrait alors à toute une série de cérémonies compliquées et on arrivait à sauver l'homme, à le racheter comme on disait. Et alors chacun essayait de se protéger contre ces actions occultes. Et comme tout le monde, Amantchi et Kouame ne manquaient pas à cette règle. Et chacun savait ce qu'avait son ami pour se protéger.

Et le village après avoir vainement jasé, s'était tu.

Les deux amis en dépit des rumeurs du village restaient amis.

Un soir, comme d'habitude, ils partirent en promenade. Mais ce soir-là, seul Amantchi en revint, au grand étonnement de tout le village.

Ils rentraient de promenade, Kouame marchait en tête. Amantchi suivait avec d'étranges idées qui lui trottaient par la tête, poursuivi par l'image de cette femme que depuis fort longtemps il cherchait. Il avait toujours réussi à dominer cette hantise, mais aujourd'hui, c'était plus fort que lui. Il était dompté. Son ami allait de son pas le plus tranquille, bavardant, et lui suivait, répondant machinalement à toutes les questions de l'autre. Il voyait la femme, elle lui parlait. Il sentait son parfum, quelque chose de très grisant. Ils s'en allaient tous deux, l'un précédant l'autre.

Les oiseaux en groupes rejoignaient leur nid. La brise chargée de tous les parfums cueillis en route passait, odoriférante, légère, douce, caressante. Les palmiers agitaient paisiblement leurs branches. Les manguiers et deux orangers en fleurs étaient pleins d'abeilles en quête de nectar. Des libellules allaient çà et là... montant, descendant. Des papillons prenaient le frais, posés sur des feuilles. Partout, dans les feuillages comme dans les herbes, il y avait concert. Des toucans passaient, bruyants, tandis que des colibris et des tisserins bavardaient

---

[11]Interdit : action défendue. Les interdits peuvent porter sur des actions générales, des attitudes à observer suivant les circonstances, et sur des prescriptions matérielles surtout alimentaires. La transgression d'un interdit provoque la colère des morts, sources et gardiens du code social et moral, et entraîne des calamités diverses.

dans les orangers. Les bananiers, de leurs feuilles, s'éventaient les uns les autres. Partout régnait le calme, la paix... Tout concourait à l'amour : les pigeons sur les branches se chatouillaient du bec... Kouame allait toujours. Amantchi suivait... Il suivait fiévreux, toujours prêt à frapper, les yeux rivés sur la nuque de son ami... Il se rapprochait de lui. Deux fois il s'était rapproché de lui. Trois fois...

Que vient-il de faire ? Est-ce possible ? Son ami, son seul ami ?

Le soleil se couchait. Il projetait des lueurs rouges, des lueurs de flammes, des lueurs de sang par le ciel.

Kouame ouvrant une dernière fois les yeux, fixa terriblement son assassin d'ami et lui dit : « Tu m'as tué ? Il n'y a pas eu de témoins ? Eh bien ! la lueur du soleil couchant seule sera notre témoin. »

Amantchi traîna le mort jusqu'au fleuve qui coulait près de là et l'y jeta. D'abord il lui avait paru que l'eau lui opposait de la résistance, que l'eau refusait d'accepter ce corps de mort, qu'elle ne voulait pas de cette horrible et criminelle paternité. Elle finit cependant par céder. Elle s'ouvrit, puis ses lèvres se rapprochèrent, se soulevèrent et ensevelirent Kouame sous leur dalle d'eau. A un moment, il parut à Amantchi que Kouame essayait de s'accrocher à un des nombreux cailloux qui peuplaient le fond du fleuve. Mais le courant le poussait, le talonnait, et ce corps s'en allait en compagnie des brindilles, des feuilles, des baies et des touffes d'herbes ambulantes charriées par le fleuve...

Sur les pêcheries, des mouettes qui somnolaient se levèrent avec un ensemble parfait et sur un seul cri, s'en allèrent. Un martin-pêcheur qui cherchait sa pitance, lui aussi prit le large. Le crime leur paraissait monstrueux et c'était leur façon à eux de protester. Le soleil, lui, jetait toujours des lueurs de sang, et le ciel était rouge, rouge dirait-on, du sang de Kouame. Les oiseaux plongeaient leur tête dans l'eau, en révérence au corps que le courant emportait. Les arbres s'ébrouèrent sous le vent brusque qui passa. Les margouillats appuyés sur leur train avant tournèrent la tête à droite, à gauche, comme pour dire : « Quoi, c'est ça l'amitié des hommes ? »

Le soleil qui jetait des lueurs de sang, lorsque disparut le corps de Kouame, se voila la face derrière un rideau de nuages noirs. Le ciel prenait le deuil.

Au village des vieillards eurent des pressentiments et se dirent que des faits anormaux se passaient.

Amantchi rentra chez lui, se déshabilla, cacha ses habits tachés de sang sous son lit, en prit d'autres et courut chez la femme de son ami.

— Où est ton mari ?

— Mon mari ? Mais c'est à moi de te poser cette question !

— Comment, il n'est pas encore rentré ?

— Où l'as-tu laissé ?

— En route.

— En route ?

— Oui.

— C'est étrange...

La nouvelle vola de case en case et en quelques minutes eut fini de courir le village qui sortit tous ses tam-tams et les battit longtemps pour appeler Kouame que l'on croyait égaré. Pendant des jours et pendant des nuits, les tam-tams battirent. Pendant des jours et pendant des nuits les hommes parcoururent la brousse à la recherche de Kouame, de Kouame dont le corps s'en était allé au fil de l'eau maintenant rendue boueuse par une crue subite, étrange, insolite. Au bout de trente jours de cette vaine recherche, la conviction se fit totale, de la mort de Kouame. Ses funérailles furent grandioses.

Avec le temps, et quelque entorse à la coutume,[12] Amantchi épousa la veuve. Ils vécurent heureux.

Seulement voilà. Ce qui devait arriver arriva. Kouame avant de mourir le lui avait dit, à son ami. Un jour, debout devant sa glace, Amantchi s'apprêtait à sortir, lorsque d'une fenêtre brusquement ouverte par sa femme, un rayon de flamme, une lueur de sang traversa la chambre. Le soleil encore se couchait, il se couchait comme l'autre jour. Et tout le ciel était rouge, aussi rouge que l'autre jour, le jour où se commit le crime. Ce rayon passant devant la glace effraya Amantchi. Il était là, hagard devant la glace. Et il tremblait, tremblait, tremblait, plus qu'il n'avait tremblé le jour du crime... La lueur de sang était toujours là, persistante, plus rouge de seconde en seconde. Et Amantchi tremblait... Il revivait toute la scène. Il monologuait, oubliant que sa femme était près de lui...

— C'est la même lueur, exactement, qui passa au moment où il fermait les yeux, la même lueur du même soleil couchant. Et il me l'avait dit : « Tu m'as tué ? Il n'y a pas eu de témoins ? Eh bien ! la lueur du soleil couchant seule sera notre témoin. »

Et la lueur était là... Et le soleil cette fois refusait de se coucher, envoyant partout des rayons couleur de sang...

Et le village, ameuté par la femme, accourut. Amantchi était toujours devant la glace et toujours divaguait.

Et le soleil s'entêtait à ne pas se coucher, inondant le monde de rayons couleur de sang.

Ce fut ainsi que l'on sut le crime que commit Amantchi un soir, le crime dont le seul témoin fut la lueur du soleil couchant.

---

[12] Selon la coutume la veuve aurait dû épouser un homme appartenant à la famille de son mari défunt.

Chapitre

10

Le Subjonctif

Présentation

PRINCIPES

La formation du subjonctif
L'emploi du subjonctif
La concordance des temps au subjonctif

CONSTRUCTIONS

Quoi que / quoique
Étant donné / de façon à
Les expressions avec **n'importe**
Quiconque / quelconque

ÉTUDE DE VERBES
S'attendre à
Tenir à + *subjonctif*

COIN DU SPÉCIALISTE

Échanges interactifs

Présentation

PRINCIPES

REMARQUE PRÉLIMINAIRE : Le subjonctif est un mode : c'est-à-dire une manière spéciale de présenter une action. On l'emploie surtout dans les propositions subordonnées introduites par **que.**

Il y a quatre temps au subjonctif : le présent, le passé, l'imparfait et le plus-que-parfait. Les deux derniers sont rarement utilisés dans la langue courante, mais on les trouve dans la langue écrite de style recherché. (Voir p. 264.)

I. La formation du subjonctif

A. Le subjonctif présent

1. Formation régulière

On ajoute au radical du subjonctif les terminaisons du subjonctif, qui sont régulières pour tous les verbes excepté **avoir** et **être.** On obtient le radical du subjonctif en enlevant la terminaison **-ent** de la 3e personne du pluriel de l'indicatif présent. (Voir Tableau 53.)

TABLEAU 53

SUBJONCTIF PRÉSENT : FORMATION RÉGULIÈRE		
Terminaisons du subjonctif	**Verbe modèle :** *parler* **Radical :** *parl-* **Subjonctif présent**	**Autres verbes :** *dormir, lire, finir, rendre, écrire, répondre*
-e	que je parle	que je dorme, que tu dormes...
-es	que tu parles	que je lise, que tu lises...
-e	qu'elle/il parle	que je finisse, que tu finisses...
-ions	que nous parlions	que je rende, que tu rendes...
-iez	que vous parliez	que j'écrive, que tu écrives...
-ent	qu'elles/ils parlent	que je réponde, que tu répondes...

2. Verbes irréguliers

a. Certains verbes (**faire, savoir, pouvoir**) ont un radical irrégulier pour toute la conjugaison au subjonctif. (Voir Tableau 54.)

TABLEAU 54

	faire	savoir	pouvoir	falloir	pleuvoir
que je...	fasse	sache	puisse	*(verbes impersonnels)*	
que tu...	fasses	saches	puisses		
qu'elle/il...	fasse	sache	puisse	qu'il faille	qu'il pleuve
que nous...	fassions	sachions	puissions		
que vous...	fassiez	sachiez	puissiez		
qu'elles/ils...	fassent	sachent	puissent		

VERBES DONT LE RADICAL EST IRRÉGULIER

b. Les verbes **devoir, recevoir, tenir, venir, prendre, croire, voir, mourir** ont deux radicaux au subjonctif présent comme à l'indicatif présent. (Voir Tableau 55.)

TABLEAU 55

VERBES AVEC DEUX RADICAUX

	devoir	recevoir	croire	voir
que je...	doive	reçoive	croie	voie
que tu...	doives	reçoives	croies	voies
qu'elle/il...	doive	reçoive	croie	voie
qu'elles/ils...	doivent	reçoivent	croient	voient
MAIS :				
que nous...	devions	recevions	croyions	voyions
que vous...	deviez	receviez	croyiez	voyiez

	tenir	venir	prendre	mourir
que je...	tienne	vienne	prenne	meure
que tu...	tiennes	viennes	prennes	meures
qu'elle/il...	tienne	vienne	prenne	meure
qu'elles/ils...	tiennent	viennent	prennent	meurent
MAIS :				
que nous...	tenions	venions	prenions	mourions
que vous...	teniez	veniez	preniez	mouriez

TABLEAU 56

AUTRES VERBES IRRÉGULIERS				
	aller	**avoir**	**être**	**vouloir**
que je (j')...	aille*	aie*	sois	veuille
que tu...	ailles	aies	sois	veuilles
qu'elle/il...	aille	ait	soit	veuille
qu'elles/ils...	aillent	aient	soient	veuillent
Mais :				
que nous...	allions*	ayons[†]	soyons[†]	voulions
que vous...	alliez	ayez	soyez	vouliez

*Notez bien la différence de prononciation entre *que j'aille* [ʒaɪ] et *que j'aie* [ʒɛ], entre *que nous allions* [aljɔ̃] et *que nous ayons* [ɛjɔ̃].

[†]Notez qu'il n'y a pas de *-i-* dans la terminaison à la forme **nous** et **vous** des verbes **être** et **avoir**.

c. Voir Tableau 56 pour d'autres verbes irréguliers.

d. A l'exception des verbes en **-cer** et en **-ger,** les verbes qui ont des changements orthographiques à l'indicatif présent ont les mêmes changements au subjonctif présent. (Voir Tableau 57. Voir aussi p. 332.)

TABLEAU 57

VERBES À CHANGEMENTS ORTHOGRAPHIQUES				
	acheter	**répéter**	**employer**	**jeter**	**appeler**
que je (j')...	achète	répète	emploie	jette	appelle
que tu...	achètes	répètes	emploies	jettes	appelles
qu'elle/il...	achète	répète	emploie	jette	appelle
qu'elles/ils...	achètent	répètent	emploient	jettent	appellent
MAIS :					
que nous...	achetions	répétions	employions*	jetions	appelions
que vous...	achetiez	répétiez	employiez*	jetiez	appeliez

* Ne confondez pas les verbes en **-yer** avec **être** et **avoir** qui n'ont pas de **-i-** à la forme **nous** et **vous** du subjonctif. COMPAREZ : *que nous employions, que vous employiez; que nous soyons, que vous soyez; que nous ayons, que vous ayez.*

B. Le subjonctif passé

On forme le subjonctif passé avec le présent du subjonctif de l'auxiliaire (**avoir** ou **être**) et le participe passé du verbe utilisé.

Finir

que j'aie fini
que tu aies fini
qu'elle/il ait fini
que nous ayons fini
que vous ayez fini
qu'elles/ils aient fini

Rentrer

que je sois rentrée/rentré
que tu sois rentrée/rentré
qu'elle/il soit rentrée/rentré
que nous soyons rentrées/rentrés
que vous soyez rentrée(s)/rentré(s)
qu'elles/ils soient rentrées/rentrés

C. Le subjonctif imparfait (langue littéraire ou style soutenu)

Il y a trois séries de terminaisons au subjonctif imparfait : **-asse, -isse, -usse,** qui correspondent aux terminaisons **-ai, -is, -us** du passé simple. Le radical du subjonctif imparfait est le même que celui du passé simple. (Voir Tableau 58, p. 256.)

D. Le subjonctif plus-que-parfait (langue littéraire ou style soutenu)

Le subjonctif plus-que-parfait est formé de l'imparfait du subjonctif de l'auxiliaire (**avoir** ou **être**) suivi du participe passé du verbe utilisé. (Voir Tableau 59, p. 256.)

TABLEAU 58

LE SUBJONCTIF IMPARFAIT

Verbes en -*asse*

Modèle : Parler → que je parlasse

Terminaisons	Parler	
-asse	que je	parlasse
-asses	que tu	parlasses
-ât	qu'elle/il	parlât
-assions	que nous	parlassions
-assiez	que vous	parlassiez
-assent	qu'elles/ils	parlassent

Verbes en -*isse*

Modèle : Sortir → que je sortisse

Terminaisons	Sortir	
-isse	que je	sortisse
-isses	que tu	sortisses
-ît	qu'elle/il	sortît
-issions	que nous	sortissions
-issiez	que vous	sortissiez
-issent	qu'elles/ils	sortissent

Verbes en -*usse*

Modèle : Boire → que je busse

Terminaisons	Boire	
-usse	que je	busse
-usses	que tu	busses
-ût	qu'elle/il	bût
-ussions	que nous	bussions
-ussiez	que vous	bussiez
-ussent	qu'elles/ils	bussent

* NOTE : Les verbes en **-cer** et **-ger** présentent des variations orthographiques dans toute la conjugaison au subjonctif imparfait. EXEMPLES : *que je plaçasse, qu'elle/il plaçât; que nous mangeassions, qu'elles/ils mangeassent.*

TABLEAU 59

LE SUBJONCTIF PLUS-QUE-PARFAIT

Parler

que j'eusse parlé
que tu eusses parlé
qu'elle/il eût parlé
que nous eussions parlé
que vous eussiez parlé
qu'elles/ils eussent parlé

Venir*

que je fusse venue/venu
que tu fusses venue/venu
qu'elle/il fût venue/venu
que nous fussions venues/venus
que vous fussiez venue(s)/venu(s)
qu'elles/ils fussent venues/venus

*Faites attention à l'accord du participe passé pour les verbes conjugués avec **être.**

II. L'emploi du subjonctif

Le subjonctif est utilisé surtout dans les propositions subordonnées, c'est-à-dire des propositions qui dépendent d'un autre verbe et en complètent le sens. L'action ou l'état dans la proposition subjonctive est en quelque sorte nuancée par le verbe de la proposition principale et reflète une certaine perspective annoncée par la principale.

Le subjonctif s'emploie également après certaines conjonctions (par exemple : **quoique, de peur que, pour que,** etc.). (Voir p. 259.)

Le subjonctif se distingue donc très nettement de l'indicatif qui présente les actions dans leur réalité (présente, passée ou future) sans autre nuance affective de la part de la personne qui parle, sans mise en question de la réalité de l'action.

Dans une phrase qui contient une proposition au subjonctif, le sujet de la proposition subordonnée doit normalement être différent de celui de la principale. Sinon, on emploie un infinitif complément.

Le subjonctif est déclenché *(triggered)* automatiquement dans certaines situations. (Voir Tableau 60, p. 258.) Dans d'autres, il faut choisir entre le subjonctif et l'indicatif. (Voir p. 261.)

Il est dommage que vous n'ayez pas vu l'exposition sur l'Égypte au Grand Palais. C'était fabuleux.

Avec les moyens qui me restent, que voulez-vous que je fasse ? Où voulez-vous que j'aille ? Il faudra que je vende des T-shirts et des souvenirs aux Champs-Élysées pour payer mon loyer ou bien que j'écrive à mes parents.

Comme Xavier a une camionnette, je vais lui téléphoner pour qu'il vienne m'aider à déménager.

Phrases à deux sujets :

Henri voudrait que nous jouions dans la pièce qu'il a écrite.

Je préfère que tu me laisses seul. J'ai besoin de réfléchir à ce que tu viens de me dire.

Phrases à un sujet :

Henri voudrait jouer (lui-même) dans la pièce qu'il a écrite.

Je préfère être seul.

Mon patron voudrait aller en France pour ouvrir une nouvelle chaîne de restaurants « prêt-à-manger ».

TABLEAU 60

EXPRESSIONS GOUVERNANT LE SUBJONCTIF

(liste partielle)

Sentiment

Je suis content (heureux, désolé, furieux, etc.)
que...

Je suis étonnée (jalouse, ravie, surprise, etc.)
que...

J'ai peur, je crains que...

J'aime, j'aime mieux, je préfère que...

Je m'étonne que...

Je regrette que...

Je doute que...

Jugement

Il est bon (juste, utile, triste, merveilleux, important, douteux, inconcevable, inadmissible,
irritant, regrettable, douteux, etc.) que...

Il vaut mieux que...

Il convient que...

Il est temps que...

Quel dommage que... (Il est dommage que...)

Ce n'est pas la peine que...

C'est une bonne idée que...

Volonté (ordre, défense, souhait)

Je veux, j'exige, j'insiste (pour) que...

Je propose que...*

Je défends, j'empêche que...*

Je souhaite que...†

Je permets que...

Nécessité, possibilité, improbabilité

Il faut que... (Il est nécessaire que...)

Il importe que... (Peu importe que...)

Il est possible (impossible) que...;
est-il possible que... ?‡

Il est peu probable (improbable) que...; Il n'est pas
probable que...; Est-il probable que... ? §

---

* Ces verbes se construisent souvent avec un complément infinitif. COMPAREZ : *Je propose qu'on fasse un pique-nique. Je vous propose de faire un pique-nique. On a empêché les journalistes de prendre des photos. On a empêché que les journalistes soient présents à la conférence.*

† ATTENTION ! **Espérer** (à l'affirmatif) est toujours suivi de l'indicatif.

‡ Notez que les expressions de possibilité et de nécessité à l'affirmatif, à l'interrogatif et au négatif gouvernent le subjonctif.

§ ATTENTION ! **Il est probable** (affirmatif) est suivi de l'indicatif. EXEMPLE : *Il est probable qu'il viendra ce soir, mais il est improbable qu'il fasse un discours.*

A. Le subjonctif obligatoire

1. On met le verbe de la proposition subordonnée au subjonctif quand elle est gou-
vernée par une proposition principale exprimant :

a. le sentiment et le doute

Mes parents doutent que mon frère puisse bâtir
une maison tout seul. Ils n'ont jamais eu confiance
en lui.

J'ai peur que mon comptable ait fait des erreurs dans ses calculs. C'est pourquoi je dois vérifier ma déclaration d'impôts.

b. la volonté (permission, ordre, défense, souhait)

Catherine semblait très agitée au téléphone. Elle veut que j'aille la voir tout de suite. Je me demande ce qui se passe.

Nous souhaitons que Grégory guérisse vite de son accident de ski et qu'il reprenne sa place dans notre organisation.

c. la nécessité, la possibilité ou l'improbabilité

Il est possible que Régine ne sache (connaisse) pas notre adresse. Il faudrait que nous lui téléphonions tout de suite.

d. le jugement

Il est incroyable que cette compagnie ait congédié 2.500 employés.

C'est une bonne nouvelle pour la paix que les négociations de l'O.N.U. aient repris.

Il est inadmissible que ce laboratoire fasse des expériences avec des gaz toxiques dans une région dont la population est si dense.

2. On met aussi le subjonctif après les conjonctions suivantes :

J'achèterai ce tableau à condition que vous baissiez votre prix.

bien que, quoique *although*
pour que *in order that*
pourvu que[1] *provided that*
sans que *without*
à moins que[2] *unless*
avant que[2] *before*
de peur que, de crainte que[2] *for fear that; lest*
à condition que *provided that*
en attendant que *while*
jusqu'à ce que *until*

Christian restera à la maison à moins qu'il y ait du travail supplémentaire à faire au bureau.

Nous sommes restés sur la plage jusqu'à ce qu'il fasse nuit.

L'avare a mis des barres à toutes ses fenêtres de peur qu'on ne pénètre chez lui en son absence.

Pour la plupart de ces conjonctions il existe des prépositions correspondantes. Si le sujet de la phrase ne change pas on emploie la construction : *préposition + infinitif.*

Jean-Pierre a mis son chandail rouge et un vieux jean pour être à son aise pendant l'excursion. (un sujet : *Jean-Pierre*)

---

[1] **Pourvu que** + *subjonctif* peut aussi exprimer un souhait. Exemple : *Pourvu qu'il fasse beau ce week-end !*

[2] Pour l'emploi de **ne** explétif avec les conjonctions **avant que, sans que, à moins que, de peur que, de crainte que,** voir p. 359. Il est possible de l'omettre dans tous les cas. Sa présence dans une phrase ne rend pas la phrase négative.

TABLEAU 61

LES CONJONCTIONS AUXQUELLES CORRESPONDENT DES PRÉPOSITIONS

Conjonctions		Prépositions	
pour que		pour	
sans que		sans	
avant que		avant de	
afin que	*proposition*	afin de	*infinitif*
à moins que	+ *subordonnée*	à moins de	+ *présent*
à condition que	*au subjonctif*	à condition de	*ou passé*
de crainte que		de crainte de	
de peur que		de peur de	

EXEMPLES :

Deux sujets	*Un sujet*
1. Pierre est allé en ville sans que ses parents le sachent.	Pierre est allé en ville sans prévenir ses parents.
2. Voulez-vous prendre l'apéritif avant qu'on se mette à table ?	Voulez-vous prendre l'apéritif avant de dîner ?
3. Il nous a expliqué l'existentialisme pour que nous comprenions Sartre.	Il nous a expliqué l'existentialisme pour présenter Sartre.

Si on change de sujet, on emploie la construction : *conjonction + proposition subordonnée au subjonctif.* (Voir Tableau 61.)

N'OUBLIEZ PAS... Pour les conjonctions suivantes, il n'y a pas de préposition correspondante qui peut gouverner un infinitif.

> **quoique (bien que)**
> **jusqu'à ce que**
> **pourvu que**

Alors, même dans une phrase à un sujet, il faut employer la construction : *conjonction + proposition subordonnée au subjonctif.*

REMARQUES :

a. Il y a des conjonctions qui gouvernent l'indicatif : **tandis que, pendant que, quand, lorsque, aussitôt que, dès que, si** dans les

N'oubliez pas de vous brosser les dents avant de vous coucher. (un sujet : *vous*)

Nous sommes rentrés à Paris avant qu'il fasse nuit. (deux sujets : *nous* et *il*)

Nous avons quitté la fête sans que nos amis s'en aperçoivent.

Je travaillerai jusqu'à ce que je sois fatigué.

Quoiqu'il ait vu le feu rouge, il n'a pas pu s'arrêter à temps.

Nous passerons la nuit dans ce village pourvu que nous trouvions une petite auberge.

Téléphone-moi quand tu auras fini de peindre le garage.

phrases hypothétiques. (Voir pp. 96, 98, 100.)

b. La conjonction **après que** jusqu'à récemment n'admettait que l'indicatif. Cependant, sans doute par assimilation à **avant que,** on voit de plus en plus le subjonctif après cette conjonction. Le problème peut souvent être contourné en utilisant **quand** ou **lorsque,** ou en tournant la phrase d'une autre manière.

Après qu'on a (ait) publié les cours de la bourse, des rumeurs ont couru. *(ou)* Quand on a publié les cours.... *(ou)* Après la publication des cours....

Après qu'elle aura fini (ait fini) de parler, nous pourrons aller dîner. *(ou)* Après son discours, nous pourrons aller dîner.

c. A la conjonction **après que** correspond la préposition **après,** qui est suivie de l'infinitif passé seulement. (Voir p. 46.)

Après avoir dîné, Bond est allé au Casino. (Comparez : Après que nous avions (ayons) dîné, Bond a proposé un toast.)

B. Cas spéciaux : *subjonctif/indicatif*

1. Pour l'usage courant, les verbes d'opinion, de communication (**penser, croire, dire, il semble, il me semble,** etc.) sont suivis de l'indicatif quand ils sont à la forme affirmative. Mais à la forme négative, ils sont suivis du subjonctif. (Voir Tableau 62.)

TABLEAU 62

Verbes d'opinion et de communication
croire, penser, être sûr, affirmer, déclarer, dire, se souvenir, être d'avis, être d'accord, supposer, se douter *(to suspect),* il paraît, il (me) semble, il est probable...

Affirmatif → Indicatif	**Négatif → Subjonctif**
1. Je crois que nous irons à la montagne demain.	Je ne crois pas que nous allions à la montagne demain.
2. Elle trouve que mes amis sont égoïstes.	Elle ne trouve pas que mes amis soient égoïstes.
3. Je dis que ce film est mauvais et je suis sûr qu'il ne vous plaira pas.	Je ne dis pas (= je ne pense pas) que ce film soit mauvais, mais je ne suis pas sûr qu'il vous plaise.*
4. Il me semble que ce n'est pas la meilleure façon de procéder.†	Il ne me semble pas que ce soit la meilleure façon de procéder.
5. Il est probable que la prisonnière sera graciée.	Il n'est pas probable que la prisonnière soit graciée.

*Lorsque **dire** (au négatif) introduit le discours indirect, il n'est pas suivi du subjonctif. Exemple : *Mon amie ne m'a pas dit qu'elle voulait aller à la pêche.*

†**Il semble que...** (à l'affirmatif) peut aussi être suivi du subjonctif pour introduire un élément de doute. Exemple : *Il semble que Christophe n'ait rien à faire le week-end.*

ATTENTION ! Quand les verbes d'opinion (**croire, penser, supposer,** etc.) sont interrogatifs, ils sont suivis du subjonctif.

Mais, quand ces verbes à la forme interrogative sont suivis d'une action future ou éventuelle, on peut employer le futur ou le conditionnel au lieu du subjonctif présent.[3]

Penses-tu que Georges puisse voyager seul ? Il n'a que six ans.

Croyez-vous qu'il pleuvra (qu'il pleuve) cet après-midi ?

Josiane pensait-elle que nous irions chez elle après le concert ?

Êtes-vous sûr qu'il accepterait une telle offre ?

2. Le verbe **espérer** à l'affirmatif est suivi de l'indicatif, mais **souhaiter** est toujours suivi du subjonctif.

J'espère que tu réussiras à convaincre ton père que tu agis dans son intérêt.

Je souhaite que tu réussisses dans la vie, que tu deviennes un grand chef d'industrie.

C. Le subjonctif ou l'indicatif dans les propositions relatives

1. Dans une phrase où la proposition relative met en doute la réalité de l'antécédent, on emploie le subjonctif pour souligner cette incertitude. Cela arrive avec des expressions comme :

> y a-t-il quelqu'un (quelque chose) qui (que)... ?
> il n'y a personne qui (que)...
> il n'y a rien (qui) (que)...
> il n'y a aucune/aucun... (qui) (que)...
> existe-t-il une/un... qui (que)... ?
> je cherche une/un (des)... qui (que)...
> connaissez-vous une/un (des)... qui (que)... ?
> j'ai besoin de... qui (que)...

Je cherche un exemple clair que vous compreniez sans difficulté.

Il n'y a rien qui puisse la consoler d'avoir perdu son mari.

Existe-t-il une machine qui fasse ce travail plus vite ?

Connaissez-vous quelqu'un qui puisse m'aider à installer une fontaine dans mon jardin ?

Mais, on peut aussi mettre le conditionnel ou bien l'indicatif si on veut souligner la réalité objective de la proposition relative.

Je cherche un exemple clair que vous comprendrez sans difficulté.

Il n'y a rien qui pourrait la consoler d'avoir perdu son mari.

J'ai donné au juge une explication qui l'a convaincu.

2. Quand l'antécédent d'une proposition relative est un superlatif ou une expression comme : **le premier (le dernier), le seul,**

Paris est la plus belle ville que je connaisse.

---

[3] Si le verbe d'opinion est négatif et interrogatif, il est suivi des temps de l'indicatif ou du conditionnel.
EXEMPLE : *Ne croyez-vous pas que c'est une bonne idée ? Ne penses-tu pas qu'Étienne serait un excellent président ?*

l'unique + *nom,* **peu de, pas beaucoup de** + *nom,* on emploie le subjonctif dans la proposition subordonnée parce qu'elle exprime les sentiments de celui qui parle.

Il y a peu de jeunes gens dans ce cours qui soient aussi bien préparés que Christophe et Madeleine.

Mais, on peut aussi utiliser l'indicatif pour insister sur la réalité du fait présenté. C'est souvent le cas quand le verbe de la proposition subordonnée est au passé.

Paris est la plus belle ville que Gérard a visitée l'été dernier.

On peut aussi employer le conditionnel quand il s'agit d'un fait éventuel (ou hypothétique).

Je connais peu de gens qui feraient ce que vous avez fait pour moi. Comparez : Il y a peu de gens qui aient autant de chance que mon camarade. *(opinion)*

3. Pour apprécier les nuances communiquées par le subjonctif, l'indicatif ou le conditionnel après le superlatif, voir Tableau 63.

TABLEAU 63

Choix de mode après le superlatif	
Opinion	**Fait réel**
C'est la plus grande gaffe qu'il ait pu commettre. *(Celui qui parle souligne qu'il s'agit de son jugement. Ici, le subjonctif atténue le côté arbitraire du superlatif.)*	C'est le livre le plus complet que j'ai trouvé sur cette question. *(Celui qui parle insiste sur le fait que le livre a été trouvé.)*
Vous êtes le seul homme qui puisse sauver le pays. *(En utilisant le subjonctif, celui qui parle reconnaît le côté arbitraire ou personnel de son jugement.)*	Vous êtes le seul homme qui pourra sauver le pays. *(Du point de vue de celui qui parle, le fait est évident.)*
Monsieur Rey me traite toujours avec mépris. C'est la dernière personne que je veuille voir en ce moment ! *(Celui qui parle ne tient pas à voir Monsieur Rey.)*	Monsieur Rey est le dernier du groupe que je veux voir aujourd'hui. Je verrai les autres demain. *(Celui qui parle a l'intention de voir Monsieur Rey.)*

III. La concordance des temps au subjonctif

A. Dans la langue courante

Le choix du temps au subjonctif dépend du rapport chronologique qui existe entre la proposition principale et la proposition subordonnée.

Si l'action de la proposition subordonnée précède chronologiquement l'action de la principale, employez le subjonctif passé dans la subordonnée. Sinon, employez le subjonctif présent (même pour exprimer une idée future).

Je suis content que vous vous soyez amusé à la réception à l'ambassade de France hier soir et que vos amis aient pris de bons contacts pour leur carrière.

Philippe était heureux que Caroline lui ait écrit une lettre déclarant son amour, mais il aurait préféré qu'elle le lui dise de vive voix.

Je doute fort que Denis rende à son oncle l'argent qu'il lui a emprunté soi-disant pour monter une affaire. J'ai bien peur qu'il ait tout dépensé aux courses.

B. Dans la langue littéraire (style soutenu)

L'imparfait et le plus-que-parfait du subjonctif étant réservés à la langue écrite de style soutenu, il importe surtout de les reconnaître pour la lecture.

Le subjonctif imparfait exprime une action simultanée ou postérieure à l'action de la proposition principale quand celle-ci est à un temps de l'indicatif passé, et le subjonctif plus-que-parfait exprime une action qui est antérieure à l'action de la proposition principale. (Voir Tableau 64.)

Du point de vue chronologique, le subjonctif imparfait correspond donc à l'imparfait de l'indicatif ou au conditionnel présent; le subjonctif plus-que-parfait correspond au plus-que-parfait ou parfois au futur antérieur.

N'OUBLIEZ PAS... Dans la langue parlée le subjonctif présent remplace en général le subjonctif imparfait[4] et le subjonctif passé remplace le subjonctif plus-que-parfait.

---

[4] Après **bien que (quoique)**, le subjonctif présent ne peut pas remplacer le subjonctif imparfait. EXEMPLES : *Bien que le courant de cette rivière fût dangereux, les jeunes s'y baignaient régulièrement. Quoiqu'il fît très beau, ils ne partirent pas pour la montagne.* Dans la langue parlée on utiliserait le subjonctif passé ou on tournerait la phrase d'une autre manière. EXEMPLES : *Quoiqu'il ait fait très beau, ils ne partirent pas pour la montagne. Il faisait très beau, mais ils ne partirent pas. Les jeunes gens se baignaient dans la rivière malgré le danger du courant.*

TABLEAU 64

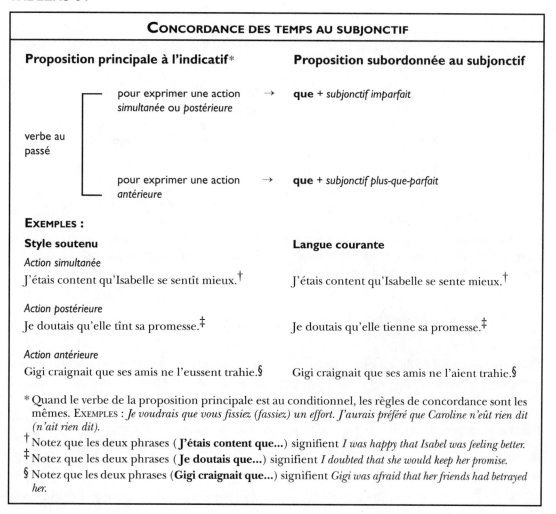

CONCORDANCE DES TEMPS AU SUBJONCTIF

Proposition principale à l'indicatif*	**Proposition subordonnée au subjonctif**

verbe au passé
- pour exprimer une action *simultanée* ou *postérieure* → **que** + *subjonctif imparfait*
- pour exprimer une action *antérieure* → **que** + *subjonctif plus-que-parfait*

EXEMPLES :

Style soutenu	**Langue courante**
Action simultanée	
J'étais content qu'Isabelle se sentît mieux.[†]	J'étais content qu'Isabelle se sente mieux.[†]
Action postérieure	
Je doutais qu'elle tînt sa promesse.[‡]	Je doutais qu'elle tienne sa promesse.[‡]
Action antérieure	
Gigi craignait que ses amis ne l'eussent trahie.[§]	Gigi craignait que ses amis ne l'aient trahie.[§]

[*] Quand le verbe de la proposition principale est au conditionnel, les règles de concordance sont les mêmes. EXEMPLES : *Je voudrais que vous fissiez (fassiez) un effort. J'aurais préféré que Caroline n'eût rien dit (n'ait rien dit).*
[†] Notez que les deux phrases (**J'étais content que...**) signifient *I was happy that Isabel was feeling better.*
[‡] Notez que les deux phrases (**Je doutais que...**) signifient *I doubted that she would keep her promise.*
[§] Notez que les deux phrases (**Gigi craignait que...**) signifient *Gigi was afraid that her friends had betrayed her.*

REMARQUES : Le subjonctif plus-que-parfait correspond parfois au conditionnel passé :

- dans le sens du futur antérieur dans le passé.

  Elle doutait que son mari eût fini ses recherches avant deux ou trois ans. *(She doubted that her husband would have finished his research before two to three years [had passed].)*

- dans les phrases hypothétiques (**si...**). Dans ce cas le plus-que-parfait du subjonctif peut remplacer le conditionnel passé ou le plus-que-parfait de l'indicatif, ou les deux.

  Si son père lui avait parlé moins sévèrement, elle aurait mieux écouté ses conseils. *(ou)* Si son père lui eût parlé moins sévèrement, elle aurait mieux écouté ses conseils. *(ou)* Si son père lui avait parlé moins sévèrement, elle eût mieux écouté ses conseils. *(ou)* Si son père lui eût parlé moins sé-vèrement, elle eût mieux écouté ses conseils.[5] (Les quatre phrases ci-dessus se traduisent toutes : *If her father had spoken to her less sternly, she would have listened better to his advice.*)

Notez la tournure suivante où le subjonctif plus-que-parfait communique l'idée de « même si... ».

Elle lui eût parlé trois heures qu'elle n'eût rien appris de lui *(style soutenu)*. (Dans la langue courante on dirait : Même si elle lui avait parlé trois heures, elle n'aurait rien appris de lui.)

CONSTRUCTIONS

I.   *Quoi que / quoique*

Il ne faut pas confondre **quoi que** (*whatever; no matter what*) avec **quoique** (*although*). Les deux expressions gouvernent toujours le subjonctif.

Quoi qu'il fasse, il arrive toujours en retard. (Com-parez : Quoiqu'il fasse beau, nous ne sortirons pas.)

II.   *Étant donné / de façon à*

A.   *Étant donné*

Étant donné a le sens de « à cause de, vu ». L'expression introduit un nom et peut s'accorder avec celui-ci.

Étant donné(e) la gravité de la crise monétaire, il a placé tout son argent en Suisse.

Étant donné que introduit une proposition à l'indicatif.

Étant donné que notre temps est limité, nous ne verrons qu'une partie de l'exposition.

B.   *De façon à*

De façon à + *infinitif* explique le but d'une action qui précède l'infinitif.

Il a construit la maison de façon à profiter de la vue.

De façon à ce que a le même sens mais introduit une proposition au subjonctif.

La conservatrice du musée a placé les porcelaines de Sèvres[6] de façon à ce qu'on les voie tout de suite en entrant dans la pièce.

---

[5] L'emploi du subjonctif plus-que-parfait dans cette phrase appartient surtout au style soutenu (littéraire).

[6] Sèvres : manufacture de porcelaine établie en 1756

III. Les expressions avec *n'importe*

L'expression **n'importe** *(no matter)* employée devant les mots **qui, quoi, quel, où, comment, quand** forme des expressions indéfinies. Le verbe est toujours à l'indicatif. (Voir Tableau 65.)

TABLEAU 65

EXPRESSIONS INDÉFINIES AVEC *N'IMPORTE*	
	Exemples
n'importe qui *just anyone; anyone at all*	N'importe qui peut jouer au Go. Fais attention. N'ouvre pas la porte à n'importe qui.
n'importe quoi *just anything; anything at all*	Le candidat répondait à n'importe quoi, sans réfléchir.
n'importe quelle(s)/quel(s), laquelle (lesquelles)/lequel (lesquels) *any (anyone); no matter which (one[s])*	Peux-tu me prêter une paire de chaussures ? N'importe laquelle fera l'affaire. Prenez n'importe quel texte de Roland Barthes* pour commencer votre étude.
n'importe où *anywhere (at all); just anywhere*	J'irai n'importe où pour écouter ce musicien.
n'importe comment *any which way*	Son travail est toujours fait n'importe comment.
n'importe quand *anytime (at all)*	Vous pouvez venir me voir n'importe quand.
* Roland Barthes : (1915 – 1980) célèbre critique littéraire français	

REMARQUES :

1. Les expressions **n'importe qui, n'importe comment, n'importe quoi, n'importe où** sont souvent employées dans un sens péjoratif.

2. Ne confondez pas **n'importe où** *(anywhere)* avec **où que** *(wherever)* qui est suivi d'un verbe au subjonctif. **N'importe où** ne peut pas introduire de verbes.

Nous ne voulons pas dîner n'importe où; nous cherchons un restaurant à trois étoiles.

Ils ne sont pas très ordonnés; ils rangent leurs vêtements n'importe comment.

Ce jeune homme n'apprécie pas la bonne cuisine. Il mange n'importe quoi.

Où que vous alliez avec ces gens, vous vous amuserez. (COMPAREZ : J'irai n'importe où avec ces gens.)

Ne confondez pas **n'importe quoi** avec la conjonction **quoi que.**

Quoi qu'elle dise, on ne l'écoutera pas. (COMPA-REZ : On ne l'écoute pas parce qu'elle dit n'importe quoi.)

IV. *Quiconque / quelconque*

A. **Quiconque** *(whoever; anyone)* est un pronom indéfini.

Quiconque écoute cet homme comprendra. (**Quiconque** est le sujet de *écoute* et de *comprendra.*)

Il faudrait expliquer à quiconque utilise ce laboratoire de remettre tout à sa place. (**Quiconque** est l'objet indirect de *expliquer* et le sujet de *utilise.*)

N'ouvrez pas la porte à quiconque.

B. **Quelconque** *(any, any whatever)* est un adjectif qui indique qu'une personne ou un objet est pris au hasard. Le pluriel est **quelconques.**

Demandez à un gardien quelconque où se trouve la chapelle. *(any guard)*

Pour des raisons quelconques, le concert a été annulé. *(for some reason or other, for whatever reasons)* On n'a jamais su pourquoi.

Quelconque a aussi le sens de « médiocre, banal ».

Ces romans d'amour sont vraiment quelconques. Ne perdez pas votre temps à les lire.

ÉTUDE DE VERBES

A. *S'attendre à*

S'attendre à *(to expect)* peut être suivi d'un nom ou d'un infinitif si le sujet de la phrase ne change pas.

Marine s'attendait à voir son père sur le quai de la gare.

Philippe s'attend à une récompense pour le travail qu'il a fait.

Suivi d'une proposition, **s'attendre à** devient **s'attendre à ce que** + *verbe au subjonctif.*

Je m'attendais à ce que vous me fassiez signe à votre retour. Pourquoi ne l'avez-vous pas fait ?

B. *Tenir à*

1. Suivi d'un nom, **tenir à** a le sens de : *to be very fond of, to prize.*

Je tiens beaucoup à cette broche que ma grand-mère m'a donnée.

Son mari l'a traitée cruellement mais elle tient encore à lui.

2. Suivi d'un infinitif, le verbe a le sens de : *to be keen on, to insist.*

Vous êtes sûr que vous voulez aller en ville avec moi ? — Oui, je tiens vraiment à passer la journée avec vous.

3. Suivi d'une proposition, **tenir à** devient **tenir à ce que** + _verbe au subjonctif._

Mon patron tenait à ce que j'apprenne à conduire un camion.

COIN DU SPÉCIALISTE

A. Les verbes d'opinion à la forme négative qui sont souvent suivis du subjonctif, peuvent être suivis de l'indicatif quand on veut souligner que le fait exprimé dans la proposition subordonnée est « réel » et n'est pas mis en doute.

> Ce vieil hermite ne croit pas que les cosmonautes ont marché sur la lune. (C'est un fait qu'ils y ont marché.)

> Denis, qui a trop bu hier, ne se souvient pas que je l'ai ramené à la maison. (L'action de ramener a eu lieu.) COMPAREZ : Si Denis continue à boire et à fumer autant, je ne crois pas qu'il vive longtemps.

B. **Ne pas douter que** peut être suivi de l'indicatif ou du subjonctif selon les cas.

> Je ne doute pas que ce sera (soit) un anniversaire très réussi.

Échanges interactifs

CONVERSATIONS DIRIGÉES

I. _(En groupes de deux) Imaginez que vous allez chez la/le psychiatre (le célèbre docteur Électrochoc par exemple) parce que vous vous sentez déprimée/déprimé depuis quelque temps. Le docteur est bien-veillant et réagit à chacune de vos plaintes. A jouera le rôle du malade. B prendra celui de la/du psychia-tre. Suivez le modèle._

MODÈLE : **A :** J'ai peur des avions. Il est dommage que...
        B : Il est dommage que vous / avoir / peur / avions
          Il est dommage que vous ayez peur des avions.

A : Ma vie est un désastre, je vous dis.
B : Il n'est pas évident que la situation / être / si grave. Pouvez-vous me donner quelques précisions ?
A : On va me mettre à la porte de l'université. Mes amis m'ont tous abandonnée/aban-donné. Le matin quand je me lève, je me sens fatiguée/fatigué et je n'ai absolument envie de rien.
B : Il est regrettable que vous / se sentir / si déprimée/déprimé.
A : Je suis tout le temps fatiguée/fatigué. Je dors entre seize et vingt heures par jour.
B : Il est anormal que vous / dormir / tant. Faites-vous un peu d'exercice pendant la jour-née ?
A : Autrefois, je faisais un peu de natation après mes cours.
B : Il faudrait que vous / reprendre / ces bonnes habitudes.
A : Vous n'y songez pas ! De toute façon je n'ai pas le temps. J'échoue à tous mes examens en ce moment.

B : Cela ne m'étonne pas que vous / avoir / de mauvaises notes. Il ne vous reste pas beaucoup de temps pour étudier si vous dormez seize heures par jour. Comment est votre appétit ?

A : Je n'ai pas souvent faim. Je prends un sandwich de temps à autre, mais ne dîne que rarement, si bien que j'ai perdu dix kilos.

B : Il est inquiétant que vous / perdre / l'appétit à ce point là. Il faudrait que vous / essayer / manger davantage, même si vous n'avez pas faim. Vous allez finir par vous affaiblir. Est-il possible qu'une amie/un ami / préparer / de bons repas / pour vous mettre en appétit ?

A : Je ne pense pas que cela / changer / grand-chose. Et puis je ne connais personne qui / supporter / ma présence.

B : Pourquoi ?

A : Quelle question, voyons ! Je vous l'ai déjà dit. Rien ne me plaît. Rien ne m'amuse. Je ne ris jamais. Je ne vais nulle part.

B : Je suis navrée/navré que vos symptômes / paraître / si intenses.

A : Et puis mes amies/amis ne viennent jamais me voir.

B : Je regrette que vos amies/amis / ne pas venir / vous voir. Elles/Ils pourraient au moins essayer de vous remonter le moral.

A : Docteur, est-ce que vous pensez que vous / pouvoir / m'aider ?

B : Il est probable que cela / prendre / beaucoup de temps, mais je ne suis pas convaincue/convaincu que ce / être / impossible.

A : Oh, j'ai oublié de mentionner que j'ai de violentes migraines et des palpitations chaque fois que je mets les pieds dans une salle de classe. Mes professeurs ressemblent tous à des ogres. Et la nuit, je rêve qu'ils me poursuivent avec d'énormes stylos rouges remplis de sang ! Alors je me lève et j'essaie d'écrire toute la nuit, mais rien ne sort de ma pauvre tête.

B : Il n'est pas bon que vous / passer / des nuits blanches comme cela. Et puis, d'après vos rêves j'ai bien peur que vous / ne pas être / en très bon contact avec la réalité. Il est douteux que vos professeurs / être / tous des ogres. Quant à vos rêves, nous les examinerons de plus près pendant nos discussions. Je crois qu'il faudrait que vous / commencer / votre traitement tout de suite. Il est essentiel que vous / me /dire / tout ce qui vous est arrivé depuis votre plus jeune âge.

A : Et cela durera combien de temps ?

B : Il est douteux que vos symptômes / disparaître / immédiatement. En attendant, je peux vous prescrire des calmants qui vous / assurer / des nuits plus tranquilles. Il faudra aussi que vous / prendre un médicament contre la dépression. Il est possible que vous / pouvoir / reprendre vos cours / dans deux ou trois mois.

RÉPONSES

A : Ma vie est un désastre, je vous dis.

B : Il n'est pas évident que la situation soit si grave. Pouvez-vous me donner quelques précisions ?

A : On va me mettre à la porte de l'université. Mes amis m'ont tous abandonnée/abandonné. Le matin quand je me lève, je me sens fatiguée/fatigué et je n'ai absolument envie de rien.

B : Il est regrettable que vous vous sentiez si déprimée/déprimé.

A : Je suis tout le temps fatiguée/fatigué. Je dors entre seize et vingt heures par jour.

B : Il est anormal que vous dormiez tant. Faites-vous un peu d'exercice pendant la journée ?

A : Autrefois, je faisais un peu de natation après mes cours.

B : Il faudrait que vous repreniez ces bonnes habitudes.

A : Vous n'y songez pas ! De toute façon je n'ai pas le temps. J'échoue à tous mes examens en ce moment.

B : Cela ne m'étonne pas que vous ayez de mauvaises notes. Il ne vous reste pas beaucoup de temps pour étudier si vous dormez seize heures par jour. Comment est votre appétit ?

A : Je n'ai pas souvent faim. Je prends un sandwich de temps à autre, mais ne dîne que rarement, si bien que j'ai perdu dix kilos.

B : Il est inquiétant que vous perdiez l'appétit à ce point-là. Il faudrait que vous essayiez de manger davantage, même si vous n'avez pas faim. Vous allez finir par vous affaiblir. Est-il possible qu'une amie/un ami prépare de bons repas pour vous mettre en appétit ?

A : Je ne pense pas que cela change grand-chose. Et puis je ne connais personne qui supporte (supporterait) ma présence.

B : Pourquoi ?

A : Quelle question, voyons ! Je vous l'ai déjà dit. Rien ne me plaît. Rien ne m'amuse. Je ne ris jamais. Je ne vais nulle part.

B : Je suis navrée/navré que vos symptômes paraissent si intenses.

A : Et puis mes amies/amis ne viennent jamais me voir.

B : Je regrette que vos amies/amis ne viennent pas vous voir. Elles/Ils pourraient au moins essayer de vous remonter le moral.

A : Docteur, est-ce que vous pensez que vous puissiez m'aider ?

B : Il est probable que cela prendra beaucoup de temps, mais je ne suis pas convaincue/convaincu que ce soit impossible.

A : Oh, j'ai oublié de mentionner que j'ai de violentes migraines et des palpitations chaque fois que je mets les pieds dans une salle de classe. Mes professeurs ressemblent tous à des ogres. Et la nuit, je rêve qu'ils me poursuivent avec d'énormes stylos rouges remplis de sang ! Alors je me lève et j'essaie d'écrire toute la nuit, mais rien ne sort de ma pauvre tête.

B : Il n'est pas bon que vous passiez des nuits blanches comme cela. Et puis, d'après vos rêves j'ai bien peur que vous ne soyez pas en très bon contact avec la réalité. Il est douteux que vos professeurs soient tous des ogres. Quant à vos rêves, nous les examinerons de plus près pendant nos discussions. Je crois qu'il faudrait que vous commenciez votre traitement tout de suite. Il est essentiel que vous me disiez tout ce qui vous est arrivé depuis votre plus jeune âge.

A : Et cela durera combien de temps ?

B : Il est douteux que vos symptômes disparaissent immédiatement. En attendant, je peux vous prescrire des calmants qui vous assureront des nuits plus tranquilles. Il faudra aussi que vous preniez un médicament contre la dépression. Il est possible que vous puissiez reprendre vos cours dans deux ou trois mois.

II. *(En groupes de deux) Au déjeuner, le docteur Électrochoc confie ses impressions à une/un de ses collègues, le docteur Librium. Tantôt la/le collègue approuve, tantôt elle/il contredit le docteur. A jouera le docteur Électrochoc et contrôlera les réponses de **B**, sa/son collègue le docteur Librium. Puis A et B changeront de rôle.*

1. **Dr. Électrochoc :** Je crois que cette jeune femme/ce jeune homme est paranoïaque.
   Dr. Librium : Je ne crois pas que...

2. **Dr. Électrochoc :** Je sais qu'elle/il s'est plainte/plaint de moi.
   Dr. Librium : Je ne pense pas que...

3. **Dr. Électrochoc :** Il me semble qu'elle/il ne viendra pas à son prochain rendez-vous.
   Dr. Librium : Je souhaite que...

4. **Dr. Électrochoc :** Je suis sûre/sûr qu'elle/il m'a menti.
   Dr. Librium : Il est douteux que...

5. **Dr. Électrochoc :** Il est probable qu'il faudra l'enfermer.
   Dr. Librium : Il est peu probable que...
6. **Dr. Électrochoc :** J'espère qu'elle/il se remettra complètement.
   Dr. Librium : Cela m'étonnerait que...

RÉPONSES

1. **Dr. Librium :** Je ne crois pas que cette jeune femme/ce jeune homme soit paranoïaque.
2. **Dr. Librium :** Je ne pense pas qu'elle/il se soit plainte/plaint de vous.
3. **Dr. Librium :** Je souhaite qu'elle/il vienne à son prochain rendez-vous.
4. **Dr. Librium :** Il est douteux qu'elle/il vous ait menti.
5. **Dr. Librium :** Il est peu probable qu'il faille l'enfermer.
6. **Dr. Librium :** Cela m'étonnerait qu'elle/il se remette complètement.

III. *(En groupes de deux) Vous vous décidez à revoir une/un de vos amies/amis pour vous plaindre de la/du psychiatre que vous venez de consulter.* (Voir Exercice I.) *Cette amie/cet ami réagit à chacune de vos constatations en commençant par l'expression donnée entre parenthèses. A se plaindra de sa visite chez la/le psychiatre et contrôlera les réponses de B qui jouera le rôle de l'amie/ami. Suivez le modèle.*

MODÈLE : **A :** Ce docteur est un charlatan.

        B : (Je ne suis pas étonnée/étonné que...)
        Je ne suis pas étonnée/étonné que ce docteur soit un charlatan. Avec un nom comme le sien je me méfierais d'elle/de lui.

1. **A :** Son diagnostic ne m'a rien appris et elle/il a parlé d'un traitement prolongé.
   B : (Je regrette que...)
2. **A :** Elle/Il se fait payer $100 de l'heure.
   B : (Je me suis bien doutée/douté que...)
3. **A :** Je ne me suis pas mieux sentie/senti après la visite.
   B : (Il est dommage que... , mais il ne faut pas que tu / se décourager.)
4. **A :** Son cabinet est meublé avec mauvais goût. Il me fait penser aux bureaux de mes professeurs, que je ne vois plus d'ailleurs.
   B : (Cela m'étonne que tu / ne pas voir / tes professeurs. Quant à son cabinet, il est dommage que tu / ne pas se sentir à l'aise. Mais cela m'étonnerait que ce / être / les meubles.)
5. **A :** Cette/Cet Électrotruc a un sourire bizarre. Ses yeux scintillent et semblent lancer des dards quand elle/il me parle.
   B : (Je ne trouve pas que ta description / correspondre / vraiment à la réalité. Es-tu sûre/sûr que tu / ne pas exagérer ?)
6. **A :** Non, non. Pas du tout. A quoi bon ? Mais je ne t'ai pas tout dit. Elle/Il boit du café et fume pendant les consultations.
   B : (Il est curieux qu'elle/il / boire et fumer / pendant les consultations.)
7. **A :** Si tu veux mon opinion, je crois bien que c'est elle/lui qui est folle/fou. Elle/Il va me faire subir un traitement et me faire frire le cerveau.
   B : (Je doute qu'elle/il / être / folle/fou. N'est-elle/il pas diplômée/diplômé de la Clinique Menninger ?)
8. **A :** Tu veux rire ! Je parie que cette bonne femme/ce mec-là a raté son bachot. Elle/Il ne m'inspire pas du tout confiance. Je n'irai peut-être pas au prochain rendez-vous.

B : (Écoute, tu fais comme tu veux, mais ce serait une mauvaise idée que tu / ne pas aller / au prochain rendez-vous. C'est toujours difficile au début. Il faut persévérer.)

9. **A :** Bon, à bientôt sans doute.

   B : (D'accord. J'espère que tu / me tenir au courant / de tes progrès.)

RÉPONSES

1. Je regrette que son diagnostic ne t'ait rien appris et qu'elle/il ait parlé d'un traitement prolongé.
2. Je me suis bien doutée/douté qu'elle/il se faisait payer $100 de l'heure.
3. Il est dommage que tu ne te sois pas sentie/senti mieux, mais il ne faut pas que tu te décourages.
4. Cela m'étonne que tu ne voies pas tes professeurs. Quant à son cabinet, il est dommage que tu ne t'y sentes pas à l'aise. Mais cela m'étonnerait que ce soit les meubles.
5. Je ne trouve pas que ta description corresponde vraiment à la réalité. Es-tu sûre/sûr que tu n'exagères pas ?
6. Il est curieux qu'elle/il boive et fume pendant les consultations.
7. Je doute qu'elle/il soit folle/fou. N'est-elle/il pas diplômée/diplômé de la Clinique Menninger ?
8. Écoute, tu fais comme tu veux, mais ce serait une mauvaise idée que tu n'ailles pas au prochain rendez-vous. C'est toujours difficile au début. Il faut persévérer.
9. D'accord. J'espère que tu me tiendras au courant de tes progrès.

MISE AU POINT

I. _Refaites les phrases avec les éléments donnés. Faites attention à la concordance des temps au subjonctif._

1. Je savais que nous nous étions trompés. Mon frère, lui, n'était pas sûr que _____.
2. Les villageois disent que les oiseaux reviennent le même jour chaque année. Il est fascinant que _____.
3. Je pense qu'ils ont pris un charter pour aller à Port-au-Prince. Hélène doute qu'ils _____.
4. Je sais que nous nous amuserons au casino de Monte-Carlo. Ma mère ne pense pas que _____.
5. Le guide a promis que nous monterions en haut de la tour Eiffel. Le guide voulait que _____.
6. Je sais qu'on découvrira un remède au cancer. Je souhaite que _____.

II. _Mettez les verbes entre parenthèses au temps correct de l'indicatif ou du subjonctif selon le cas._

1. Je ne pense pas que Janine (répondre) à votre lettre. Après la scène de jalousie que vous lui avez faite en plein restaurant, cela m'étonnerait qu'elle (vouloir) vous revoir. Le mieux serait que vous (attendre) un peu pour qu'elle (avoir) le temps de se remettre, et puis vous verrez bien.
2. Bien qu'il (faire) mauvais, nous allons à la plage. Comme il est possible qu'il (pleuvoir), nous emportons des parapluies et des imperméables par précaution. Il est bien probable que le soleil (percer). De toute façon, ça nous fera du bien de prendre un bol d'air au bord de la mer. C'est dommage que Julie (ne pas pouvoir) nous accompagner. Elle a promis à Justin et Lyle qu'elle les (emmener) au guignol. Ils adorent regarder les marionnettes. Je crois que cela les (amuser) beaucoup.

3. J'espère que Jean (arriver) à l'heure pour notre débat sur l'avortement, mais il est probable qu'il (être) en retard. Dans ce cas, il faudra que nous (commencer) sans lui, ce qui est dommage, parce que c'est lui qui a le plus étudié la question. Quant à Daniel et Suzanne, il est peu probable qu'ils (venir).

4. Je ne suis pas sûr que Michel (aller) en Espagne l'été prochain. Il espère que le service culturel lui (offrir) une bourse, mais il se peut que ce (ne pas être) assez pour couvrir ses frais. Comme il vient de se marier, il voudrait que sa femme et son nouveau-né (pouvoir) l'accompagner.

5. Il est douteux qu'on te (permettre) d'entrer dans ce club privé habillé comme tu l'es. Les patrons insistent pour que les hommes (porter) une veste et une cravate.

6. Les candidats affirment avant l'élection qu'ils (baisser) les impôts et annoncent tristement, après avoir été élus, qu'il est indispensable qu'on les (augmenter) pour essayer de diminuer le déficit du budget fédéral. Quel dommage que les politiciens (ne pas être) plus francs dans leur discours. S'imaginent-ils que le peuple (être) dupe de leurs artifices ?

7. Denis était étonné que ses parents (ne pas lui faire signe) la semaine dernière. Ils avaient promis de lui écrire et surtout d'envoyer de l'argent. Il craint qu'ils (oublier) et maintenant ne sait pas comment il va payer ses frais d'inscription et son loyer. Il me semble que nous (pouvoir) l'aider. Prêtons-lui de l'argent en attendant qu'il (avoir) des nouvelles de ses parents.

III. *Dans les phrases suivantes, mettez le premier verbe à la forme négative et faites les changements nécessaires aux verbes de la proposition subordonnée quand il y a lieu.*

1. Je crois que vous avez raison.
2. Les infirmières se souviennent que le malade a appelé au secours.
3. Carole est sûre que son ami sait parler russe.
4. Il est probable que sa tante lui donnera un piano.
5. Je trouve que ce costume vous va très bien.

IV. *Commencez chaque phrase par* **Croyez-vous...** *et faites les changements nécessaires.*

1. Le nouveau chef d'état a réformé le pays.
2. Ce chimiste recevra le prix Nobel pour sa découverte en biochimie.
3. Clarisse veut nous aider à distribuer les pamphlets.
4. Les revues de France sont informatives.
5. Vos amis ont fait du camping à Yosemite. Cela leur a plu.

V. *Faites une phrase avec les deux phrases proposées en choisissant, selon le cas, la conjonction ou la préposition donnée entre parenthèses et en faisant les changements nécessaires. Notez que les mots en italique disparaîtront quand vous combinerez les phrases.*

MODÈLE : Il m'a prêté de l'argent. Je *devais* le lui rendre dans un mois. (à condition de, à condition que)
Il m'a prêté de l'argent à condition que je le lui rende dans un mois.

1. Il nous a offert plusieurs variétés de champignons. Nous pouvons *ainsi* les comparer. (pour, pour que)

2. Je lui ai prêté ma voiture. Il _devait_ me la rendre avant six heures du soir. (à condition de, à condition que)

3. J'ai accepté sa proposition. Je _n'ai pas_ hésité. (sans, sans que)

4. Dites aux invités de faire moins de bruit. Les gens d'à côté se plaindront. (avant de, avant que)

5. La fourmi a travaillé tout l'été. Elle _avait peur de_ ne pas avoir assez à manger. (de peur de, de peur que)

6. Nous dînerons. Il me raccompagnera en ville. (après que, après)

7. Il faut d'abord que je répare ma voiture. _Après_ je participerai à la course. (avant de, avant que)

8. Le conférencier parlait très lentement. Il _craignait_ qu'on ne le comprenne pas. (de peur de, de peur que)

VI. _Mettez les verbes du passage suivant au temps correct du subjonctif ou de l'indicatif selon le cas._

Le peintre Adélaïde de Favitsky, célèbre pour ses tableaux néo-obscurantistes, éprouve le besoin de retourner à la nature pour renouveler son inspiration. Elle téléphone à une amie médecin pour lui demander conseil.

— Je cherche un endroit calme où je (pouvoir) reprendre contact avec la nature et où il (être) possible de réfléchir en paix. Mes dernières créations « parano-cubistes » m'ont épuisée. Je ne dors plus, je ne peux pas sortir sans que les critiques ou les journalistes me (aborder)...

— Je comprends très bien ! Il faut que vous (aller) à la campagne loin des critiques, loin de la presse, peut-être même à l'étranger, si le cœur vous en dit.

— Connaissez-vous un endroit où je (pouvoir) m'installer pendant quelques mois ?

— Justement, aux États-Unis ou au Canada; cela vous fera un dépaysement complet. Et vous trouverez sans difficulté des endroits qui vous (convenir), où il n'y aurait personne qui vous (reconnaître), et rien qui vous (distraire) de la contemplation de la nature : les montagnes, les rivières, les vastes plaines... choisissez.

— Mais docteur, c'est loin !

— Je suggère que vous (décider) d'y aller.

— Pensez-vous qu'un tel séjour me (faire) du bien ? Ça fait 15 ans que je (ne pas quitter) le Marais.[7]

— J'en suis convaincue. Tenez, si vous allez au Canada, vous pourriez descendre chez ma sœur qui habite à Kamouraska.[8] Elle a épousé un Canadien qu'elle a rencontré au Québec quand elle faisait un stage à l'Université de Laval. Lui est diplômé de l'École Hôtelière de Montréal. Ma sœur et lui tiennent maintenant une auberge. Ce sont les gens les plus accueillants que je (connaître). Je suis sûre qu'ils vous (faire) la meilleure cuisine que vous (manger) de votre vie. Et ils seraient très heureux, j'en suis sûre, de vous montrer le pays.

— Cela me paraît idéal.

— Alors, c'est entendu, je leur écrirai ce week-end pour leur dire que vous (se mettre) en rapport directement avec eux. Vous ne le regretterez pas.

---

[7] le Marais : le plus vieux quartier de Paris où vivent de nombreux artistes

[8] Kamouraska : ville du Québec qui a donné son nom à un roman célèbre d'Anne Hébert

VII. *Faites des phrases en utilisant les éléments donnés.*

1. J'espère / mon frère / accompagner...
2. Je voudrais / tu / savoir...
3. Il paraît / ce chanteur punk / être...
4. C'est une bonne idée / vous / faire...
5. Nous cherchons une maison / qui / avoir...
6. Pensez-vous / vos amis / apporter... ?
7. Est-il possible / les éléphants / s'échapper... ?
8. Claude ne croyait pas / son frère / faire...
9. Il est douteux / les passagers / se plaindre...
10. Marcel craignait / ses professeurs / découvrir...

VIII. *Traduisez les phrases suivantes en français.*

1. I want you to help Peter fix the roof. I don't think it will take long.
2. I'd like to see you this afternoon to discuss your essay. It contains some excellent ideas and could be published provided you make a few changes.
3. André wants to go to the movies and wants me to go with him. He also wants me to pay for his ticket.
4. I am not sure Elizabeth made the car reservations before leaving. We'll have to rent one on arrival in St-Louis.
5. You can come with us provided you pay for half the gas. It would also be nice if you drove part of the way.
6. Don't forget to check the oil and the tires before leaving for the mountains.
7. They won't be able to make this dish unless you give them the recipe.
8. It is unlikely that the factory workers will accept the new working conditions.
9. Mrs. Franklin was disappointed that we arrived late at the reception for new students.
10. I hope your parents are feeling better.
11. I am so sorry you missed your plane.
12. Whatever he says, don't believe a word of it.
13. I am looking for someone who can help me fix the air-conditioning unit in my room. It is possible that the temperature will rise to 105° F. this afternoon.
14. That instructor showed movies in class three times a week so that students wouldn't get bored.

IX. *(Constructions) Remplacez chaque tiret par le mot de la liste qui convient.*

quoique	n'importe qui	n'importe où
quoi que	n'importe quoi	n'importe quelle(s)/quel(s)
où que	n'importe comment	

1. _____ vous lui disiez, vous ne le ferez pas changer d'avis.
2. Ne prêtez pas vos disques à _____.
3. _____ vous vous promeniez dans ce parc vous voyez des fleurs.
4. Ce sénateur ferait _____ pour être élu président.
5. Vous pouvez lui raconter _____ histoire.

6. Elle a décoré son appartement _____ car elle a très peu de goût.
7. Des chocolats de cette qualité ne se trouvent pas _____.
8. _____ il soit bon acteur, il ne réussira pas à Hollywood.

X. *(Constructions) Traduisez les phrases suivantes en français.*

1. Whatever he does, his mother will always love him.
2. Although it rains every day, it's never cold.
3. You can visit me anytime. I'm always happy to see you.
4. Which road should we take? Any one; they all lead to Paris.
5. Helen is very fond of those bracelets.
6. Since she was expecting him to refuse her invitation, she was very surprised when he said yes.

XI. *Exercices facultatifs sur le passé simple et le subjonctif littéraire* (travail avancé) :

A. *Identifiez les verbes en italique et mettez-les à leur forme non littéraire si possible.*

Modèle : Bien qu'ils *fissent* de grands efforts, ils ne *réussirent* pas à la convaincre.
fissent : faire
Bien qu'ils *aient fait* de grands efforts, ils n'*ont* pas *réussi* à la convaincre.

1. Dans cet instant, s'il *se fût présenté* quelque moyen honnête de renouer, elle l'*eût saisi* avec plaisir. (Stendhal, *Le Rouge et le Noir*, édition Livre de poche, p. 355)
2. Ses actions étaient tellement peu sous la direction de son esprit, que si quelque philosophe chagrin lui *eût dit* « Songez à profiter rapidement des dispositions qui vont vous être favorables;... » il ne l'*eût pas* compris. (Stendhal, *Le Rouge et le Noir*, édition Livre de poche, p. 364)
3. Il *eut* peur, une peur brusque et horrible que cette honte *fût* dévoilée, et se retournant, comme la porte s'ouvrait, il *prit* la petite peinture et la glissa sous la pendule sans que son père et son frère l'*eussent vue*. (Maupassant, *Pierre et Jean*, édition Garnier, p. 130)
4. Il la *crut* d'abord étouffée. Puis l'ayant saisie par les épaules, il la *retourna* sans qu'elle *lâchât* l'oreiller qui lui cachait le visage et qu'elle mordait pour ne pas crier. (Maupassant, *Pierre et Jean*, édition Garnier, p. 165)
5. Là, je rassemblerais une société, plus choisie que nombreuse, d'amis aimant le plaisir et s'y connaissant, de femmes qui *pussent* sortir de leur fauteuil et se prêter aux jeux champêtres... (Rousseau, *Émile*, Livre IV)
6. Plût à Dieu que la paix *fût* assez généralement établie dans tous les cœurs pour faire revenir tous ceux que je désire ! (Madame de Sévigné, édition de la Pléiade, p. 614)
7. Ils (Geneviève et Hubert) n'étaient pas arrivés encore. Je *m'assis* sur le banc, près de la route, attentif au bruit des moteurs. Plus ils tardaient et plus je désirais leur venue. J'avais des retours de ma vieille colère : ça leur était bien égal de me faire attendre ! il leur importait peu que je *souffrisse* à cause d'eux; ils faisaient exprès... Je me *repris* : ce retard pouvait avoir une cause que j'ignorais, et il n'y avait aucune chance que ce *fût* précisément celle dont, par habitude, je nourrissais ma rancœur. La cloche annonçait le dîner. J'allai jusqu'à la cuisine pour avertir Amélie qu'il fallait attendre encore un peu. Il était bien rare que l'on me *vît* sous ses solives noires où des jambons pendaient. (Mauriac, *Le Nœud de vipères*, édition Livre de poche, p. 214)

B. *Donnez l'infinitif des subjonctifs imparfaits suivants.*

1. Je ne voulais pas qu'ils me *vissent*.
2. Quoique le comportement de son fils lui *parût* étrange, elle ne voulait rien dire en sa présence.
3. Elle voulut qu'on *l'accompagnât* en ville.
4. Henri ne comprenait pas qu'on *bâtît* de nouveaux immeubles si près de la route.
5. Il était regrettable que je *dusse* leur parler si sévèrement.
6. Il m'a demandé de garder le silence jusqu'à ce qu'il *vît* le doyen.
7. J'aurais préféré qu'il ne *sût* pas ce que j'avais fait.
8. Il était surprenant qu'ils ne *voulussent* point nous voir.
9. Il faudrait que vous *fussiez* plus prudents.
10. Nous eûmes préféré qu'elles *répondissent* par écrit.
11. Son médecin ne voulait pas qu'il *bût* trop.
12. Il aurait fallu que tu *prisses* mieux soin de tes affaires.
13. Elle tenait à ce que je *remisse* notre rendez-vous à plus tard.
14. Bien qu'il *crût* avoir raison, il n'insista pas.
15. Était-il possible qu'il *devînt* gouverneur ?
16. Croyait-il qu'elle *vécût* longtemps dans cette maison ?

PROJETS DE COMMUNICATION

I. *(Devoir écrit)* Imaginez qu'un ami/une amie vous consulte sur une difficulté quelconque. Précisez la nature du dilemme et vos recommandations.

Expressions à utiliser :

il est dommage que... (de)	il est impossible que
ce n'est pas la peine que... (de)	il est probable que
avant que	espérer que
pourvu que	douter que
après que	souhaiter que
jusqu'à ce que	il faudrait que
croyez-vous que	être désolé (content, navré, furieux, ravi) que

II. *(Jeu des gaffes)* Deux ou trois étudiants présenteront des récits (réels ou imaginaires) de gaffes (ou faux pas) qu'ils ont faits dans la vie. Les autres membres du cours exprimeront leurs réactions en utilisant dans la mesure du possible certaines expressions qui gouvernent le subjonctif.

Modèle : J'ai offert une boîte de chocolats à une amie qui suit un régime sévère depuis plusieurs mois.

1. Il aurait fallu que tu lui achètes des fleurs.
2. Je ne pense pas que ce soit si terrible. Elle peut offrir les chocolats à ses amis. (etc.)

III. _(Devoir écrit)_ Les étudiantes/étudiants décriront un rêve et demanderont à une/un camarade de l'interpréter. Ensuite, chacun s'ingéniera à interpréter, selon une théorie analytique de son choix, pour voir ce que le rêve révèle. Utilisez beaucoup d'expressions qui gouvernent le subjonctif.

IV. _(Devoir écrit)_ Imaginez que vous avez une/un camarade de chambre nonchalante/nonchalant, mal organisée/mal organisé, de caractère maussade et vous demandez à la directrice/au directeur de la résidence de changer de chambre. Elle/Il est d'accord mais il faut que vous précisiez les raisons de votre demande. Utilisez quelques-unes des expressions suivantes pour décrire votre camarade « difficile à vivre ».

quoique	n'importe quel
n'importe qui	s'attendre à
n'importe quoi	tenir à
n'importe où	tenir à ce que
n'importe comment	

V. _(Débat)_ Choisissez un des sujets suivants. Dans la mesure du possible utilisez les expressions dans les Tableaux 60, 61 et 62, pp. 258, 260–261.

1. Le nationalisme est-il une vertu ou un danger ?

2. Une ironie de l'économie : la surproduction et la famine. Existe-t-il des solutions ?

3. L'ordinateur — ami ou ennemi ?

4. L'O.N.U., gardien de la paix dans le monde : réussite ou faillite ?

5. A-t-on le droit d'aider les gens souffrant de maladies terminales à se suicider ?

VI. _(Discussion à partir d'un texte)_ Après avoir lu le texte et réfléchi aux idées qu'il contient, formez des groupes pour discuter des sujets suivants ou bien organisez un débat.

Sujets de discussion :

1. Quelles sont les idées fondamentales exprimées par Rousseau dans ce texte ?

2. A votre avis, quels sont les éléments essentiels à la formation des enfants ? Que faut-il que les parents fassent (ne fassent pas) pour que leurs enfants soient bien instruits et bien élevés ?

3. Quel rôle la discipline doit-elle jouer dans l'éducation des enfants ? Donnez des exemples précis.

Sujets de débat :

1. « La première éducation doit être purement négative. Elle consiste, non point à enseigner la vertu ni la vérité, mais à garantir le cœur du vice et l'esprit de l'erreur. »

2. « Le plus dangereux intervalle de la vie humaine est celui de la naissance à l'âge de douze ans. »

Émile (1762)

Jean-Jacques Rousseau (1712 – 1778)

La nature a, pour fortifier le corps et le faire croître, des moyens qu'on ne doit jamais contrarier. Il ne faut point contraindre un enfant de rester quand il veut aller, ni d'aller quand il veut rester en place. Quand la volonté des enfants n'est point gâtée par notre faute, ils ne veulent rien inutilement. Il faut qu'ils sautent, qu'ils courent, qu'ils crient, quand ils en ont envie. Tous leurs mouvements sont des besoins de leur constitution, qui cherche à se fortifier; mais on doit se défier de ce qu'ils désirent sans le pouvoir faire eux-mêmes, et que d'autres sont obligés de faire pour eux. Alors il faut distinguer avec soin le vrai besoin, le besoin naturel, du besoin de fantaisie qui commence à naître.... La nature veut que les enfants soient enfants avant que d'être hommes. Si nous voulons pervertir cet ordre, nous produirons des fruits précoces qui n'auront ni maturité ni saveur, et qui ne tarderont pas à se corrompre; nous aurons de jeunes docteurs et de vieux enfants. L'enfance a des manières de voir, de penser, de sentir, qui lui sont propres....

Traitez votre élève selon son âge. Mettez-le d'abord à sa place, et tenez-l'y si bien qu'il ne tente plus d'en sortir.... Ne lui commandez jamais rien, quoi que ce soit au monde, absolument rien. Ne lui laissez pas même imaginer que vous prétendiez avoir aucune autorité sur lui. Qu'il sache seulement qu'il est faible et que vous êtes fort... qu'il sente de bonne heure sur sa tête altière le dur joug que la nature impose à l'homme, le pesant joug de la nécessité... dans les choses, jamais dans le caprice des hommes... Posons pour maxime incontestable que les premiers mouvements de la nature sont toujours droits : il n'y a point de perversité originelle dans le cœur humain....

Oserais-je exposer ici la plus grande, la plus importante, la plus utile règle de toute éducation ? Ce n'est pas de gagner du temps, c'est d'en perdre. Lecteurs vulgaires, pardonnez-moi mes paradoxes : il en faut faire quand on réfléchit; et, quoi que vous puissiez dire, j'aime mieux être homme à paradoxes qu'homme à préjugés. Le plus dangereux intervalle de la vie humaine est celui de la naissance à l'âge de douze ans. C'est le temps où germent les erreurs et les vices, sans qu'on ait encore aucun moyen pour les détruire... La première éducation doit donc être purement négative. Elle consiste, non point à enseigner la vertu ni la vérité, mais à garantir le cœur du vice et l'esprit de l'erreur. Si vous pouviez ne rien faire et ne rien laisser faire; si vous pouviez amener votre enfant sain et robuste à l'âge de douze ans... dès vos premières leçons les yeux de son entendement s'ouvriraient à la raison; sans préjugés, sans habitudes, il n'aurait rien en lui qui pût contrarier l'effet de vos soins. Bientôt il deviendrait entre vos mains le plus sage des hommes; et en commençant par ne rien dire, vous en auriez fait un prodige d'éducation.

Jean-Jacques Rousseau, *Émile* (1762), Livre 2

Chapitre

11

Les Propositions relatives

Présentation

PRINCIPES

Fonctionnement des propositions relatives
Précisions sur les pronoms relatifs
Propositions relatives : **ce qui, ce que, ce dont, ce** + *préposition* + **quoi**
Propositions relatives après les pronoms démonstratifs

CONSTRUCTIONS

Le participe présent
Tout

ÉTUDE DE VERBES
Verbes + *infinitif*
Amener / **emmener**

COIN DU SPÉCIALISTE

Échanges interactifs

Présentation

PRINCIPES

I. Fonctionnement des propositions relatives

A. Les propositions subordonnées qui sont attachées à un nom (ou à un pronom) et l'expliquent ou le qualifient s'appellent des propositions relatives. Le nom ainsi qualifié est appelé *l'antécédent* et peut être une personne ou une chose. Le pronom neutre **ce** et les pronoms démonstratifs **celle(s)/celui (ceux)** peuvent également servir d'antécédent à la proposition relative. (Voir p. 286.)

Les jeunes gens *qui travaillent dans ce garage* sont mal payés. (antécédent : *les jeunes gens*)

Avez-vous aimé le film *que nous avons vu hier soir* ? (antécédent : *le film*)

Toi, *qui ne fais jamais rien,* comment espères-tu réussir dans la vie ? (antécédent : *Toi*).

B. La proposition relative commence, en général, par un pronom « relatif » qui se réfère justement à cet antécédent. Le pronom relatif a aussi une fonction dans la proposition subordonnée qu'il introduit. Il faut regarder le verbe de la relative pour déterminer la fonction grammaticale du pronom relatif.

1. Si le verbe a besoin d'un sujet, employez **qui**.

Je vais raconter une histoire qui amusera les enfants. (**qui** = sujet d'*amusera*)

2. Si le verbe de la relative gouverne un objet direct, employez **que**.

Le jardin que nous avons visité ensemble n'était pas encore en fleur. (**que** = objet direct d'*avons visité*)

3. Si le verbe gouverne un complément avec une préposition, employez **laquelle (lesquelles)/lequel (lesquels)** (ou **qui** pour les personnes) après toutes les prépositions excepté **de**.

Le beurre avec lequel j'ai fait le gâteau était rance. (On fait du gâteau avec quelque chose.)

4. Si le verbe gouverne un complément avec **de**, employez **dont** qui remplace systématiquement **de qui** ou **de laquelle (desquelles)/duquel (desquels)**.

Quels sont les sujets dont on parle le plus dans les journaux ? (parler *de* quelque chose)

Jean-Pierre, dont (de qui) je n'ai aucune nouvelle, doit être arrivé à Paris.

REMARQUE : **Où** remplace souvent **à, dans, sur, pendant,** etc. + **laquelle (lesquelles)/lequel (lesquels)** pour exprimer le lieu ou le temps.

Le pays où je suis né est devenu communiste en 1948. (**où** = *dans lequel*)

Nous nous sommes expatriés l'année où la guerre a commencé. (**où** = *pendant laquelle*)

Voir Tableau 66 pour un résumé du fonctionnement de la proposition relative.

TABLEAU 66

PROPOSITIONS RELATIVES		
Pronoms relatifs	**Fonction dans la proposition relative**	**Exemples**
qui	*sujet*	La vieille dame aime regarder les gens qui passent dans la rue.
		Le garçon qui nous sert n'est pas très aimable.
que	*objet direct*	Le vase que vous avez cassé est irremplaçable.
		L'actrice que nous avons interviewée vient de tourner un film au Canada.
laquelle **lequel** **lesquelles** **lesquels**	*après une préposition*	Julien ne sort plus avec la jeune fille avec laquelle il sortait l'année dernière.
		Nadine a été surprise en ouvrant le panier dans lequel un petit chat dormait.
dont	*remplace* **de laquelle, duquel**, etc.	Élise a acheté la calculatrice dont elle avait besoin.
où	*représente un nom indiquant le lieu ou le temps*	Connaissez-vous Allarmont ? C'est le petit village où nous avons passé de merveilleuses vacances.
		Te souviens-tu du jour où nous avons fait un pique-nique au bord du lac de Genève ?

II. Précisions sur les pronoms relatifs

A. *Qui / que*

1. L'antécédent de **qui** ou de **que** peut être une personne ou une chose. **Qui** et **que** adoptent le genre et le nombre de leur antécédent. Il faut donc faire attention à la conjugaison du verbe, à l'accord des adjectifs et à l'accord du participe passé si le verbe est conjugué à un temps composé. (Voir p. 32.)

2. **Que** devient **qu'** devant une voyelle, mais **qui** ne change pas.

« Je n'aime pas les locataires qui font beaucoup de bruit, a avoué le concierge. C'est donc moi qui leur ai envoyé une lettre leur disant qu'ils devaient respecter le calme des autres ou bien quitter l'appartement qu'ils occupent. Si vous saviez les remarques désobligeantes qu'ils m'ont faites après cela ! »

Voilà un fait divers qui intéressera tout le monde. Il s'agit d'un magnat de l'industrie pétrolière, qui, après avoir amassé une fortune énorme, a donné à des œuvres de bienfaisance tout l'argent qu'il avait gagné.

B. *Laquelle (lesquelles)/lequel (lesquels)* (pronoms relatifs variables)

1. Le pronom varie en genre et en nombre avec le nom qu'il remplace.

	Singulier	Pluriel
féminin	**laquelle**	**lesquelles**
masculin	**lequel**	**lesquels**

Formes contractées (après **à** et **de**)

féminin	**à laquelle***	**auxquelles**
masculin	**auquel**	**auxquels**
féminin	**de laquelle***	**desquelles**
masculin	**duquel**	**desquels**

* Il n'y a pas de contraction au féminin singulier : **à laquelle, de laquelle.**

2. On emploie le pronom **laquelle (lesquelles)/lequel (lesquels)** après toute préposition autre que **de** quand l'antécédent est un nom spécifique (désignant les personnes ou les choses). Si l'antécédent est une personne, on peut utiliser **qui** à la place de **laquelle/lequel.**

Son fils, pour lequel (pour qui) il avait tout fait, lui a causé beaucoup de chagrin en choisissant une carrière différente de la sienne.

Les jeunes filles auxquelles (à qui) Alain parlait s'étaient échappées de Chine. Elles lui ont expliqué les raisons pour lesquelles elles avaient quitté leur pays.

Richard a perdu la feuille de papier sur laquelle il avait écrit mon adresse.

Je vous présente Miriam, la jeune fille avec qui (avec laquelle) j'ai organisé notre débat.

ATTENTION ! Après les prépositions **parmi** et **entre,** on ne peut pas employer **qui.** Il faut utiliser **laquelle/lequel** dans tous les cas.

Il a interviewé plusieurs actrices, parmi lesquelles (forme unique) se trouvait Jeanne Moreau.

Aux élections de 1992, il y avait plusieurs candidats entre lesquels il était difficile de choisir.

C. *Dont*

Dont remplace régulièrement **de qui** ou **de laquelle (desquelles)/duquel (desquels).** Il faut donc prendre l'habitude de l'employer. Il y a deux types de phrases avec **dont.**

1. Dont est l'objet d'un verbe ou d'une expression verbale + **de.** C'est le cas avec des expressions comme :

> avoir besoin de
> avoir peur de
> avoir envie de
> être content(e), fier (fière), satisfait(e) de (etc.)
> parler de
> profiter de
> se souvenir de
> se servir de
> se moquer de

Les Mirages sont des avions dont l'industrie française est fière.

Le roman dont je vous parlais l'autre jour est un best-seller.

Nadine a montré à Yves une lettre d'amour compromettante dont il ne se souvenait pas. Quand il a essayé de tout nier, elle a compris que l'homme dont elle était tombée amoureuse la trompait depuis des années.

ATTENTION ! On ne peut pas utiliser **dont** avec des prépositions composées comme : **autour de, à côté de, au centre de, à la fin de,** etc. Il faut employer : *préposition* + **de laquelle/duquel,** etc.

L'homme à côté duquel j'étais assise fumait sans cesse.

C'est une pièce macabre à la fin de laquelle tout le monde se tue.

Nicole et ses amis ont pénétré dans une petite cour obscure, au centre de laquelle on avait placé une statue en marbre.

2. Dont remplace un complément de nom[1] et a le sens de *whose, of which* en anglais.

Ma nièce a épousé un jeune homme dont les parents travaillent à l'O.N.U. (les parents du jeune homme).

Ce chercheur étudie des micro-organismes dont on ne connaît pas toutes les propriétés (les propriétés des micro-organismes).

---

[1] Quand un nom est suivi de **de** + *un autre nom,* on appelle ce dernier un complément de nom : *une tasse de café, la moto de Jean, l'odeur de la soupe,* etc.

ATTENTION ! **Dont** n'est jamais interrogatif. Il faut employer **de qui** ou **de quoi**.

D. *Où*

1.   Où remplace **à laquelle (auquel, sur lesquels, dans lequel, devant lesquelles**, etc.) lorsque ceux-ci désignent un lieu (un endroit).

NOTE : On peut employer les prépositions **par** ou **de** devant **où**.

2.   Où peut également remplacer **pendant lequel** ou **dans lequel** quand il s'agit d'expressions de temps comme :

> le jour où (le soir où)
> la semaine où (l'année où)
> le moment où
> l'époque où

J'ai trouvé dans mon grenier une vieille machine en fer dont le fonctionnement n'est pas évident (le fonctionnement de la vieille machine).

L'inspecteur a repris son interrogatoire : « De qui parlez-vous ? De quoi vous méfiez-vous ? »

M. et Mme Renaud ont fini par débrancher la télé où (devant laquelle) leurs enfants restaient assis à longueur de journée.

L'hôtel infect où ils sont descendus était très bruyant, et on leur a donné une chambre sous les toits où il n'y avait ni eau courante, ni chauffage.

Le village d'où je viens est très petit.

La fenêtre par où le voleur a pénétré dans l'immeuble n'avait pas été fermée à clé.

Nous vivons à une époque où beaucoup de gens souffrent économiquement à cause de l'inflation.

Ne me téléphonez pas au début de l'après-midi. C'est l'heure où je fais ma sieste. (**où** = à laquelle)

Je n'oublierai jamais le jour où tu m'as sauvé la vie.

III.   Propositions relatives : *ce qui*, *ce que*, *ce dont*, *ce* + préposition + *quoi*

Jusqu'à présent nous avons examiné les propositions relatives dont l'antécédent est un nom précis (une personne ou une chose). Une proposition relative peut aussi s'attacher à une phrase complète ou à l'idée que cette phrase exprime. Dans ce cas, le pronom neutre **ce** résume la phrase et devient l'antécédent du pronom relatif qu'il précède. Ceci donne les formes :

> **ce qui** (sujet)
> **ce que** (objet)
> **ce dont** (complément avec *de*)
> **ce** + préposition + **quoi** (après toute autre préposition que *de*)

Il n'y avait pas de train le dimanche, ce que mon ami avait oublié de me dire. J'ai attendu plus d'une heure à la gare avant de comprendre, ce qui m'a mis de très mauvaise humeur. Quand je le verrai, je ne manquerai pas de lui dire ce que je pense de lui.

Écrire, c'est un travail d'organisation autant que d'inspiration, ce dont vous avez besoin de tenir compte en préparant votre résumé.

La force ne fait pas le droit, ce à quoi vous n'avez pas assez réfléchi.

ATTENTION ! Dans les expressions suivantes, **ce** est toujours utilisé : *tout ce qui (tout ce que, tout ce dont); voilà ce qui (voilà ce que, voilà ce dont).*

Fais comme chez toi. Si tu as faim, prends tout ce qui te tente dans le réfrigérateur.

Nous avons étudié, puis dîné rapidement d'une pizza. Voilà tout ce que nous avons fait hier.

Tout ce qu'ils veulent, c'est voir leurs enfants heureux.

Tout ce dont le sénateur se souvenait, c'est qu'on l'avait frappé à la tête juste au moment où il rentrait chez lui.

Être ou ne pas être, voilà ce qui pour Hamlet est la question.

IV. Propositions relatives après les pronoms démonstratifs

Les pronoms démonstratifs peuvent servir d'antécédent aux propositions relatives, ce qui donne les formes :

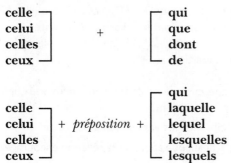

Quand tu mettras la table ne prends pas les assiettes qui viennent de Prisunic, a dit Chantal à son mari. Sers-toi de celles que ma mère nous a offertes pour notre anniversaire de mariage.

J'ai vu des pneus en solde. Ceux dont tu as besoin pour ta Peugeot sont à moitié prix.

Remarquez que quand vous employez un pronom démonstratif le point de référence est un nom spécifique dont on sait le genre et le nombre. Ce n'est pas le cas avec le pronom neutre **ce**.

Nous avons parlé de ses rêves, du moins de ceux dont il se souvenait le mieux (**ceux** = *les rêves*).
COMPAREZ : Nous avons parlé de ses rêves, ce dont il était fort gêné (**ce** = *le fait d'avoir parlé*).

Celui qui (l'homme qui) vous a dit cela est un snob. Ce qu'il a dit révèle bien son caractère hautain.

CONSTRUCTIONS

I. Le participe présent

A. Formes

Pour former le participe présent, remplacez la terminaison **-ons** de la forme *nous* de l'indicatif présent par la terminaison **-ant**.

TABLEAU 67

FORMATION DU PARTICIPE PRÉSENT		
Indicatif présent	**Participe présent**	**Verbes irréguliers**
nous parlons	parlant	être — étant
nous choisissons	choisissant	avoir — ayant
nous descendons	descendant	savoir — sachant
nous buvons	buvant	
nous recevons	recevant	

Les verbes **être, avoir,** et **savoir** sont irréguliers. Voir Tableau 67.

B. Accord du participe présent

1. Le participe présent est invariable quand il est employé comme verbe, c'est-à-dire, quand il est suivi d'un complément (par exemple, un objet direct ou indirect, un complément prépositionnel).

Les chasseurs, suivant les traces du tigre, sont arrivés au milieu de la jungle.

Les soleils mouillés / De ces ciels brouillés / Pour mon esprit ont les charmes / Si mystérieux / De tes traîtres yeux / Brillant à travers leurs larmes. (Baudelaire)

2. Employé comme un adjectif, le participe présent varie en genre et en nombre avec le nom qu'il qualifie.

J'aperçus au fond de la caverne deux yeux brillants qui me fixaient.

Apprenez les vers suivants par cœur.

J'ai beaucoup apprécié sa réaction encourageante.

C. Emploi du participe présent après *en*

Le participe présent s'emploie moins en français qu'en anglais. Dans la plupart des cas, il se trouve dans le style recherché (littéraire).

Un grand nombre de participes présents en anglais se traduisent en français par un infinitif ou par un nom.

Je suis fatigué de répéter la même chose. (*I'm tired of repeating the same thing.*)

Voir c'est croire. (*Seeing is believing.*)

J'aime la natation. (*I like swimming.*)

Le participe présent s'emploie surtout après la préposition **en,**[2] quand deux actions sont

---

[2] En fait, aucune autre préposition ne peut s'employer devant le participe présent.

simultanées. La construction **en** + _participe présent_, qui s'appelle le gérondif, remplace :

1. Une proposition de temps. Le gérondif répond à la question **quand ?** (**en** = _while_)

En prenant le petit déjeuner, je lis le journal financier.

Le film était si émouvant que plusieurs personnes pleuraient en sortant du cinéma.

2. Une proposition de manière. Le gérondif répond à la question **de quelle manière ? comment ?** (**en** = _in, by_)

Avec un soleil pareil, c'est seulement en fermant les rideaux que l'on maintient une température agréable à l'intérieur de la maison.

Irène a fini d'écrire son rapport en travaillant jour et nuit pendant plus d'une semaine.

C'est en forgeant qu'on devient forgeron. _(proverbe)_

N'OUBLIEZ PAS... Le sujet (non exprimé) du participe présent doit être le même que celui du verbe principal.

En mettant des bougies sur la table, Léa a créé une lumière plus douce. (Léa a mis des bougies sur la table... Léa a créé une lumière plus douce.)

REMARQUE : Pour insister sur la simultanéité de deux actions ou pour renforcer l'opposition entre deux actions, on peut employer **tout en.**

Tout en parlant, je traçais des lettres sur une feuille de papier.

Tout en + _participe présent_ traduit aussi l'idée de concession.

Tout en étant aveugle, Helen Keller est allée à l'université.

II. _Tout_

Tout peut être adjectif, pronom ou adverbe.

A. L'adjectif **toute/tout** a le sens de _all, every, whole_, et varie en genre et en nombre.

	Singulier	Pluriel
féminin	**toute**	**toutes**
masculin	**tout**	**tous**

REMARQUE : Dans une série de noms, l'adjectif **toute(s)/tout (tous)** est répété.

On a volé tous les livres et tous les timbres que j'avais collectionnés.[3]

B. Le pronom **tout** a le sens de _everything_. Employé comme objet direct, il est placé après le verbe à un temps simple et après l'auxiliaire à un temps composé.

Antoine a l'air bien déprimé ces jours-ci. Tout semble l'ennuyer. Rien ne l'intéresse.

Je fais tout pour l'égayer, mais il n'y a rien à faire.

---

[3] Notez qu'en anglais ce n'est pas toujours le cas : _... all my books and stamps._

Au pluriel, le pronom **toutes/tous** a le sens de *all*. Quand **tous** est un pronom, le **-s** final est prononcé.

Tous ont fait la même erreur.

Je craignais des remarques désobligeantes des membres du conseil exécutif. J'ai été bien surpris quand tou**s** m'ont applaudi à la fin de ma présentation.

Notez que deux constructions sont possibles avec **toutes/tous.**

Tou**s** m'ont dit de ne pas manquer cette pièce. *(ou)* Ils m'ont tous dit de ne pas manquer cette pièce.

N'oubliez pas le **ce** dans les expressions **tout ce qui, tout ce que.** (Voir p. 287.)

Si c'est tout ce que vous savez de Socrate, je vous conseille de lire un livre ou deux sur sa vie avant de présenter votre exposé sur la philosophie grecque.

Se lamentant du matin au soir, David n'arrêtait pas de répéter : « Tout ce qui m'est arrivé est bien de ma faute. J'aurais dû avoir confiance en Hélène et dominer ma jalousie. »

Après l'expression **tout le monde,** le verbe est au singulier. Ne confondez pas **tout le monde** *(everyone)* et **le monde entier** *(the whole world).*

Tout le monde voudra participer au jeu.

C'est le meilleur karatéka du monde entier.

C. L'adverbe **tout** a le sens de « entièrement, complètement ». **Tout** est invariable excepté devant un adjectif féminin qui commence par une consonne ou un **h** aspiré.

Il sont tout étonnés de vous voir.

Elle est tout heureuse. MAIS : Elle est toute contente. Elle est toute honteuse.

Remarquez les expressions suivantes avec **tout** :

tout à l'heure
  = *later, in a (little) while* pour un futur assez proche
  = *a (little) while ago* pour un passé assez récent
tout de suite = immédiatement
tout à fait = complètement
tout à coup = soudain

Je vous verrai tout à l'heure, quand j'aurai fini d'écrire cette lettre.

Charles est venu tout à l'heure me dire que vous étiez malade. Est-ce vrai ?

Tout à coup nous avons entendu un bruit dans le garage. C'était des ratons-laveurs qui cherchaient quelque chose à manger. Avec leur masque noir autour des yeux, ils ressemblaient tout à fait à des voleurs. Quand ils nous ont vus, ils sont partis tout de suite.

ÉTUDE DE VERBES

A. Verbes + *infinitif*

Les verbes suivants gouvernent l'infinitif directement.

aller	monter (remonter)
courir	rentrer
descendre	retourner
envoyer	venir (revenir)

Je suis allé voir une copine d'enfance qui était retournée habiter sa ville natale, après avoir longtemps vécu à Paris.

Tante Amélie est descendue regarder les enfants jouer à la balle, puis elle est remontée se coucher.

B. *Amener / emmener*

1. Ces deux verbes gouvernent l'infinitif directement.

Émilie adore le cinéma, alors je l'ai emmenée voir un film de Buñuel.

2. **Amener** a le sens de conduire une personne dans un endroit.

Voulez-vous me présenter aux amis que vous avez amenés à la fête ?

3. **Emmener** a le sens de partir d'un endroit avec quelqu'un pour aller dans un autre endroit.

M. et Mme Duroc ont emmené leurs enfants à Euro-Disney. Cela leur a beaucoup plu.

4. Comparez **amener** et **emmener** avec **apporter** et **emporter** qui s'emploient de la même manière pour les choses.

Michèle a amené ses amies à notre soirée. Elles nous ont apporté des truffes au chocolat pour nous remercier.

Quand M. Prêtres va à Londres, il emporte son parapluie et son attaché-case.

Après le théâtre, Romain emmène son amie au café.

COIN DU SPÉCIALISTE

A. Pronoms relatifs — cas spéciaux

1. Si un nom est suivi d'une préposition + un autre nom, on ne peut pas ajouter de proposition relative introduite par **dont** à ce dernier nom. Il faut dans ce cas employer **de laquelle (desquelles)/duquel (desquels)** ou **de qui.**

Voilà le jeune homme dans la voiture de qui nous avons voyagé.

C'est un projet à la réalisation duquel des milliers de personnes ont participé.

2. Le pronom **ce** désigne parfois quelque chose qui n'a pas été spécifié (ou exprimé) mais qui est présent dans le contexte ou dans la pensée de la personne qui parle. Dans ce cas **ce** = *la chose ou les choses en question.*

Ce que tu nous as dit est vrai. Il est impossible de trouver ce dont nous avons besoin dans les magasins de cette ville. (l'ensemble des choses nécessaires)

3. Quand il s'agit du pronom relatif **quoi,** le pronom **ce** n'est pas toujours exprimé devant une préposition. C'est surtout le cas quand la proposition relative correspond en fait à l'interrogation indirecte. (Voir p. 304.)

> Philippe ne savait pas avec quoi (ce avec quoi) on fait la bière. (Avec quoi fait-on la bière ? Il ne savait pas cela.)
>
> Nathalie ne m'a pas dit à quoi (ce à quoi) elle travaillait avec tant d'acharnement. *(discours indirect)*

4. Notez l'expression de mise en relief **ce qui (ce que, ce dont)... c'est...** qui appartient à la langue parlée.

> Ce qui est important c'est de prendre son temps.
>
> Ce dont il parle c'est de la magie noire.
>
> Ce que je pense de Frédéric, c'est qu'il a beaucoup de talent mais peu d'ambition. Ce qu'il lui faut c'est un but dans la vie.

B. Le participe présent — cas spéciaux

1. Pour la première de deux actions successives, si la deuxième action exprime le but ou le résultat de la première :

> Souffrant d'une mauvaise grippe, Marie n'a pu aller au concert.
>
> Fouillant *(Searching)* dans sa poche, la vieille en a sorti une pièce de dix francs qu'elle a déposée sur le comptoir.

Le premier verbe est souvent un verbe comme *désirer, savoir, penser, croire, voir, vouloir, pouvoir.* Dans ce cas la proposition participiale est l'équivalent d'une proposition introduite par **parce que, comme.**

> Ne sachant pas si son amie était à la maison, il lui a téléphoné. (Comme il ne savait pas...)
>
> Voulant lui faire plaisir, Diane a offert un fox-terrier à Mme Charpentier.

2. Pour une de deux actions simultanées :

> Retenant son souffle, le pêcheur sous-marin a plongé au fond de l'eau.
>
> Le déménageur est sorti de la maison portant un énorme sac sur le dos.

3. Pour remplacer une proposition relative :

> Mireille, voyant (qui voyait) que personne ne l'écoutait, s'est tue.

4. Il existe une forme composée du participe présent pour exprimer une action participiale qui est terminée avant l'action de la proposition principale. (Cette tournure appartient plutôt au style soutenu.)

> N'ayant pas fait d'exercice pendant des mois, il se sentait très faible.
>
> M. Régnier, ayant fini son troisième cognac, a déclaré qu'il était l'heure de rentrer.
>
> Mes amis, s'étant trompés de route, sont arrivés à la plage avec une heure de retard.

Échanges interactifs

CONVERSATIONS DIRIGÉES

I. *(En groupes de deux) Réunissez les phrases avec* **qui, que** *ou* **dont.** *A et B liront les phrases et contrôleront les réponses à tour de rôle.*

1. Il a acheté une voiture. Les freins de la voiture étaient défectueux.
2. Françoise va préparer un dessert. Tout le monde aime beaucoup ce dessert.
3. Fais attention ! Le couteau est vieux et rouillé. Tu te sers de ce couteau.
4. Ils sont descendus dans un tout petit village. Ce village se trouvait près d'une rivière.
5. Est-ce que tu as le temps de me montrer ta nouvelle voiture ? Tes parents t'ont offert cette voiture.
6. Les émissions à la télévision sont instructives. Nous regardons ces émissions.
7. Je vais acheter le bois. Il a besoin de ce bois pour construire une étagère.
8. *« Un jour, Memnon a conçu le projet insensé d'être parfaitement sage. Il n'y a guère d'hommes à qui cette folie n'ait quelquefois passé par la tête. »* Voilà des phrases. Ces phrases illustrent bien le style de Voltaire.
9. Mes parents habitent une petite maison. Ils sont contents de cette maison et elle ne leur coûte pas trop cher.
10. L'omelette et la ratatouille étaient délicieuses. Tu as préparé cette omelette et cette ratatouille pour le déjeuner.
11. Je parlerai des poèmes de Baudelaire. Je me souviens le mieux de ces poèmes.
12. Cette pièce de théâtre de Sartre met en scène des personnages. Le caractère de ces personnages est instable.

RÉPONSES

1. Il a acheté une voiture dont les freins étaient défectueux.
2. Françoise va préparer un dessert que tout le monde aime beaucoup.
3. Fais attention ! Le couteau dont tu te sers est vieux et rouillé.
4. Ils sont descendus dans un tout petit village qui se trouvait près d'une rivière.
5. Est-ce que tu as le temps de me montrer la nouvelle voiture que tes parents t'ont offerte ?
6. Les émissions que nous regardons à la télévision sont instructives. Nous regardons à la télévision des émissions qui sont instructives.
7. Je vais acheter le bois dont il a besoin pour construire une étagère.
8. Voilà des phrases qui illustrent bien le style de Voltaire.
9. Mes parents habitent une petite maison dont ils sont contents et qui ne leur coûte pas trop cher.
10. L'omelette et la ratatouille que tu as préparées pour le déjeuner étaient délicieuses.
11. Je parlerai des poèmes de Baudelaire dont je me souviens le mieux.
12. Cette pièce de théâtre de Sartre met en scène des personnages dont le caractère est instable.

II. *(En groupes de deux) Réunissez les phrases avec* **où, d'où** *ou* **par où.** *Contrôlez les réponses à tour de rôle.*

1. Le restaurant coûte cher. Nous allons à ce restaurant.
2. Il faisait froid le lundi. Je suis arrivé ce jour-là.
3. Le village se trouve dans les Alpes. Je viens de ce village.
4. Les routes sont dangereuses. Il passe par ces routes pour aller à son travail.

5. Les années 60 étaient une période mouvementée. On contestait beaucoup l'autorité.
6. Il y a un trou dans le mur. Les souris peuvent passer par ce trou.

RÉPONSES

1. Le restaurant où nous allons coûte cher.
2. Il faisait froid le lundi où je suis arrivé.
3. Le village d'où je viens se trouve dans les Alpes.
4. Les routes par où il passe pour aller à son travail sont dangereuses.
5. Les années 60 étaient une période mouvementée où on contestait beaucoup l'autorité.
6. Il y a un trou dans le mur par où les souris peuvent passer.

III. *(En groupes de deux) Réunissez les phrases avec* **laquelle/lequel, de laquelle/duquel, à laquelle/auquel,** *etc. Contrôlez les réponses à tour de rôle.*

1. Nous avons trouvé un restaurant ouvert. Nous serions morts de faim sans ce restaurant.
2. Comme nous voulions refinancer notre hypothèque, notre agent immobilier nous a présenté plusieurs options. Nous devions choisir entre elles.
3. Connaissez-vous ces étudiants en blousons noirs ? Nathalie parle à ces étudiants.
4. Connaissez-vous Mme de Grandville ? C'est une dame très érudite. J'ai beaucoup d'admiration pour elle.
5. Toutes ces maisons anciennes sont devenues invendables. On a construit une nouvelle autoroute devant elles.
6. Échappant à l'agent qui le tenait par le bras, Julien a descendu la rue en courant. Ses amis l'attendaient au bout de cette rue.

RÉPONSES

1. Nous avons trouvé un restaurant ouvert sans lequel nous serions morts de faim.
2. Comme nous voulions refinancer notre hypothèque, notre agent immobilier nous a présenté plusieurs options entre lesquelles nous devions choisir.
3. Connaissez-vous ces étudiants en blousons noirs auxquels Nathalie parle ?
4. Connaissez-vous Mme de Grandville ? C'est une dame très érudite pour laquelle (pour qui) j'ai beaucoup d'admiration.
5. Toutes ces maisons anciennes devant lesquelles on a construit une nouvelle autoroute sont devenues invendables.
6. Échappant à l'agent qui le tenait par le bras, Julien a descendu en courant la rue au bout de laquelle ses amis l'attendaient.

MISE AU POINT

I. *Remplacez les tirets par les pronoms relatifs ou locutions relatives qui conviennent :* **qui, que, dont, où, celle(s)/celui (ceux) qui, ce qui** *ou* **ce que.**

1. La rivière de diamants _____ son amoureux lui a offerte a coûté une fortune.
2. Regardez le monsieur _____ prend son déjeuner tout seul à une petite table près des cuisines. Il a l'air préoccupé.
3. Emmanuel nous a montré plusieurs fusils de chasse _____ il ne se sert plus depuis qu'il est rentré du Kenya.

4. Vous auriez dû suivre les conseils _____ je vous ai donnés.
5. Balzac est un auteur _____ les romans ont été traduits en plusieurs langues.
6. Quel modèle de Porsche préférez-vous ? — Je préfère le cabriolet décapotable _____ est sorti en 1964.
7. La nouvelle loi _____ on parle sans arrêt dans la presse semblerait désavantager les riches aux profit des pauvres.
8. La ville _____ je suis née est très pittoresque. Il s'y trouve plusieurs sources d'eau _____ on vante les qualités curatives et _____ attirent les touristes aussi bien que _____ désirent retrouver une meilleure santé en faisant des cures.
9. M. Farge, _____ avait une très belle collection de tableaux anciens, nous a montré _____ il préférait.
10. De tous les poèmes de Prévert _____ j'ai lus, _____ j'aime le plus est « Barbara ». Il s'agit d'un jeune homme et une jeune femme _____ ont connu un instant de bonheur à Brest, un fugitif bonheur _____ la guerre a détruit. Le poème conclut sur un ton mélancolique en parlant des nuages _____ « crèvent comme des chiens / Des chiens _____ disparaissent au fil de l'eau sur Brest / Au loin très loin de Brest / _____ il ne reste rien. »

II. *Combinez les phrases en substituant une proposition relative à la deuxième phrase et en utilisant* **ce qui, ce que, ce dont** *ou* **ce** + *préposition* + **quoi**, *selon le cas.*

MODÈLE : Il a perdu tout son argent à la bourse. Cela l'a rendu furieux.
　　　　 Il a perdu tout son argent à la bourse, ce qui l'a rendu furieux.

1. Je faisais de la bicyclette l'autre jour et un de mes pneus a crevé. Cela m'a obligée à rentrer chez moi à pied.
2. Il ne sort jamais le week-end. Il se plaint tout le temps de cela.
3. Le prix de la vie augmente très rapidement. Tout le monde est conscient de cela.
4. Ces symptômes sont dus aussi à la fatigue. Vous n'avez pas pensé à cela.
5. L'hôtel nous a donné une grande chambre tout confort avec vue sur le parc. Nous étions contents de cela.
6. Henri voulait devenir pilote. Ses parents lui avaient toujours déconseillé cela.
7. On ne débarrasse pas assez vite les tables qui sont sur la terrasse. Cela attire les mouches et les oiseaux.
8. Constance, depuis son arrivée à Paris, avait rencontré beaucoup de gens et sortait tous les soirs. Cela l'empêchait de se concentrer sur ses études.
9. Pour aller de Venise à Florence, il faut traverser des montagnes. Cela prend plusieurs heures.
10. Les manifestants de la ville ont voulu prendre la mairie de force. La police ne pouvait pas tolérer cela.
11. Les grands arbres protègent la maison de la chaleur. C'est agréable.
12. Après dix heures, tous les restaurants sont fermés. Nous n'avons pas pensé à cela.
13. Ma cousine vient d'apprendre qu'elle est reçue à ses examens de doctorat. Elle est ravie de cela.
14. Elle est partie un jour sans rien dire, sans rien emporter. Personne ne comprend cela.

III. *Remplacez les tirets par* **celle(s)/celui (ceux) qui, celle(s)/celui (ceux) que, celle(s)/celui (ceux) dont, celle (avec laquelle)/celui (avec lequel),** *etc., selon le cas.*

1. Il y a plusieurs histoires comiques dans ce recueil. Vous pouvez parler de _____ vous amuse le plus.
2. J'ai mis tous mes compacts-disques sur l'étagère à côté de mon bureau. Prenez _____ vous voulez.
3. Il y a deux explications à cette crise économique. Je vous parlerai d'abord de _____ est la moins complexe.
4. Ne prenez pas les beaux verres en cristal. Prenez plutôt _____ on se sert tous les jours.
5. Quelles poupées Janine veut-elle ? — Elle demande _____ elle jouait l'autre jour.
6. Aimez-vous les chemises sport de Cacharel ? _____ j'ai vues l'autre jour étaient en solde.

IV. *(Constructions) Dans les phrases suivantes, insérez la forme correcte de* **tout** *à l'endroit indiqué par les tirets.*

1. Jeannette semblait _____ contente d'être à Paris. Elle voulait visiter _____ les parcs et _____ les monuments.
2. Elle a juré qu'elle allait _____ avouer.
3. Nous irons _____ au bal du 14 juillet.
4. Avez-vous essayé _____ les spécialités du restaurant d'Étienne ?
5. Le conseil municipal a voté en faveur de _____ les réformes réclamées par les habitants.

V. *(Constructions) Remplacez les mots en italique par une expression analogue contenant* **tout.**

1. Il viendra nous chercher *un peu plus tard*.
2. Laure s'est souvenue *soudain* qu'elle avait rendez-vous chez le docteur.
3. Sa réaction est *complètement* incompréhensible.
4. Revenez *plus tard*; je pourrai vous parler plus longuement.
5. Il n'a pas répondu à ma lettre *immédiatement*.

VI. *(Constructions) Refaites les phrases suivantes avec* **en** + *le participe présent.*

1. Quand Martial a entendu la musique, il s'est mis à danser.
2. Quand elle prépare le dîner, elle regarde la télévision.
3. Pendant qu'il lisait, il buvait de la bière.
4. Pendant qu'elle nageait, elle a eu une crampe.
5. Il a voyagé. Il a beaucoup appris.
6. Quand je suis allée en ville, j'ai perdu mon portefeuille.
7. Quand Marc est passé devant le magasin, il a vu une chemise qui lui plaisait.
8. Étienne a préparé des crêpes flambées. Il s'est brûlé.
9. Quand je suis montée dans le train, j'ai eu l'impression que quelqu'un la suivait.
10. Je suis tombée de la planche à voile. Je me suis fait mal.

VII. *(Constructions) Refaites les phrases avec* **tout en** + *participe présent.*

1. Elle lisait le journal et caressait son chien.
2. Il souriait. Il faisait des remarques désobligeantes.

3. L'écrivain que j'ai interviewé a dit : « J'essayais de me reposer. Je pensais sans cesse à mon roman inachevé. Je voulais rester fidèle à mon style. J'essayais de faire du nouveau. »
4. Elsa écoutait le conférencier. Elle lisait sa correspondance.

VIII. _(Constructions) Mettez les verbes entre parenthèses au participe présent, précédé de_ **en** _si c'est nécessaire, ou à la forme composée du participe présent._

Une soirée désastreuse

Vous expliquez au professeur pourquoi vous n'êtes pas venu à l'examen, en lui disant ceci : « (Rentrer) chez moi dimanche soir, après un week-end à la montagne avec mon chien, j'ai trouvé la propriétaire de l'immeuble et le plombier (travailler) dans ma cuisine et (marcher) dans 3 cm d'eau. (Manier) ses outils, le plombier avait sali tout l'appartement. Le voisin du dessus, qui s'était endormi (prendre) son bain, avait oublié de fermer le robinet. Pendant ce temps, l'eau avait coulé chez le voisin du dessous qui attendait des invités. Le téléphone s'est mis à sonner — le voisin du dessous qui essayait sans doute de m'atteindre. (Décrocher) le récepteur, j'ai lâché le chien. Deux secondes plus tard, j'ai raccroché (entendre) le plombier qui hurlait parce que mon chien, (voir) un homme inconnu en uniforme, avait sauté sur lui. La propriétaire (glisser) dans l'eau est tombée (se fracturer) le bras. Ensuite, le voisin du dessous, (croire) que je m'étais moqué de lui au téléphone, est monté avec le dessert que l'eau avait réduit à une pâte informe, et (hurler) il me l'a lancé au visage quand j'ai refusé de lui donner l'argent nécessaire pour en acheter un autre. Tout à coup, derrière le voisin un policier immense est apparu (tenir) à la main un mandat de perquisition et me (demander) où se trouvait la cocaïne. (Entrer) dans la cuisine, il a découvert la propriétaire étendue de tout son long, dans une grande flaque d'eau et le plombier (compter) ses blessures. Le policier, (s'imaginer) qu'il y avait eu chez moi des règlements de comptes entre trafiquants a arrêté tout le monde, et (penser) déjà à sa promotion, a embarqué tout le monde dans le panier à salade.[4] La propriétaire, le plombier et moi, nous avons passé la nuit au violon.[5] »

IX. _(Constructions) Traduisez les phrases suivantes. (niveau avancé)_

1. While going to class, I saw a car accident.
2. One learns by making errors.
3. I like playing bridge.
4. Solving other people's problems is easy.
5. Wishing to surprise her parents, she arrived home a day early.
6. Throwing a coin into the fountain, we each made a wish.
7. He left the room, slamming the door behind him.
8. He lost ten pounds by eating only yogurt and fruit for a month.
9. She amazed the audience by answering questions in five different languages.
10. In answering the prosecutor's questions, the witness contradicted himself several times.

---

[4] panier à salade _(fam.)_ : voiture de police pour le transport des prisonniers
[5] au violon : _(fam.)_ en prison

X.   *Donnez le participe présent des verbes suivants, puis utilisez-les dans une phrase ou un paragraphe de votre invention. Imaginez, par exemple, que vous écrivez quelques conseils à une amie/un ami.*

1. réfléchir
2. parler
3. savoir
4. voir
5. avoir
6. être
7. vouloir
8. apprendre
9. sortir
10. croire

XI.   *(Constructions) Faites des phrases avec les expressions et verbes suivants ou incorporez-les dans un paragraphe. Imaginez, par exemple, que vous organisez une excursion à la montagne ou au bord de mer.*

apporter
emmener
amener
emporter
retourner

tout
tout à l'heure
tous (pronom)

PROJETS DE COMMUNICATION

I.   *(Devoir écrit)* Ajoutez à chacune des phrases suivantes une proposition relative de votre invention avec un des pronoms relatifs donnés entre parenthèses. Vous pouvez, si vous le voulez, les combiner en un court récit de votre imagination.

1. Guy est retourné à la ville... (où)
2. Il a essayé de voir son oncle... (que / qui)
3. Il a mentionné les choses... (dont / que)
4. Il n'a pas compris la raison... (pour laquelle)
5. Il a couru à la banque pour toucher le chèque... (que / dont)
6. Trois hommes masqués... (qui)
7. Le plus grand, celui... (qui / que)
8. Il a sorti un grand sac... (dans lequel)
9. Monique a sorti un revolver en plastique de sa poche... (qui / que)
10. Les bandits étaient armés aussi... (ce à quoi / ce qui)
11. Les clients ont commencé à crier... (ce qui)
12. La police est enfin arrivée et a arrêté les bandits... (ce dont)

II.   *(Débat)* Que pensez-vous des gens qui arrivent systématiquement en retard à leurs rendez-vous ?

— Avec la vie que nous menons tous, c'est un peu normal d'être en retard.
— Pas du tout, ce sont des gens qui ne savent pas s'organiser et qui ne respectent pas le temps des autres.
— Je n'aime pas faire attendre les gens, et je ne veux pas que l'on me fasse attendre, ce qui me paraît tout à fait juste.

— Après vingt minutes, si la personne avec laquelle j'ai pris rendez-vous n'est pas arrivée, je m'en vais.

— Pensez-vous qu'il y ait des gens pour lesquels on peut perdre un peu de son temps ?

Continuez cette discussion sur les gens qui arrivent toujours en retard en utilisant un maximum de pronoms relatifs.

III. (*Devoir écrit*) Employez beaucoup de propositions relatives.

1. Une amie/un ami qui n'a jamais voyagé à l'étranger vient vous demander des conseils. Vous lui indiquez les pays qu'il faut voir, les hôtels où il faut descendre, ce qui est intéressant, les difficultés qu'on rencontre, etc.

2. Asseyez-vous dans un lieu public — café, restaurant, foyer des étudiants (*student union*) — et décrivez tout ce qui arrive autour de vous pendant vingt minutes. Exemple : « Voilà un grand chien qui mange le hamburger d'un étudiant. Une jeune fille qui porte beaucoup de livres s'assied à une table près de moi. Le jeune homme en face de qui elle s'est installée la regarde mais ne lui parle pas, ce qui m'étonne... » etc. Quand vous avez assez de matériel, essayez de transformer vos phrases en une petite description cohérente qui évoque bien l'atmosphère de l'endroit.

IV. (*Devoir écrit à lire en classe*) En prenant modèle sur le texte dans *Mise au point VIII* (p. 297) les étudiants, à tour de rôle, s'ingénieront à trouver des excuses vraies ou invraisemblables pour avoir manqué à une obligation quelconque : examen à passer, rédaction à remettre, etc. Un jury de trois étudiants pourra juger lequel des mensonges est le meilleur.

V. (*Discussion à partir d'un texte*) Après avoir lu le texte, analysez en groupe de trois ou quatre la construction syntaxique de cet extrait en notant particulièrement l'utilisation que fait Proust des propositions relatives. Ensuite, parlez d'expériences personnelles où vous avez dû compter sur quelqu'un pour une affaire de toute première importance.

A la recherche du temps perdu

Marcel Proust (1871 – 1922)

Résumé : *Le jeune Marcel, envoyé à sa chambre parce que ses parents allaient dîner en famille avec des amis et voulant que sa mère vienne l'embrasser avant qu'il ne s'endorme, a demandé à une servante, Françoise, de porter un message écrit à sa mère. L'auteur compare l'angoisse qu'il avait éprouvée dans l'attente de la réponse de sa mère, qui lui serait transmise par Françoise, à celle d'un homme comme Swann, qui, pour voir la femme qu'il aime et dont il est séparé, a besoin d'avoir recours à un intermédiaire bien intentionné qui lui serve de porte-parole.*

Maintenant, je n'étais plus séparé d'elle; les barrières étaient tombées, un fil délicieux nous réunissait. Et puis, ce n'était pas tout : maman allait sans doute venir !

L'angoisse que je venais d'éprouver, je pensais que Swann s'en serait bien moqué s'il avait lu ma lettre et en avait deviné le but; or, au contraire, comme je l'ai appris plus tard, une angoisse semblable fut le tourment de longues années de sa vie, et personne aussi bien que lui peut-être, n'aurait pu me comprendre; lui, cette angoisse qu'il y a à sentir l'être qu'on aime dans un lieu de plaisir où l'on n'est pas, où l'on ne peut pas le rejoindre, c'est l'amour qui la lui a fait connaître, l'amour, auquel elle est en quelque sorte prédestinée, par lequel elle sera accaparée, spécialisée; mais quand, comme pour moi, elle est entrée en nous avant qu'il ait encore fait son apparition dans notre vie, elle flotte en l'attendant, vague et libre, sans affection déterminée, au service un jour d'un sentiment, le lendemain, d'un autre, tantôt de la tendresse filiale ou de l'amitié pour un camarade. Et la joie avec laquelle je fis mon premier apprentissage quand Françoise revint me dire que ma lettre serait remise, Swann l'avait bien connue aussi, cette joie trompeuse que nous donne quelque ami, quelque parent de la femme que nous aimons, quand, arrivant à l'hôtel ou au théâtre où elle se trouve, pour quelque bal, redoute ou première où il va la retrouver, cet ami nous aperçoit errant dehors, attendant désespérément quelque occasion de communiquer avec elle. Il nous reconnaît, nous aborde familièrement, nous demande ce que nous faisons là. Et comme nous inventons que nous avons quelque chose d'urgent à dire à sa parente ou amie, il nous assure que rien n'est plus simple, nous fait entrer dans le vestibule et nous promet de nous l'envoyer avant cinq minutes. Que nous l'aimons — comme en ce moment j'aimais Françoise —, l'intermédiaire bien intentionné qui d'un mot vient de nous rendre supportable, humaine et presque propice la fête inconcevable, infernale, au sein de laquelle nous croyions que des tourbillons ennemis, pervers et délicieux entraînaient loin de nous, la faisant rire de nous, celle que nous aimons ! Si nous en jugeons par lui, le parent qui nous a accosté et qui est lui aussi un des initiés des cruels mystères, les autres invités de la fête ne doivent rien avoir de bien démoniaque. Ces heures inaccessibles et suppliciantes où elle allait goûter des plaisirs inconnus, voici que par une brèche inespérée nous y pénétrons; voici qu'un des moments dont la succession les aurait composés, un moment aussi réel que les autres, même plus important pour nous, parce que notre maîtresse y est plus mêlée, nous nous le représentons, nous le possédons, nous y intervenons, nous l'avons créé presque : le moment où on va lui dire que nous sommes là, en bas. Et sans doute les autres moments de la fête ne devaient pas être d'une essence bien différente de celui-là, ne devaient rien avoir de plus délicieux et qui dût tant nous faire souffrir, puisque l'ami bienveillant nous a dit : « Mais elle sera ravie de descendre ! Cela lui fera beaucoup plus de plaisir de causer avec vous que de s'ennuyer là-haut. » Hélas ! Swann en avait fait l'expérience, les bonnes intentions d'un tiers sont sans pouvoir sur une femme qui s'irrite de se sentir poursuivie jusque dans une fête par quelqu'un qu'elle n'aime pas. Souvent, l'ami redescend seul.

Ma mère ne vint pas, et sans ménagement pour mon amour-propre... me fit dire par Françoise ces mots : « Il n'y a pas de réponse. »

Chapitre

12

Le Discours indirect

Présentation

PRINCIPES

Changements de temps au discours indirect
L'interrogation au discours indirect
Phrases impératives au discours indirect
Autres changements au discours indirect
Les verbes introductifs du discours indirect

CONSTRUCTIONS

La formation et la place de l'adverbe

ÉTUDE DE VERBES
Faire + *infinitif*
Rendre + *adjectif*
Laisser + *infinitif*
Les verbes de perception + *infinitif*
Verbes + **à** + *personne* + **de** + *infinitif*

Échanges interactifs

Présentation

PRINCIPES

REMARQUES PRÉLIMINAIRES : Quand vous citez textuellement les paroles d'une personne, vous employez des guillemets (« ... ») et aucun mot du discours n'est changé. Vous employez le *discours direct*. Si vous rapportez les paroles d'une personne dans une proposition subordonnée à un verbe de communication (par exemple, *il a dit que, elle a déclaré que*, etc.), le discours direct devient dans ce cas le *discours indirect*.

Certains changements ont lieu au discours indirect dans le temps des verbes (voir Tableau 68) et dans les pronoms personnels et les adjectifs possessifs selon le sens de la phrase. (Voir p. 305.)

I. Changements de temps au discours indirect

A. Quand le verbe introductif est au présent ou au futur, il n'y a pas de changements dans le temps des verbes dans la proposition subordonnée.

Marc dit : « Je suis allé au cinéma. »

Marc dit qu'il est allé au cinéma.

B. Quand le verbe introductif est au passé, certains changements ont lieu dans le temps des verbes de la proposition subordonnée. (Voir Tableau 68 et p. 348 pour une révision des temps de l'indicatif.)

ATTENTION !

1. S'il y a plusieurs verbes dans la phrase, il faut les changer tous suivant les règles ci-dessus.

Édouard a dit : « Je n'ai pas faim parce que j'ai trop mangé à midi mais je prendrai bien un petit café. »

Édouard a dit qu'il n'avait pas faim parce qu'il avait trop mangé à midi mais qu'il prendrait bien un petit café.

TABLEAU 68

LE DISCOURS INDIRECT AU PASSÉ	
Quand le verbe introductif est au passé	**Exemples**
1. Présent → Imparfait	Gérard a dit : « Il fait beau. » Gérard a dit qu'il faisait beau.
2. Futur → Conditionnel présent*	Christian m'a dit : « La conférence durera deux heures. » Christian m'a dit que la conférence durerait deux heures.
3. Futur antérieur → Conditionnel passé[†]	L'avocate m'a dit : « Le jury aura bientôt fini de délibérer. » L'avocate m'a dit que le jury aurait bientôt fini de délibérer.
4. Passé composé → Plus-que-parfait	Arlette a dit : « J'ai reçu une lettre de menaces. » Arlette a dit qu'elle avait reçu une lettre de menaces.

*Ici le conditionnel présent exprime le futur dans le passé.
[†]Ici le conditionnel passé exprime le futur antérieur dans le passé.

2. Certains temps ne changent pas dans le discours indirect au passé :

l'imparfait
le plus-que-parfait
le conditionnel présent
le conditionnel passé

David m'a dit : « Si j'allais en France, je passerais un mois en Alsace. »

David m'a dit que s'il allait en France, il passerait un mois en Alsace.

Mes parents m'ont dit : « Si tu nous avais écoutés, tu n'aurais pas eu tant de difficultés. »

Mes parents m'ont dit que si je les avais écoutés, je n'aurais pas eu tant de difficultés.

NOTE : Dans le cas où le présent indique un état qui dure, une vérité générale, une action qui se répète, il ne change pas obligatoirement au discours indirect.

Pierre a affirmé : « Je ne vais jamais au restaurant sans ma carte de crédit. »

Pierre a affirmé qu'il ne va jamais au restaurant sans sa carte de crédit.

Le pasteur assurait ses fidèles que Dieu est juste.

II. L'interrogation au discours indirect

Quand on met une question au discours indirect, certains changements ont lieu dans les expressions interrogatives. (Voir Tableau 69, p. 304.) Quand le verbe introductif est

TABLEAU 69

PHRASES INTERROGATIVES AU DISCOURS INDIRECT	
Changements	**Exemples**
I. Est-ce que → **si***	Il m'a demandé : « Est-ce que Robert travaille ce soir ? » (Robert travaille-t-il ce soir ?) Il m'a demandé si Robert travaillait ce soir-là.
2. Qu'est-ce que → **ce que**	Il m'a demandé : « Qu'est-ce que Robert fait ? » (Que fait Robert ?) Il m'a demandé ce que Robert faisait.
3. Qu'est-ce qui → **ce qui**	Il m'a demandé : « Qu'est-ce qui fait ce bruit ? » Il m'a demandé ce qui faisait ce bruit.

* Dans le discours indirect, **si** a le sens de *whether*.

au passé, le temps des verbes de la question change comme dans les phrases déclaratives. Remarquez qu'il n'y a pas d'inversion dans une question au discours indirect.

ATTENTION ! Les autres interrogatifs (**qui, quelle(s)/quel(s), laquelle (lesquelles)/lequel (lesquels), pourquoi, combien, où, quoi...**) ne changent pas.

Yves m'a demandé : « Quelle est la profession de ton père ? »

Yves m'a demandé quelle était la profession de mon père.

Caroline m'a demandé : « Où passes-tu tes week-ends ? A quoi t'occupes-tu? »

Caroline m'a demandé où je passais mes week-ends et à quoi je m'occupais.

III. Phrases impératives au discours indirect

Dans une phrase impérative au discours indirect, l'impératif devient **de** + *infinitif* quel que soit le temps du verbe introductif.

Bertrand nous crie (a crié) : « Apportez-moi à manger et laissez-moi tranquille. »

Bertrand nous crie (a crié) de lui apporter à manger et de le laisser tranquille.

IV. Autres changements au discours indirect

A. Expressions de temps

Pour les expressions de temps qui changent au discours indirect au passé, voir Tableau 70.

TABLEAU 70

LES EXPRESSIONS DE TEMPS QUI CHANGENT AU DISCOURS INDIRECT AU PASSÉ	
Discours direct	**Discours indirect au passé**
aujourd'hui	ce jour-là*
demain	le lendemain
après-demain	le surlendemain
hier	la veille
avant-hier	l'avant-veille
ce soir	ce soir-là
ce matin	ce matin-là
ce jour	ce jour-là
cette semaine	cette semaine-là
cette année	cette année-là
la semaine (l'année) prochaine	la semaine (l'année) suivante
la semaine (l'année) dernière	la semaine (l'année) précédente
en ce moment (maintenant)	à ce moment-là (alors)
ici	là

Exemples :

1. Il lui a demandé : « Parlerez-vous de Michel Foucault[†] aujourd'hui ? »
   Il lui a demandé s'il parlerait de Michel Foucault ce jour-là.
2. Elle lui a demandé : « Allez-vous en ville demain ? »
   Elle lui a demandé s'il allait en ville le lendemain.
3. Nous leur avons dit : « Elle est arrivée hier par le train de 2 heures. »
   Nous leur avons dit qu'elle était arrivée la veille par le train de 2 heures.
4. L'agent de voyage a demandé : « Irez-vous à la Martinique l'année prochaine, Madame ? »
   L'agent de voyage a demandé si elle irait à la Martinique l'année suivante.

*Ce changement n'a pas lieu si on est encore le jour où la phrase rapportée a été dite. EXEMPLE : _Jean-Pierre m'a dit ce matin : « J'irai au cinéma aujourd'hui. » Jean-Pierre m'a dit ce matin qu'il irait au cinéma aujourd'hui._

[†] Michel Foucault : philosophe, sociologue et anthropologue français (1926 – 1984)

B. Pronoms personnels et adjectifs possessifs

Les pronoms personnels et les adjectifs possessifs changent d'après le sens de la phrase.

J'ai dit à Jean-Louis : « Ton père t'a téléphoné. »

J'ai dit à Jean-Louis que son père lui avait téléphoné.

Ils m'ont demandé : « Est-ce que votre femme et vous, vous nous accompagnerez à Versailles ? »

Ils m'ont demandé si ma femme et moi, nous les accompagnerions à Versailles.

C. Répétition de *que*

Si vous enchaînez plusieurs phrases au discours indirect, il faut répéter le **que** du discours indirect ainsi que les autres mots tels que *si, ce que, ce qui, quel,* etc.

Denise m'a avoué qu'elle aimait beaucoup Julien, qu'elle serait heureuse de l'épouser, mais qu'elle ne comprenait pas pourquoi il hésitait à se déclarer et elle se demandait même si celui-ci ne sortait pas avec une de ses amies, ce qui la rendrait furieuse.

V. Les verbes introductifs du discours indirect

A. Voici une liste de verbes que vous pouvez employer à la place du verbe **dire** pour préciser la manière dont les personnes citées ont parlé.

affirmer	hurler
ajouter	indiquer
assurer	insister
avertir	jurer
avouer	lancer
chuchoter	murmurer
conseiller (de)	nier
constater	prévenir
crier	reconnaître
déclarer	riposter
demander[1]	s'écrier
expliquer	souffler
garantir	suggérer

L'ambassadeur a déclaré qu'une rupture diplomatique était imminente. Il a suggéré qu'une intervention immédiate de l'O.N.U. améliorerait la situation.

Avec **interrompre, flatter, finir, commencer, continuer,** etc., il faut introduire le discours indirect avec **en disant que....**

Il l'a interrompu en disant que ce n'était pas vrai.

Nathalie a commencé en disant qu'elle était très heureuse de pouvoir nous adresser quelques mots.

B. Vous pouvez ajouter des expressions adverbiales pour indiquer de quelle manière une chose est dite. (Voir Tableau 71.)

Vous pouvez aussi qualifier d'un adjectif la personne dont vous rapportez les paroles.

Le père, furieux, a répondu qu'il ne donnerait jamais son accord.

La fleuriste, tout étonnée, a dit qu'elle n'avait jamais vu de si belles roses.

« Le corbeau, honteux et confus, jura, mais un peu tard, qu'on ne l'y prendrait plus. » (La Fontaine, *Le Corbeau et le renard*)

---

[1] Demander + si..., pourquoi..., quel..., où..., etc.

TABLEAU 71

EXPRESSIONS ADVERBIALES POUR LE DISCOURS INDIRECT

dire (répondre, ajouter, demander, etc.)

clairement	en hésitant	avec colère
distinctement	en criant	avec surprise
rapidement	en pleurant	avec étonnement
vite	en bégayant	avec violence
calmement	en riant	avec douleur
fermement	en souriant	avec douceur
succinctement	en plaisantant	avec véhémence
lentement	en ricanant	avec envie

EXEMPLES :

Marianne a expliqué en pleurant qu'elle n'avait pas fait exprès de prendre la broche en diamant. Elle a dit en bégayant qu'elle avait mis le bijou pour l'essayer et avait oublié de l'enlever. Le patron du magasin a répondu très fermement qu'il tenait à poursuivre l'affaire et il a appelé la sécurité. Sous la pression, Marianne a fini par avouer avec tristesse que son mari jouait et qu'elle se trouvait obligée de voler pour l'aider à payer ses dettes.

CONSTRUCTIONS

La formation et la place de l'adverbe

A. Pour former un adverbe en partant d'un adjectif qui se termine par une consonne, ajoutez **-ment** au féminin de l'adjectif. Si l'adjectif se termine par une voyelle, ajoutez **-ment** au masculin de l'adjectif.

Adjectifs			Adverbes
Masculin	_Féminin_		
frais	fraîche	→	fraîchement
froid	froide	→	froidement
réel	réelle	→	réellement
absolu		→	absolument
facile		→	facilement
obstiné		→	obstinément

REMARQUES :
- Il y a deux adverbes pour l'adjectif **gai** : **gaîment** ou **gaiement.** Certains adverbes sont de formation irrégulière. (Voir Tableau 72, p. 308.)
- On ne peut pas former d'adverbe à partir de l'adjectif **possible.** Il faut utiliser **peut-être** pour exprimer l'anglais _possibly._

TABLEAU 72

FORMATION DES ADVERBES — CAS SPÉCIAUX		
	Adjectifs	**Adverbes**
Pour les adjectifs en **-ant**, la terminaison adverbiale est **-amment**.	méchant galant courant	méchamment galamment couramment
Pour les adjectifs en **-ent** (excepté *lent*), la terminaison adverbiale est **-emment**.*	diligent évident	diligemment évidemment
	Mais : lent	lentement
Certains adverbes ont la terminaison **-ément**.	aveugle impuni précis	aveuglément impunément précisément
Certains adverbes sont complètement irréguliers.	gentil bref bon meilleur mauvais pire	gentiment brièvement bien mieux mal[†] pis[†]

* Prononcez : (amã)
[†] Voir p. 231.

B. Quand un adverbe modifie un verbe, on le place après le verbe à un temps simple ou devant le participe passé à un temps composé.[2]

Les écureuils cherchent diligemment des noix pour leurs provisions d'hiver.

Comme c'était mon premier jour dans le laboratoire de chimie, l'assistant m'a gentiment montré comment me servir de la centrifugeuse.

Le journaliste a rapidement sorti un caméscope de son sac pour filmer l'émeute qui venait d'éclater dans la rue.

Quand l'adverbe modifie un adjectif ou un autre adverbe, on le place devant le mot qu'il modifie.

Éric, complètement étourdi par le vin, a commencé à raconter des sottises.

Chéryl raisonne bien mieux que vous.

---

[2] Remarquez qu'aux temps composés on peut aussi mettre l'adverbe après le participe passé. EXEMPLE : *Il m'a expliqué calmement la situation.* C'est souvent le cas avec les adverbes en **-ment**. Ce n'est pas possible avec **bien** ou **mal** qui se placent toujours devant le participe passé. EXEMPLE : *Il a bien (mal) répondu.*

ATTENTION ! Les adverbes de temps comme :

hier	tôt
avant-hier	tard
demain	autrefois *(formerly)*
après-demain	auparavant *(beforehand)*

et les adverbes de lieu comme :

ici	au-dessus
là (là-bas)	au-dessous

se placent *après* (pas avant) le participe passé dans un temps composé. Vous pouvez aussi les mettre au commencement ou à la fin de la phrase.

Je l'ai vu hier au Quartier latin.

Là-bas, nous vivrons en paix.

Marc n'a pas laissé sa pipe ici.

« Là, tout n'est qu'ordre et beauté / Luxe, calme, et volupté. » (Baudelaire, *L'Invitation au voyage*)

Quand l'adverbe se rapporte à la phrase complète plutôt que spécifiquement au verbe, on le met souvent au début ou à la fin de la phrase. C'est le cas avec des adverbes comme *malheureusement, heureusement, apparemment, hélas.*

Malheureusement (Hélas), je n'ai pas réussi à le convaincre de rester.

Personne n'a été blessé dans l'incendie, heureusement.

C. Pour éviter l'emploi d'un adverbe (en **-ment**) qui alourdit parfois la phrase, on peut utiliser une des expressions suivantes :

d'une manière + *adjectif*
d'un air + *adjectif*
avec + *nom*

Marie-Hélène a présenté ses idées d'une manière très nuancée.

Le chien regarde le facteur d'un air féroce. (férocement)

Les enfants ne traitent pas toujours leurs parents avec respect.

D. Quand l'adverbe **peut-être** commence une phrase, il faut faire l'inversion du sujet.

Peut-être neigera-t-il demain.

Dans la langue parlée, **peut-être que** est employé sans inversion.

Peut-être qu'il neigera demain.

ÉTUDE DE VERBES

A. Faire + *infinitif* (faire causatif)

Dans la construction **faire** + *infinitif,* le sujet de **faire,** au lieu d'accomplir lui-même l'action exprimée par l'infinitif, provoque cette action.

L'imitateur a fait rire tout le monde. (Tout le monde a ri. L'imitateur a causé cette action.)

1. Détails de construction

Le complément infinitif de **faire** peut avoir *un sujet, un objet direct* ou *un sujet et un objet direct.* (Voir Tableau 73, p. 310.)

TABLEAU 73

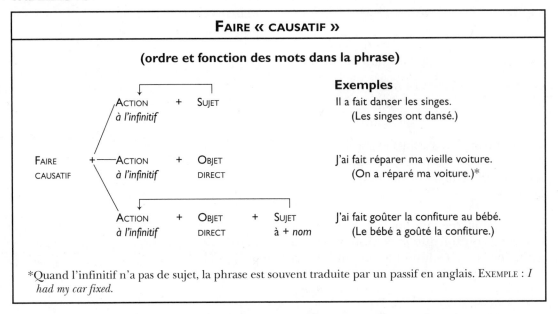

FAIRE « CAUSATIF »

(ordre et fonction des mots dans la phrase)

Exemples

ACTION + SUJET
à l'infinitif

Il a fait danser les singes.
(Les singes ont dansé.)

FAIRE + —ACTION + OBJET
CAUSATIF *à l'infinitif* DIRECT

J'ai fait réparer ma vieille voiture.
(On a réparé ma voiture.)*

ACTION + OBJET + SUJET
à l'infinitif DIRECT *à + nom*

J'ai fait goûter la confiture au bébé.
(Le bébé a goûté la confiture.)

*Quand l'infinitif n'a pas de sujet, la phrase est souvent traduite par un passif en anglais. EXEMPLE : *I had my car fixed.*

ATTENTION ! Quand l'infinitif a un sujet et un objet direct, le sujet est exprimé par **à** + *nom* ou par les pronoms indirects **lui / leur.**

Parfois, il peut y avoir ambiguïté. Par exemple, dans la phrase « J'ai fait lire les poèmes aux enfants. », on ne sait pas si ce sont les enfants qui lisent ou si les poèmes sont lus aux enfants par quelqu'un d'autre, non exprimé dans la phrase.[3] Si on veut indiquer clairement que ce sont les enfants qui lisent, il faut employer **par** + *nom* à la place de **à** + *nom.*

Notez que les pronoms **lui** et **leur** peuvent remplacer **par** + *nom* dans cette construction ou bien on peut employer **par** + *pronom disjoint* (pour éviter l'équivoque).

J'ai fait planter les fleurs au jardinier. Je lui ai fait planter les fleurs. Je les lui ai fait planter.

L'officier a fait faire des exercices à ses soldats. Il leur en a fait faire.

J'ai fait lire les poèmes par les enfants. *(I had the poems read by the children.)*

Voilà des poèmes extraordinaires de Verlaine. Je les ferai lire aux étudiants. (Phrase ambiguë : = les étudiants les liront [ou] les étudiants les écouteront.) Je les ferai lire par les étudiants (= les étudiants liront). Avec deux pronoms : Je les leur ferai lire *(ou)* je les ferai lire par eux.

---

[3] Notez qu'en anglais ce problème ne se pose pas puisque dans le cas où les poèmes sont lus aux enfants, l'anglais utilise le passif : *I had the poems read to the children.* Dans le cas où les enfants lisent, l'anglais utilise la voix active : *I had the children read the poems.*

2. Place des pronoms

Dans une phrase déclarative, les pronoms objets précèdent toujours **faire** (ou l'auxiliaire **avoir** à un temps composé). Notez que le participe passé de **faire** ne s'accorde pas dans la construction **faire** + _infinitif._

L'institutrice m'a fait apprendre les règles. Elle me les a fait apprendre. _(She had me learn them.)_

Nous n'avons pas fait repeindre la salle de bains. Nous ne l'avons pas fait repeindre. _(We did not have it repainted.)_

Quand **faire** est à l'impératif _affirmatif,_ les pronoms se placent après **faire.**

Faites entrer votre ami. Faites-le entrer.

Fais-moi entendre ton nouveau disque. Fais-le-moi entendre.

3. Expressions idiomatiques

se faire + _infinitif_

Il y avait tant de bruit que le candidat ne pouvait pas se faire entendre _(… could not make himself heard)._

Les parents ont souvent du mal à se faire obéir _(… making themselves obeyed)._

faire voir = _to show_

Madame Sabatier nous fera voir sa collection de tableaux surréalistes et impressionnistes.

faire venir = _to send for_

Comme son fils avait une forte fièvre, Chantal a fait venir le médecin.

faire savoir = _to let someone know; to inform_

Fais-moi savoir quand tu seras de retour.

Mon patron, très satisfait de mon travail, m'a fait savoir que je serai augmenté.

se faire couper les cheveux = _to get a haircut_

François se faisait couper les cheveux deux fois par an.

se faire arrêter = _to get arrested_

Quand l'ennemi public numéro 1 s'est enfin fait arrêter, la presse populaire s'est vivement réjouie.

se faire faire quelque chose (des sandales, une piqûre [_injection_]) = _to have something made; to get something_

Comme elle voulait impressionner les journalistes à la réception, elle s'était fait faire une robe du soir chez Dior.

Vous êtes-vous fait faire une piqûre contre le tétanos après vous être blessé avec ce couteau rouillé ?

B. *Rendre* + adjectif

Rendre a parfois le sens de *to make*. Il ne faut jamais employer **faire** à la place de **rendre** dans cette construction.

Son divorce l'a rendu dépressif. *(His divorce made him very depressed.)*

Le climat de ce pays vous rendra paresseux. *(The climate of that country will make you lazy.)*

N'OUBLIEZ PAS... de faire l'accord du participe passé si c'est nécessaire.

Léa a dit : « Ce dessert m'a rendue malade. »

C. *Laisser* + infinitif et les verbes de perception[4] *(regarder, voir, écouter, entendre, sentir)* + infinitif

1. Quand *l'infinitif* a un sujet, il est placé devant ou après l'infinitif. L'objet direct de l'infinitif est toujours placé après.

Elle regarde nager ses enfants. *(ou)* Elle regarde ses enfants nager.

Nous avons laissé pousser l'herbe. *(ou)* Nous avons laissé l'herbe pousser.

MAIS : J'ai déjà entendu chanter cette chanson (chanson : objet direct de *chanter*).

2. Si l'infinitif a un sujet et un complément, le sujet précède l'infinitif.

Nous avons laissé Marie préparer le dîner toute seule.

J'ai vu le gamin casser la vitre.

Julien laisse ses amis faire la vaisselle.

3. Dans le cas où chaque verbe gouverne un complément d'objet, on place chaque pronom objet devant le verbe qui le gouverne.

Vous ne le verrez jamais lui parler.

Tes parents ne me laisseront pas te voir.

Vous jouez du violon ? Comment se fait-il que je ne vous ai jamais entendu en jouer ? (**en** = du violon)

4. Si l'objet de l'infinitif complément est un des pronoms **la/le, les** ou **en**, on peut alors placer ce pronom devant le verbe conjugué.

Est-ce que tu me laisseras voir tes photos ? — Je te les laisserai voir. (— Je te laisserai les voir.)

Est-ce qu'ils t'ont laissé prendre du vin ? — Ils ne m'en ont pas laissé prendre. (— Ils ne m'ont pas laissé en prendre.)

5. Si les deux pronoms sont de la 3e personne, le pronom sujet de l'infinitif devient **lui** ou **leur** quand vous placez les pronoms devant le verbe conjugué.

J'ai laissé Denise finir mon dessert. Je le lui ai laissé finir. *(ou)* Je l'ai laissé(e) le finir.

J'ai entendu mon cousin dire cela. Je le lui ai entendu dire. *(ou)* Je l'ai entendu le dire.

---

[4] N'oubliez pas que les verbes **regarder** et **écouter** gouvernent un objet direct en français. EXEMPLES : *Je regarde les nuages. J'écoute la radio.* Remarquez que c'est différent de l'anglais : *I look at the clouds, I listen to the radio.*

REMARQUE : Le participe passé peut s'accorder avec le sujet de l'infinitif, mais il est correct de le laisser invariable.

Claude et Danielle ? On ne les a jamais vu(s) se battre. (**les** = sujet de *se battre*)

Florence a dit : On m'a laissé(e) voir les mosaïques de Pompéi.

D. *Entendre dire*

Entendre dire a le sens de *to hear (it said); to hear (it rumored)*.

J'ai entendu dire que les licornes *(unicorns)* existent.

E. Verbes + *à* + personne + *de* + infinitif

Les verbes suivants gouvernent *l'infinitif* avec **de** et *la personne* avec **à**.

dire
écrire
crier
suggérer
demander
conseiller

à quelqu'un de faire quelque chose

Il a demandé à ses voisins de venir le chercher à la gare.

Elle a écrit à sa mère de ne pas se faire de souci.

L'avocat a conseillé à son client de ne rien dire.

Remarquez aussi la construction avec un nom objet direct : **dire, écrire, crier, suggérer, demander, conseiller** quelque chose **à** quelqu'un.

Est-ce que je peux lui demander un service ?

Échanges interactifs

CONVERSATIONS DIRIGÉES

I. *(En groupes de deux) Imaginez qu'on vient d'interviewer un acteur français. On lui a posé les questions suivantes que vous rapporterez au discours indirect. A et B contrôleront les réponses à tour de rôle.*

On a demandé à M. *** ...

1. Quand êtes-vous arrivé à Hollywood ?
2. Quel nouveau film tournez-vous en ce moment ?
3. Aurez-vous le rôle principal ?
4. Qui jouera le rôle de la femme ?
5. Combien de temps resterez-vous en Amérique ?
6. Est-ce que votre famille est venue avec vous ?
7. Êtes-vous allé à New York ?
8. Que pensez-vous du cinéma américain ?
9. Qu'est-ce qui vous intéresse le plus en dehors de votre métier ?
10. Lesquels de vos films ont eu le plus de succès en France ?

RÉPONSES

On a demandé à M.*** ...

1. quand il était arrivé à Hollywood.
2. quel nouveau film il tournait en ce moment (à ce moment-là).
3. s'il aurait le rôle principal.
4. qui jouerait le rôle de la femme.
5. combien de temps il resterait en Amérique.
6. si sa famille était venue avec lui.
7. s'il était allé à New York.
8. ce qu'il pensait du cinéma américain.
9. ce qui l'intéressait le plus en dehors de son métier.
10. lesquels de ses films avaient eu le plus de succès en France.

II. *B rapportera à A les questions que ses parents lui ont posées lors de leur dernière visite. A contrôlera les réponses.*

Mes parents m'ont demandé...

1. Est-ce que tu as rencontré une jeune fille/un jeune homme ?
2. La/Le vois-tu souvent ?
3. Connais-tu ses parents ?
4. Que font-ils ?
5. Qu'est-ce qui l'intéresse ?
6. Où est-elle née/est-il né ?
7. Est-ce que c'est sérieux ?
8. Comptes-tu nous la/le présenter ?

RÉPONSES

Mes parents m'ont demandé...

1. si j'avais rencontré une jeune fille/un jeune homme.
2. si je la/le voyais souvent.
3. si je connaissais ses parents.
4. ce qu'ils faisaient.
5. ce qui l'intéressait.
6. où elle était née/il était né.
7. si c'était sérieux.
8. si je comptais la/le leur présenter.

III. *(En groupes de quatre) A et B liront les échanges. C écoutera attentivement le dialogue et le rapportera à D (qui a mal entendu). C et D échangeront leurs rôles et A et B contrôleront les réponses. (Naturellement, vous pouvez substituer le nom de vos camarades pour A, B, C, D.)*

MODÈLE : **A :** (Mélanie) J'ai besoin de ton magnétophone. A quelle heure rentreras-tu ?
  B : (Cristelle) Je serai de retour vers minuit.
  C ou D : *Mélanie a dit à Cristelle qu'elle avait besoin de son magnétophone et lui a demandé à quelle heure elle rentrerait. Cristelle a répondu qu'elle serait de retour vers minuit.*

Deux camarades se parlent...

1. **A :** Notre chambre est tout en désordre. Pourquoi n'as-tu pas rangé tes affaires ?

B : Je n'ai pas eu le temps, parce que je suis allée/allé au cinéma.

2. **A :** J'ai passé trois heures à faire mes problèmes de maths. Est-ce que tu as fini les tiens ?
    B : Oui, je les ai trouvés horribles aussi.

3. **A :** Je ne peux pas trouver mes nouvelles cassettes. Où les as-tu mises ?
    B : Euh, je les ai laissées dans la voiture. J'espère que personne ne les aura volées.

4. **A :** Je ne sais pas comment utiliser ce logiciel. Est-ce que tu peux me donner un coup de main ?
    B : Oui, je le connais très bien. Tu verras, c'est facile.

5. **A :** Ta sœur Annette t'a téléphoné pendant que tu étais au cinéma.
    B : A-t-elle laissé un message ?

6. **A :** Sois gentille/gentil et prête-moi $10. Je te les rendrai demain.
    B : D'accord, mais il faut que je passe d'abord à la banque. Je n'ai plus un rond sur moi.

7. **A :** S'il fait beau dimanche, j'irai à la montagne. Ça te dirait d'y aller ?
    B : Oui. Nous pourrons prendre ma Jeep.
    A : Dans ce cas-là, faisons du camping au lieu de descendre dans un motel.

RÉPONSES

Deux camarades se parlent

1. **A** a dit à **B** que leur chambre était tout en désordre. **A** lui a demandé pourquoi elle/il n'avait pas rangé ses affaires. **B** a répondu qu'elle/il n'avait pas eu le temps, parce qu'elle/il était allée/allé au cinéma.

2. **A** a dit à **B** qu'elle/il avait passé trois heures à faire ses problèmes de maths. **A** lui a demandé si elle/s'il avait fini les siens. **B** a répondu que oui et qu'elle/il les avait trouvés horribles aussi.

3. **A** a dit à **B** qu'elle/il ne pouvait pas trouver ses nouvelles cassettes. **A** lui a demandé où elle/il les avait mises. **B** a répondu qu'elle/il les avait laissées dans la voiture, et qu'elle/il espérait qu'on ne les aurait pas volées.

4. **A** a dit à **B** qu'elle/il ne savait pas comment utiliser ce logiciel. **A** lui a demandé si elle/s'il pouvait lui donner un coup de main. **B** a répondu que oui, qu'elle/il le connaissait très bien. **B** a ajouté qu'elle/il verrait que c'était (c'est) facile.

5. **A** a dit à **B** que sa sœur Annette lui avait téléphoné pendant qu'elle/il était au cinéma. **B** a demandé à **A** si sa sœur avait laissé un message.

6. **A** a demandé à **B** d'être gentille/gentil et de lui prêter $10, en ajoutant qu'elle/il les lui rendrait le lendemain. **B** a dit qu'elle/il était d'accord, mais qu'il fallait qu'elle/il passe d'abord à la banque. **B** a expliqué qu'elle/il n'avait pas un rond sur elle/lui.

7. **A** a dit à **B** que s'il faisait beau dimanche, elle/il irait à la montagne. **A** lui a demandé si ça lui dirait d'y aller. **B** a répondu que oui et a ajouté qu'ils pourraient prendre sa Jeep. **A** a suggéré dans ce cas-là de faire du camping au lieu de descendre dans un motel.

IV. _(En groupes de trois) Maintenant **A** rapportera à **B** les questions que les parents de **C** (une amie/un ami de **B**) ont posées à **C** lors d'une visite que **A** et **C** ont faites aux parents de **C**. Pour chacune des questions rapportée par **A**, qui n'a pas très bien compris les questions, **C** interviendra avec une version corrigée de la question selon les indications données entre parenthèses. **B** contrôlera les réponses._

Les parents de la jeune fille/du jeune homme ont demandé...

1. « Quelle profession t'intéresse vraiment ? »
    A : Ses parents lui ont demandé _____.
    C : Non, mes parents m'ont demandé _____. (« Est-ce que tu vas prendre la profession de ton père ? »)

2. « Qu'est-ce que tu as étudié ce trimestre ? »
   A : Ses parents lui ont demandé _____.
   C : Non, mes parents m'ont demandé _____. (« Qu'est-ce que tu fais au lieu d'étudier ? »)

3. « Quels professeurs aimes-tu le plus dans ta discipline ? »
   A : Ses parents lui ont demandé _____.
   C : Non, mes parents m'ont demandé _____. (« Combien d'heures passes-tu à la piscine ? »)

4. « Partageras-tu un appartement avec Françoise et Anne ? »
   A : Ses parents lui ont demandé _____.
   C : Non, mes parents m'ont demandé _____. (« Est-ce que tu loueras le studio d'Anne ? »)

5. « Est-ce que tu manges une nourriture saine à l'université ? »
   A : Ses parents lui ont demandé _____.
   C : Non, mes parents m'ont demandé _____. (« Est-ce que tu prépares tes repas toi-même à l'université ? »)

6. « Est-ce que tu vas nous écrire plus souvent ? »
   A : Ses parents lui ont demandé _____.
   C : Non, mes parents m'ont demandé _____. (« Est-ce que tu écris des poèmes depuis longtemps ? »)

7. « Toi et tes amis, avez-vous participé à la grande régate du Prince Jean ? »
   A : Ses parents lui ont demandé _____.
   C : Non, mes parents m'ont demandé _____. (« Toi et tes amis, êtes-vous allés au Grand Canyon à Thanksgiving ? »)

8. « Viendras-tu nous voir pour les fêtes de Noël ? »
   A : Ses parents lui ont demandé _____.
   C : Non, mes parents m'ont demandé _____. (« Iras-tu à San Francisco pour voir tante Isabelle ? »)

RÉPONSES

Les parents de la jeune fille/du jeune homme m'ont demandé...

1. **A :** Ses parents lui ont demandé quelle profession l'intéressait vraiment.
   C : Non, mes parents m'ont demandé si j'allais prendre la profession de mon père.

2. **A :** Ses parents lui ont demandé ce qu'elle/il avait étudié ce trimestre-là.
   C : Non, mes parents m'ont demandé ce que j'avais fait au lieu d'étudier.

3. **A :** Ses parents lui ont demandé quels professeurs elle/il aimait le plus dans sa discipline.
   C : Non, mes parents m'ont demandé combien d'heures je passais à la piscine.

4. **A :** Ses parents lui ont demandé si elle/s'il partagerait un appartement avec Françoise et Anne.
   C : Non, mes parents m'ont demandé si je louerais le studio d'Anne.

5. **A :** Ses parents lui ont demandé si elle/s'il mangeait une nourriture saine à l'université.
   C : Non, mes parents m'ont demandé si je préparais mes repas moi-même à l'université.

6. **A :** Ses parents lui ont demandé si elle/s'il allait leur écrire plus souvent.
   C : Non, mes parents m'ont demandé si j'écrivais des poèmes depuis longtemps.

7. **A :** Ses parents lui ont demandé si elle/lui et ses amis avaient participé à la grande régate du Prince Jean.

   C : Non, mes parents m'ont demandé si moi et mes amis nous étions allés au Grand Canyon à Thanksgiving.

8. **A :** Ses parents lui ont demandé si elle/s'il viendrait les voir pour les fêtes de Noël.

   C : Non, mes parents m'ont demandé si j'irais à San Francisco pour voir tante Isabelle.

MISE AU POINT

I. *Marcie et Geoffroy, qui étaient autrefois au lycée ensemble, se rencontrent à Paris au café des Deux Magots, à St-Germain-des-Prés. Mettez leur conversation au discours indirect au passé. (Marcie a demandé si..., Geoffroy a répondu que...)*

Marcie : Geoffroy, depuis quand es-tu à Paris ?

Geoffroy : Je suis arrivé début juillet.

Marcie : A quel hôtel es-tu descendu ?

Geoffroy : J'ai pris une chambre à l'Hôtel de l'Académie, mais au bout d'une semaine, j'ai trouvé une pension de famille qui me revient beaucoup moins cher.

Marcie : Tu as de la chance. Je suis au Pont-Royal, près de la rue du Bac. C'est bien situé mais un peu cher et je préférerais ne pas dîner au restaurant tous les jours. Combien coûte ta pension ?

Geoffroy : Je paye 200F par jour.

Marcie : S'il y avait une chambre de libre, je pourrais déménager dès demain.

Geoffroy : C'est entendu.

Marcie : As-tu vu de bonnes pièces récemment ?

Geoffroy : Oui, on donne *Le Misanthrope* à la Comédie-Française. As-tu envie d'aller au théâtre ?

Marcie : Oui, et après le spectacle, nous pourrions dîner dans une brasserie que je connais. On y mange très bien.

Geoffroy : D'accord. Au fait, qu'est-ce que tu fais demain ?

Marcie : Je vais à Versailles. J'ai une amie qui m'a invitée à passer le dimanche avec elle. Nous visiterons le château et nous verrons les Grandes Eaux.

Geoffroy : Tu en as de la chance; chaque fois que je suis allé à Versailles, j'ai manqué les Grandes Eaux. Il paraît que c'est fabuleux quand toutes les fontaines se mettent en marche en même temps. J'aimerais vous accompagner mais il faut que je passe mon dimanche à préparer un examen de philosophie.

Marcie : Le week-end prochain pourras-tu te joindre à nous ? Nous pensons faire une excursion dans la forêt de Fontainebleau.

II. *Imaginez la fin des phrases suivantes. Employez une variété de verbes à des temps différents (présent, passé, futur). Ensuite, demandez à une/un camarade de rapporter votre phrase au discours indirect au passé.*

1. Mon père m'a dit : « Si tu continues à nous téléphoner en P.C.V.[5] je... parce que... »
2. Mon amie m'a répondu : « La prochaine fois que tu empruntes ma voiture... »

---

[5] Les lettres P.C.V. viennent de l'expression : frais à **perce**voir (*charges to be collected*).

3. Comme mon devoir n'était pas fini, j'ai dit à mon professeur : « Quand je suis arrivée à la maison... »
4. L'autre jour mon grand-père m'a demandé : « ... ? »
5. Le touriste voulait boire du Coca-Cola avec les huîtres qu'il avait commandées. Le maître d'hôtel lui a dit : « ... ! ».

III. *Imaginez que vous faites partie de l'équipe de Star Trek. Vous échouez sur une planète où seules les villes existent. Entre elles le désert. Un des habitants d'une de ces villes, M. Ferrier, est accosté par un inconnu avec qui il entame une conversation, que vous écoutez sans en avoir l'air. Faites le reportage au discours indirect de ce que vous avez entendu lorsque vous regagnez votre vaisseau spatial.*

Les Villes (extrait)

Gérard Klein (1937 –   )

— Bonne soirée, dit l'inconnu.
— Bonjour, dit M. Ferrier d'une voix rouillée. Voilà bien longtemps que je n'ai parlé à personne. Vous n'habitez pas ce quartier ? Je ne vous connais pas.
— Je ne suis pas de cette ville.

(Un silence)

— Oh. Vous êtes un étranger.
— Pas exactement. Ma ville n'est pas tellement lointaine. Je parle la même langue que vous. Nous habitons le même pays.
— Qu'est-ce qu'un pays, dit sentencieusement M. Ferrier, sinon de l'histoire ancienne. Il existait autrefois des pays et des empires. Mais nous vivons maintenant au temps des Villes. Il faut se méfier de toutes choses. Surtout des autres Villes. Grâce au ciel nous pouvons nous suffire à nous-mêmes. Vous n'êtes pas un espion, au moins.
— Je ne crois pas. Je me promène simplement. Sur les routes. Savez-vous que les routes entre les Villes sont en très mauvais état ?
— Cela ne m'étonne pas.
— Et qu'il circulait dessus autrefois des milliers et des milliers de gens et de bolides ?
— Autrefois.
— Je voulais faire comme eux. Je voulais connaître d'autres Villes, d'autres endroits. Mais les Villes ne sont pas ce qu'il y a de plus intéressant.
— Je suis d'accord...Toutes les Villes se ressemblent... Elles ont chacune le même dôme et la même Machine chargée de traquer ce qui est étranger. Vous êtes un étranger ?
— Oui, mais je ne fais rien de mal.
— Alors, faites attention. Je ne crois pas que vous lui échapperez. Elle connaît tous les habitants par leur nom.
— Vous ne trouvez pas cela dangereux ?
— Dangereux ? Seulement pour les étrangers.
— Si elle se trompait ? Si elle vous prenait un jour pour un étranger ?
— Elle me tuerait. Mais elle ne peut pas se tromper.
— Au revoir. J'ai été heureux de parler un instant avec vous.
— Moi de même. Bonne chance.

(Quelques instants plus tard la Machine débouche de la rue la plus proche et interroge M. Ferrier.)

— Je cherche un étranger, un espion. Je sais qu'il est dans la Ville. Il vient de passer par ici. Ne l'auriez-vous pas vu ?

— Je l'ai vu. Je l'ai vu. Nous avons même discuté un certain temps.

— C'était votre droit. Où est-il allé ?

— C'est votre métier de le savoir... Il est parti par là.

— Je vous remercie beaucoup de votre aide, M. Ferrier. Que la Ville vous en soit reconnaissante. Soyez tranquille. Il ne m'échappera pas....

(Pour la suite de ce conte, voir p. 322.)

IV. _Voici le texte d'une conversation téléphonique banale entre deux étudiants. Faites-en le résumé au discours indirect. Vous n'êtes pas obligé de reproduire chaque phrase fidèlement mais faites-en un résumé. Notez que quand vous passerez au discours indirect, le ton familier de la conversation tendra à disparaître. Vous pouvez prendre comme point de départ l'échange suivant. N'oubliez pas de varier les verbes introductifs et de choisir des expressions adverbiales pour communiquer l'attitude ou le ton de voix des abonnés._

Francis : Bonjour, Jules, c'est Francis à l'appareil.

Jules : Oh, bonjour, Francis. Comment ça va ?

Francis : Très bien, très bien ! J'ai passé un excellent week-end à la campagne. Cécile m'a en effet invité chez elle, à Étréchy, dans l'Essonne. C'est à 50 bornes de Paris, environ... Ses parents ont une magnifique petite propriété, avec un jardin et il y a même une piscine. Mais bon, leur baraque,[6] c'est une ruine !

Jules : N'empêche que tu es un sacré veinard ! Dis-moi, que fais-tu demain, après 16 h ?

Francis : Euh... attends, je vais regarder dans mon agenda... Ne quitte pas ! ... Allô, Jules ? Tu es toujours là ?

Jules [Avec un ton moqueur] : Ah, ben, c'est pas trop tôt ! Je commençais à me demander si tu t'étais perdu !

Francis [gêné] : Euh, c'est tout comme, en fait ! Il y avait un tel bazar dans ma piaule[7] que je n'arrivais pas à mettre la main sur mon calepin. Il faut vraiment que je mette de l'ordre dans ce fouillis[8] indescriptible !

Jules [se moquant encore de son camarade] : Ah, voilà ce que c'est quand la maman du petit François n'est pas là, c'est le chaos !

Francis : Oh, arrête un peu, tu veux ? Je suis prêt à parier que c'est pire dans ta chambre ! Bon, revenons à nos moutons[9] ! Alors, demain mardi, j'ai un cours de compta[10] jusqu'à 17 h 15.

Jules : Dis, tu pourrais le sécher[11] et venir jouer au tennis avec moi ! En plus, je suis sûr que Patricia et Nathalie seront là. On pourrait faire un double ...

---

[6] baraque _(fam.)_ = maison

[7] piaule _(arg.)_ = chambre

[8] fouillis = désordre

[9] revenons à nos moutons = revenons au sujet principal

[10] compta = comptabilité

[11] sécher _(fam.)_ = _to cut (a class)_

Francis : J'voudrais bien, mais j'ai un partiel de compta la semaine prochaine.

Jules : Depuis quand la compta est-elle plus importante que le sport et la bonne bouffe ?

Francis : Tu as raison, mais c'est aussi que j'ai donné rancart[12] à Cécile après le cours, et crois-moi, je compte bien y aller !

Jules : Tu n'as qu'à lui dire de se joindre à nous. On n'est jamais trop pour manger une bonne pizza... [sur un ton interrogatif] ... Oh, toi, dis-moi, tu serais pas un peu amoureux sur les bords ? C'est du sérieux ou pas, entre vous deux ?

Francis [vexé] : Ça, c'est pas tes oignons,[13] bonhomme ! Bon, trêve de plaisanteries, je sécherai mon cours, on jouera au tennis et je dirai à Cécile de nous rejoindre au restaurant. Elle suit un cours de droit et n'est pas libre avant. Voilà qui est réglé pour mardi. Alors je pensais que jeudi soir, on pourrait aussi se faire un petit ciné, si le cœur t'en dit.

Jules : Moi, ça me tenterait bien. Qu'est-ce que tu voudrais aller voir ?

Francis : As-tu vu le film avec Gérard Depardieu, tu sais, *Tous les matins du monde* ... Mes amis y sont tous allés et me l'ont recommandé.

Jules : Oh non ! Tout mais pas ça ! Georges a été le voir la semaine dernière, et il m'a dit que c'est un navet pas possible. En plus, je supporte pas Depardieu. Je le trouve grossier et stupide.

Francis : Ah bon ? Pourtant, la critique avait l'air d'être plutôt bonne ? Sinon, tu as déjà vu *Dead Again* ?

Jules : Non, mais ça m'a l'air d'être pas mal ... la critique en dit beaucoup de bien.

Francis : O.K., alors va pour *Dead Again*. Il y a une séance à 21 h au Gaumont des Champs-Élysées.

Jules : Parfait, j'y serai ! ... Bon, excuse-moi, mais là, j'ai encore plein de boulot[14] : et je n'ai pas encore commencé à réviser ! Faut que j'te laisse !

Francis : O.K. Alors, salut, et à mercredi ! Encore merci pour ton coup de fil ! ... et embrasse Cécile de ma part !

Jules : Ça, tu peux compter sur moi : plutôt deux fois qu'une !

V. *(Constructions) Formez l'adverbe à partir de l'adjectif entre parenthèses et placez-le correctement dans la phrase. Quelquefois, il y a plusieurs solutions possibles.*

1. Il a refusé de nous accompagner. (poli)
2. Les enfants regardaient ce qui se passait sur la scène. (attentif)
3. Mes deux camarades de chambre parlent français. (courant)
4. J'ai entendu le son de sa voix. (distinct)
5. Nous nous sommes arrêtés à temps. (heureux)

VI. *(Constructions) Remplacez l'adverbe dans les phrases suivantes par une tournure comme* **d'une façon, d'un air, d'une manière** *ou* **avec** + *nom.*

1. Il a répondu ironiquement qu'il était parfaitement heureux sans argent.
2. Le chien écoutait attentivement la voix de son maître.
3. Elles avaient soigneusement rangé leurs affaires.

---

[12] rancart *(pop.)* = rendez-vous

[13] ce n'est pas tes oignons *(fam.)* = ce n'est pas ton affaire

[14] boulot *(fam.)* = travail

4. Marion regardait les collines mélancoliquement.
5. « Votre ami ne m'a pas accueillie très gentiment », a avoué Mimi.

VII. *(Constructions) Remplacez les mots en italique par des pronoms.*

1. Nous ferons repeindre *notre chambre*.
2. Faites savoir *à votre patron* que vous ne viendrez pas à la réunion.
3. L'agent regardait *les gens* circuler dans la rue.
4. Le critique d'art a fait voir *les statues aux journalistes*.
5. J'ai entendu *mon ami* jouer *du saxophone*.
6. Elle s'est fait construire un *chalet* dans les montagnes.
7. Nicole a laissé ses enfants regarder *cette émission un peu trop violente*.

VIII. *(Constructions) Refaites les phrases suivantes en employant le verbe* **rendre.**

1. Nous sommes devenus tristes à cause de cette mauvaise nouvelle.
2. Il deviendrait malade à cause du climat.
3. Cette femme est devenue célèbre à cause de ses découvertes en psychologie.
4. La traversée de la rivière est difficile à cause des courants.

IX. *(Constructions) Traduisez les phrases suivantes.*

1. I think the snails made me sick.
2. Philip had his watch repaired yesterday.
3. She made me do it.
4. What makes you think of that?
5. She doesn't want to have her hair cut.
6. Let me know when you want to leave.
7. His remarks made me nervous.
8. Her parents do not let me see her.
9. I saw them swimming in the lake.
10. He had himself awakened at seven thirty.

PROJETS DE COMMUNICATION

I. *(Devoir écrit)* Vous êtes témoin d'une conversation entre deux personnes qui ne se sont pas vues depuis très longtemps. Écrivez d'abord leur dialogue au discours direct, puis au discours indirect. (Variez le temps des verbes.)

II. *(Devoir écrit)* Imaginez un débat entre vous et votre conscience à un moment critique de votre vie.

III. *(Recherche)* Prenez le discours célèbre d'un homme d'État ou d'une femme d'État et racontez-en une partie au discours indirect.

IV. *(Exposé oral)* Racontez au discours indirect les bons conseils d'une amie/d'un ami à qui vous vous êtes confiée/confié en un moment de détresse.

V. *(Exposé oral)* Vous avez le pouvoir d'entendre à travers les murs. Racontez au discours indirect une des conversations que vous avez entendues.

VI. *(Devoir écrit)* Composez une histoire d'épouvante à la manière d'Edgar Allan Poe. Dans votre récit essayez d'utiliser les adverbes formés à partir des adjectifs suivants : *lourd, mauvais, violent, absolu, gentil, cruel, généreux, bref, premier, précis, long, brutal.*

VII. *(Discussion à partir d'un texte)* Après avoir lu le texte et après en avoir discuté le sens et la portée, racontez d'autres contes ou films de science-fiction ou des contes d'épouvante que vous connaissez où il est question de machines déréglées (par exemple un film de Spielberg, un conte de Stephen King, une émission de la série télévisée *X-Files,* ou même le conte de l'apprenti sorcier dans lequel un simple balai devient instrument de terreur et de destruction.)

Les Villes

(Voir p. 318 pour un fragment tiré du début de ce texte.)

Résumé de la première partie du conte : *Un homme, M. Ferrier, habite une Ville construite sous un immense dôme et protégée par un robot-policier qui connaît tous les habitants et qui a pour mission principale de chasser de cette Ville tous les étrangers quels qu'ils soient. M. Ferrier, après avoir rencontré par hasard un étranger et l'avoir prévenu du danger, assiste peu après à l'extermination de l'inconnu par la Machine puisqu'elle celle-ci n'a aucune connaissance de lui dans ses banques de données. Ce système pour ainsi dire infaillible apporte un sentiment de sécurité à M. Ferrier. Peu de temps après, une guerre se déclare entre deux Villes, et la Ville de M. Ferrier reçoit une bombe qui cependant semble n'avoir aucun effet immédiat à part de produire « un éclair et un vent brûlant ». Le dôme de la Ville est resté intact.*

Un éclair et un vent brûlant passèrent sur la Ville.

— Une bombe, dit tout haut M. Ferrier. Une bombe. C'est vrai. Nous sommes en guerre. Mais depuis des années, il ne s'était rien passé. C'est une guerre destinée à durer toujours.

Pas de fumée. Pas de flammes.

— Je crois que c'est raté, dit-il. Attendons la prochaine bombe une dizaine d'années. (Il soupira.) Ils visent toujours le dôme. Ils espèrent détruire le cerveau de la Ville et détruire la vie de la Ville. Il paraît qu'à l'intérieur du dôme, il y a un tas de tambours et de rubans magnétiques. Une mémoire. La gigantesque mémoire électronique de la Machine. Tous les noms, les âges, toutes les formes, les odeurs, les mesures, tous les visages des habitants de la Ville. Toute la Ville inscrite, gravée, figée sur des molécules et des cristaux de fer magnétiquement alignés. Qu'un œil humain ne peut pas déchiffrer. Le secret absolu. Une guerre de Machines entre les Villes.

Son regard caressa la courbe douce du dôme. — Personne, personne depuis des années, depuis cent ans n'y a pénétré. Depuis combien de temps ces dômes vivent-il de leur vie secrète ? Une génération ? Trois générations ? Depuis toujours. Je me demande si... si nous envoyons aussi des bombes, et si nous visons aussi les dômes. Et si quelquefois des Villes sont détruites et s'il y a quelquefois des survivants sans ville, sans Machine pour les protéger. Ce doit être affreux.

Le matin suivant, il prit rapidement son petit déjeuner. Il vivait seul. Tandis qu'il vidait sa tasse, il entendit des bruits et des cris dans la maison voisine. Puis le silence. Il vit la Machine sortir furtivement par une fenêtre ouverte.

— Étrange, dit-il.

Il découvrit soudain combien les voisins étaient lointains et étrangers. Des inconnus. Plus lointains et inaccessibles que l'homme de l'autre Ville. Il sortit et s'installa sur la pelouse. Il perçut le crissement de la Machine. La voix métallique le héla.

— Sortez.

Il se leva. Il se tourna vers les rouages immobiles.

— Sortez. C'est à vous que je m'adresse.

— A moi ? dit M. Ferrier, incrédule.

— Oui, à vous. Dépêchez-vous.

Il sortit. Il se tint au milieu de la rue, la Machine en face de lui.

— Quel est votre nom ?

— Ferrier. Vous me connaissez...

— Je ne vous connais pas. Vous êtes un étranger.

— J'habite cette Ville.

Il se tordit les mains.

— Vous m'avez salué hier, et tous les autres jours. Je suis un habitant de cette Ville. Mon nom est inscrit là-bas.

Il tendit le doigt vers le dôme.

— Je ne connais personne du nom de Ferrier.

— Ce n'est pas possible. (Ses ongles faisaient des taches roses sur ses mains très blanches.) J'habite cette maison.

— Si vous l'habitiez, je vous connaîtrais.

— Je vous jure. Écoutez. Qui habite cette maison ? Dites-moi qui habite cette maison.

Ils attendirent un instant.

— Personne. Cette maison est vide, abandonnée. Je ne me souviens pas que quelqu'un l'ait jamais habitée.

— Vous avez oublié, *oublié.*

Il sanglotait.

— Je ne peux pas oublier. Je ne peux pas me tromper.

Il eut une idée.

— Dites-moi qui habite cette rue. Toute cette rue. Les noms.

— Personne. Personne n'a jamais habité cette rue.

— Et la Ville, toute la Ville, cria Ferrier. Il comprit soudain le bruit et les cris insolites dans la maison voisine tôt le matin.

— Personne n'habite cette Ville. Elle est déserte. Vide. Je n'ai aucune information au sujet de quelqu'un qui l'aurait habitée. Il n'y a que des étrangers. N'avez-vous pas de Ville, demanda la Machine ?

— Celle-ci, dit M. Ferrier. Sa voix était faible et cassée.

— Ignoriez-vous qu'il était interdit d'y pénétrer ?

— Non, dit M. Ferrier, non, puisque je l'habitais.

Sa lèvre inférieure s'avança comme s'il allait pleurer.

— Avez-vous quelque chose à dire ?

— Puis-je vous demander encore... un renseignement ? — Bien sûr, dit la Machine. Nous ne sommes pas pressés. — Il est tombé une bombe, hier soir ?

— C'est exact.

— Quelle sorte de bombe était-ce ?

— Une bombe magnétique. Il n'y a pas eu de dégâts.

Je comprends, se dit M. Ferrier. Je comprends. Et il songea à tous les rouleaux, les rubans de l'état civil, vierges, effacés. Une bombe magnétique. La Machine amnésique. Tous des étrangers au sein de leur propre Ville. C'est logique. C'est normal. Rayé, oublié là-bas. Mort ici.

— Est-ce tout ce que vous désirez savoir ? dit la Machine.

— Oui, dit M. Ferrier. *Je ne peux pas lui dire qu'elle a oublié. Elle ne peut pas me croire. Une Machine ne peut pas se tromper.*

— Vous prendrez bien soin de ma maison, n'est-ce pas ?

— Êtes-vous prêt ?

— Je crois que je suis prêt.

Ses lèvres tremblaient.

— Vous ne souffrirez pas, dit la Machine.

Une rafale. Une langue de feu. Des cendres aspirées, soufflées et projetées à travers les airs, planant et retombant sur la Ville désertée pour un million d'années.

Appendices

Conjugaison des verbes **être** et **avoir**

Conjugaison : Verbes modèles en **-er, -ir** et **-re**

Conjugaison des verbes irréguliers

Compléments de verbes

Participes passés irréguliers

La syntaxe des temps à l'indicatif

Prépositions avec les noms géographiques

L'emploi de certaines prépositions

Les expressions de temps : **temps, fois, moment, heure**

Ne explétif

Les nombres cardinaux et ordinaux

L'alphabet phonétique

I. Conjugaison des verbes *être* et *avoir*

INDICATIF

Présent			*Futur*			*Imparfait*	
Être	Avoir		Être	Avoir		Être	Avoir
je suis	j' ai		je serai	j' aurai		j' étais	j' avais
tu es	tu as		tu seras	tu auras		tu étais	tu avais
elle/il est	elle/il a		elle/il sera	elle/il aura		elle/il était	elle/il avait
nous sommes	nous avons		nous serons	nous aurons		nous étions	nous avions
vous êtes	vous avez		vous serez	vous aurez		vous étiez	vous aviez
elles/ils sont	elles/ils ont		elles/ils seront	elles/ils auront		elles/ils étaient	elles/ils avaient

Passé composé	*Futur antérieur*	*Plus-que-parfait*
Être / Avoir	Être / Avoir	Être / Avoir
j'ai été / eu	j'aurai été / eu	j'avais été / eu
tu as été / eu	tu auras été / eu	tu avais été / eu
elle/il a été / eu	elle/il aura été / eu	elle/il avait été / eu
nous avons été / eu	nous aurons été / eu	nous avions été / eu
vous avez été / eu	vous aurez été / eu	vous aviez été / eu
elles/ils ont été / eu	elles/ils auront été / eu	elles/ils avaient été / eu

PARTICIPES

Présent		*Passé*	
Être	Avoir	Être	Avoir
étant	ayant	été	eu

IMPÉRATIF

Être	Avoir
sois	aie
soyons	ayons
soyez	ayez

CONDITIONNEL

Présent		*Passé*
Être	Avoir	Être / Avoir
je serais	j' aurais	j'aurais été / eu
tu serais	tu aurais	tu aurais été / eu
elle/il serait	elle/il aurait	elle/il aurait été / eu
nous serions	nous aurions	nous aurions été / eu
vous seriez	vous auriez	vous auriez été / eu
elles/ils seraient	elles/ils auraient	elles/ils auraient été / eu

SUBJONCTIF

	Présent			Passé

Être — Présent

que je sois
que tu sois
qu'elle/il soit
que nous soyons
que vous soyez
qu'elles/ils soient

Avoir — Présent

que j' aie
que tu aies
qu'elle/il ait
que nous ayons
que vous ayez
qu'elles/ils aient

Être / Avoir — Passé

que j'aie été / eu
que tu aies été / eu
qu'elle/il ait été / eu
que nous ayons été / eu
que vous ayez été / eu
qu'elles/ils aient été / eu

Temps littéraires

INDICATIF

Passé simple

Être

je fus
tu fus
elle/il fut
nous fûmes
vous fûtes
elles/ils furent

Avoir

j' eus
tu eus
elle/il eut
nous eûmes
vous eûtes
elles/ils eurent

Passé antérieur

Être / Avoir

j'eus été / eu
tu eus été / eu
elle/il eut été / eu
nous eûmes été / eu
vous eûtes été / eu
elles/ils eurent été / eu

SUBJONCTIF

Imparfait

Être

que je fusse
que tu fusses
qu'elle/il fût
que nous fussions
que vous fussiez
qu'elles/ils fussent

Avoir

que j' eusse
que tu eusses
qu'elle/il eût
que nous eussions
que vous eussiez
qu'elles/ils eussent

Plus-que-parfait

Être / Avoir

que j'eusse été / eu
que tu eusses été / eu
qu'elle/il eût été / eu
que nous eussions été / eu
que vous eussiez été / eu
qu'elles/ils eussent été / eu

II.   Conjugaison : Verbes modèles en *-er, -ir* et *-re*

Verbes en *-er*	Verbes en *-ir*		Verbes en *-re*

INFINITIF

parler	finir	partir	rendre

PARTICIPES

*Présent**

parlant	finissant	partant	rendant

Passé

parlé	fini	parti	rendu

*Il existe aussi une forme passée du participe présent : **ayant parlé, ayant fini, étant parti, ayant rendu.**

INDICATIF

Présent

je parle	je finis	je pars	je rends
tu parles	tu finis	tu pars	tu rends
elle/il parle	elle/il finit	elle/il part	elle/il rend
nous parlons	nous finissons	nous partons	nous rendons
vous parlez	vous finissez	vous partez	vous rendez
elles/ils parlent	elles/ils finissent	elles/ils partent	elles/ils rendent

Futur

je parlerai	je finirai	je partirai	je rendrai
tu parleras	tu finiras	tu partiras	tu rendras
elle/il parlera	elle/il finira	elle/il partira	elle/il rendra
nous parlerons	nous finirons	nous partirons	nous rendrons
vous parlerez	vous finirez	vous partirez	vous rendrez
elles/ils parleront	elles/ils finiront	elles/ils partiront	elles/ils rendront

Imparfait

je parlais	je finissais	je partais	je rendais
tu parlais	tu finissais	tu partais	tu rendais
elle/il parlait	elle/il finissait	elle/il partait	elle/il rendait
nous parlions	nous finissions	nous partions	nous rendions
vous parliez	vous finissiez	vous partiez	vous rendiez
elles/ils parlaient	elles/ils finissaient	elles/ils partaient	elles/ils rendaient

Passé composé

j'ai parlé	j'ai fini	je suis partie/parti	j'ai rendu
tu as parlé	tu as fini	tu es partie/parti	tu as rendu
elle/il a parlé	elle/il a fini	elle/il est partie/parti	elle/il a rendu
nous avons parlé	nous avons fini	nous sommes parties/partis	nous avons rendu
vous avez parlé	vous avez fini	vous êtes partie(s)/parti(s)	vous avez rendu
elles/ils ont parlé	elles/ils ont fini	elles/ils sont parties/partis	elles/ils ont rendu

Plus-que-parfait

j'avais parlé	j'avais fini	j'étais partie/parti	j'avais rendu
tu avais parlé	tu avais fini	tu étais partie/parti	tu avais rendu
elle/il avait parlé	elle/il avait fini	elle/il était partie/parti	elle/il avait rendu
nous avions parlé	nous avions fini	nous étions parties/partis	nous avions rendu
vous aviez parlé	vous aviez fini	vous étiez partie(s)/parti(s)	vous aviez rendu
elles/ils avaient parlé	elles/ils avaient fini	elles/ils étaient parties/partis	elles/ils avaient rendu

Futur antérieur

j'aurai parlé	j'aurai fini	je serai partie/parti	j'aurai rendu
tu auras parlé	tu auras fini	tu seras partie/parti	tu auras rendu
elle/il aura parlé	elle/il aura fini	elle/il sera partie/parti	elle/il aura rendu
nous aurons parlé	nous aurons fini	nous serons parties/partis	nous aurons rendu
vous aurez parlé	vous aurez fini	vous serez partie(s)/parti(s)	vous aurez rendu
elles/ils auront parlé	elles/ils auront fini	elles/ils seront parties/partis	elles/ils auront rendu

---

CONDITIONNEL

Présent

je parlerais	je finirais	je partirais	je rendrais
tu parlerais	tu finirais	tu partirais	tu rendrais
elle/il parlerait	elle/il finirait	elle/il partirait	elle/il rendrait
nous parlerions	nous finirions	nous partirions	nous rendrions
vous parleriez	vous finiriez	vous partiriez	vous rendriez
elles/ils parleraient	elles/ils finiraient	elles/ils partiraient	elles/ils rendraient

Passé

j'aurais parlé	j'aurais fini	je serais partie/parti	j'aurais rendu
tu aurais parlé	tu aurais fini	tu serais partie/parti	tu aurais rendu
elle/il aurait parlé	elle/il aurait fini	elle/il serait partie/parti	elle/il aurait rendu
nous aurions parlé	nous aurions fini	nous serions parties/partis	nous aurions rendu
vous auriez parlé	vous auriez fini	vous seriez partie(s)/parti(s)	vous auriez rendu
elles/ils auraient parlé	elles/ils auraient fini	elles/ils seraient parties/partis	elles/ils auraient rendu

IMPÉRATIF

parle	finis	pars	rends
parlons	finissons	partons	rendons
parlez	finissez	partez	rendez

SUBJONCTIF

Présent

que je parle	que je finisse	que je parte	que je rende
que tu parles	que tu finisses	que tu partes	que tu rendes
qu'elle/il parle	qu'elle/il finisse	qu'elle/il parte	qu'elle/il rende
que nous parlions	que nous finissions	que nous partions	que nous rendions
que vous parliez	que vous finissiez	que vous partiez	que vous rendiez
qu'elles/ils parlent	qu'elles/ils finissent	qu'elles/ils partent	qu'elles/ils rendent

Passé

que j'aie parlé	que j'aie fini	que je sois partie/parti	que j'aie rendu
que tu aies parlé	que tu aies fini	que tu sois partie/parti	que tu aies rendu
qu'elle/il ait parlé	qu'elle/il ait fini	qu'elle/il soit partie/parti	qu'elle/il ait rendu
que nous ayons parlé	que nous ayons fini	que nous soyons parties/partis	que nous ayons rendu
que vous ayez parlé	que vous ayez fini	que vous soyez partie(s)/parti(s)	que vous ayez rendu
qu'elles/ils aient parlé	qu'elles/ils aient fini	qu'elles/ils soient parties/partis	qu'elles/ils aient rendu

Temps littéraires

INDICATIF

Passé simple

je parlai	je finis	je partis	je rendis
tu parlas	tu finis	tu partis	tu rendis
elle/il parla	elle/il finit	elle/il partit	elle/il rendit
nous parlâmes	nous finîmes	nous partîmes	nous rendîmes
vous parlâtes	vous finîtes	vous partîtes	vous rendîtes
elles/ils parlèrent	elles/ils finirent	elles/ils partirent	elles/ils rendirent

Passé antérieur

j'eus parlé	j'eus fini	je fus partie/parti	j'eus rendu
tu eus parlé	tu eus fini	tu fus partie/parti	tu eus rendu
elle/il eut parlé	elle/il eut fini	elle/il fut partie/parti	elle/il eut rendu
nous eûmes parlé	nous eûmes fini	nous fûmes parties/partis	nous eûmes rendu
vous eûtes parlé	vous eûtes fini	vous fûtes partie(s)/parti(s)	vous eûtes rendu
elles/ils eurent parlé	elles/ils eurent fini	elles/ils furent parties/partis	elles/ils eurent rendu

SUBJONCTIF

Imparfait

que je parlasse	que je finisse	que je partisse	que je rendisse
que tu parlasses	que tu finisses	que tu partisses	que tu rendisses
qu'elle/il parlât	qu'elle/il finît	qu'elle/il partît	qu'elle/il rendît
que nous parlassions	que nous finissions	que nous partissions	que nous rendissions
que vous parlassiez	que vous finissiez	que vous partissiez	que vous rendissiez
qu'elles/ils parlassent	qu'elles/ils finissent	qu'elles/ils partissent	qu'elles/ils rendissent

Plus-que-parfait

que j'eusse parlé	que j'eusse fini	que je fusse partie/parti	que j'eusse rendu
que tu eusses parlé	que tu eusses fini	que tu fusses partie/parti	que tu eusses rendu
qu'elle/il eût parlé	qu'elle/il eût fini	qu'elle/il fût partie/parti	qu'elle/il eût rendu
que nous eussions parlé	que nous eussions fini	que nous fussions parties/partis	que nous eussions rendu
que vous eussiez parlé	que vous eussiez fini	que vous fussiez partie(s)/parti(s)	que vous eussiez rendu
qu'elles/ils eussent parlé	qu'elles/ils eussent fini	qu'elles/ils fussent parties/partis	qu'elles/ils eussent rendu

III.   Conjugaison des verbes irréguliers

INFINITIF PARTICIPES		INDICATIF			SUBJONCTIF
		Présent	*Futur*	*Imparfait*	*Présent*
I. acquérir	j' acquiers	acquerrai	acquérais	acquière
acquérant	tu acquiers	acquerras	acquérais	acquières
acquis	elle/il acquiert	acquerra	acquérait	acquière
auxiliaire : avoir	nous acquérons	acquerrons	acquérions	acquérions
	vous acquérez	acquerrez	acquériez	acquériez
	elles/ils acquièrent	acquerront	acquéraient	acquièrent
2. aller	je vais	irai	allais	aille
allant	tu vas	iras	allais	ailles
allé	elle/il va	ira	allait	aille
auxiliaire : être	nous allons	irons	allions	allions
	vous allez	irez	alliez	alliez
	elles/ils vont	iront	allaient	aillent
3. asseoir (s')*	je m' assieds	assiérai	asseyais	asseye
asseyant	tu t' assieds	assiéras	asseyais	asseyes
assis	elle/il s' assied	assiéra	asseyait	asseye
auxiliaire : être	nous nous asseyons	assiérons	asseyions	asseyions
	vous vous asseyez	assiérez	asseyiez	asseyiez
	elles/ils s' asseyent	assiéront	asseyaient	asseyent
assoyant	je m' assois	assoirai	assoyais	assoie
	tu t' assois	assoiras	assoyais	assoies
	elle/il s' assoit	assoira	assoyait	assoie
	nous nous assoyons	assoirons	assoyions	assoyions
	vous vous assoyez	assoirez	assoyiez	assoyiez
	elles/ils assoient	assoiront	assoyaient	assoient
4. battre	je bats	battrai	battais	batte
battant	tu bats	battras	battais	battes
battu	elle/il bat	battra	battait	batte
auxiliaire : avoir	nous battons	battrons	battions	battions
	vous battez	battrez	battiez	battiez
	elles/ils battent	battront	battaient	battent
5. boire	je bois	boirai	buvais	boive
buvant	tu bois	boiras	buvais	boives
bu	elle/il boit	boira	buvait	boive
auxiliaire : avoir	nous buvons	boirons	buvions	buvions
	vous buvez	boirez	buviez	buviez
	elles/ils boivent	boiront	buvaient	boivent

*Le verbe **asseoir** a deux conjugaisons, sauf au passé simple, au passé composé et à l'imparfait du subjonctif.

TEMPS LITTÉRAIRES

CONDITIONNEL	IMPÉRATIF	INDICATIF	SUBJONCTIF
Présent		*Passé simple*	*Imparfait*
acquerrais		acquis	acquisse
acquerrais	acquiers	acquis	acquisses
acquerrait		acquit	acquît
acquerrions	acquérons	acquîmes	acquissions
acquerriez	acquérez	acquîtes	acquissiez
acquerraient		acquirent	acquissent
irais		allai	allasse
irais	va	allas	allasses
irait		alla	allât
irions	allons	allâmes	allassions
iriez	allez	allâtes	allassiez
iraient		allèrent	allassent
assiérais		assis	assisse
assiérais	assieds-toi	assis	assisses
assiérait		assit	assît
assiérions	asseyons-nous	assîmes	assissions
assiériez	asseyez-vous	assîtes	assissiez
assiéraient		assirent	assissent
assoirais		assis	assisse
assoirais	assois-toi	assis	assisses
assoirait		assit	assît
assoirions	assoyons-nous	assîmes	assissions
assoiriez	assoyez-vous	assîtes	assissiez
assoiraient		assirent	assissent
battrais		battis	battisse
battrais	bats	battis	battisses
battrait		battit	battît
battrions	battons	battîmes	battissions
battriez	battez	battîtes	battissiez
battraient		battirent	battissent
boirais		bus	busse
boirais	bois	bus	busses
boirait		but	bût
boirions	buvons	bûmes	bussions
boiriez	buvez	bûtes	bussiez
boiraient		burent	bussent

INFINITIF PARTICIPES		INDICATIF			SUBJONCTIF
		Présent	*Futur*	*Imparfait*	*Présent*
6. conclure	je	conclus	conclurai	concluais	conclue
concluant	tu	conclus	concluras	concluais	conclues
conclu	elle/il	conclut	conclura	concluait	conclue
auxiliaire : avoir	nous	concluons	conclurons	concluions	concluions
	vous	concluez	conclurez	concluiez	concluiez
	elles/ils	concluent	concluront	concluaient	concluent
7. conduire	je	conduis	conduirai	conduisais	conduise
conduisant	tu	conduis	conduiras	conduisais	conduises
conduit	elle/il	conduit	conduira	conduisait	conduise
auxiliaire : avoir	nous	conduisons	conduirons	conduisions	conduisions
	vous	conduisez	conduirez	conduisiez	conduisiez
	elles/ils	conduisent	conduiront	conduisaient	conduisent
8. connaître	je	connais	connaîtrai	connaissais	connaisse
connaissant	tu	connais	connaîtras	connaissais	connaisses
connu	elle/il	connaît	connaîtra	connaissait	connaisse
auxiliaire : avoir	nous	connaissons	connaîtrons	connaissions	connaissions
	vous	connaissez	connaîtrez	connaissiez	connaissiez
	elles/ils	connaissent	connaîtront	connaissaient	connaissent
9. courir	je	cours	courrai	courais	coure
courant	tu	cours	courras	courais	coures
couru	elle/il	court	courra	courait	coure
auxiliaire : avoir	nous	courons	courrons	courions	courions
	vous	courez	courrez	couriez	couriez
	elles/ils	courent	courront	couraient	courent
10. craindre	je	crains	craindrai	craignais	craigne
craignant	tu	crains	craindras	craignais	craignes
craint	elle/il	craint	craindra	craignait	craigne
auxiliaire : avoir	nous	craignons	craindrons	craignions	craignions
	vous	craignez	craindrez	craigniez	craigniez
	elles/ils	craignent	craindront	craignaient	craignent
11. croire	je	crois	croirai	croyais	croie
croyant	tu	crois	croiras	croyais	croies
cru	elle/il	croit	croira	croyait	croie
auxiliaire : avoir	nous	croyons	croirons	croyions	croyions
	vous	croyez	croirez	croyiez	croyiez
	elles/ils	croient	croiront	croyaient	croient

TEMPS LITTÉRAIRES

CONDITIONNEL	IMPÉRATIF	INDICATIF	SUBJONCTIF
Présent		*Passé simple*	*Imparfait*
conclurais		conclus	conclusse
conclurais	conclus	conclus	conclusses
conclurait		conclut	conclût
conclurions	concluons	conclûmes	conclussions
concluriez	concluez	conclûtes	conclussiez
concluraient		conclurent	conclussent
conduirais		conduisis	conduisisse
conduirais	conduis	conduisis	conduisisses
conduirait		conduisit	conduisît
conduirions	conduisons	conduisîmes	conduisissions
conduiriez	conduisez	conduisîtes	conduisissiez
conduiraient		conduisirent	conduisissent
connaîtrais		connus	connusse
connaîtrais	connais	connus	connusses
connaîtrait		connut	connût
connaîtrions	connaissons	connûmes	connussions
connaîtriez	connaissez	connûtes	connussiez
connaîtraient		connurent	connussent
courrais		courus	courusse
courrais	cours	courus	courusses
courrait		courut	courût
courrions	courons	courûmes	courussions
courriez	courez	courûtes	courussiez
courraient		coururent	courussent
craindrais		craignis	craignisse
craindrais	crains	craignis	craignisses
craindrait		craignit	craignît
craindrions	craignons	craignîmes	craignissions
craindriez	craignez	craignîtes	craignissiez
craindraient		craignirent	craignissent
croirais		crus	crusse
croirais	crois	crus	crusses
croirait		crut	crût
croirions	croyons	crûmes	crussions
croiriez	croyez	crûtes	crussiez
croiraient		crurent	crussent

INFINITIF PARTICIPES	INDICATIF			SUBJONCTIF
	Présent	*Futur*	*Imparfait*	*Présent*
12. cueillir cueillant cueilli *auxiliaire* : avoir	je cueille tu cueilles elle/il cueille nous cueillons vous cueillez elles/ils cueillent	cueillerai cueilleras cueillera cueillerons cueillerez cueilleront	cueillais cueillais cueillait cueillions cueilliez cueillaient	cueille cueilles cueille cueillions cueilliez cueillent
13. devoir devant dû, due *auxiliaire* : avoir	je dois tu dois elle/il doit nous devons vous devez elles/ils doivent	devrai devras devra devrons devrez devront	devais devais devait devions deviez devaient	doive doives doive devions deviez doivent
14. dire disant dit *auxiliaire* : avoir	je dis tu dis elle/il dit nous disons vous dites elles/ils disent	dirai diras dira dirons direz diront	disais disais disait disions disiez disaient	dise dises dise disions disiez disent
15. écrire écrivant écrit *auxiliaire* : avoir	j' écris tu écris elle/il écrit nous écrivons vous écrivez elles/ils écrivent	écrirai écriras écrira écrirons écrirez écriront	écrivais écrivais écrivait écrivions écriviez écrivaient	écrive écrives écrive écrivions écriviez écrivent
16. envoyer envoyant envoyé *auxiliaire* : avoir	j' envoie tu envoies elle/il envoie nous envoyons vous envoyez elles/ils envoient	enverrai enverras enverra enverrons enverrez enverront	envoyais envoyais envoyait envoyions envoyiez envoyaient	envoie envoies envoie envoyions envoyiez envoient
17. faire faisant fait *auxiliaire* : avoir	je fais tu fais elle/il fait nous faisons vous faites elles/ils font	ferai feras fera ferons ferez feront	faisais faisais faisait faisions faisiez faisaient	fasse fasses fasse fassions fassiez fassent
18. falloir* fallu *auxiliaire* : avoir	il faut	faudra	fallait	faille

*Conjugué seulement à la 3ᵉ personne du singulier.

TEMPS LITTÉRAIRES

CONDITIONNEL	IMPÉRATIF	INDICATIF	SUBJONCTIF
Présent		*Passé simple*	*Imparfait*
cueillerais		cueillis	cueillisse
cueillerais	cueille	cueillis	cueillisses
cueillerait		cueillit	cueillît
cueillerions	cueillons	cueillîmes	cueillissions
cueilleriez	cueillez	cueillîtes	cueillissiez
cueilleraient		cueillirent	cueillissent
devrais		dus	dusse
devrais	dois	dus	dusses
devrait		dut	dût
devrions	devons	dûmes	dussions
devriez	devez	dûtes	dussiez
devraient		durent	dussent
dirais		dis	disse
dirais	dis	dis	disses
dirait		dit	dît
dirions	disons	dîmes	dissions
diriez	dites	dîtes	dissiez
diraient		dirent	dissent
écrirais		écrivis	écrivisse
écrirais	écris	écrivis	écrivisses
écrirait		écrivit	écrivît
écririons	écrivons	écrivîmes	écrivissions
écririez	écrivez	écrivîtes	écrivissiez
écriraient		écrivirent	écrivissent
enverrais		envoyai	envoyasse
enverrais	envoie	envoyas	envoyasses
enverrait		envoya	envoyât
enverrions	envoyons	envoyâmes	envoyassions
enverriez	envoyez	envoyâtes	envoyassiez
enverraient		envoyèrent	envoyassent
ferais		fis	fisse
ferais	fais	fis	fisses
ferait		fit	fît
ferions	faisons	fîmes	fissions
feriez	faites	fîtes	fissiez
feraient		firent	fissent
faudrait	*(inusité)*	fallut	fallût

INFINITIF PARTICIPES		INDICATIF			SUBJONCTIF
	Présent	*Futur*	*Imparfait*		*Présent*
19. fuir	je fuis	fuirai	fuyais		fuie
fuyant	tu fuis	fuiras	fuyais		fuies
fui	elle/il fuit	fuira	fuyait		fuie
auxiliaire : avoir	nous fuyons	fuirons	fuyions		fuyions
	vous fuyez	fuirez	fuyiez		fuyiez
	elles/ils fuient	fuiront	fuyaient		fuient
20. haïr	je hais	haïrai	haïssais		haïsse
haïssant	tu hais	haïras	haïssais		haïsses
haï	elle/il hait	haïra	haïssait		haïsse
auxiliaire : avoir	nous haïssons	haïrons	haïssions		haïssions
	vous haïssez	haïrez	haïssiez		haïssiez
	elles/ils haïssent	haïront	haïssaient		haïssent
21. lire	je lis	lirai	lisais		lise
lisant	tu lis	liras	lisais		lises
lu	elle/il lit	lira	lisait		lise
auxiliaire : avoir	nous lisons	lirons	lisions		lisions
	vous lisez	lirez	lisiez		lisiez
	elles/ils lisent	liront	lisaient		lisent
22. mettre	je mets	mettrai	mettais		mette
mettant	tu mets	mettras	mettais		mettes
mis	elle/il met	mettra	mettait		mette
auxiliaire : avoir	nous mettons	mettrons	mettions		mettions
	vous mettez	mettrez	mettiez		mettiez
	elles/ils mettent	mettront	mettaient		mettent
23. mourir	je meurs	mourrai	mourais		meure
mourant	tu meurs	mourras	mourais		meures
mort	elle/il meurt	mourra	mourait		meure
auxiliaire : être	nous mourons	mourrons	mourions		mourions
	vous mourez	mourrez	mouriez		mouriez
	elles/ils meurent	mourront	mouraient		meurent
24. naître	je nais	naîtrai	naissais		naisse
naissant	tu nais	naîtras	naissais		naisses
né	elle/il naît	naîtra	naissait		naisse
auxiliaire : être	nous naissons	naîtrons	naissions		naissions
	vous naissez	naîtrez	naissiez		naissiez
	elles/ils naissent	naîtront	naissaient		naissent

TEMPS LITTÉRAIRES

CONDITIONNEL	IMPÉRATIF	INDICATIF	SUBJONCTIF
Présent		_Passé simple_	_Imparfait_
fuirais		fuis	fuisse
fuirais	fuis	fuis	fuisses
fuirait		fuit	fuît
fuirions	fuyons	fuîmes	fuissions
fuiriez	fuyez	fuîtes	fuissiez
fuiraient		fuirent	fuissent
haïrais		haïs	haïsse
haïrais	hais	haïs	haïsses
haïrait		haït	haït
haïrions	haïssons	haïmes	haïssions
haïriez	haïssez	haïtes	haïssiez
haïraient		haïrent	haïssent
lirais		lus	lusse
lirais	lis	lus	lusses
lirait		lut	lût
lirions	lisons	lûmes	lussions
liriez	lisez	lûtes	lussiez
liraient		lurent	lussent
mettrais		mis	misse
mettrais	mets	mis	misses
mettrait		mit	mît
mettrions	mettons	mîmes	missions
mettriez	mettez	mîtes	missiez
mettraient		mirent	missent
mourrais		mourus	mourusse
mourrais	meurs	mourus	mourusses
mourrait		mourut	mourût
mourrions	mourons	mourûmes	mourussions
mourriez	mourez	mourûtes	mourussiez
mourraient		moururent	mourussent
naîtrais		naquis	naquisse
naîtrais	nais	naquis	naquisses
naîtrait		naquit	naquît
naîtrions	naissons	naquîmes	naquissions
naîtriez	naissez	naquîtes	naquissiez
naîtraient		naquirent	naquissent

INFINITIF PARTICIPES		INDICATIF			SUBJONCTIF
	Présent	*Futur*	*Imparfait*		*Présent*
25. ouvrir	j' ouvre	ouvrirai	ouvrais		ouvre
ouvrant	tu ouvres	ouvriras	ouvrais		ouvres
ouvert	elle/il ouvre	ouvrira	ouvrait		ouvre
auxiliaire : avoir	nous ouvrons	ouvrirons	ouvrions		ouvrions
	vous ouvrez	ouvrirez	ouvriez		ouvriez
	elles/ils ouvrent	ouvriront	ouvraient		ouvrent
26. peindre	je peins	peindrai	peignais		peigne
peignant	tu peins	peindras	peignais		peignes
peint	elle/il peint	peindra	peignait		peigne
auxiliaire : avoir	nous peignons	peindrons	peignions		peignions
	vous peignez	peindrez	peigniez		peigniez
	elles/ils peignent	peindront	peignaient		peignent
27. plaire	je plais	plairai	plaisais		plaise
plaisant	tu plais	plairas	plaisais		plaises
plu	elle/il plaît	plaira	plaisait		plaise
auxiliaire : avoir	nous plaisons	plairons	plaisions		plaisions
	vous plaisez	plairez	plaisiez		plaisiez
	elles/ils plaisent	plairont	plaisaient		plaisent
28. pleuvoir*	il pleut	pleuvra	pleuvait		pleuve
pleuvant, plu					
auxiliaire : avoir					
29. pouvoir	je peux, puis	pourrai	pouvais		puisse
pouvant	tu peux	pourras	pouvais		puisses
pu	elle/il peut	pourra	pouvait		puisse
auxiliaire : avoir	nous pouvons	pourrons	pouvions		puissions
	vous pouvez	pourrez	pouviez		puissiez
	elles/ils peuvent	pourront	pouvaient		puissent
30. prendre	je prends	prendrai	prenais		prenne
prenant	tu prends	prendras	prenais		prennes
pris	elle/il prend	prendra	prenait		prenne
auxiliaire : avoir	nous prenons	prendrons	prenions		prenions
	vous prenez	prendrez	preniez		preniez
	elles/ils prennent	prendront	prenaient		prennent
31. recevoir	je reçois	recevrai	recevais		reçoive
recevant	tu reçois	recevras	recevais		reçoives
reçu	elle/il reçoit	recevra	recevait		reçoive
auxiliaire : avoir	nous recevons	recevrons	recevions		recevions
	vous recevez	recevrez	receviez		receviez
	elles/ils reçoivent	recevront	recevaient		reçoivent

*Conjugué seulement à la 3ᵉ personne du singulier.

TEMPS LITTÉRAIRES

CONDITIONNEL	IMPÉRATIF	INDICATIF	SUBJONCTIF
Présent		*Passé simple*	*Imparfait*
ouvrirais		ouvris	ouvrisse
ouvrirais	ouvre	ouvris	ouvrisses
ouvrirait		ouvrit	ouvrît
ouvririons	ouvrons	ouvrîmes	ouvrissions
ouvririez	ouvrez	ouvrîtes	ouvrissiez
ouvriraient		ouvrirent	ouvrissent
peindrais		peignis	peignisse
peindrais	peins	peignis	peignisses
peindrait		peignit	peignît
peindrions	peignons	peignîmes	peignissions
peindriez	peignez	peignîtes	peignissiez
peindraient		peignirent	peignissent
plairais		plus	plusse
plairais	plais	plus	plusses
plairait		plut	plût
plairions	plaisons	plûmes	plussions
plairiez	plaisez	plûtes	plussiez
plairaient		plurent	plussent
pleuvrait	*(inusité)*	plut	plût
pourrais		pus	pusse
pourrais		pus	pusses
pourrait		put	pût
pourrions	*(inusité)*	pûmes	pussions
pourriez		pûtes	pussiez
pourraient		purent	pussent
prendrais		pris	prisse
prendrais	prends	pris	prisses
prendrait		prit	prît
prendrions	prenons	prîmes	prissions
prendriez	prenez	prîtes	prissiez
prendraient		prirent	prissent
recevrais		reçus	reçusse
recevrais	reçois	reçus	reçusses
recevrait		reçut	reçût
recevrions	recevons	reçûmes	reçussions
recevriez	recevez	reçûtes	reçussiez
recevraient		reçurent	reçussent

INFINITIF PARTICIPES	INDICATIF			SUBJONCTIF
	Présent	*Futur*	*Imparfait*	*Présent*
32. résoudre	je résous	résoudrai	résolvais	résolve
résolvant	tu résous	résoudras	résolvais	résolves
résolu	elle/il résout	résoudra	résolvait	résolve
auxiliaire : avoir	nous résolvons	résoudrons	résolvions	résolvions
	vous résolvez	résoudrez	résolviez	résolviez
	elles/ils résolvent	résoudront	résolvaient	résolvent
33. rire	je ris	rirai	riais	rie
riant	tu ris	riras	riais	ries
ri	elle/il rit	rira	riait	rie
auxiliaire : avoir	nous rions	rirons	riions	riions
	vous riez	rirez	riiez	riiez
	elles/ils rient	riront	riaient	rient
34. savoir	je sais	saurai	savais	sache
sachant	tu sais	sauras	savais	saches
su	elle/il sait	saura	savait	sache
auxiliaire : avoir	nous savons	saurons	savions	sachions
	vous savez	saurez	saviez	sachiez
	elles/ils savent	sauront	savaient	sachent
35. suffire	je suffis	suffirai	suffisais	suffise
suffisant	tu suffis	suffiras	suffisais	suffises
suffi	elle/il suffit	suffira	suffisait	suffise
auxiliaire : avoir	nous suffisons	suffirons	suffisions	suffisions
	vous suffisez	suffirez	suffisiez	suffisiez
	elles/ils suffisent	suffiront	suffisaient	suffisent
36. suivre	je suis	suivrai	suivais	suive
suivant	tu suis	suivras	suivais	suives
suivi	elle/il suit	suivra	suivait	suive
auxiliaire : avoir	nous suivons	suivrons	suivions	suivions
	vous suivez	suivrez	suiviez	suiviez
	elles/ils suivent	suivront	suivaient	suivent
37. tenir*	je tiens	tiendrai	tenais	tienne
tenant	tu tiens	tiendras	tenais	tiennes
tenu	elle/il tient	tiendra	tenait	tienne
auxiliaire : avoir	nous tenons	tiendrons	tenions	tenions
	vous tenez	tiendrez	teniez	teniez
	elles/ils tiennent	tiendront	tenaient	tiennent

*Comme **tenir** : **maintenir, contenir, soutenir, appartenir.**

TEMPS LITTÉRAIRES

CONDITIONNEL	IMPÉRATIF	INDICATIF	SUBJONCTIF
Présent		*Passé simple*	*Imparfait*
résoudrais		résolus	résolusse
résoudrais	résous	résolus	résolusses
résoudrait		résolut	résolût
résoudrions	résolvons	résolûmes	résolussions
résoudriez	résolvez	résolûtes	résolussiez
résoudraient		résolurent	résolussent
rirais		ris	risse
rirais	ris	ris	risses
rirait		rit	rît
ririons	rions	rîmes	rissions
ririez	riez	rîtes	rissiez
riraient		rirent	rissent
saurais		sus	susse
saurais	sache	sus	susses
saurait		sut	sût
saurions	sachons	sûmes	sussions
sauriez	sachez	sûtes	sussiez
sauraient		surent	sussent
suffirais		suffis	suffisse
suffirais	suffis	suffis	suffisses
suffirait		suffit	suffît
suffirions	suffisons	suffîmes	suffissions
suffiriez	suffisez	suffîtes	suffissiez
suffiraient		suffirent	suffissent
suivrais		suivis	suivisse
suivrais	suis	suivis	suivisses
suivrait		suivit	suivît
suivrions	suivons	suivîmes	suivissions
suivriez	suivez	suivîtes	suivissiez
suivraient		suivirent	suivissent
tiendrais		tins	tinsse
tiendrais	tiens	tins	tinsses
tiendrait		tint	tînt
tiendrions	tenons	tînmes	tinssions
tiendriez	tenez	tîntes	tinssiez
tiendraient		tinrent	tinssent

INFINITIF PARTICIPES		INDICATIF			SUBJONCTIF
	Présent	*Futur*	*Imparfait*		*Présent*
38. vaincre	je vaincs	vaincrai	vainquais		vainque
vainquant	tu vaincs	vaincras	vainquais		vainques
vaincu	elle/il vainc	vaincra	vainquait		vainque
auxiliaire : avoir	nous vainquons	vaincrons	vainquions		vainquions
	vous vainquez	vaincrez	vainquiez		vainquiez
	elles/ils vainquent	vaincront	vainquaient		vainquent
39. valoir	je vaux	vaudrai	valais		vaille
valant	tu vaux	vaudras	valais		vailles
valu	elle/il vaut	vaudra	valait		vaille
auxiliaire : avoir	nous valons	vaudrons	valions		valions
	vous valez	vaudrez	valiez		valiez
	elles/ils valent	vaudront	valaient		vaillent
40. venir*	je viens	viendrai	venais		vienne
venant	tu viens	viendras	venais		viennes
venu	elle/il vient	viendra	venait		vienne
auxiliaire : être	nous venons	viendrons	venions		venions
	vous venez	viendrez	veniez		veniez
	elles/ils viennent	viendront	venaient		viennent
41. vivre	je vis	vivrai	vivais		vive
vivant	tu vis	vivras	vivais		vives
vécu	elle/il vit	vivra	vivait		vive
auxiliaire : avoir	nous vivons	vivrons	vivions		vivions
	vous vivez	vivrez	viviez		viviez
	elles/ils vivent	vivront	vivaient		vivent
42. voir	je vois	verrai	voyais		voie
voyant	tu vois	verras	voyais		voies
vu	elle/il voit	verra	voyait		voie
auxiliaire : avoir	nous voyons	verrons	voyions		voyions
	vous voyez	verrez	voyiez		voyiez
	elles/ils voient	verront	voyaient		voient
43. vouloir	je veux	voudrai	voulais		veuille
voulant	tu veux	voudras	voulais		veuilles
voulu	elle/il veut	voudra	voulait		veuille
auxiliaire : avoir	nous voulons	voudrons	voulions		voulions
	vous voulez	voudrez	vouliez		vouliez
	elles/ils veulent	voudront	voulaient		veuillent

*Comme **venir** : se souvenir, revenir, devenir, parvenir, convenir.

TEMPS LITTÉRAIRES

CONDITIONNEL	IMPÉRATIF	INDICATIF	SUBJONCTIF
Présent		*Passé simple*	*Imparfait*
vaincrais		vainquis	vainquisse
vaincrais	vaincs	vainquis	vainquisses
vaincrait		vainquit	vainquît
vaincrions	vainquons	vainquîmes	vainquissions
vaincriez	vainquez	vainquîtes	vainquissiez
vaincraient		vainquirent	vainquissent
vaudrais		valus	valusse
vaudrais	vaux	valus	valusses
vaudrait	*(peu usité)*	valut	valût
vaudrions	valons	valûmes	valussions
vaudriez	valez	valûtes	valussiez
vaudraient		valurent	valussent
viendrais		vins	vinsse
viendrais	viens	vins	vinsses
viendrait		vint	vînt
viendrions	venons	vînmes	vinssions
viendriez	venez	vîntes	vinssiez
viendraient		vinrent	vinssent
vivrais		vécus	vécusse
vivrais	vis	vécus	vécusses
vivrait		vécut	vécût
vivrions	vivons	vécûmes	vécussions
vivriez	vivez	vécûtes	vécussiez
vivraient		vécurent	vécussent
verrais		vis	visse
verrais	vois	vis	visses
verrait		vit	vît
verrions	voyons	vîmes	vissions
verriez	voyez	vîtes	vissiez
verraient		virent	vissent
voudrais		voulus	voulusse
voudrais	veuille *(peu usité)*	voulus	voulusses
voudrait		voulut	voulût
voudrions	*(inusité)*	voulûmes	voulussions
voudriez	veuillez	voulûtes	voulussiez
voudraient		voulurent	voulussent

IV. Compléments de verbes

Dans la liste suivante, **qqn** = **quelqu'un** et **qqch** = **quelque chose**.

accepter accepter de faire qqch; accepter qqn ou qqch

accuser accuser qqn de faire qqch; accuser qqn; accuser qqn de qqch

achever achever de faire qqch; achever qqn ou qqch

aider aider qqn à faire qqch

s'amuser s'amuser à faire qqch

appendre apprendre à qqn à faire qqch; apprendre qqch

s'approcher s'approcher de qqn ou de qqch

arrêter arrêter qqn de faire qqch; arrêter qqn ou qqch

s'arrêter s'arrêter de faire qqch

s'attendre s'attendre à faire qqch

avertir avertir qqn de faire qqch

s'aviser s'aviser de faire qqch

avoir avoir à faire qqch; avoir qqch à faire; avoir qqn à + infinitif; avoir qqn ou qqch

se cacher se cacher de qqn

cesser cesser de faire qqch; cesser qqch

se charger se charger de faire qqch; se charger de qqn ou de qqch

chercher chercher à faire qqch; chercher qqn ou qqch

choisir choisir de faire qqch; choisir qqn ou qqch

commencer commencer à (de, par) faire qqch; commencer (par) qqch

condamner condamner qqn à faire qqch; condamner qqn à qqch; condamner qqn ou qqch

conseiller conseiller à qqn de faire qqch; conseiller qqn; conseiller qqch à qqn

consentir consentir à faire qqch; consentir à qqch

continuer continuer à (de) faire qqch; continuer qqch

convaincre convaincre qqn de faire qqch; convaincre qqn

se couvrir se couvrir de qqch

craindre craindre de faire qqch; craindre qqn ou qqch

crier crier à qqn de faire qqch; crier qqch

décider décider de faire qqch; décider qqn à faire qqch; décider qqch

se décider se décider à faire qqch

défendre défendre à qqn de faire qqch; défendre qqn; défendre qqch

défier défier qqch à qqn; défier qqn de faire qqch; défier qqch

demander demander à qqn de faire qqch; demander qqch

se dépêcher se dépêcher de faire qqch

dire dire à qqn de faire qqch; dire qqch

écrire écrire à qqn de faire qqch; écrire à qqn; écrire qqch

s'efforcer s'efforcer à (de) faire qqch; s'efforcer à qqch

s'éloigner s'éloigner de qqn ou de qqch

empêcher empêcher qqn de faire qqch; empêcher qqch

employer employer qqn à faire qqch; employer qqn ou qqch

encourager encourager qqn à faire qqch; encourager qqn ou qqch

s'ennuyer s'ennuyer à faire qqch

enseigner enseigner à qqn à faire qqch; enseigner qqch à qqn

essayer essayer de faire qqch; essayer qqn ou qqch

être être obligé de faire qqch

s'évader s'évader de qqch

éviter éviter de faire qqch; éviter à qqn de faire qqch; éviter qqn ou qqch

excuser excuser qqn de faire qqch; excuser qqn ou qqch

s'excuser s'excuser de faire qqch

se faire se faire à qqch

féliciter féliciter qqn de faire qqch (d'avoir fait qqch); féliciter qqn de qqch

finir finir de (par) faire qqch; finir (par) qqch

forcer forcer qqn à faire qqch; forcer qqch

se garder se garder de faire qqch; se garder de qqch

s'habiller s'habiller de qqch

s'habituer s'habituer à faire qqch; s'habituer à qqn ou à qqch

se hâter se hâter de faire qqch

hésiter hésiter à faire qqch

interdire interdire à qqn de faire qqch; interdire qqch à qqn

s'intéresser s'intéresser à faire qqch; s'intéresser à qqn ou à qqch

inviter inviter qqn à faire qqch; inviter qqn

jouer jouer à faire qqch; jouer à qqch (un jeu, un sport); jouer de qqch (un instrument de musique); jouer qqch (un disque, un tour, etc.)

jurer jurer à qqn de faire qqch; jurer qqch

manquer manquer de faire qqch; manquer à qqn; manquer de qqch (temps, courage, etc.); manquer qqn; manquer qqch (l'autobus, le train)

se méfier se méfier de faire qqch; se méfier de qqn ou de qqch

menacer menacer qqn de faire qqch; menacer qqn

mériter mériter de faire qqch; mériter qqch

se mettre se mettre à faire qqch; se mettre à qqch

se moquer se moquer de qqn ou de qqch

négliger négliger de faire qqch; négliger qqn ou qqch

obliger obliger qqn à faire qqch

oublier oublier de faire qqch; oublier qqn ou qqch

parvenir parvenir à faire qqch; parvenir à qqch

permettre permettre à qqn de faire qqch; permettre qqch à qqn

persuader persuader qqn de faire qqch; persuader qqn de qqch

se plaindre se plaindre à qqn de qqch; se plaindre de faire qqch (d'avoir fait qqch); se plaindre de qqn ou de qqch

se presser se presser de faire qqch

promettre promettre à qqn de faire qqch; promettre qqch à qqn

proposer proposer à qqn de faire qqch; proposer qqch à qqn

se rappeler se rappeler de faire qqch; se rappeler qqn ou qqch; se rappeler avoir fait qqch

refuser refuser de faire qqch; refuser qqch à qqn

regretter regretter de faire qqch; regretter qqch

se réjouir se réjouir de faire qqch (d'avoir fait qqch)

remercier remercier qqn de faire qqch

reprocher reprocher à qqn de faire qqch

se résoudre se résoudre à faire qqch; se résoudre à qqch

réussir réussir à faire qqch; réussir qqch; réussir à qqch

risquer risquer de faire qqch; risquer qqch

se servir se servir de qqn ou de qqch

se soucier se soucier de faire qqch; se soucier de qqn ou de qqch

se souvenir se souvenir de faire qqch; se souvenir de qqn ou de qqch

tenter tenter de faire qqch; tenter qqn ou qqch

Verbes qui gouvernent un infinitif complément direct ou un substantif objet direct :

aimer	désirer	faire	pouvoir	sembler
aimer mieux	détester	falloir	préférer	sentir
aller	devoir	se figurer	prétendre	souhaiter
avoir beau	écouter	s'imaginer	regarder	valoir mieux
compter	entendre	laisser	rentrer	venir
courir	envoyer	oser	retourner	voir
croire	espérer	paraître	revenir	vouloir
descendre	faillir	penser	savoir	

V. Participes passés irréguliers

acquérir	*acquis*	joindre	*joint*
apercevoir	*aperçu*	lire	*lu*
asseoir	*assis*	luire	*lui*
atteindre	*atteint*	mettre*	*mis*
avoir	*eu*	naître	*né*
battre*	*battu*	nuire	*nui*
boire	*bu*	offrir	*offert*
concevoir	*conçu*	ouvrir	*ouvert*
conclure	*conclu*	peindre	*peint*
conduire	*conduit*	plaire	*plu*
connaître	*connu*	pouvoir	*pu*
construire	*construit*	prendre*	*pris*
coudre	*cousu*	prescrire	*prescrit*
couvrir	*couvert*	produire	*produit*
craindre	*craint*	recevoir	*reçu*
croire	*cru*	rire	*ri*
croître	*crû*	rompre*	*rompu*
cuire	*cuit*	savoir	*su*
décevoir	*déçu*	souffrir	*souffert*
découvrir	*découvert*	sourire	*souri*
décrire	*décrit*	suffire	*suffi*
déduire	*déduit*	suivre	*suivi*
devoir	*dû*	tenir*	*tenu*
dire*	*dit*	traduire	*traduit*
distraire	*distrait*	vaincre	*vaincu*
écrire	*écrit*	valoir	*valu*
émouvoir	*ému*	venir*	*venu*
faire	*fait*	vêtir	*vêtu*
falloir	*fallu*	vivre*	*vécu*
inscrire	*inscrit*	voir	*vu*
interdire	*interdit*	vouloir	*voulu*

*Ce symbole indique les verbes dont les composés ont les mêmes participes passés. Exemples : tenir — **tenu,** contenir — **contenu;** prendre — **pris,** comprendre — **compris;** etc.

VI. La syntaxe des temps à l'indicatif

Dans le tableau suivant, les trois moments (passé, présent et futur) auxquels le récit peut se situer, sont indiqués sur la flèche horizontale représentant l'écoulement du temps *(time)*. A chaque «moment» correspondent des temps *(tenses)* **principaux** (indiqués en caractères gras dans le tableau). Les autres temps sont relatifs, c'est-à-dire, ils fixent le temps d'une action par rapport à un des temps principaux (soit *avant,* soit *après*).

Remarquez qu'en français la syntaxe des temps, surtout pour les temps relatifs, se respecte souvent plus rigoureusement qu'en anglais.

LES TEMPS DE L'INDICATIF

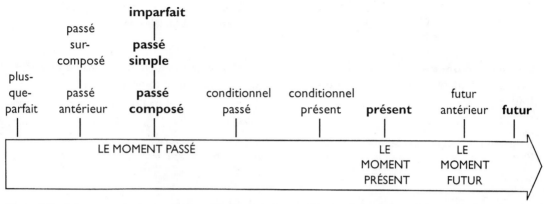

Note : N'oubliez pas que le conditionnel présent et le conditionnel passé s'emploient pour exprimer un futur vu du passé. Il ne faut pas les confondre avec le conditionnel dans les phrases hypothétiques.

LA NARRATION AU PRÉSENT

Temps principal : le **présent**

Une action future est exprimée par le **futur** excepté quand le verbe gouverne le subjonctif.

La météorologie affirme qu'il pleuvra demain.

Jean-Christophe souhaite qu'il fasse beau demain.

Note : Le futur proche, **aller** (au présent) + _infinitif_, remplace souvent le futur.

Je pense qu'il va pleuvoir demain.

Le passé est exprimé le plus souvent par le **passé composé** ou l'**imparfait.**

Henri est très triste parce que son chien a disparu.

Tu sais bien qu'elle venait me voir chaque jour.

LA NARRATION AU PASSÉ

Temps principaux : le **passé composé, le passé simple** et l'**imparfait** (voir Chapitre 2).

Le pilote a embrassé sa femme, puis il est monté dans l'avion où son co-pilote l'attendait.

Les temps relatifs se situent par rapport aux temps principaux de la façon suivante : le **plus-que-parfait** exprime une action antérieure; le **conditionnel (présent** et **passé)** exprime une action postérieure.

La femme était nerveuse parce qu'on lui avait parlé du danger de cette mission. Elle se demandait si elle reverrait son mari. Celui-ci, avant de partir, avait promis que, quand il serait rentré, il n'accepterait plus de faire du contre-espionnage.

Le **passé antérieur** (style soutenu) s'emploie surtout après les conjonctions **quand, lorsque, dès que, aussitôt que** et **à peine** *(hardly, scarcely)* (suivi de l'inversion quand **à peine** est en tête de phrase).

Dès qu'il eut fini de lire le journal, il alluma sa pipe.

A peine fut-elle entrée dans le salon, que les invités se mirent à lui faire des éloges.

Le **passé surcomposé*** est l'équivalent du passé antérieur dans un texte où l'on emploie le passé composé.

Lorsque nous avons eu trouvé un endroit confortable, nous nous y sommes installés.

Dès qu'il a eu fini de lire son courrier, il est allé prendre un café.

* Formation : Le **passé surcomposé** = le *passé composé* d'**avoir** ou **être** suivi du participe passé du verbe utilisé.
  EXEMPLES : *j'ai eu parlé, tu as eu fini, elle a été sortie, nous avons eu mangé, vous avez eu trouvé, ils ont été rentrés.*

LA NARRATION AU FUTUR

Par rapport au **futur** qui sert de temps principal, le **futur antérieur** s'emploie pour une action future qui aura lieu (ou sera achevée) avant ce temps principal. On le trouve surtout après les conjonctions **quand, lorsque, dès que, aussitôt que, après que** et dans les prépositions introduites par **à peine**. Notez que l'inversion est nécessaire après **à peine** employé en tête de phrase.

Quand Philippe aura terminé ses études de droit, il fera son apprentissage chez un avocat.

A peine aura-t-il fini de rédiger cet article qu'il lui faudra en commencer un autre. COMPAREZ : Il aura à peine fini de rédiger...

VII.   Prépositions avec les noms géographiques

PRÉPOSITIONS ET ARTICLES AVEC LES NOMS GÉOGRAPHIQUES

Règles	Exemples
A. en +	**Aller...**
1. pays ou île dont le nom est féminin*	en France, en Islande, en Allemagne, en Suisse, en Belgique, en Italie, en Corse, etc.
2. pays masculin dont le nom commence par une voyelle	en Iran, en Iraq, en Afghanistan
3. les états d'Amérique (U.S.A.) dont le nom est féminin[†]	en Floride, en Louisiane, en Géorgie, en Californie, en Virginie
4. les provinces de la France	en Bretagne, en Provence, en Normandie

---

*Les pays terminés en **e** muet sont féminins : *la France, l'Italie...* EXCEPTIONS : *le Mexique, le Cambodge, le Zaïre.*

[†]Les états suivants sont féminins : *la Californie, la Floride, la Louisiane, la Pennsylvanie, la Virginie, la Virginie Occidentale, la Caroline du Nord, la Caroline du Sud, la Géorgie.*

B. au +

1. pays dont le nom est masculin

Aller...

au Canada, au Maroc, au Japon, au Pérou, au Portugal, au Brésil, au Cambodge, au Viêt-Nam, au Sénégal, au Mexique (le pays), au Honduras, au Congo, au Danemark,

EXCEPTION : Voir p. 350.

en Iran, en Iraq, etc.

Notez la contraction de l'article avec *les États-Unis.*

aux États-Unis

2. provinces canadiennes masculines

au Québec (à Québec = la ville), au Saskatchewan

C. dans +

1. les départements de la France‡

Aller...

dans la Sarthe, dans le Loiret

2. les états d'Amérique dont le nom est masculin§

EXCEPTION : au Texas

dans le Michigan, dans le Nebraska, dans l'Ohio, etc.

D. à +

1. une ville (sans article)

Aller...

à Paris, à Marseille, à Québec, à Winnipeg, à Chicago

ATTENTION ! Certaines villes ont un article défini.

à La Rochelle, à La Nouvelle-Orléans, au Havre, au Caire

2. les grandes îles dont le nom est masculin

à Cuba, à Madagascar

E. de + tous les pays féminins, les îles, les villes et les états féminins

Venir...

de France, d'Italie, d'Iran; de Sardaigne, de Cuba; de Rome, de Tokyo, de Californie, etc.

EXCEPTIONS :

1. **du** + pays masculin

du Canada, du Japon, du Mexique, du Cambodge, du Luxembourg, etc.

2. **du** (**de la**) + ville qui a un article défini

du Havre, de La Nouvelle-Orléans

3. **du** + les états d'Amérique dont le nom est masculin

du Michigan, du Maine, du Texas

---

‡ Avec les départements dont le nom est composé on utilise **en.** EXEMPLES : *en Seine-et-Oise, en Saône-et-Loire.* On dit également *en Vendée, en Savoie, en Camargue.*

§ Certains Français utilisent **en** avec les états masculins à voyelle initiale : *en Indiana, en Arkansas,* etc. Il est également correct de dire dans tous les cas « dans l'état de... » : *dans l'état de Washington, dans l'état de Maine, de Louisiane.* Avec *New York,* « l'état de » est obligatoire. On ne dit pas « dans le New York »; *à (de) New York* signifie la ville de New York.

VIII.   L'emploi de certaines prépositions

PRÉPOSITIONS PRINCIPALES

Prépositions	Exemples
à *to, at, in* Avec les noms de ville, voir p. 351.	Il passera ses vacances à Montréal, puis rentrera à New York pour reprendre ses études. Je crois qu'il y a quelqu'un à la porte.
à côté de *next to, beside*	Elle est assise à côté de lui.
à droite de / à gauche de *to the right of / to the left of*	La deuxième porte à droite de cet escalier mène au toit.
afin de *in order to*	Je lui ai posé plusieurs questions afin de mieux comprendre ses théories.
à l'arrière de / à l'avant de *at the back of / at the front of*	Il restait encore quelques places libres à l'arrière de l'autobus.
à l'extérieur de / à l'intérieur de *outside of / inside of*	A Beaubourg l'escalier roulant est à l'extérieur du bâtiment.
à propos de *with regard to, concerning*	A propos de tes amis, je ne sais pas ce qu'il faut faire.
au bord de *at the edge (side) of*	Ils vivent au bord du lac Saint-Jean. Adélaïde semble être au bord d'une dépression nerveuse.
au-delà de *beyond*	N'allez pas au-delà de cette limite ou les agents vous arrêteront.
au-dessus de / au-dessous de *above, over / below, beneath*	As-tu regardé au-dessous de ta voiture ? Il me semble qu'il y a une fuite d'huile. Il y a une antenne au-dessus de la maison.
aller au-devant de (à la rencontre de) / aller à l'encontre de *to meet / to be (go, run) against, counter to*	J'irai au-devant de mes amis. Il va à l'encontre de tous mes désirs, il est vraiment contrariant.
au milieu de *in the middle of*	La petite hutte se trouve au milieu de la forêt.
auprès de *close to, beside*	Elle est restée auprès de ses enfants pendant la tempête.

au sommet de / au pied de
at the summit (top) of / at the foot of

Les alpinistes ont planté un drapeau au sommet de la montagne.

Le chat s'était endormi au pied du mur à l'ombre d'un vieux tilleul.

au sujet de
about, concerning

Au sujet de ce problème, elle ne m'a rien dit.

autour de
around

Elle ne supporte pas la solitude et veut toujours avoir des gens autour d'elle.

avant / après
before / after

Pierre est arrivé quelques minutes avant moi et m'a attendu devant la porte de l'immeuble.

Chaque jour, les amants se donnaient rendez-vous après trois heures derrière l'église.

chez
_at, to_

Yves ira chez le coiffeur cet après-midi.

J'ai l'intention de passer la soirée chez Marion.

contre
against

Il est fatigué de se battre contre la bureaucratie.

Maryse s'est fâchée contre moi.

Ce skieur s'est fait mal en se heurtant contre un arbre.

dans
in; into

Papa ne s'assied jamais dans ce fauteuil.

Je suis entré dans son bureau.

Dans (comme **en**) introduit des compléments de temps ou de lieu, mais le nom introduit par **dans** est toujours précédé d'un article, d'un possessif ou d'un démonstratif.

Notez l'expression **dans une heure** (_an hour from now_). Ne confondez pas avec **en une heure** (_in one hour_).

Je serai libre de vous aider dans quelques minutes. (_in a few minutes from now_)

J'ai écrit ce roman en deux ans. (_in two years— total time_)

de
from; of, out of

Ces chaussures viennent d'Italie.

Voilà le pull de Jérôme.

Il m'a promis de le faire.

Ce flacon de parfum coûte 1 000 F.

De indique l'origine ou le point de départ; indique l'appartenance; introduit un infinitif; introduit un complément déterminatif.

Ce jeune homme ferait mieux de se concentrer sur ses expériences de chimie.

Note : Parfois l'utilisation d'un objet s'exprime par **à** + _nom_. Exemples : une tasse à café, une cuiller à soupe.

Voulez-vous une salade de tomates ou un jus de fruits ? — Non merci, une tasse de café me suffit.

depuis
since, for

Depuis quand étudiez-vous le français ? — Depuis 1985.

Quand je suis arrivé, elle était malade depuis trois jours.

devant / derrière
in front of / behind

Le cimetière est derrière l'église.

Si tu as froid, mets-toi devant le feu.

en

En s'utilise en général sans article devant le nom qui le suit. Il se traduit de façons très diverses en anglais. Notez bien les différents exemples.

Cécile passe ses vacances en Suisse.

Atlanta est en Géorgie.

En France on a cinq semaines de congé par an.

Elle est allée à New York en avion* (en autobus, en train, en bateau). MAIS : On va quelque part à pied, à bicyclette, à cheval, à moto, à (ou en) scooter.

Viviane a acheté une jupe en laine, une blouse en coton, un sac en cuir et une montre en or.

Il travaille en été, en automne et en hiver, mais au printemps, il prendra des vacances.

Nous allons en classe (au cours) cinq fois par semaine.

Je suis tombée en faisant du ski.

NOTE : **En** s'utilise aussi dans les locutions conjonctives **en fait** *(in fact)* et **en effet** *(indeed)*, qu'il ne faut pas confondre.

J'ai dit que mon travail était terminé, mais en fait, il me restait une page à écrire.

Ma tante paraît avoir 50 ans, mais en fait elle est beaucoup plus âgée.

Avez-vous trouvé l'examen difficile ? — En effet, il y avait une ou deux questions que je n'ai pas du tout comprises.

en bas de / en haut de
at the bottom of / at the top of

Le paquet est en bas de l'escalier.

en dehors de
outside

En dehors du magasin où nous travaillons, nous nous voyons peu.

en dessus de / en dessous de
on top of, over / beneath, below

Les livres étaient empilés sur son bureau les uns en dessus des autres.

Quand il y a un orage le chien se cache en dessous du lit.

en face de
across

Ce café est en face de ma maison. C'est bien pratique pour moi.

---

*MAIS : On envoie une lettre ou un paquet **par** avion.

en faveur de
in favor of

C'est une mesure prise en faveur des pauvres.

en haut de / en bas de
at the top of / at the bottom of

Ils ont passé une heure en haut de la tour Eiffel.
Ma maison se trouve en bas de la colline.

en l'honneur de / en l'absence de
in honor of / in the absence of

Ce bal est donné en l'honneur du Président de la République.
En l'absence du professeur, les étudiants ont fait leurs devoirs en classe.

Notez qu'à part ces deux expressions, il n'y a généralement pas d'article entre **en** et le nom qui le suit.

en travers de
across

L'arbre était tombé en travers de la route et bloquait toute la circulation.

entre / parmi
between / among

Il me compte parmi ses meilleurs amis.
Je passerai vous prendre entre six et sept heures.
Il y avait une table basse couverte de journaux entre les deux fauteuils.

On emploie **parmi** devant un nom pluriel désignant plus de deux personnes ou objets. **Entre** s'emploie en général quand il n'y a que deux personnes ou objets.

Note : Quelquefois **entre** est employé à la place de **parmi.**

Je vous cite un exemple entre mille.

Devant un pronom disjoint, il faut employer **d'entre.** C'est souvent le cas après une expression de quantité.

Trois d'entre eux se sont perdus dans la forêt.

envers
toward(s)

Ce jeune homme a agi très loyalement envers ses amis.

étant donné
given, considering

Étant donné la gravité de la crise monétaire, il a placé tout son argent en Suisse.

grâce à
thanks to

Grâce à votre voiture, ils sont arrivés à l'heure pour leur rendez-vous.

jusque
until; all the way to

Napoléon est allé jusqu'à Moscou.

Jusque est généralement suivi de **à : jusqu'à, jusqu'au, jusqu'aux.**

Nous avons travaillé du matin jusqu'au soir pour finir le projet.

le long de
along, the length of

Voudriez-vous faire une promenade le long de la côte ?

loin de (Voir : **près de / loin de**)

par
by, through; a (per) + time

Le facteur a été mordu par un chien du quartier.

Pour aller à Rennes, il faut passer par Paris.

Nous travaillons quarante heures par semaine.

Il vaudrait mieux envoyer cette lettre par avion.

NOTE : **Par** s'utilise aussi dans les locutions conjonctives **par conséquent** *(consequently)* et **par contre** *(on the other hand)*.

Jean-Marie sort tous les week-ends. Par conséquent, il est toujours à court d'argent.

Il pleuvait avant hier, mais par contre il a fait beau toute la journée d'hier.

parmi (Voir : **entre / parmi**)

par-dessus / par-dessous
over, on top of / under, underneath

Ils ont creusé un tunnel par-dessous le bâtiment.

J'ai mis une veste par-dessus mon pull.

pendant
during

Ils sont restés chez nous pendant trois semaines.

Elle parlera pendant quelques minutes.

NOTE : On peut souvent omettre **pendant**.

Nous avons couru (pendant) une heure.

pour
for, in order to

Je pars en France pour deux mois.

Il travaille le week-end pour payer ses études.

Ne confondez pas **pour, depuis** et **pendant**.

Le sénateur a parlé (pendant) deux heures. (ATTENTION ! N'utilisez pas **pour** dans ce cas.)

près de / loin de
near / far from

Il y a un bon boulanger près de la charcuterie.

proche de
near, close to, similar to

Il y a une très belle forêt proche de cette ville.

Le style de ce conte est proche de celui de Voltaire.

quant à
as for

Quant à lui, au lieu de travailler, il est parti à la plage.

sauf / excepté
except

Tout le monde a ri sauf (excepté) lui.

La vie lui avait tout donné sauf le bonheur.

L'hôtesse avait pensé à tout sauf à ça.

selon / d'après
according to

Il fait son rapport selon (d'après) les indications du gouvernement provincial.

Selon (D'après) les journaux, une révolution se prépare en Amérique centrale.

sous / sur *under, beneath / over, on top of*	Sophie cachait des bonbons sous son lit. Elle a mis une nappe en dentelle sur la table.
vers toward(s), around	Ils passeront nous voir vers midi. Je me dirigeais vers le Panthéon quand j'ai vu un éclair dans le ciel.
vis-à-vis de *with respect to*	Comment te sens-tu vis-à-vis de ton nouveau patron ?

IX. Les expressions de temps : *temps, fois, moment, heure*

Les mots **temps, fois** et **heure** correspondent tous à l'anglais *time*. Faites attention à ne pas les confondre.

TEMPS

temps = durée

perdre son temps	Cet étudiant perd son temps dans les cafés au lieu de travailler.
gagner du temps	Si nous prenons cette route, nous gagnerons du temps.
passer du temps	J'ai passé beaucoup de temps (quatre heures) à préparer ce plat.

temps = moment

de temps en temps / de temps à autre	De temps en temps (De temps à autre) il allait promener son chien dans le parc.
en même temps	Tous les invités sont arrivés en même temps.

temps = conditions atmosphériques	Quels temps fait-il ? — Il fait beau. Il fait frais. Il fait bon (mauvais). Il fait chaud (froid). Il fait du vent (du soleil, du brouillard). Il pleut.
temps = époque	Auriez-vous aimé vivre au temps de Napoléon ? Avez-vous vu le film de Charlot (*Charlie Chaplin*) intitulé *Les Temps modernes* ?

FOIS (time, occurrence)

Fois s'utilise surtout quand il s'agit de répétition : une fois, deux fois, etc.

J'ai vu cette pièce de Molière trois fois.

Notez aussi les expressions indéfinies :

    quelquefois / parfois *sometimes*
    chaque fois *each time*
    à la fois *at once*
    autrefois *formerly; at one time*
    il était une fois *once upon a time*

Parfois (Quelquefois) Louise critique son frère injustement.

Chaque fois que j'allais chez elle, elle m'offrait du thé.

Je ne peux pas vous comprendre si vous parlez tous à la fois.

MOMENT

Moment signifie un laps de temps limité ou une occasion.

Il me faut un moment pour comprendre.

Le moment est venu pour agir avec courage.

Notez les expressions suivantes :

    en ce moment *now*
    par moments *at times*

Il fait très humide à New York en ce moment.

Par moments elle se sent très faible.

HEURE

Heure désigne le temps comme unité de mesure ou par rapport à une horloge (un horaire, etc.).

J'ai mis trois heures à écrire mon compte-rendu.

Quelle heure est-il ? — Il est une heure (3 h 30, 4 h 20, etc.).

Nous prendrons le train de 22 h 15.

Pour une approximation de l'heure, employez la préposition **vers.**

Il a pris son médicament vers cinq heures.

Notez les expressions suivantes :

    à l'heure *on time*

    COMPAREZ : à temps *in time*, i.e., *not too late*

    à l'heure actuelle *at present*

    à la bonne heure *fortunately*

Il sont arrivés à l'heure au rendez-vous.

Recevront-ils les renseignements à temps pour faire une demande d'admission ?

A l'heure actuelle, le prix du pétrole est en baisse.

A la bonne heure, il ne fait pas trop chaud pour le match de tennis aujourd'hui.

X. *Ne* explétif

Le **ne** explétif est aujourd'hui facultatif dans tous les cas et tend à disparaître. Il s'agit surtout de le reconnaître dans les textes de style soutenu. Cette particule, qui n'a pas de valeur négative, peut s'ajouter devant le verbe d'une proposition subordonnée dans les cas suivants.

L'EMPLOI DU *NE* EXPLÉTIF

Dans les propositions subjonctives :

1. Après les verbes et expressions de crainte (**avoir peur de, craindre, trembler, de crainte que, de peur que**), quand ils sont employés *affirmativement.*

   Je crains que mes amis ne s'ennuient à la réception.

   Henri avait peur qu'on ne lui fasse des ennuis à la douane.

   Le **ne** explétif disparaît quand la proposition principale est *négative.*

   Il n'avait pas peur que ses ennemis l'attaquent.

2. Après les verbes de doute et de négation (**douter, nier, désespérer, contester,** etc.) quand ils sont employés *négativement* ou *interrogativement.*

   M. Golaud ne doutait pas que le cercle français ne l'invitât à parler de son dernier voyage au Tchad.

   Niez-vous que ceci ne soit la meilleure solution ?

   Nathalie ne désespérait pas qu'on ne lui offrît un poste.

   Le **ne** explétif disparaît quand la proposition est *affirmative.*

   Je doute que M. Valbec accepte vos excuses.

3. Après les verbes **empêcher que, éviter que, défendre que.**

   Il évite qu'on ne lui pose des questions sur son passé.

4. Après les conjonctions **avant que, à moins que.**

   Il faudrait prévenir vos amis avant qu'il ne soit trop tard.

   Nous irons à pied à moins que vous ne vous sentiez trop fatigué.

Dans les propositions comparatives :

Devant un verbe d'opinion.

Ce gâteau est plus riche que je ne croyais (que je ne pensais).

NOTE : Parfois on utilise aussi le pronom neutre **le** (avec ou sans **ne** explétif) devant un verbe d'opinion.

Pour obtenir un résultat, il faudrait rédiger cette lettre autrement que vous (ne) l'avez fait.

XI. Les nombres cardinaux et ordinaux

LES NOMBRES CARDINAUX DE I A 100

1	une/un	30	trente
2	deux	31	trente et un
3	trois	32	trente-deux, *etc.*
4	quatre	40	quarante
5	cinq	41	quarante et un
6	six	42	quarante-deux, *etc.*
7	sept	50	cinquante
8	huit	51	cinquante et un
9	neuf	52	cinquante-deux, *etc.*
10	dix	60	soixante
11	onze	61	soixante et un
12	douze	62	soixante-deux, *etc.*
13	treize	70	soixante-dix
14	quatorze	71	soixante et onze
15	quinze	72	soixante-douze, *etc.*
16	seize	80*	quatre-vingts
17	dix-sept	81	quatre-vingt-un
18	dix-huit	82	quatre-vingt-deux, *etc.*
19	dix-neuf	90	quatre-vingt-dix
20	vingt	91	quatre-vingt-onze
21	vingt et un	92	quatre-vingt-douze, *etc.*
22	vingt-deux, *etc.*	100*	cent

LES NOMBRES CARDINAUX DE 100 A I 000 000 000[†]

100	cent	1 600	seize cents / mille six cents
101	cent un, *etc.*	1 700	dix-sept cents / mille sept cents
200	deux cents*	1 800	dix-huit cents / mille huit cents
201	deux cent un, *etc.*	1 900	dix-neuf cents / mille neuf cents
1 000	mille	2 000	deux mille
1 001	mille un, *etc.*	2 100	deux mille cent, *etc.*

1 100	onze cents / mille cent
1 200	douze cents / mille deux cents
1 300	treize cents / mille trois cents
1 400	quatorze cents / mille quatre cents
1 500	quinze cents / mille cinq cents

10 000	dix mille
100 000	cent mille
1 000 000	un million (de)
1 000 000 000	un milliard (de)

---

* Le *s* de **cents** et de **quatre-vingts** disparaît devant un nombre cardinal : *mille deux cent vingt-sept*. MAIS : *mille deux cents habitants.*

[†] En français on utilise un espace ou un point avec les nombres à partir de mille. EXEMPLE : 2 152 ou 2.152.

LES NOMBRES ORDINAUX

1^{re/er}	première/premier	12^e	douzième
2^e	deuxième (seconde/second)	13^e	treizième
3^e	troisième	14^e	quatorzième
4^e	quatrième	15^e	quinzième
5^e	cinquième	16^e	seizième
6^e	sixième	17^e	dix-septième
7^e	septième	18^e	dix-huitième
8^e	huitième	19^e	dix-neuvième
9^e	neuvième	20^e	vingtième
10^e	dixième	21^e	vingt et unième
11^e	onzième	22^e	vingt-deuxième, *etc.*

LES NOMBRES COLLECTIFS
(valeur approximative)

une dizaine	une quarantaine
une douzaine*	une cinquantaine
une quinzaine	une soixantaine
une vingtaine	une centaine
une trentaine	un millier

LES FRACTIONS

1/2 un demi   0,1 = un dixième[†]
1/3 un tiers   0,2 = deux dixièmes
1/4 un quart
1/5 un cinquième
1/6 un sixième
2/3 deux tiers
3/4 trois quarts
4/5 quatre cinquièmes, *etc.*

---

*Une douzaine peut aussi indiquer un nombre exact : *J'ai acheté une douzaine d'œufs.*
[†]Remarquez qu'en français on utilise une virgule avec les nombres décimaux.

XII. L'alphabet phonétique

Voyelles		Semi-voyelles	Consonnes	
[i] midi	[œ̃] **un**	[w] **ou**i, voici	[p] **p**etit	[l] **l**ivre
[y] **d**u	[a] **ga**re	[j] **b**ien, fami**ll**e, cra**y**on	[b] **b**eau	[R] **r**ê**v**e
[e] **é**t**é**	[ɑ] **b**as	[ɥ] h**ui**t, dep**ui**s	[t] **t**ê**t**e	[f] **f**ace
[ø] **p**eu	[ɑ̃] **d**ans		[d] **d**anger	[v] **v**i**v**re
[ə] **l**e	[ɔ] **p**oste		[k] **c**omment	[s] **s**alle
[ɛ] **m**ère	[o] **d**os		[g] **g**are	[z] **z**éro
[ɛ̃] **v**in	[ɔ̃] **m**on		[m] **m**a**m**an	[ʃ] gau**ch**e
[œ] **j**eune	[u] **n**ous		[n] **n**ous	[ʒ] **j**e
			[ɲ] campa**gn**e	

Glossaire

(adj) adjectif
(adv) adverbe
(arg) argotique
(conj) conjonction
(f) féminin
(fam) familier
(hist) historique

(inv) invariable
(m) masculin
(nég) négation
(pl) pluriel
(pp) participe passé
(prép) préposition

A

abeille *(f)* bee
aborder to arrive; to land; to begin; to accost
abus *(m)* abuse, misuse; over-indulgence
accaparer to seize upon (something); to corner (someone)
accès *(m)* approach; attack, fit
accompagnement *(m)* accompaniment
accouplement *(m)* coupling; pairing
accourir to come running; to come to the help of
accueillant *(adj)* welcoming, gracious, hospitable
acharnement *(m)* relentlessness, grim determination

acquéreur *(m)* buyer
acquérir to acquire
affiche *(f)* poster
affliger to afflict; to distress
affoler (s') to panic
affreux, affreuse *(adj)* horrible, terrible
agir to take action; **il s'agit de** it is a question of
agiter to shake, stir; disturb; wave (a hand); **s'agiter** to become upset, excited
ahuri *(adj)* flabbergasted, dazed, dumbfounded
ail *(m)* garlic
aise *(f)* ease; comfort: **être fort ____** to be very happy

aisé *(adj)* easy, free; well-to-do, rich
ajouter to add
alcool *(m)* alcohol
alimentaire *(adj)* nourishing, alimentary;
   produits alimentaires food products
allécher to attract, allure
allonger (s') to stretch out; to lie down
allumeur *(m)* lighter
âme *(f)* soul
amende *(f)* fine
amèrement *(adv)* bitterly
ameuter to assemble; to form a mob
amortir to amortize; to pay off; to deaden
ananas *(m)* pineapple
anchois *(m)* anchovy
anéantir to destroy
anéantissement *(m)* annihilation
angoisse *(f)* fear
ankyloser to get stiff
apercevoir to notice
aperçu *pp* of **apercevoir**
apéritif *(m)* cocktail; before-dinner drink
aplomb *(m)* poise; perpendicularity; **d'**____ upright
appareil *(m)* apparatus; ____-**photo** camera
appuyer to press on; to push
araignée *(f)* spider
ardemment *(adv)* ardently, passionately
argenté *(adj)* silvery
artichaut *(m)* artichoke
ascenseur *(m)* elevator
asile *(m)* insane asylum; shelter, refuge
aspirer to inhale, breathe; to suck in, suck up; to aspirate; to aspire
asseoir to seat; **s'asseoir** to sit down
assidu *(adj)* assiduous, hardworking, diligent
assoupir (s') to doze off
attendre to wait; **s'attendre à** to expect
attendrissement *(m)* emotion, pity
attraper to catch
au secours! help!
aube *(f)* dawn
auberge *(f)* inn
augmenter to increase
auprès *(prép)* close to, beside
avaler to swallow

avant-veille *(f)* two days before
averse *(f)* downpour
avertir to warn
aveuglément *(adv)* blindly
avocat *(m)* lawyer; avocado
avoir to have; ____ **beau** + *inf* to try in vain to; no matter how much. (EXEMPLE : *J'ai beau le lui répéter, il ne comprend pas.* No matter how much I repeat it to him, he doesn't understand.)
avortement *(m)* abortion
avoué *(m)* lawyer
avouer to swear, avow; to confess

B

baba *(m)* sponge cake soaked in rum
baie *(f)* berry; bay
baigner to bathe; **se baigner** to take a bath
baignoire *(f)* bathtub
baiser *(m)* kiss
baisse *(f)* decline, lowering
baisser to lower
balader *(fam)* to walk
baladeur *(m)* Walkman (portable tape player)
balbutier to stammer
baldaquin *(m)* canopy (of a throne or bed)
bananier *(m)* banana tree
banc *(m)* bench
banqueroute *(f)* bankruptcy
banqueroutier, banqueroutière *(n or adj)* fraudulent bankrupt
barrer to bar; to prevent, obstruct
bas *(m)* stocking
bâtiment *(m)* building
bâtir to build
battre to pound; to hit
bavarder to talk, chat
bébé *(m)* baby
bec *(m)* beak
bégayer to stammer, stutter
bélier *(m)* ram
béni *(adj)* blessed
bénin, bénigne *(adj)* benign
bêtement *(adv)* **tout** ____ simply *(fam)*

bêtise *(f)* stupidity, nonsense
beurre *(m)* butter
biche *(f)* doe
bienveillant *(adj)* concerned, kindly, bene-
volent
bijou *(m)* jewel
bisque *(f)* fish soup with cream
blessure *(f)* wound
bleuir to turn blue
blottir (se) to curl up; to huddle
blouson *(m)* jacket; windbreaker
bœuf *(m)* steer
boire to drink
bois *(m)* forest; wood
boisé *(adj)* wooded
boisson *(f)* drink
boîte *(f)* box; tin can; ____ **de nuit** *(f)* night-
club
bol *(m)* bowl
bolide *(m)* fireball; meteor; fast car
border to lie on the edge of, border
borgne *(adj)* blind in one eye
borne *(f)* limit; boundary marker (in stone);
milestone; kilometer *(fam)*
bouc *(m)* ram; ____ **émissaire** scapegoat
boucle d'oreille *(f)* earring
bouée *(f)* float; buoy
boueux, boueuse *(adj)* muddy
bouffe *(f)* *(arg)* food
bougie *(f)* candle
boui-boui *(m)* dive (low-class restaurant)
boule *(f)* ball
bouleversement *(m)* confusion, bewilderment; upsetting
bourreau *(m)* executioner
bourse *(f)* purse; scholarship
bousculer to jostle, to shove
bout *(m)* tip; end; **venir à** ____ **de** to con-
quer; overcome
bras *(m)* arm
brebis *(f)* sheep
brièvement *(adv)* briefly
brindille *(f)* shoot (of a plant)
briser to break
broche *(f)* brooch, pin
bronzer (se) to tan

brouille *(f)* quarrel, falling out
brouiller to mix up, jumble, confuse; to set
at variance; **se brouiller** to quarrel; **être
brouillé** to be at odds with, be on bad
terms with someone; **œufs brouillés**
scrambled eggs
brousse *(f)* underbrush
bruit *(m)* noise
brusquement *(adv)* suddenly
bruyant *(adj)* noisy
bu *pp* of **boire**
but *(m)* purpose; goal
buveur *(m)* drinker

C

cabinet *(m)* office; cabinet
cacher to hide
cachot *(m)* prison
caillou *(m)* stone
calcul *(m)* calculation
calculatrice *(f)* calculator
calibrer to gauge; to calibrate
caméscope *(m)* camcorder
camionette *(f)* van; delivery truck
canard *(m)* duck; drake
candidature *(f)* candidacy
cane *(f)* female duck
caraco *(m)* vest
Caraïbes *(f pl)* Caribbean islands
caresser to stroke; to caress
carreau *(m)* square; pane of glass
carrosserie *(f)* body (of a car)
carte *(f)* card; **partie de cartes** game of cards
cartomancien/cartomancienne *(m/f)* for-
tuneteller
case *(f)* hut, cabin
casse-croûte *(m)* snack
cauchemar *(m)* nightmare
causer to talk; to chat
caution *(f)* deposit (of money)
caverne *(f)* cavern; cave
cendre *(f)* ash
cerceau *(m)* hoop
cerf *(m)* deer
cerise *(f)* cherry

cesser to stop, cease
chagrin *(m)* grief
chair *(f)* flesh
chaleur *(f)* warmth; heat
champêtre *(adj)* rustic; rural
champignon *(m)* mushroom
chandail *(m)* sweater
chanterelle *(f)* yellow mushroom
charger to charge; to load
charnu fleshy; plump
charrier to cart; to transport
chasser to hunt
chasseur *(m)* hunter
chatouiller to tickle
chauffage *(m)* heating
chaussure *(f)* shoe
chauve *(adj)* bald
chef *(m)* cook; director; chief
chenil *(m)* kennel
chercheur/chercheuse *(m/f)* researcher
chèvre *(f)* female goat
chibouste (voir **crème chibouste**)
chimie *(f)* chemistry
chimique *(adj)* chemical
chimiste *(m/f)* chemist
chirurgien/chirurgienne *(m/f)* surgeon
chuchoter to whisper
circulaire *(m)* administrative memorandum
citron *(m)* lemon
claquer to slam
clavier *(m)* keyboard
clos *(adj)* closed
cochon *(m)* pig
cocu *(m)* cuckold; *(adj)* cuckolded
cœur *(m)* heart
coffre *(m)* chest; trunk
col rabattu *(m)* turned-down collar
colibri *(m)* hummingbird
coller to glue; to stick
commander to order
commotion cérébrale *(f)* stroke
communauté alternative *(f)* : **former une** ____ to live together (outside of wedlock)
comprimé *(m)* tablet (medicine)
comptabilité *(f)* accounting: bookkeeping
comptable *(m)* accountant; *(adj)* accountable, responsible

comptant *(adv)* **payer** ____ to pay cash
compte *(m)* account; calculation; **tous comptes faits** all things considered; **se rendre** ____ to realize
concevoir to conceive; to understand; to imagine
concourir converge; to combine (favorably)
concours *(m)* contest; competitive entrance exam
conçu *pp* of **concevoir**
confier to confide in, entrust
confiture *(f)* jam, preserves
confus *(adj)* embarrassed
congédier to lay off
conseil *(m)* advice
conseiller to advise, counsel
consigne *(f)* order; password; baggage room (at a station)
constater to note; to establish, ascertain
constituer to make up, constitute
contrebasse *(f)* bass violin
copain/copine *(m/f)* friend; pal
coq *(m)* rooster
coquillette *(f)* tiny shell
coquin/coquine *(m/f)* wily person, rascal, scamp
coréen, coréenne *(adj)* Korean
cornet *(m)* small horn; horn-shaped receptacle used for throwing dice
corps *(m)* body
côté *(m)* side; **point de** ____ stitch in one's side
coucher to set (of the sun); to put to bed
coup *(m)* blow, stroke; ____ **de foudre** love at first sight
cour *(f)* courtyard
courant *(adj)* running; current
courber to bend, curve
courgette *(f)* zucchini; squash
courir to run
cours *(m)* rate (of exchange); course
coûter to cost
couturière *(f)* seamstress; dressmaker
couvercle *(m)* cover; lid
craindre to fear
crâne *(m)* skull
créancier *(m)* creditor

crème (*f*) cream; _____ **chibouste** light pastry cream mixed with Italian meringue

crever to gouge (an eye); to flatten (a tire); to explode

crevette (*f*) shrimp

crier to shout

croisé (*adj*) crossed

croisière (*f*) cruise

croquant (*adj*) crisp

croque-monsieur grilled (or sautéed) ham and cheese sandwich

crudités (*f pl*) raw vegetables or fruit

cueillir to gather, cull; to pick

cuir (*m*) leather

cuit *pp* of **cuire**

cuire to cook

cuisses de grenouilles (*f pl*) frog's legs

cuver: to ferment; _____ **son vin** to sleep off one's drink

D

dadaïste (*adj*) of the Dada school; absurdist, surreal

dalle (*f*) tile

dard (*m*) dart

déambuler to stroll

déborder to overflow; to overwhelm

déboucher to open out onto

débrancher to unplug, disconnnect

décapotable (*adj*) convertible (car)

décevoir to disappoint

déchirer to tear

décidément (*adv*) decidedly; clearly

décoller to peel off; to take off (of a plane)

découler to flow from, stem from, issue

découper to cut up; to cut out

décrocher to unhook; to pick up (receiver)

déçu *pp* of **décevoir**

défaire to unpack (a trunk); to undo; to defeat

défunt (*adj*) defunct; deceased

dégât (*m*) damage

délégué (*m*) delegate

déluré (*adj*) sharp, knowing, cute

délurer to sharpen one's wits; **se délurer** to lose one's shyness

déménager to move

déménageur (*m*) mover

démeubler to remove the furniture from

demeure (*f*) abode, dwelling

dénouer to untie, unknot; to make (limbs) more supple

dépaysement (*m*) disguise

dépêcher (se) to hasten, hurry

dépenser to spend

désaccorder to get out of tune; to put at variance

désespérément (*adv*) desperately; hopelessly

désobligeant (*adj*) disobliging, unpleasant, ungracious, unkind

dessiner (se) to outline itself; to take form

dessous (*adv*) underneath; **sens dessus** _____ topsy-turvy

détonner to jar, clash

détournement (*m*) turn, deviation; _____ **de fonds** embezzlement

dévoiler to unveil, expose; to reveal, disclose

diable (*m*) devil

dinde (*f*) turkey (hen)

dindon (*m*) male turkey (tom)

distraire to distract; to subtract; to entertain

divaguer to wander; to digress

dommage (*m*) damage; loss; **c'est** _____ it's a pity

douter to doubt; **se douter** to suspect

dresser to erect; **se dresser** to stand up, rise

E

ébouriffer to dishevel; to astonish, amaze

échanger to exchange

échapper to escape from

écharpe (*f*) scarf

échec (*m*) impediment, setback, failure, defeat

échecs (*m pl*) chess

éclairer to brighten, illuminate

éclater to explode

économie (*f*) economy; (*pl*) savings

écouler to flow; to elapse

écrier (s') to exclaim

écureuil (*m*) squirrel

édenté (*adj*) toothless

édredon *(m)* comforter
effacer to erase; to obliterate
effarement *(m)* bewilderment; fright
efforcer (s') to endeavor; to do one's best
égal *(adj)* equal
égout *(m)* sewer, drain
élégiaque *(adj)* elegiac (poetry)
éloge *(m)* praise; eulogy
élucubration *(f)* imaginings, fantasies
embarquer to embark; to ship *(fam)*; to carry off; to arrest; to pick up
embarrasser to embarrass
embaucher to hire
émeute *(f)* uprising, riot
émission *(f)* broadcast; program
emménager to move in
emmener to take (lead) away
émouvant *(adj)* moving
empêcher to prevent
emplâtre *(m)* plaster, patch
emporter to take along with; to take away
emprunter to borrow
enchaîner to link, connect to; to put in chains
endormir to put to sleep; **s'endormir** to fall asleep
énervement *(m)* nervous tension
enfer *(m)* hell
enfermer to lock up
enfuir (s') to flee
engourdi *(adj)* numb, stiff
enivrer (s') to become intoxicated
enjambée *(f)* stride
ennui *(m)* boredom; difficulty
ennuyer to bother, bore, tire
ensanglanter to cover (stain) with blood
ensorceleur/ensorceleuse *(m/f)* charmer, enchanter
entendre to hear; to understand
entêter (s') to be stubborn; **s'entêter à** to persist in
entorse *(adj)* sprain, twist
entrebâillé *(adj)* ajar, half-open
entrecôte *(f)* steak, chop
entretien *(m)* interview; talk; upkeep
envie *(f)* desire; envy; **avoir ____ de** to feel like

envier to envy, be jealous of
épais, épaisse *(adj)* thick
éparpiller to scatter, spread around
épaule *(f)* shoulder
éperdument *(adv)* madly; distractedly
épicier *(m)* grocer
épouvante *(f)* terror, fright
éprouver to experience
épuiser to exhaust, tire out
équilibrer to balance
éreinter to wear down, fatigue
errer to wander, stray, go astray
escargot *(m)* snail
espion/espionne *(m/f)* spy
essayer to try (on)
essence *(f)* essence; gasoline
estomac *(m)* stomach
étalon *(m)* studhorse, stallion
état *(m)* state; ____ **d'esprit** state of mind; ____ **civil** *(m)* records (birth, death, marriages); registry
éteignit (voir **éteindre**)
étendre to stretch out
éteindre to extinguish; to turn off (electricity)
éteint *pp* of **éteindre**
étendu *pp* of **étendre** to stretch out
étendue *(f)* stretch (of air, water, or land), expanse
étincelant *(adj)* twinkling, shining, brilliant, dazzling
étinceler to sparkle, gleam, dazzle
étiquette *(f)* label
étoilé *(adj)* starry
étouffer to strangle
étrange *(adj)* strange
être *(m)* being
étreindre to embrace; to hug
étreint *pp* of **étreindre**
étude *(f)* study; practice (law)
évanouir to faint; to vanish
éventer (s') to fan oneself
excéder: to wear out, fatigue; **être excédé** to be exasperated
excès *(m)* excess; ____ **de table** overindulgence in eating

F

facteur *(m)* postman; factor

facture *(f)* bill; invoice

faillir to fail; **faillir** + *inf* to almost do something

faire to make; to do; ____ **sa cour** to court favor; **se faire à** to get used to

faisceau *(m)* bundle

falloir to be necessary

fallu *pp* of **falloir**

fana *(adj) (arg)* abbreviation of *fanatique* (fanatic)

fanfaronnade *(f)* boasting, bragging

farder (se) to put on makeup

farine *(f)* flour

Fauré, Gabriel compositeur français (1845 – 1924)

faux, fausse *(adj)* false, untrue

fenouil *(m)* fennel

fermeture *(f)* lock; clasp

fers *(m pl)* irons, shackles

feu *(m)* fire

feuillage *(m)* foliage

feuilleter to browse (through a book)

fiançailles *(f pl)* engagement ceremony; betrothal

fièvre *(f)* fever

fiévreux, fiévreuse *(adj)* feverish

filet *(m)* net; luggage rack (in trains)

filiale *(f)* branch; subsidiary

fin-bec *(m)* gourmet; connoisseur of food

flacon *(m)* bottle; phial

flan *(m)* flan; custard

flaque *(f)* puddle

fleuve *(m)* river

foin *(m)* hay

fois *(f)* time; **une** ____ **pour toutes** once and for all

folie *(f)* insanity, craziness; whim, caprice

foncé *(adj)* dark; **bleu-foncé** dark blue

fond *(m)* bottom

fonds *(m pl)* funds; resources; money

forfait *(m)* crime; misdeed

fossé *(m)* ditch, trench

fou, fol, folle *(adj)* crazy

fouet *(m)* whip

fouiller to search

four *(m)* oven

fourchette *(f)* fork

fourmi *(f)* ant

fournir to furnish, supply

fourrure *(f)* fur

frais *(m)* cost, expense

frais, fraîche *(adj)* cool

frapper to knock; to strike; to hit

frein *(m)* break

friser to curl

frisson *(m)* shiver; shudder

frissonner to shiver; to tremble

froisser to offend, wound feelings

fumer to smoke

funérailles *(f pl)* funeral; obsequies

G

gâcher to spoil; to bungle

gaillard *(adj)* strong; vigorous; strapping

ganter to glove

garder to keep; to watch over, protect

garni *(adj)* furnished, garnished

gazon *(m)* lawn

geler to freeze

gémissement *(m)* moaning; groaning

gêne *(f)* constraint; annoyance

genre *(m)* type

gentil, gentille *(adj)* kind; nice

gentiment nicely, kindly

givrer to ice up

glace *(f)* mirror; ice; ice cream

glacial *(adj)* freezing, icy

gogo *(m)* dupe; **à** ____ in abundance

gonflable *(adj)* inflatable

gorge *(f)* bosom, bust; throat

goutte *(f)* drop

gracier to pardon

graisse *(f)* fat; grease

Grand Marnier orange-flavored liqueur

granuleux, granuleuse *(adj)* granular, granulose

gras, grasse *(adj)* fatty; fleshy

grêler to hail (meteorological effect)

grenier *(m)* attic
gros, grosse *(adj)* fat; large; big
gruyère *(m)* Swiss cheese
guère *(adv)* scarcely; hardly
gueux/gueuse *(m/f)* beggar, tramp
gueuse *(f)* woman of ill-repute
guignol *(m)* Punch and Judy show

H

[° indique *h* aspiré; voir p. 113 (note)]

habile *(adj)* skillful; adroit, clever, capable
habillement *(m)* dress
°**hacher** to chop
°**haïr** to hate
°**haleter** to pant; _____ **d'épouvante** to be scared to death
°**hardi** *(adj)* brave, bold; daring
°**hareng** *(m)* herring
°**haricot vert** *(m)* green bean
°**hautain** *(adj)* haughty, condescending
°**haut-parleur** *(m)* loudspeaker
herbage *(m)* grass; pasture, grassland
herbeux, herbeuse *(adj)* grassy
°**hêtre** *(m)* beech tree
°**heurter** to knock, bang into; **se heurter à** to come up against (as a difficulty)
°**hollandaise** *(f)* creamy sauce made of egg yolk and butter
°**honteux, honteuse** *(adj)* ashamed
huissier *(m)* bailiff; process server; eviction server
°**hurlement** *(m)* shout, scream
°**hurler** to shout

I

idée *(f)* idea
ignorer not to know, be ignorant of
immeuble *(m)* building
impardonnable *(adj)* unforgivable
imperméable *(m)* raincoat; *(adj)* impermeable
impôt *(m)* taxes
impunément *(adv)* with impunity
inaltérable *(adj)* undeteriorating; unfailing

incendie *(f)* fire, blaze
inconnu *(adj)* unknown; *(m)* the unknown; unknown person
inespéré *(adj)* unexpected, unhoped for
infect *(adj)* stinking, foul
information *(f)* information; *(pl)* news
inguérissable *(adj)* incurable
inonder to flood
inouï *(adj)* unheard of; amazing
inquiet, inquiète *(adj)* uneasy, worried
inquiéter to worry
inquiétude *(f)* worry
inscrire to register; to inscribe
insensé *(adj)* insane; senseless
instruire to instruct
intégrer to enroll (in a school); to enter; to integrate
intrigue *(f)* plot
investissement *(m)* investment
invraisemblable *(adj)* improbable, unlikely
ivre *(adj)* tipsy, drunk

J

jambon *(m)* ham
jardin *(m)* garden
jeton *(m)* token (for telephone or vending machines)
jeu *(m)* game
Jura *(m)* mountainous area between France and Switzerland
jus *(m)* juice

K

kirsch *(m)* alcoholic distillation made from cherries

L

lâcher to let go
laine *(f)* wool
lancer to throw
larme *(f)* tear
las, lasse *(adj)* tired; weary
lécher to lick

lendemain *(m)* the next (following) day
lever to raise
lèvre *(f)* lip
lieue *(f)* league
linceul *(m)* shroud
locataire *(m/f)* tenant; renter
loge *(f)* chamber; cabin, hut
logement *(m)* dwelling
logiciel *(m)* software
logis *(m)* house, abode, dwelling
loisir *(m)* leisure; *(m pl)* leisure time activities
loup *(m)* sea-perch (type of fish)
lourd *(adj)* heavy
louve *(f)* female wolf
loyer *(m)* rent
lueur *(f)* gleam, glowing, pale light
luire to shine; to glisten; to glow
luisant *(adj)* glowing, shiny
lune *(f)* moon

M

magnat *(m)* magnate, tycoon
magnétoscope *(m)* tape recorder
malentendu *(m)* misunderstanding
malin, maligne *(adj)* clever
manche *(f)* sleeve; *(m)* handle
mandat *(m)* warrant; mandate ____ **de per-quisition** search warrant
mangue *(f)* mango
manguier *(m)* mango tree
maquiller (se) to put on makeup
marée *(f)* tide
margouillat *(m)* gray lizard
mari *(m)* husband
marraine *(f)* stepmother
martin-pêcheur *(m)* kingfisher
matelas *(m)* mattress
matière *(f)* matter; subject; substance; **matières premières** *(f pl)* raw materials
maux *(pl* of **mal)** evils; ____ **d'estomac** stomachache; ____ **de tête** headache
médaille *(f)* medal
médecin *(m)* doctor
médicament *(m)* medication; medicine
médium *(m/f)* medium (psychic)
méfier (se) to be on one's guard, beware

mêler to mix
mémoire *(m)* official statement; account; bill
ménagement *(m)* care; consideration, regard
mépriser to scorn; despise
métier *(m)* occupation; profession
midi *(m)* noon; southern part of France
milliardaire *(m)* billionaire
mise au point *(f)* fine tuning
moite *(adj)* clammy
moka *(m)* mocha coffee
Monet, Claude French impressionist painter (1840 – 1926)
monnaie *(f)* small change
morbier *(m)* variety of cheese (made in the Jura)
mordre to bite
moribond *(adj)* moribund; dying
mortel *(m)* mortal
mouette *(f)* gull
mouillé *(adj)* wet
mouiller to moisten, dampen
moutarde *(f)* mustard
moyen *(m)* means, way; *(adj)* average; middle
moyennant *(adj)* for a consideration; in exchange for; on a set of conditions

N

nacré *(adj)* pearly, nacreous
natation *(f)* swimming
navré *(adj)* very (deeply) sorry
néant *(m)* nothingness
nettoyer to clean
noix *(f)* nut
nombril *(m)* belly button
nourrir to nourish
nourriture *(f)* food
nuage *(m)* cloud
Nulaspro brand of aspirin-free pain reliever
Nymphéas famous paintings of water lilies by Monet

O

odorant *(adj)* fragrant
odoriférant *(adj)* fragrant
œuf *(m)* egg; **œufs brouillés** scrambled eggs

oisif, oisive *(adj)* idle
onctueux, onctueuse *(adj)* unctuous, creamy (of cheese), greasy
ongle *(f)* fingernail
O.N.U. *(f)* Organisation des Nations Unies
orage *(m)* thunderstorm
ordinateur *(m)* computer
ordonnance *(f)* prescription
oreiller *(m)* pillow
oser to dare
osseux, osseuse *(adj)* bony
ouais *(fam)* yeah
outil *(m)* tool
outré *(adj)* exaggerated; beside oneself (with anger)
outre-tombe (d') from beyond the grave
ouvrier *(m)* worker

P

paille *(f)* straw
paix *(f)* peace
palier *(m)* landing
panier *(m)* basket
papillon *(m)* butterfly
paquet *(m)* package; pack
parapluie *(m)* umbrella
parcourir to run or travel through; to glance through; to traverse, go over
paresseux, paresseuse *(adj)* lazy
parole *(f)* word
parrain *(m)* godfather
part *(f)* share; portion; part; concern; **à** ____ aside; except for
parti-pris *(m)* bias
partie *(f)* part; ____ **de cartes** *(f)* game of cards
parvenir to reach; to arrive; to manage to
pas *(m)* step
pâte *(f)* dough; *(f pl)* pasta
patron *(m)* boss; owner
paupière *(f)* eyelid
peau *(f)* skin
pêche *(f)* fishing; peach
pêcher to fish
pêcherie *(f)* fishing grounds
peigner (se) to comb one's hair

peine *(f)* trouble; difficulty; suffering **prendre la** ____ **de** to take the trouble to; **faire de la** ____ to inflict sorrow, to hurt; **à** ____ scarcely
pelouse *(f)* lawn
pelure *(f)* peel
pencher (se) to lean over
pendante *(adj)* hanging, dangling, drooping
pendule *(f)* clock
pensée *(f)* thought
pépin *(m)* seed, pit
percer to pierce
périphérique *(adj)* peripheral
permis de conduire *(m)* driver's license
perquisition *(f)* thorough search; **mandat de** ____ search warrant
persiller to sprinkle with parsley
perte *(f)* loss
pesant *(adj)* heavy
Petites-Maisons *(hist)* insane asylum
pétrole *(m)* gasoline; crude oil
pétrolier, pétrolière *(adj)* : **industrie pétrolière** oil industry
peupler to populate, inhabit
pharmacien *(m)* pharmacist
phénix *(m)* phoenix (legendary bird)
pilaf *(m)* pilaf (spicy rice dish of Turkish origin)
pinceau *(m)* brush
placet *(m)* petition
plaignez (voir **plaindre**)
plaindre to pity; **se plaindre** to complain
plaint *pp* of **plaindre**
plainte *(f)* complaint
plaire to please
plaisant *(adj)* funny, amusing
planche plank, board; ____ **à voile** *(f)* sailboard
planer to soar, glide
plat *(m)* dish; *(adj)* flat
platane *(m)* plane tree
pleuvoir to rain
plombier *(m)* plumber
plumage *(m)* feathers, plumage
plutôt *(adv)* rather
pneu *(m)* tire

pneumatique *(m)* express letter (sent by pneumatic tube)

point *(m)* point, dot; ____ **de côté***(m)* stitch in one's side; **à** ____ medium-rare; in the right condition; on the dot. (EXEMPLE : *Rien ne sert de courir. / Il faut partir à point.* It's no use running. / One must leave at the right time. —La Fontaine); **ne point** *(neg)* = ne pas

poisson *(m)* fish

poivre *(m)* pepper

poliment *(adv)* politely

pommier *(m)* apple tree

portatif, portative *(adj)* portable

portée *(f)* litter; scope; reach

portefeuille *(m)* wallet

poule *(f)* hen

poulet *(m)* chicken

pourrir to rot

poursuivre to pursue; to proceed with; to prosecute; to follow; to chase; ____ **en justice** to sue

pourtant *(adv)* however

pousser to push

praline *(f)* praline (caramelized and pulverized ground almonds)

précisément *(adv)* precisely

préciser to specify

prendre to take; **s'y** ____ to go about (doing something)

prêt *(m)* loan; *(adj)* ready

prévenir to warn

priver to deprive

prix *(m)* price

procès *(m)* lawsuit; case

proche *(adv)* near

produit *(m)* product

promouvoir to promote

promu *pp* of **promouvoir**

propos *(m)* talk; remark; **à** ____ by the way

propriétaire *(m/f)* owner

puissant *(adj)* powerful

Q

quant à as for

quartier *(m)* neighborhood; quarter

quête *(f)* quest, search

queue *(f)* line; tail

quitte *(adj)* discharged (of debt); **en être quitte** to be free from; to get away with

R

raccrocher to hang up (telephone receiver)

ralentir to slow down

rallumer to relight; to rekindle

ramage *(m)* song, warbling (of a bird)

rance *(adj)* rancid

rancœur *(f)* bitterness, resentment

rang *(m)* row; rank

rangé *(adj)* tidy, orderly

ranger to arrange; to put in order; to put away

ranimer to revive; to reanimate

rasseoir to reseat; **se rasseoir** to sit down again

rassurer to reassure

rater to miss; to fail

raton-laveur *(m)* raccoon

ravi *(adj)* delighted

raviver to revive hope; to brighten up

rayon *(m)* ray, beam

rayure *(f)* stripe

réaliser to bring about; to accomplish; to realize; ____ **des pertes** to suffer losses

récepteur *(m)* receiver (of a telephone)

receveur général *(m)* tax collector

recherche *(f)* research

réclamer to complain; to call for; to crave; to require; to reclaim

reconnaissant *(adj)* grateful

recoudre to sew up

recouvrer to recover; to retrieve; to recuperate

recueil *(m)* anthology; collection

rédacteur/rédactrice *(m/f)* editor; ____ **en chef** editor in chief

redoute *(f)* **bal de la** ____ gala evening

réduire to reduce

réduit *pp* of **réduire**

régime *(m)* diet

réglage *(m)* adjustment

règlement *(m)* rule; settlement; ____ **de comptes** settling of affairs, of scores

régler to regulate, keep in order

régner to rule

rejoindre to join; to catch up with; to reunite; to connect

relais gastronomique *(m)* restaurant noted for its cuisine

rembourser to reimburse

remettre to turn in (as homework); to put back; ____ **les pieds** to set foot in

remis *(adj)* recovered (from illness)

remords *(m)* remorse

remporter to carry away; ____ **un prix** to win a prize

rendre to give back, return; to render; ____ **compte de** to render an account of; **se** ____ **compte** to realize; ____ **visite à** to visit (a person)

renflement *(m)* bulging, swelling

renommée *(f)* fame, reputation

renseignement *(m)* information

reprendre to resume; to take back

représentant *(m)* representative

résumé *(m)* summary

retour *(m)* return; twisting; reversal

retracer to retrace

revenant *(m)* ghost

réverbère *(m)* street lamp

rez-de-chaussée *(m)* ground floor

rhum *(m)* rum

rhume *(m)* cold

ricaner to sneer, laugh derisively

rideau *(m)* curtain

rider (se) to become wrinkled

rieur, rieuse *(adj)* laughing

riposter to retort

rire to laugh

ri *(pp of* **rire***)*

river to rivet

riz *(m)* rice

robinet *(m)* faucet

rocher *(m)* rock

roidissement *(m)* stiffening

roman policier *(m)* detective novel

rompre to break; ____ **avec quelqu'un** break off a relationship with someone

rondelle *(f)* slice

ronfler to snore

rosbif *(m)* roast beef

rouillé *(adj)* rusty

rouleau *(m)* roll, spool, roller

rouler to roll (up)

rouspéter to protest; to grumble

ruban *(m)* ribbon

S

sabot *(m)* wooden shoe, clog

sache (voir **savoir**)

sachet *(m)* small bag; sachet

sage *(adj)* wise

sagesse *(f)* wisdom

saisir to seize; to grasp

saisonnier *(adj)* seasonal

salé *(adj)* salty

sang *(m)* blood

sang-froid *(m)* composure; **tuer de** ____ to kill in cold blood

sangloter to sob

sans *(prep)* without; ____ **doute** no doubt

santé *(f)* health

satisfaire to satisfy

satrape *(m) (hist)* satrap (oriental dignitary)

saucisson *(m)* sausage

savoir to know

scintiller to sparkle, twinkle

sèche-cheveux *(m)* hair dryer

secouer to shake

sein *(m)* bosom; breast

semer to sow

sens *(m)* sense, meaning; direction; ____ **dessus dessous** topsy-turvy

servile *(adj)* servile; menial

servir to serve

seuil *(m)* threshold

siège *(m)* seat

sinon *(conj)* otherwise; except

soie *(f)* silk

soin *(m)* care

soldes *(m pl)* merchandise on sale

solive *(f)* beam
sommeil *(m)* sleep
sorbet *(m)* sherbet
sortie *(f)* going out, night out; outing
sortir to go out
sot *(m)* fool
sottise *(f)* folly, foolish action
sou *(m)* cent
souci *(m)* care, worry
soufflé *(m)* dessert soufflé
souffler to blow
soulagement *(m)* relief
soulever to raise; lift up
soupçonner to suspect
soupir *(m)* sigh; gasp
soupirer to sigh
souplesse *(f)* suppleness; flexibility
sourd *(adj)* deaf; muffled
souriant *(adj)* smiling
soutenir to maintain; to uphold
stage *(m)* period of instruction
station service *(f)* gas station
suite *(f)* the rest; sequel; **tout de ____** immediately
supplice *(f)* torture, agony
suppliciant *(adj)* agonizing, torturing, causing suffering
supplier to beseech, entreat
suprasensible *(adj)* extrasensory, supernatural
suranné *(adj)* antiquated; out-of-date
surgir to rise up; to surge
surlendemain *(m)* the second day after
surnaturel *(adj)* supernatural
surveiller to watch, keep an eye on
suspect *(adj)* suspicious
syndicat *(m)* union

T

tache *(f)* spot, splotch
tâcher to try; to endeavor
tacher to dirty with spots
taille *(f)* waist; size
taire (se) to be silent; to shut up
talonner to spur on

tam-tam *(m)* African drum; tom-tom
tandis que whereas; while
tant *(adv)* so much; so many; to such a degree; so
tapis *(m)* rug
tarder to delay
tartine *(f)* slice of bread (with butter or jam)
taudis *(m)* hovel; dump
taureau *(m)* bull
teinte *(f)* shade
témoignage *(m)* testimony
ténèbres *(f pl)* darkness; gloom
tenue *(f)* outfit; dress
terrain vague *(m)* vacant lot
terraqué *(adj)* earthly
tiède *(adj)* lukewarm
tiédeur *(f)* lukewarmness; tepidity; indifference
tirer to pull; to draw; **se ____ d'affaire** to get by, manage; to get out of trouble
tisserin *(m)* weaverbird
toit *(m)* roof
toit-ouvrant *(m)* sunroof
tome *(m)* volume
tondre to shear; **____ la pelouse** to mow the lawn
tondu *pp* of **tondre**
torrent *(m)* torrent; **pleuvoir à ____** to downpour
tort *(m)* wrong; grievance; **avoir ____** to be wrong
toucan *(m)* toucan (tropical bird)
touffe *(f)* tuft
tourbillonner to whirl around
trafiquant/trafiquante *(m/f)* drug dealer
trahir to betray
traîner to drag
traiteur *(m)* caterer
tranche *(f)* slice
traquer to track (hunt) down
trêve *(f)* truce; **____ de fantaisies** enough of this nonsense, no more joking
tripes à la mode de Caen tripe prepared in a rich aromatic sauce containing cider and Calvados
tromper to deceive

trône *(m)* throne
trou *(m)* hole
trouble *(adj)* cloudy, murky, unclear; **idées troubles** confused thoughts
truffe *(f)* truffle
truie *(f)* female pig, sow
truite *(f)* trout
tu *pp* of **taire**

V

vache *(f)* cow
vaisselle *(f)* dishes; dinnerware
valoir to be worth
vécu *pp* of **vivre**
veiller to watch over, to keep vigil
veilleuse *(f)* night light; pilot light
vendre to sell
venir to come
verdâtre *(adj)* greenish
verglas *(m)* icy coating (on roadway)
verre *(m)* glass
verrou *(m)* bolt (of a lock)
viande *(f)* meat
vierge *(f)* virgin
vif, vive *(adj)* lively; **de vive voix** by word of mouth
vinaigrette *(f)* oil and vinegar dressing
visage *(m)* face
vitesse *(f)* speed
vitrail (*pl* **vitraux**) stained glass window
vitre *(f)* window pane
vitrifier to vitrify, glaze
vivre to live
voile *(f)* veil; sail; **planche à** _____ sailboard; windsurfer
voilier *(m)* sailboat
voisin/voisine *(m/f)* neighbor
voisinant *(adj)* neighboring; adjacent
voix *(f)* voice; **de vive** _____ by word of mouth
voleur *(m)* thief
volonté *(f)* will

W

waters *(m pl)* toilet

Index

A

à : contraction avec, 72, 113, 148, 284; après **inférieur, superieur,** 234; + **qui / quoi,** 71; **c'est** + adjectif + **à** + infinitif, 13; + infinitif, 13, 76, 125, 151, 179, 203, 233, 266, 268; avec les noms géographiques, 351; + nom de ville, 351; emploi de, 352; **à bicyclette,** 354; **à temps,** 358; **à l'heure,** 358; **être à (appartenir à),** 150; **à peine,** 153; **avoir à,** 125; **avoir chaud (froid) à,** 120; **avoir mal à,** 120, 125

accord : du participe passé 32, 171–173; du participe présent, 288; des adjectifs, 224–225; du verbe après **la plupart des, la moitié des,** 117; du verbe avec **ni... ni... ne,** 199–200; du verbe avec un nom collectif, 223–224

adjectif : possessif, 117–121; comparatif, 228–229, 231–232; superlatif, 229–231; féminin de, 217–220; démonstratif, 121; indéfini, 198–199, 205; de couleur, 220; pluriel de, 220–224; accord, 224–225; interrogatif, 70–71; place de, 225–228

adverbe : formation de, 307–309; comparatif de, 228–229; superlatif de, 229–231; de manière, 307–309; place de, 308–309; de temps, 309

afin : afin de, 260, 352; **afin que,** 260

âge : comparaison de, 233; **avoir** + âge, 124

agir : s'agir de, 175

air : avoir l'air, 125; **d'un air,** 309

aller + infinitif, 14, 92

amener, 291

ancien : place de, 226

appartenir, 150

apporter, 291

après : après avoir, 46; **après que** + indicatif / subjonctif, 261; **d'après,** 356

arriver : impersonnel, 75; **qu'est-ce qui est arrivé ?,** 75–76

article : omission de, 116–117; avec les parties du corps, 119–121; défini, 113–114, 229; indéfini, 115–116, 196; partitif, 116, 196; répétition de, 113; avec les noms géographiques, 350–351

asseoir : s'asseoir / être assise/assis, 180

attendre : s'attendre à, 268

au : article contracté, 113; **au cas où,** 101

aucun : ne... aucune/aucun; aucune/aucun... ne, 198–199, 201, 202 **aucunement,** 205

aujourd'hui / ce jour-là, 305

auparavant, 309

auquel, 72, 284

aussi : négation de, 194; dans la comparaison, 228; + inversion, 153; **aussi / si,** 234

aussitôt que, 93, 98, 260–261

autant : autant de, 228; **autant / tant,** 234

autre : d'autres, 116

autrefois, 309, 358

auxiliaire, 29; répétition de, 153; *voir* **avoir** et **être**

avant, 353; **avant que,** 259, 260, 261; **avant de,** 45, 260

avoir : conjugaison de, 4, 326–327; auxiliaire, 29–30; dans les comparaisons de grandeur, de poids et d'âge, 233; expressions idiomatiques avec, 124–125; **avoir beau** + infinitif, 127

B

beau : avoir beau, 127; **il fait beau,** 357

beaucoup : beaucoup de, 117; pour renforcer une comparaison, 229; **pas beaucoup de** + subjonctif, 262–263

bicyclette : à bicyclette, 354

bien : comparatif de, 231; superlatif de, 231; place de, 308 (note); **bien des,** 117; **être bien / être bon,** 232; **bien que,** 259, 260

bon : comparatif de, 231; superlatif de, 231

C

ça, 123–124

car, 45

cas : au cas où, 101

ce : antécédent neutre (**ce qui, ce que, ce dont, ce à quoi**) 286–287; avec le superlatif, 230; au discours indirect, 304; pronom démonstratif, 122–123; **ce + être,** 122–123; adjectif démonstratif, 121; **tout ce qui, tout ce que,** 287, 290

cela, 123–124

celle/celui : l'emploi de **soi** avec **celle/celui qui,** 148; **celle/celui-ci, celle/celui-là,** 121–122; **celle/celui qui (que, dont, de),** 287

cependant, 45

certain : place de, 226

cesser : négatif avec **ne,** 205

c'est : à la place de **il est** au superlatif, 230; **c'est** + adjectif + **à** + infinitif, 13; **c'est** + nom + **de** + infinitif, 13; **c'est / il est,** 13, 122–123; **cela est / c'est,** 124

chacune/chacun, 119, 148, 149; emploi de **soi** avec, 148

changements orthographiques : *voir* orthographiques

chaque : place de, 226

chaud : avoir chaud, 124

cher : place de, 226

-ci, 121; **celui-ci,** 121

combien, 68; **depuis combien de temps,** 74

comme, 45, 233; **comme si,** 233

commencer à (de, par), 203

comment, 68

comparaison : expressions idiomatiques de, 232–233; de grandeur, de poids et d'âge, 233

comparatif, 228–229, 231–232; irrégulier, 231–232

complément : déterminatif, 126; de nom, 285; de verbe, 346–347; infinitifs compléments, *voir* infinitif

concordance des temps : à l'indicatif, 348–350; au subjonctif, 263–266; au conditionnel, 94–96; dans le discours indirect, 302–303

condition : à condition que, 259, 260

conditionnel : formes, 93–94; changements orthographiques, 94; emploi, 94–97; de politesse, 97; après **au cas où,** 101; remplacé par le plus-que-parfait du subjonctif, 265; dans un récit au passé, 96–97, 349

conjonctions : *voir* nom de la conjonction

contraction: **au, du,** 113; **auquel, duquel,** 72, 284; **au mien, du mien,** 148

corps, partie du : article avec, 119–121

couleur : adjectifs de, 220

crainte : de crainte que, 259, 260

croire : subjonctif ou indicatif avec, 261–262, 269

D

d'abord, 44

dans : avec les noms géographiques, 351; emploi, 353; **dans une heure / en une heure,** 353

date : article avec, 114

d'autres, 116

davantage, 233

de : **de peur que, de crainte que,** 259, 260; après le superlatif, 230; **de plus en plus,** 232; **plus de** + expression de quantité, 229; dans les expressions de quantité, 117; contractions avec, 72, 113, 148, 284; devant adjectif + nom, 115; **d'autres,** 116; **de** + infinitif, 46, 76, 180, 203, 204–205, 260, 313

défini : article, 113–114, 229

déjà : négation de, 195, 196

de laquelle/duquel, 72, 284; **de laquelle/duquel / de qui** à la place de **dont,** 285; interrogatif, 72

demain : dans le discours indirect, 305; place de, 309

demi, 223

démonstratif : adjectif, 121; pronom, 121–124

depuis : + présent, 73; + imparfait, 73; **depuis que,** 74; **depuis quand,** 73–74; **depuis combien de temps,** 74

dernier : place de, 226; + subjonctif, 262–263

des : article indéfini, 115–116; article partitif, 116; dans les expressions de quantité, 117

dès : **dès que,** 93, 98, 260–261

descendre : conjugué avec **être / avoir,** 30

devant, 354

devoir : **devoir / falloir,** 99–100; + infinitif, 99; + nom, 100

discours indirect : changements de temps, 302–303; interrogation, 303–304; phrases impératives, 304; verbes introductifs, 306; expressions de temps, 305; expressions adverbiales, 307

disjoints : *voir* pronoms disjoints

dont, 285–286

duquel : *voir* de laquelle/duquel

E

elle : pronom sujet, 140; pronom disjoint, 147–148

emmener, 291

empêcher de, 204

emporter, 291

en : pronom, 145–146; expressions idiomatiques avec, 150; préposition, 350, 354; **en avion / par avion,** 354; **en une heure / dans une heure,** 353; **en disant que,** 306; + participe présent (gérondif) 46, 287–289

encore : + inversion, 153; **ne... pas encore,** 195, 196, 201–203

enfin, 44

ensuite, 44

entendre dire, 313

entre, 355; + **laquelle/lequel,** 284

est-ce que, 68

étant donné, 266

être : **être** + adjectif + **de** + infinitif, 12; **être** + adjectif + **à** + infinitif, 12–13; auxiliaire, 29–30; **être en train de,** 13–14; **être à,** 150; **être assis / s'asseoir,** 180; imparfait / passé composé de, 39–40; **j'ai été / je suis allé,** 40 (note); conjugaison de, 326–327

eux, elles, pronoms disjoints, 147

excepté / sauf, 356

F

façon : de façon à, 266

faillir + infinitif, 47

faim : avoir faim, 124

faire : **faire** causatif (**faire** + infinitif), 309–311; **faire de son mieux,** 232; **faire semblant / prétendre,** 203; **s'en faire / s'y faire,** 175; **il fait du soleil (du vent,** etc.), 357; expressions idiomatiques, 311

falloir, 74–75; **devoir / falloir,** 99–100; subjonctif de, 253; + subjonctif, 258

féminin des adjectifs et des noms, 217–220

finir : finir de, finir par, 203
fois : fois, heure, temps, moment, 357–358; quelquefois, parfois, autrefois, 358
fractions, 361
futur : formes du, 90-92; emploi du, 92–93; futur proche, 14, 92; futur antérieur, 93, 94, 97; dans le passé (conditionnel présent, 96–97, 349–350; futur antérieur du passé (conditionnel passé), 95; au discours indirect, 303; changements orthographiques, 90; narration au futur, 350; à la place du subjonctif, 257; remplacé par le subjonctif, 262; pour donner un ordre, 93

G

gens, 224; **jeunes gens,** 223, 224
gérondif, 289
grandeur : comparaison de, 233
guère : ne... guère, 200

H

h : aspiré, 113 (note); non aspiré, 113, 117, 121 (note), 194, 219
heure : heure, temps, fois, moment, 357–358; **il est + heure,** 358; **à l'heure,** 358; **en une heure / dans une heure,** 353
hier : hier / la veille, 305; place de, 309

I

il : pronom sujet, 140; **il est probable / il est possible,** 258; **il s'agit de,** 175; **il est + heure,** 358; impersonnel, 74–75; **il faut,** 74–75, 253, 258; **il arrive, il convient, il suffit, il importe, il reste, il vaut mieux,** 75; **il est + adjectif + de + infinitif,** 13
imparfait : formes, 33; emploi, 37, 38–40; avec **depuis,** 73; subjonctif, 256; imparfait / passé composé, 37–41; changements orthographiques, 33
impératif : formes 8–9; ordre des pronoms, 144; emploi, 10; formules de politesse, 14; au discours indirect, 304; place des pronoms objets, 9; pour la supposition, 14

importer : impersonnel, 75; **il importe que,** 258; **n'importe qui (quoi, où, laquelle/ lequel, comment),** 267–268
indéfini : adjectif, 198–199, 205; place de l'adjectif, 199; pronom, 196–199, 268; article, 115–116
indicatif: présent, 2–8, 349; futur, 90–93; imparfait, 33, 37; passé composé, 29–33, 38–40; plus-que-parfait, 33–34, 43, 96; passé simple, 34–36; passé antérieur, 35, 37; passé surcomposé, 350; futur antérieur, 93–94, 97; après les verbes d'opinion négatifs, 261–262, 269; avec **n'importe,** 267–268; conjonctions qui gouvernent, 93, 98, 260–261; subjonctif ou indicatif, 261–263; syntaxe des temps à, 348–350
infinitif, 11–13; négatif, 11; après **pour, sans, avant de,** 260; **à** ou **de** + infinitif, 11–13, 47, 76, 125, 151, 179–180, 203–205, 233, 260, 266, 268, 313; complément direct, 12, 14, 99–100, 151, 204, 291, 309–311, 312, 346–347; pour exprimer un ordre, 10, 13; **faire** + infinitif, 309–311; **laisser** + infinitif, 312–313; infinitif ou subjonctif, 259–260; **il est** + adjectif + **de** + infinitif, 13; **être** + adjectif + **à** + infinitif, 12–13; **c'est** + nom + **de** + infinitif, 13; infinitif sujet, 13
interrogatif : adjectif, 70–71; adverbe, 68–69; pronom, 69–70, 71, 72
interrogation : formation, 67–68; conjugaison pronominale interrogative, 170; avec l'inversion, 67; avec **combien, quand, où, pourquoi,** 68–69; avec **qui, qu'est-ce qui, que, quoi,** 69–70; avec **quelle/quel, laquelle/lequel,** 70–72
inversion, 67–68, 140–141; après **à peine, peut-être, aussi,** 153

J

jamais : ne... jamais, 194–195, 201–203
jouer à, jouer de, 152
jusqu'à, 355; **jusqu'à ce que** + subjonctif, 260

L

la/le/l', les : articles définis, 113–114, 119–121, 229–231; pronom objet, 141–146; **la plupart des,** 117

-là : 121; **celle/celui-là,** 121

laisser + infinitif, 312–313; ordre des pronoms avec, 312–313

laquelle/lequel, lesquelles/lesquels : pronoms interrogatifs, 71–72; pronom relatif 284–285; **parmi / entre + laquelle (lequel,** etc.**),** 285

le (l') : article, 113–114, 119–121, 229–231; pronom objet, 141–146; pronom neutre, 144, 234; **le lendemain,** 305; **le plus grand nombre des,** 117; **la/le, les plus / la/le, les moins,** 229–231

les : article, 113–114, 119–121, 229–231; pronom objet, 141–146

leur : pronom objet, 141–146; adjectif, 117–121; **la leur/le leur,** 148–149

lorsque : 93, 98, 260–261

lui : pronom objet, 141–146; **elle/lui** pronom disjoint, 147–148

M

ma (ta, sa, notre, votre, leur), 117–121

mais, 45

mal : adverbe comparatif, 231–232; superlatif, 231–232; **avoir mal à,** 125; **avoir du mal à,** 125

manquer à / de, 151–152

me, 141–146, 170; **me / moi,** 142

même : avec pronom disjoint, 154; place de, 227

mettre : **se mettre à,** 172, 179; **mettre du temps à,** 233–234

mienne/mien : **la mienne/le mien** 148–149

mieux, 231; **tant mieux,** 232; **être mieux / être meilleur,** 232; **faire de son mieux,** 232

moi, 144, 147; **me / moi,** 142

moindre, 234

moins : dans les comparaisons, 228–230; dans le superlatif, 229–231; **à moins que,** 259, 260; **de moins en moins,** 232; **de moins que,** 233; **moins... moins,** 232

moitié : **la moitié des,** 117

moment : **en ce moment,** 305, 358

mon (ton, son, notre, votre, leur), 117–121

monter : conjugué avec **être / avoir,** 30

mots composés, pluriel des, 223

mots invariables, 220

N

narration : au présent, 349; au passé, 35, 37–38, 349–350; au futur, 350

ne, 194–195; verbes négatifs avec (sans **pas**), 205; **ne... guère,** 200; **ne... pas..., non plus,** 194; **ne... + verbe + ni... ni...,** 199–200; **ne... que,** 200; **ne** explétif, 234, 259 (note), 359

négation : elliptique, 200; **n'importe qui (quoi, où, laquelle/lequel, quelle/quel, quand, comment),** 267–268; sans **ne,** 194; d'un verbe, 194–196, 198–200, 201–203; adverbes négatifs, 194–196; des adjectifs indéfinis, 196–199; des pronoms indéfinis, 196–199; d'une série de noms ou de verbes, 199–200; avec **pouvoir, savoir, cesser, oser,** 205; multiple, 201–203

n'est-ce pas, 68

ni : **ne... ni... ni...,** 199–200

nombre : **le plus grand nombre des,** 117

nombres: cardinaux, 360; ordinaux, 361; collectifs, 361; fractions, 361

noms : féminins, 217–220; pluriels, 220–224; géographiques, 350–351

notre : adjectif, 117–121; **notre / la nôtre (le nôtre, les nôtres),** 148–149

nous : pronom sujet, 140; pronom objet, 141–146; pronom disjoint, 147–148

nul, 205

nullement, 205

nulle part, 195, 196, 198, 201–203

O

omission de l'article, 116–117

on, 140; l'emploi avec **soi,** 148; pour éviter le passif, 177 orthographiques, changements: au présent, 4–6; à l'imparfait, 33; au futur, 90; au conditionnel présent, 94; au subjonctif présent, 254; au subjonctif imparfait, 256 (notes), au passé simple, 34 (note)

oser : négatif avec **ne**, 205

où : **où que**, 267; adverbe interrogatif, 68; adverbe relatif, 283, 286

P

par : emploi de, 356; après **faire** causatif, 310; **par avion**, 354 (note), 356; complément d'agent, 177

parce que, 45

parfois, 358

parmi : + **laquelle/lequel**, 284

participe passé : formes, 31; accord, 32–33, 171–173; irrégulier, 348

participe présent : formes, 287–288; accord, 288; gérondif, 289; emploi, 288–289; **en** + participe présent, 46, 287–289

partir, 30

partitif : article, 116, 196

pas : pas du tout, 195; **pas encore**, 195, 196; **pas grand-chose**, 199; dans la réponse elliptique, 200

passé : verbes pronominaux au passé, 170, 171–173; narration au passé, 35–38, 349–350

passé antérieur : formes, 37; emploi, 41, 43, 264

passé composé : formes, 29–33; emploi, 35–40; passé composé / imparfait, 38–40

passé simple : formes, 34, 36; emploi, 41–43; changements orthographiques, 34 (notes)

passé surcomposé, 350

passer : conjugué avec **être** / **avoir**, 30; **se passer**, 75, 174; **passer du temps à**, 233, 357

passif, 176–178

pauvre : place de, 226

peine : à peine... que, 43; + inversion, 43 (note), 153

pendant, 98; **pendant que**, 99, 260–261

penser : indicatif ou subjonctif avec, 261–262, 269; **penser à**, 147, 151

personne : ne... personne, 194–197, 201–203; + **de** + adjectif, 197; + **à** + infinitif, 197

petit : comparatif, 234; superlatif, 234

peu de + subjonctif, 262–263

peur : de peur que + subjonctif, 259, 260

peut-être : + inversion 153, 309; **peut-être que**, 153, 309

phrases hypothétiques, 7, 94–96, 261

pire, 231–232

pis, 231–232; **le pis**, 231–232; **tant pis**, 232

plupart : la plupart des, 117

pluriel : des noms et des adjectifs, 220–224; des mots composés, 223; des mots anglais, 223; irrégulier, 221–223

plus : dans les comparaisons, 228–229; dans le superlatif, 229–231; **de plus en plus**, 232; **de plus que**, 233; **plus... plus**, 232; **ne... plus**, 194–196, 201–203; **ne pas... non plus**, 194

plus-que-parfait : de l'indicatif, 33–34, 43, 96, 349–350; du subjonctif, 255–256, 264–265

plusieurs : place de, 226

poids : comparaison de, 233

point : ne... point, 205

possessif : adjectif, 117–221; pronom, 148–149; avec les parties du corps, 119–121; constructions possessives, 150

possible : il est possible / il est probable, 258; **faire tout son possible**, 232

pour : pour que + subjonctif, 259, 260

pourquoi, 68–69

pourtant, 45

pourvu que + subjonctif, 260

pouvoir / savoir, 47

premier : place de, 226; + subjonctif, 262–263

prendre : s'y prendre, 151

prépositions : emploi de, 352–357; répétition après **ni**, 199; **à** ou **de** + infinitif, voir infinitif; avec les noms géographiques, 350–351

présent (indicatif) : formes, 2–6; emploi, 6–8; après **si**, 7, 96; présent historique, 14; narration au présent, 349; après **depuis / depuis quand / depuis combien de temps**, 7, 73–74; changements orthographiques, 4–6
présenter, 154
prétendre / faire semblant, 203
probable : il est probable + indicatif, 261; **il est probable / il est possible**, 258
prochain : place de, 226
pronoms : objets, 141–146; ordre des, 68, 143, 144; sujets 140; démonstratifs, 121–126; disjoints, 147–148, 154; interrogatifs, 69–70, 71, 72; indéfinis, 196–199, 268; à l'impératif, 9, 144; possessifs, 148–149; relatifs, 282–287; répétition du pronom objet, 143, 153; emploi après **penser à, se fier à,** etc., 147
propositions relatives, 282–287; subjonctif / indicatif, 262–263
propre : place de, 226
puis, 44
puisque, 45

Q

quand, 68–69, 93, 98, 260–261; + futur, 93, 98; + futur antérieur, 98, 350; interrogatif, 68–69
quantité : expressions de, 117
que : dans une comparaison, 228–229; relatif, 282–286; interrogatif, 69–70; **ne... que,** 200
quelconque, 268
quelle/quel : adjectif interrogatif, 70–71
quelque chose : quelque chose de + adjectif, 197–198
quelquefois, 358
quelques-unes/quelques-uns, 146
quelqu'un: quelqu'un de + adjectif, 197–198
qu'est-ce qui (que) 69–70
qui : relatif, 282–286; **c'est moi qui,** 147; interrogatif, 69–70

quiconque, 268
quoi : relatif, 286; interrogatif, 69–70
quoi que / quoique, 266; **quoique** + subjonctif, 260

R

rappeler : se rappeler, 175–176
réfléchis, pronoms : avec verbes pronominaux, 169–170
relatives, propositions : *voir* propositions relatives
rendre : + adjectif, 312
rentrer : conjugué avec **être / avoir,** 30
répétition : de l'article, 113; de l'auxiliaire, 153; du comparatif, 229; du pronom objet, 143, 153
rester (impersonnel), 75
retourner : conjugué avec **être / avoir,** 30
rien : ne... rien, 194–197, 201–203; **de** + adjectif, 197; **+ à** + infinitif, 197

S

saisons : **en / au** + saisons, 354
sans : + négation, 206; + infinitif, 260; **sans que,** 259, 260
sauf / excepté, 356
savoir : savoir / pouvoir, 47; négation avec **ne,** 205
se, 141, 143, 170
selon, 356
sembler : il me semble, 261
seul : le seul + subjonctif, 262–263; place de, 226
si : dans les phrases hypothétiques, 94–96, 265; **si /aussi,** 234; dans le discours indirect, 304; à la place de **oui,** 201; avec le présent, 7
sienne/sien : la sienne/le sien, 148–149
soi, 148
sortir : conjugué avec **être / avoir,** 30
souvenir : se souvenir de (que), 175–176
souvent : ne... pas souvent, 195

subjonctif : formes, 252–254; irrégulier, 253–254; emploi, 257–263; concordance des temps, 263–266; subjonctif littéraire, 264–266; subjonctif imparfait, 255–256; subjonctif plus-que-parfait, 255–256; subjonctif plus-que-parfait à la place du conditionnel passé, 265; subjonctif ou indicatif, 99–100, 261–263; subjonctif ou infinitif, 259–260; dans les propositions relatives, 262–263; changements orthographiques, 254

suffire (impersonnel), 75

superlatif, 229–231; irrégulier, 231–232; absolu, 230–231; + subjonctif, 262–263

T

tandis que, 99, 260–261

tant : autant / tant, 234; **tant pis / tant mieux,** 232

te, 141–146; **te / toi,** 142

temps : à temps, 358; **temps, heure, fois, moment,** 357–358

temps : syntaxe des temps à l'indicatif, 348–350; concordance des temps au subjonctif, 263–266; changements de temps au discours indirect, 302–303, 305

tenir à, 268–269

tienne/tien : la tienne/le tien, 148–149

toi : 144, 147; **te / toi,** 142

toujours : ne... pas toujours, 195

tout : tout en + participe présent, 289; formes, 289; place, 226, 289–290; adjectif, 289; adverbe, 290; pronom, 289–290; expressions idiomatiques, 290; **tout ce qui (que),** 287, 290

très, 230–231

tu / vous, 140

U

un : article indéfini, 115–116; emploi de **en** avec, 145

unique : l'unique + subjonctif, 262–263

V

valoir (impersonnel), 75

vas-y, 146

veille : la veille / hier, 305

venir : venir de, 14; impersonnel, 75

verbes : temps, *voir* sous temps; conjugués avec **avoir,** 29–30; conjugués avec **être,** 30; impersonnels, 75; pronominaux, 30, 168–176; changements orthographiques, *voir* orthographiques; transitifs, 30; intransitifs, 30; d'opinion, 261–262; conjugaison des verbes réguliers et irréguliers, 326–345; compléments de, 346–347

vers : emploi de, 357; + heure, 357, 358

veuillez, 14–15

ville : à + nom de ville, 351

voilà : voilà ce qui (ce que, ce dont), 287

vouloir, 39; **s'en vouloir,** 180; **en vouloir,** 180 (note)

votre: adjectif, 117–121; **votre / la vôtre (le vôtre, les vôtres),** 148–149

vous : de politesse, 140; disjoint, 147–148; pronom sujet, 140; pronom objet, 141–145; pronominal, 170

Y

y, 145–146; omission de, 145; expressions idiomatiques avec, 151